开平年鉴

2018

中共开平市委员会
开平市人民政府
主办

开平市地方志编纂委员会
编

方志出版社
·北京·

图书在版编目（CIP）数据

开平年鉴. 2018 / 开平市地方志编纂委员会编. —
北京：方志出版社，2018.11
ISBN 978-7-5144-3411-8

Ⅰ.①开… Ⅱ.①开… Ⅲ.①开平－2018－年鉴 Ⅳ.①Z526.54

中国版本图书馆CIP数据核字(2018)第261113号

开平年鉴（2018）

编　　者：开平市地方志编纂委员会
责任编辑：冯　松

出 版 人：冀祥德
出 版 者：方志出版社
　　　　　地址　北京市朝阳区潘家园东里9号（国家方志馆4层）
　　　　　邮编　100021
　　　　　网址　http://www.fzph.org
发　　行：方志出版社图书经销中心
　　　　　电话（010）67110500
经　　销：各地新华书店
印　　刷：广州市艺彩印务有限公司

开　　本：889X1194　　1/16
印　　张：22.75　　插　页：24
字　　数：639千
版　　次：2018年11月第1版　　2018年11月第1次印刷
印　　数：0001～1100册

ISBN 978-7-5144-3411-8　　定价：230元

编辑说明

一、《开平年鉴（2018）》是以马克思列宁主义、毛泽东思想、邓小平理论、“三个代表”重要思想、科学发展观、习近平新时代中国特色社会主义思想为指导，坚持辩证唯物主义和历史唯物主义的立场、观点和方法，旨在全面、准确、系统地反映2017年开平市自然、政治、经济、文化、社会等方面的基本情况，为读者了解和研究开平提供基本资料。

二、《开平年鉴（2018）》采用分类编辑法。主体内容设篇目、类目、分目、条目四个结构层次，以条目为表现内容的基本形式。条目标题用黑体加【 】表示。

三、本年鉴所用资料均为各组稿单位提供，并经组稿单位领导核审，年鉴编辑部统稿，方志出版社终审定稿。文内所用的数据为组稿单位上报市统计部门的数据，因统计口径不一，个别统计数字可能不一致。国民经济和社会发展的统计数据，以市统计局的统计资料为准。

四、人物篇收录的先进个人资料，由各有关单位提供，以颁奖单位发文时间为准。标兵文明村(镇、单位)名单由中共开平市委宣传部提供。

开平市地方志编纂委员会

《开平年鉴（2018）》编辑部

主　　编：颜海娜　黄力奔

副 主 编：胡丽萍　梁荣华　李佳才　余劲松

执行副主编：刘水莲

编　　辑：冯活源

电脑编辑：梁毅媚

校　　对：梁毅媚

封面摄影：谢坚练

封底摄影：谢坚练

特别鸣谢各界人士提供照片资料

开平市行政区划图

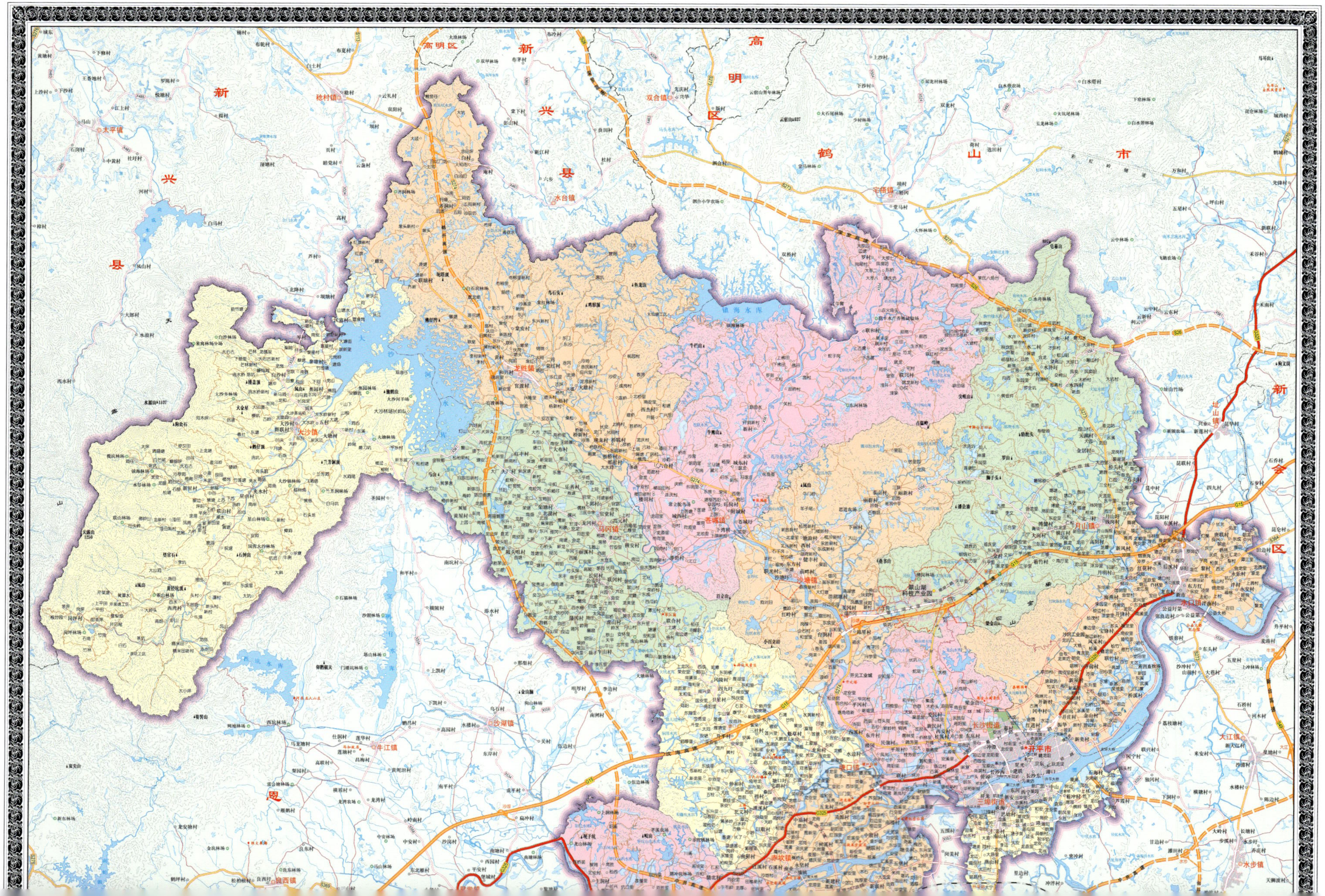

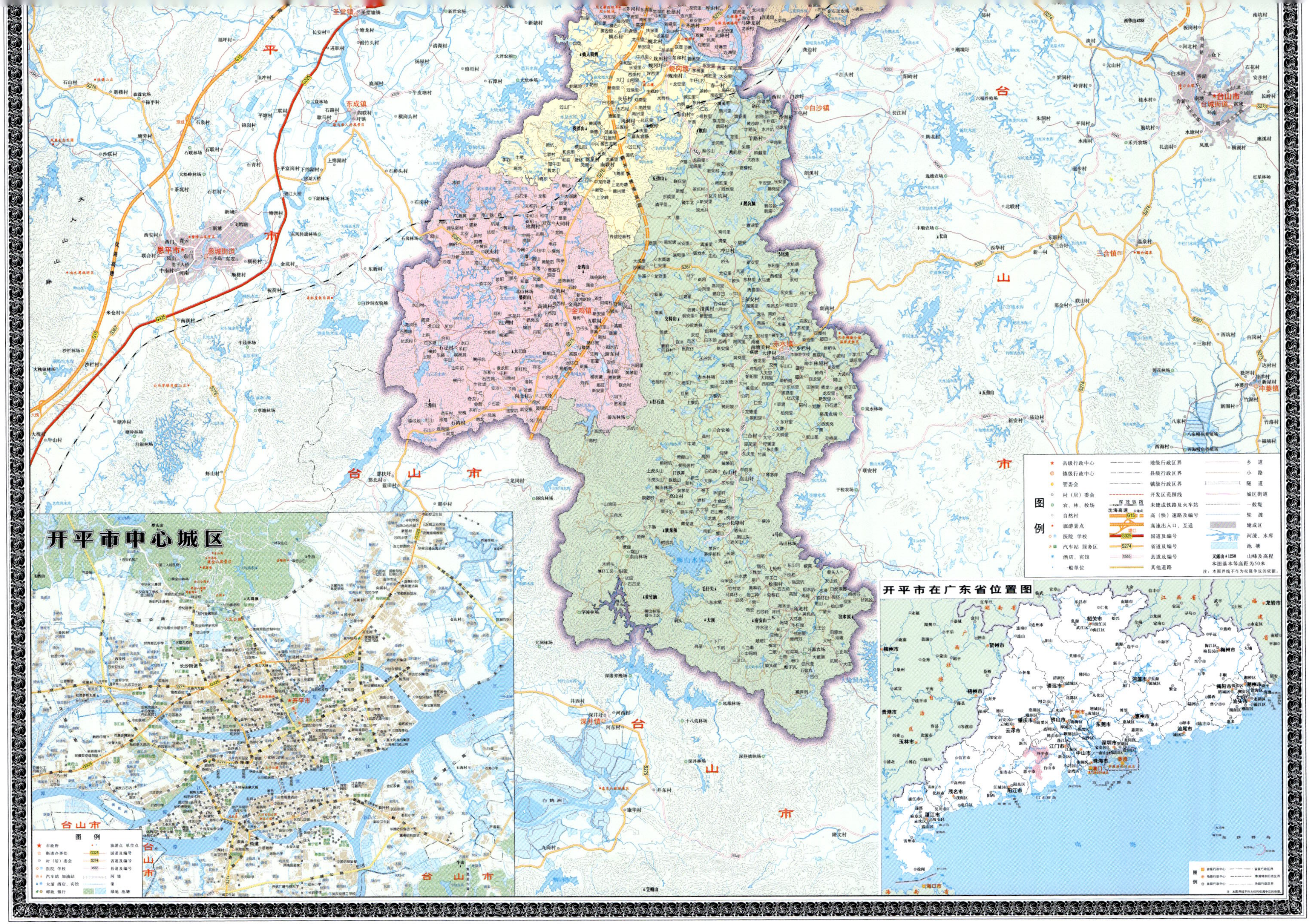

开平市国土资源局　广东省地图院　编制

参考比例尺 1:65000

审图号：粤S（2014）146号　2015年7月

开平市地图由市国土局提供

开平市中心城区图
图例
市政府
街道办事处
村（居）委会
医院 学校
汽车站 加油站
大厦 酒店、宾馆
邮政 银行
旅游点 单位点
G325 国道及编号
S274 省道及编号
X552 县道及编号
河堤
渠
绿地 池塘
开平市
台山市
长沙街道
三埠街道
获海
新昌
新昌水
梁金山风景区
人民公园
潭江
苍江
环城公路
环城公路（金山大道）
开平大道
杜澄大道
三江大道
港口路
曙光东路
幕沙路
新昌路
新港路
东兴大道
兴华路
红进路
开平大桥
东环大桥
牛山
飞鹅山
犁头山
大闸顶
龙山水库
大坑塘水库
G325
S274
X552
X553

开平数字·2017

全市总面积1658.60平方千米

年末常住人口71.05万人

年末户籍总人数68.83万人

国内生产总值341.57亿元

第一产业增加值31.64亿元

第二产业增加值167.80亿元

第三产业增加值142.13亿元

人均国内生产总值4.81万元

规模以上工业增加值120.38亿元

固定资产投资298.55亿元

社会消费品零售总额191.83亿元

外贸出口总额1516000万元

进口总额25亿元

实际吸收外资3503万美元

地方财政一般预算收入233348万元

地方财政一般预算支出364704万元

国家税收收入（剔除海关代征）289964万元

地方税收收入333508万元

城乡居民储蓄存款余额398.02亿元

中等学校在校学生数4257人

普通中学在校学生数39762人

小学学校在校学生数53729人

幼儿园在园人数26515人

医院、卫生院床位数2942张

影剧院6间、体育馆1座

（市统计局）

重大会议

2017年8月1日，中共开平市第十三届第三次全体会议在市行政大院会议室召开　　（余映意　摄）

2017年2月14日，中共开平市第十三届纪律检查委员会第二次全体会议在市行政大院会议室召开
（市纪委　提供）

重大会议

2017年2月24日，开平市第十六届人大二次会议在市人民会堂开幕　　（余映意　摄）

2017年10月30日，开平市第十六届人大三次会议在市人民会堂开幕　　（余映意　摄）

重大会议

2017年2月23日。政协开平市第十三届委员会第二次会议在市政协会堂开幕　　（余映意　摄）

2017年7月14日，开平市总工会召开十六届三次全体委员会议　　（陈宇玲　摄）

平安、廉政开平

2017年1月10日，开平市“公安 110”宣传日活动　（市公安局　提供）

2017年1月10日，开平“公安110”宣传日活动——现场徒手博击表演　（市公安局　提供）

平安、廉政开平

2017年12月15日，开平市举行警车巡游活动 （市公安局 提供）

2017年8月18日，开平市在市行政大院会议室召开禁毒工作会议 （市公安局 提供）

2017年4月1日，开平市检察院为村（社区）“两委”换届选举工作提供法律咨询　　　　（市检察院　提供）

2017年5月16日，由开平市检察院与开平市教育局联合举办的“法治进校园”巡讲活动启动仪式在开平市港口中学举行　　　　（市检察院　提供）

平安、廉政开平

2017年7月25日，市法院开展“攻坚2017　惩治‘老赖’”集中统一执行行动　（吴健威　摄）

2017年12月4日，市法院党组带领干警代表进行宪法宣誓　（何超鸿　摄）

平安、廉政开平

2017年7月28日，由开平市司法局组织拍摄的首部村（居）法律顾问微电影《守护》开机 （市司法局　提供）

2017年9月13日，开平市举行市纪委派驻机构授牌仪式 （市纪委　提供）

平安、廉政开平

2017年9月11日，开平市举行2017年新兵入伍欢送大会　　（市武装部　提供）

2017年4月24日，开平市轻舟分队组织应急演练　　（市武装部　提供）

经济发展

2017年4月27日，开平市举办2017招商引资推介会。图为项目签约现场　　（胡普伦　摄）

2017年1月24日，联新（开平）高性能纤维有限公司举行第三期项目开工剪彩仪式　　（余映意　摄）

经济发展

2017年1月18日，开平市农村信用合作联社水口信用社新营业大楼隆重开业　　（蒲骏　摄）

2017年7月14日，开平市蚬岗镇蚬冈供销社为农服务中心挂牌成立　　（卢观豹　摄）

2017年12月30日，开平市环城公路东环金山大桥施工现场（市交通局　提供）

2017年12月30日，开平市环城公路西环三埠大桥施工现场（市交通局　提供）

经济发展

2017年12月30日，深茂铁路开平南站站房施工现场　　（市交通局　提供）

2017年5月26日，高恩高速开平段施工现场　　（市交通局　提供）

2017年5月18日，开平市烟草专卖局召开依法严管违法违规卖烟大户专项行动及加强卷烟零售大户管理工作动员会 （邝银燕 摄）

2017年12月4日，开平市烟草专卖局开展“12·4法制宣传活动” （谢恩明 摄）

经济发展

2017年3月1日，“申请人承诺制”审批试点工作启动后开平市核发的首张“食品经营许可证”
（刘贤富　摄）

2017年3月24日，开平市食药监局开展全面清查日本核辐射区食品行动
（丁晓萍　摄）

2017年7月12日，开平市首家食品药品类科普基地揭牌
（丁晓萍　摄）

民生建设

2017年6月5日，广东工人艺术团“走进开平”文艺慰问演出活动在市人民会堂举行

（谭灿炬　摄）

2017年2月2至4日，开平市举办2017年春节职工乒乓球赛　（谭灿炬　摄）

2017年3月29日，开平市总工会在百合镇达维生态园举办“牵手开平，快乐有约”未婚青年职工联谊活动

（陈宇玲　摄）

民生建设

2017年2月17日，开平市人社局在城市广场举办开平市2017年就业援助月暨“南粤春暖”劳务招聘会

（市人社局　提供）

2017年9月19日，开平市人社局在东汇城开展开平市2017年高校毕业生就业服务月现场招聘会

（市人社局　提供）

民生建设

2017年5月12日晚，开平市残联在东汇城举办一场主题为“推进残疾预防，健康成就小康”的残疾人手工作品义卖活动

（市残联　提供）

2017年11月8日下午，广东省残联督查组深入开平市赤水、蚬冈、大沙和沙塘等4个镇的社区康园中心开展专项督查，图为督查组听取赤水康园工作汇报

（市残联　提供）

2017年5月19日上午，“展能成长　共享蓝天”扶残助残系列活动——亲子趣味运动会在开平市残疾人综合服务中心举行

（市残联　提供）

科教文体卫活动

2017年8月8日，开平市第十二届体育运动会暨第二届老年人运动会在市体育中心开幕

（市体育局　提供）

2017年10月26日，开平市第三届足球联赛开赛　（黄淑君　摄）

2017年11月13日，“翠山湖企业杯”男子篮球公开赛开赛

（黄淑君　摄）

科教文体卫活动

2017年1月23日，开平市卫计局召开2017年全市卫生计生工作会议　　（市卫计局　提供）

2017年9月6日，开平市第二人民医院（赤坎镇中心卫生院）迁建工程奠基动工
（市卫计局　提供）

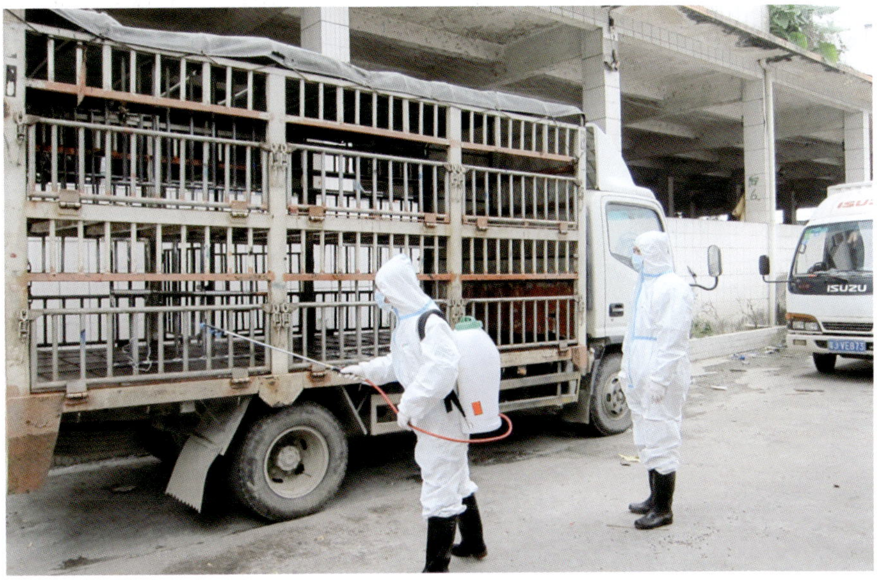

2017年1月，开平市组织开展人感染H7N9禽流感市场外环境消杀　　（市卫计局　提供）

科教文卫体活动

2017年6月10日，广东省“文化和自然遗产日”主会场系列活动在开平启动　　（余映意　摄）

2017年6月10日，广东省“文化和自然遗产日”系列活动——非遗项目展示。图为潘高寿传统中药文化项目展示　　（卢其福　摄）

2017年6月10日，广东省“文化和自然遗产日”系列活动——非遗专题晚会现场　　（余映意　摄）

抗击台风 清障大行动

2017年8月25日，开平市组织干部上街清除因台风“天鸽”所造成的影响　　　　（余映意　摄）

2017年8月24日，台风“天鸽”过后，开平供电局党员先锋队在马冈抢修现场架设杆塔

（覃彬　摄）

2017年8月23日，江门市开平公路局抗击“天鸽”台风，清理路障

（李龙辉　摄）

镇(街道)、开发区——三埠街道

2017年11月2日，三埠街道办事处召开传达贯彻党的十九大精神会议现场

（三埠街道办事处　提供）

2017年9月20日，开平市第十二届运动会暨第二届老年人运动会隆重闭幕。图为三埠街道运动员（部分）合影

（三埠街道办事处　提供）

2017年9月12日，三埠街道办事处组织全体党员干部到荻海风采堂廉政教育基地参观学习“学家训、立家规、正家风”主题展及广东省廉政文物图片展

（三埠街道办事处　提供）

镇(街道)、开发区——长沙街道

2017年12月27日，开平市长沙街道申报广东省教育强街复评验收总结会　　　　　　（长沙街道办事处　提供）

2017年4月25日，长沙街道工会、长沙商会举办庆“五一”国际劳动节暨先进企业和先进工作者（优秀员工）表彰大会　　　　　　（长沙街道办事处　提供）

镇(街道)、开发区——月山镇

2017年1月17日上午，月山镇总结2016年部署2017年工作会议在镇政府党校召开 （月山镇政府党政办 提供）

2017年10月26日上午，月山镇在镇党校召开第十七届人民代表大会第四次会议 （月山镇政府党政办 提供）

镇(街道)、开发区——水口镇

2017年2月27日，开平市水口水暖卫浴行业协会举办2017年春茗联谊会暨中国水暖卫浴出口基地优秀企业评比活动颁奖典礼　　（水口镇政府　提供）

2017年8月14日，开平市水口镇召开妇女第十一次代表大会　　（水口镇政府　提供）

2017年5月27日，开平市水口镇举办“喜迎十九大，水口镇庆‘六一’”文艺汇演
（水口镇政府　提供）

镇(街道)、开发区——沙塘镇

2017年8月15日，沙塘镇召开第十七届人民代表大会第三次会议　　（沙塘镇政府 提供）

2017年8月4日上午，沙塘镇“两代表一委员”视察荫畔村委会自来水改造工程　　（沙塘镇政府　提供）

2017年2月8日上午，沙塘人民桥剪彩通车　　（沙塘镇政府　提供）

2017年11月28日，沙塘学校热烈庆祝建校六十华诞　　（沙塘镇政府 提供）

镇(街道)、开发区——苍城镇

2017年4月25日，苍城镇召开学习贯彻习近平总书记对广东工作重要批示精神工作会议（苍城镇政府 提供）

2017年11月6日，苍城镇召开传达贯彻党的十九大精神大会（苍城镇政府 提供）

2017年6月5日，开平市人大常委会副主任陈百浓带队走访苍城镇人大代表（苍城镇政府 提供）

2017年12月18日，开平市委常委陈伟成深入苍城镇调研督导学习宣传贯彻中共十九大精神工作（苍城镇政府 提供）

镇(街道)、开发区——龙胜镇

2017年2月20日，龙胜镇组织“两代表一委员”到龙胜中学开展调研视察活动

（龙胜镇政府　提供）

2017年11月29日，龙胜镇举办汽配创业创新基地入园企业“响桩”动工仪式

（龙胜镇政府　提供）

2017年5月27日，龙胜镇迎“六一”举办“梦想摇篮，邑童成长”文艺汇演

（龙胜镇政府　提供）

镇(街道)、开发区——大沙镇

2017年2月17日，大沙镇召开第十七届人代会第二次会议　　（大沙镇政府　提供）

2017年3月7日，大沙镇开展“三八”妇女节成立107周年纪念活动　　（大沙镇政府　提供）

2017年4月28日，大沙镇召开村（社区）“两委”干部和村（居）监督委员会成员就职宣誓大会
（大沙镇政府　提供）

镇(街道)、开发区——马冈镇

2017年2月22日，马冈镇第十七届人民代表大会第二次会议班子成员合影　　（马冈镇政府　提供）

2017年11月30日，马冈镇召开创建广东省卫生镇考核反馈会
（马冈镇政府　提供）

2017年12月23至24日，马冈镇举办“首届美丽马冈乡村旅游节暨美食嘉年华（第四季）”活动
（马冈镇政府　提供）

镇(街道)、开发区——塘口镇

2017年3月30日，塘口镇召开2017年村（社区）两委换届选举工作会议

（塘口镇政府　提供）

2017年11月14日，塘口镇举行达成基金会暨潘家强慈善晚会

（塘口镇政府　提供）

2017年10月18日，塘口镇专职消防队挂牌成立

（塘口镇政府　提供）

镇(街道)、开发区——赤坎镇

2017年3月27日，开平市赤坎古镇旅游项目暨新城镇建设启动仪式。图为领导嘉宾为赤坎新区安置区一期工程培土奠基

（余映意　摄）

2017年9月5日，赤坎古镇管委会（赤坎镇）庆祝2017教师节暨公益慈善助学金颁发大会

（赤坎古镇管委会　提供）

2017年9月24日，赤坎镇2017年达成慈善会“情暖赤坎，欢度中秋”活动仪式

（赤坎古镇管委会　提供）

镇(街道)、开发区——百合镇

2017年8月28日，百合镇第十七届人大第三次会议现场
（梁锦豪　摄）

2017年2月13日，百合镇组织“两代表　委员”开展2017年第一季度视察活动　（黄颖琦　摄）

2017年8月9日，江门市法治建设检查督导组在百合镇党委会议室召开座谈会　（梁锦豪　摄）

镇(街道)、开发区——蚬冈镇

2017年8月11日，蚬冈镇召开第十七届人大三次会议
（蚬冈镇政府　提供）

2017年9月14日，蚬冈镇举办法治、平安、禁毒文艺晚会
（蚬冈镇政府　提供）

2017年9月7日，蚬冈镇举行2017年“司徒建新、林羡祥奖教奖学基金”颁奖典礼
（蚬冈镇政府　提供）

镇(街道)、开发区——金鸡镇

2017年4月28日，广东圣迪乐村生态食品有限公司项目奠基（伍锦星　摄）

2017年5月22日，开平市（金鸡）现代农业项目签约仪式（伍锦星　摄）

2017年12月6日，金鸡镇卫生院中医馆开馆　（伍锦星 摄）

镇(街道)、开发区——赤水镇

2017年1月13日，赤水镇举办赤水青枣采摘旅游节活动

（赤水镇政府　提供）

2017年12月28日，开平市赤水镇举办迎新年文艺会演暨“主题党日+”活动

（赤水镇政府　提供）

2017年11月25日，赤水镇举办十里骑行暨首届航模科普嘉年华

（赤水镇政府　提供）

镇(街道)、开发区——开平翠山湖科技园

开平翠山湖科技园公共服务中心 （胡普伦　摄）

开平翠山湖科技园区五大主导产业企业林立 （胡普伦　摄）

镇(街道)、开发区——开平翠山湖科技园

2017年1月14日，翠山湖高美空调设备公司国家级测试中心暨三期厂房及光伏项目落成启用

（胡普伦　摄）

2017年11月30日，江门（深圳）开平翠山湖科技园招商引资推介会在深圳召开　（胡普伦　摄）

2017年3月26日，翠山湖科技园联合开平市人社局在东汇城举办专场招聘会　（胡普伦　摄）

目 录

特 载

大事记

2017年大事记

开平概况

政 治

中共开平市委员会

开平市人民代表大会

开平市人民政府

政协开平市委员会

民主党派和工商联

人民团体

法 治

军 事

经 济

经济监督管理

财政 · 税务

金 融

农业 · 林业

水务 · 气象

工商业 · 信息化

交通 · 邮政

城乡建设·环境保护

旅 游 业

教文卫体

教育 · 文化

卫生·体育

侨务 · 台务 · 社会民生

华侨港澳台事务

社会民生

镇(街道)和开发区

镇(街道)概况

开发区建设

荣誉录

荣誉单位及个人

文明村（镇、单位）

社会经济统计资料

统计资料

统计公报

文　献

附　录

特载

开平年鉴
（2018）
KAI PING NIAN JIAN

特　　载

政府工作报告

——2018年1月23日在开平市第十六届人民代表大会第四次会议上

开平市市长　邝积康

2017年工作回顾

2017年是开平承前启后、加快转型的关键一年，是新一届政府谋篇开局、聚力发展的一年。我们在上级党委、政府和中共开平市委的正确领导下，在市人大及其常委会和市政协的监督支持下，深入学习贯彻党的十九大以及习近平总书记对广东工作重要批示精神，围绕“兴业惠民、治吏简政”，以“工作落实年”为动力，紧扣“善作为、重实效、谋新篇”的工作主线，统筹做好稳增长、促改革、调结构、惠民生、提效能等各项工作，全市地区生产总值同比（下同）增长8%、地方一般公共预算收入增长8.63%，呈现经济发展稳中见好、社会更加和谐安定的良好局面（主要经济指标见附表1）。

一、经济发展稳中向好

园区建设水平提升。全年投入1亿元完善翠山湖园区基础设施，园区新引进优质项目21个，投资总额54.65亿元，新增投（试）产企业9家、在建项目10个，累计投产企业75家。被认定为中国产学研合作创新示范基地，列入江门市万亩工业园发展体系，申报纳入国家名录省级开发区，省级高新区申报工作扎实推进。连续6年在省考评中获优秀等次，并3年排名第一。

实体经济加快发展。全年引进投资3000万元以上项目40个，计划投资总额63.82亿元。落实各级财政对企业奖励扶持资金1.36亿元。装备制造业增加值实现47.28亿元，增长11.50%。水暖卫浴、纺织化纤和食品产业实现规模以上工业增加值68.80亿元，增长15.85%。新增省名牌产品4个，著名商标2件。现代建筑产业加快发展，实现建安产值182.20亿元，增长20.84%，占江门地区建安总产值的63%；建安房地产税收13.05亿元，增长19.94%；2项建筑工程获国家优质工程奖。

全域旅游优化升级。中国第9个、广东省首个联合国世界旅游组织旅游可持续发展观测点落户我市。国家全域旅游示范区和5A级旅游景区创建工作顺利推进。我市连续8年获评省县域旅游综合竞争力十强县市。仓东教育基地获评中国乡村旅游创客基地。赤坎华侨文化旅游小镇成为省级特色小镇创建示范点。赤坎圩镇房屋征收率超过96%，创造“赤坎速度”。赤坎新区项目启动建设。大沙镇、塘口镇强亚村获评江门市乡村旅游示范镇（村）。

现代农业稳步发展。全市农业总产值预计为56.72亿元，综合发展速度103.50%。国家现代农业示范区建设水平监测评价位列全省前三名，发放农业“政银保”[1]贷款1.02亿元，引导社会资金5亿元投入示范区建设。农业机械化水平处于全省前列。建成高标准基本农田4.39万亩。中心城区实行家禽“集中屠宰、冷链配送、生鲜上市”。镇级农产品质量安全监管服务站和质量检测室实现全覆盖。农村土地承包经营权确权登记颁证率达92%。农村“三资”平台交易集体资产成交3.90亿元，增值15%。

二、改革创新步伐加快

“去降补”[2]成效显著。出清重组国有“僵尸企业”[3]7家，国资监管电子平台试运行，市直四大集团公司（含参股企业）实现净利润1.76亿元，增长11.50%。商品房库存消化周期控制在合理区间。26个补短板项目扎实推进。落实各项税费减免政策，为企业减负2.47亿元。公共资源交易总成交额23.15亿元，增收3.37亿元，节支0.30亿元。开展省普惠金融“村村通”试点，完成市征信中心建设，建成信用村204条、乡村金融（保险）服务站242个、助农取款点307个。金融业务主要监测指标达到监管要求，金融机构杠杆率[4]处于合理水平，本外币各项贷款、存款余额分别增长16.98%和8.99%。

“放管服”改革不断提升。深化商事制度改革，实现企业“十五证合一”[5]和个体工商户“五证整合”[6]。推行行政审批委托制，159项上级赋权事项全部承接到位。实施“互联网+政务服务”，行政许可事项进驻网上办事大厅率达95.50%。率先在江门地区将不动产查册业务纳入“侨都之窗”自助服务终端，实现全天候自助办理。试行与周边市“同城通办”公共服务事项156项。完善村（社区）公共服务体系，打通服务群众“最后一千米”。

“小微双创”工作纵深推进。新增国家高新技术企业47家，省级工程技术研究中心9家，省级工业设计中心、企业技术中心、两化融合管理体系贯标试点企业[7]各1家。主营业务5亿元以上工业企业研发机构全覆盖。培育科技型小微企业192家。水口卫浴谷、翠山湖金山创客空间分别被认定为江门市科技企业孵化器、江门市小微企业众创空间。新发展市场主体6974家，新增注册资本29.27亿元，分别增长30.18%和22.42%。新增个体工商户转为企业156家，小微企业升级为规模以上企业54家。

三、城乡建设增速提质

交通设施不断完善。各级投入19.28亿元，完善交通基础设施建设。高恩高速、中开高速、开春高速、开阳高速、深茂铁路开平段新（扩）建工程有序开展。完成环城公路东环段65%、西环段60%、北环段东延线一期45%。启动深茂铁路开平站配套工程、环城公路北环段一期工程和东延线二期工程建设。台开快速路、赤坎大道等工程扎实推进。完成省道路面改造11千米、新农村公路硬底化11千米。

城乡建设协同共进。顺利通过“广东省文明城市”复评。马冈镇成功创建省卫生镇。创建省卫生村47条，江门市卫生村128条、宜居社区3个、新农村连片示范村4条。敷设天然气中压管网29千米。新建光缆3072千米。环卫实施网格化管理，数字化城市管理平台[8]启动建设。7个镇（街）和祥龙、东兴社区生活垃圾处理实施市场化管理。市固废综合处理中心一期项目动工建设。完成村级公益事业一事一议财政奖补项目71个、农村改水工程12宗、农村河（渠）道清淤清障22.50千米。

造林绿化高效推进。造林5.50万亩，修复退化林1.30万亩，抚育中幼林和碳汇林6.18万亩，新增生态公益林15.83万亩，全市森林覆盖率达43.06%，成功创建国家森林城市。广东开平孔雀湖国家湿地公园试点工作有序开展。完成江罗高速开平段生态景观林带建设12千米。新建镇级森林公园、镇级公园、村（居）公园37个。我市湿地公园试点和绿化工作经验在全省推广。

环境治理有效提质。高规格成立市环保委员会，强力推进大气、水和土壤污染防治，从严落实中央环保督察和省环保专项督查整改工作。整治“小散乱污”企业[9]104家，拆除城区烟囱5条，淘汰黄标车1255辆、高污染燃料锅炉125台。严格执行河长制[10]，依法推进畜禽养殖禁养区关停整治、非禁养区规范提升，大沙河水库等饮用水源水质稳定达标。迳头污水处理厂二期投入使用，城镇生活污水处理率达91.02%。完成世界银行贷款农业面源污染治理4.30万亩。

四、民生福祉不断提升

社会保障日益健全。各级财政民生支出

29.55亿元，增长18.57%。深入推进精准扶贫，360户贫困户共1295人实现脱贫。落实基本公共服务均等化补助和资源激励型财政补贴政策，全市村级集体年可支配收入达18万元以上。城镇新增就业7921人，城镇登记失业率为2.37%。城乡居民医保成功纳入省财政转移支付范围。城乡居保基础养老金、城乡医保财政补助、城乡低保、特困人员和孤儿供养等底线民生保障标准全面提高。困难人员大病保险起赔标准降低70%以上。建成公租房146套，新增入住103套。新建农村居家养老设施14个。

文教实力不断增强。我市获评国家级农村职业教育和成人教育示范县。义务教育“三二一”工程[11]扎实推进，梁金山小学（一期）、水口镇第三小学、碧桂园学校投入使用。高质量承办省文化和自然遗产日暨开平碉楼与村落申遗成功十周年活动。完成图书馆、文化馆总分馆制试点，市图书馆总分馆转为省示范地区推广。市博物馆投入使用。市档案馆扩建项目完成主体建设。市文联获评省文艺志愿服务先进集体。建成市融媒体平台。开平广播电视台获评全国市县20强电视台和“影响中国传媒”最具融合力媒体。

医疗卫生更趋优化。我市连续5年获评省人口计生工作先进单位。“医联体”[12]试点进展顺利，市中心医院与水口分院、市中医院与马冈分院远程医疗会诊系统投入使用。完成3家镇级卫生院标准化建设，12家基层卫生院公共卫生配套投入使用。县级公立医院取消药品加成，减轻患者负担4841万元。居民健康档案建档率不断提高，家庭医生签约服务覆盖率为71%。开启银医合作新模式，社会保障卡诊疗实现一卡通[13]。

社会大局和谐稳定。奋力抗击“天鸽”“帕卡”双台风袭击。出色完成党的十九大维稳安保等重大任务，受到上级表彰。开展“飓风2017”专项行动，刑事治安总警情下降24.31%，刑事立案下降21.82%，群众安全感不断提升。我市民警李锦汉获评全国优秀人民警察，塘口司法所谢羡恒获评全国模范人民调解员。全面建成镇级社区戒毒康复服务中心，市戒毒所获评省“雷霆扫毒”先进集体。全面完成消防安全重点单位和社区微型消防站建设。抓好粮食库区安全智能化升级改造，加强道路交通、工矿商贸、职业健康和食品药品等安全监管，安全生产形势总体稳定。

各项事业稳步发展。我市获评全国群众体育先进单位，成功举办市十二届运动会暨第二届老年人运动会。土地执法监察工作获省政府通报表扬。东河中学获评省民族团结进步创建活动示范单位。数字开平地理空间框架建设项目发布推广。新建社区康园中心[14]6个。新增基层义工服务队56支、义工驿站295个。全面实施妇女儿童发展规划，妇女儿童事业健康发展。侨务、民族、宗教、对台、保密、打私、红十字会等工作取得新成绩。

五、政府建设持续加强

党建工作全面推进。深入学习贯彻党的十九大精神及习近平总书记治国理政新理念新思想新战略，推进“两学一做”学习教育常态化制度化。严格执行党内组织生活制度，严守政治纪律和政治规矩，组织生活成为党员监督管理的重要形式。组织政府系统党员干部参观警示教育等专题展览，到周文雍陈铁军烈士陵园等红色教育基地接受革命传统教育，坚定党员队伍理想信念。

廉政建设纵深推进。严格落实中央八项规定，综合运用监督执纪“四种形态”[15]，落实廉政建设“一岗双责”[16]。加强党员领导干部“八小时以外”活动监管，严厉查处“四风”[17]问题。对重要事项落实审计源头控制和整改跟踪，发挥审计监督和保障作用。强化财政预算绩效管理，完成财政资金实时在线联网监督系统建设。

依法行政不断深化。深入实施“七五”普法规划，全面推进法治建设“三级同创”[18]活动。市政府主要领导主动出庭应诉相关行政案件。依法向赤坎古镇管委会赋予第二批审批事权。完成法律援助服务大厅标准化和金山公园法治文化区建设。自觉接受人大法律监督和政协民主监督，办理人大代表建议116件、政协提案95件。

各位代表！过去一年所取得的成绩，离不

开上级党委、政府和市委的坚强领导，离不开市人大、市政协的监督与支持，离不开全市人民的共同努力。在此，我代表市人民政府，向全体市民，驻我市人民解放军、武警官兵，各民主党派、人民团体和社会各界人士，致以崇高的敬意！

在工作中取得一定成绩的同时，我们清醒地认识到还存在一些发展不平衡不充分的问题，主要是：缺乏较大规模的发展项目支撑，镇级经济发展不平衡，财政收支矛盾较为突出；城乡环境卫生、生态保护、社会治安和民生保障等方面，与群众的期望还有一定距离；一些部门单位的工作效能和服务水平与新时代工作要求不相适应，等等。对此，我们将认真研究，加快解决。

2018年工作计划

2018年是深入学习贯彻党的十九大精神的开局之年、改革开放40周年。我们要全面贯彻落实党的十九大精神，以习近平新时代中国特色社会主义思想为指导，认真贯彻落实中央经济工作会议、省委十二届二次和三次全会、江门市委十三届五次和六次全会以及市委十三届四次和五次全会精神，坚持稳中求进工作总基调，坚持新发展理念，贯彻高质量发展的要求，全方位融入粤港澳大湾区建设，以推动经济社会加快发展为主旋律，以“产业提升、城市提质、工作提效”为工作主线，不忘初心、牢记使命，努力推动新时代开平各项工作取得新突破，为建设“先进产业基地、文化旅游名市、文明宜居新城、和谐幸福侨乡”，决胜全面建成小康社会而努力奋斗。

2018年全市经济社会发展的预期目标为：地区生产总值增长7.9%，地方一般公共预算收入增长9%（其他指标见附表2）。

实现以上目标，重点要抓好五方面工作：

一、顺势而为，全方位融入粤港澳大湾区建设

*树立区域竞合发展新理念。*随着粤港澳大湾区国家战略的推进，尤其是交通一体化的发展，不同城市之间的要素正在加速流动与整合，任何一个城市都无法独立封闭起来寻得发展，区域联动、资源互补、竞合发展是必由之路。开平位于粤港澳大湾区的西部边缘，要在新一轮的发展中不被边缘化，就要打破传统的思维，以更宽广的视野、更开放的心态定位未来发展。充分利用好我市丰富的土地储备，主动对接广佛都市圈、深港澳经济圈两大龙头，加大招商选商稳商力度，引进人流、物流、资金流。充分发挥广东唯一世界文化遗产开平碉楼与村落和大湾区唯一古镇类文旅龙头项目赤坎古镇项目的作用，加强与周边地区尤其是港澳地区的“一程多站”[19]旅游线路合作，共同开拓国内和国际市场。充分发挥侨乡优势，建立高水平的智库，提升重大战略决策水平。在城市建设中引进有实力有品牌的城市运营商，提高城市建设和管理水平。

*构建区域协调发展新格局。*贯彻创新、协调、绿色、开放、共享发展理念，高标准谋划全市功能布局，做强中部、做美北部、做活南部，着力破解发展不平衡不充分问题。做强中部，坚持打造重大产业平台和经营城市“两条腿”走路。翠山湖科技园以打造国家高新技术产业开发区为目标，提高项目准入门槛，由追求数量向追求质量转变。月山、水口、沙塘、苍城四个镇级工业集中区加大招商引资力度，夯实产业基础。三埠、长沙、水口分别重点做好高铁站周边、开平大道两侧、潭江新城等片区的规划发展。做美北部，按照“三结合、两条线、一条龙”的思路，强力推进赤坎、塘口、马冈、龙胜、大沙五个镇发展。坚持全域旅游、乡村振兴和生态环保“三结合”，推动赤马线和高恩高速沿线差异化、特色化发展，打造以赤坎古镇、塘口碉楼、马冈美食、龙胜休闲、大沙花茶为主的“一条龙”旅游线路，建成都市人的休闲小站、现代人的心灵家园、广大侨胞留住乡愁的地方。做活南部，按照“三通、两储、一提升”思路，强力推进百合、蚬冈、金鸡、赤水四个镇经济社会发展。积极谋划推动高恩高速南延线建设，尽早解决蚬冈、金鸡和赤水镇不通高速问题，实现“通车”；通过高恩高速南延线，打通台开连接，

实现“通海”；改善南部片区群众饮水难问题，实现“通水”。做好土地资源和旅游资源“两储”，为南部片区加快发展打好基础。建设一批富农利民项目，提升南部片区经济社会发展水平。

深入实施交通大会战。投入20.54亿元，加快交通重点项目建设，全方位融入粤港澳大湾区路网。完成深茂铁路开平站配套及相关道路工程。全力推进在建高速建设。加快国道G325月山至塘口段改线和赤坎大道建设。规划建设美堂大道。环城公路东环、西环段力争建成通车。积极推进北环一期和北环东延线一、二期建设。完成省道、县道改造13千米。持续推进新农村道路硬底化。完成县道马稔线白沙桥等工程改建。

大力推进创新驱动发展。优化人才发展环境，积极引进高层次人才。支持企业和个人申请专利，促进科技成果转化。强化创新平台建设，鼓励企业深化产学研合作。新认定一批高新技术企业。支持翠山湖、水口水暖卫浴小微双创示范基地、龙胜汽配小微双创基地建设，促进“专精特新”小微企业[20]蓬勃发展。继续开展“政信贷”业务合作。推进跨境电子商务、市场采购贸易等新业态发展，全面实施国际贸易“单一窗口”，提高贸易便利化水平。服务好国家中微子实验站建设。

二、产业提升，推进实体经济高质量发展

做强做大“1+4”产业平台。以“五年再造一个翠山湖”为目标，高起点做好拓展区前瞻布局和总体规划，高标准打造“万亩园区”产业平台。抓好扩园征地工作。积极申报省级高新区。主攻“珠西装备制造业、大健康产业”，招大引强，实现提质增效。推进正威国际集团、任达集团、弘和集团等重点项目落地建设。推动鸿福堂、百汇模具等项目建成投产。投入1亿元完善园区基础设施，推动“产、城、人”融合发展。以翠山湖为核心，东联月山、水口，西联沙塘、苍城，完善“1+4”重大发展平台体系。月山镇借力江罗高速水井互通，加快推进开阳高速月山互通和连接线建设，做好路边经济文章。水口镇加快推进已落户项目投产见效，创建水暖卫浴产业“全国知名品牌示范区”。沙塘镇依托医药产业基础，联合翠山湖发展大健康产业。苍城镇着力推动现代粘胶产业集聚发展，打造新型环保粘胶材料基地。

加快产业转型升级。实施“招商引资突破年”，强化主要领导亲自抓重大优质项目力度，争取引进1—3家世界500强企业和上市公司。加强与各界商（协）会机构合作，举办大型招商洽谈会和中国（水口）卫浴博览会。实施质量强市和品牌兴市战略，开展首届政府质量奖评选，提升产品和工程质量水平。抓紧编制水口镇水暖卫浴产业规划，推进中国（水口）卫浴博览城建设。加快发展现代建筑产业，支持建筑企业资质优化、人才引进和荣誉申报，大力发展装配式建筑，擦亮“开平建筑”品牌。推动房地产市场健康发展。落实“占补平衡”土地政策[21]，完成水田垦造3600亩。做好已落户企业服务，支持企业增资扩产和技术改造。强力推进已签约项目落地建设，已获批用地的项目全部纳入市重点项目督办。强化“供而未建”和高能耗、低效益项目监管，盘活利用好土地资源，为优质项目腾出空间。

发展壮大国有企业。推动市属国有企业经济效益和社会效益协调发展。完成市直国有企业公司制改革。促进国有资产重组整合。发挥国有企业独特优势，提升“资源资产资金”良性运作能力。鼓励国有企业采取灵活投融资方式，参与交通、城建、新能源和旅游等项目，强化造血功能。运用信息化手段，加强国有资产监管，促进国有资产保值增值。落实农信社改制为农商银行的申报筹建工作。发挥国有企业融资能力，调动镇（街）积极性，整合全市优质资源，提升市镇两级“三旧”改造水平。

三、城市提质，建设宜居宜业宜游的美丽家园

强力提升城市品质。以创建“全国文明城市”为抓手，推进城市提质项目建设，争取到2020年获得“全国文明城市”提名城市资格，到2023年创建为“全国文明城市”。高起点规

划城市新区，以开平大道为主干轴，以梁金山为绿色生态屏障，将翠山湖与中心城区连成一片，打造产城融合示范区；加快潭江新城规划和前期工作，完成新美大道主体工程，引导新美片区内小工业转移搬迁，建设滨江生态休闲带，推动水口与城区一体化发展；吸引现代建筑产业新业态、新技术、新项目集聚发展，打造现代建筑产业特色小镇。突出做好城区重要出入口景观改造，提升我市“第一印象”。推进老旧城区和圩镇改造，活化利用历史街区和建筑，留住城市记忆。因地制宜修建街心公园和人文小品。依法开展城市建成区违法建设专项治理。强化交警、交通、公路等部门联合执法力度，提升科技手段，重拳整治国道G325超限超载。打通城区科技路连接省道S274杜澄大道，优化东汇城周边道路，逐步解决一批拥堵黑点。完成长振桥、宝源桥、中和路、富强路、沿江东路河堤、潭江西路河堤改造。抓好宝堤东路、冲澄人行便桥建设。全面整治城区船舶。创建全国卫生城市，重拳整治城市脏乱差，全面实施环卫处长沙站和幸福站片区清扫保洁业务市场化。推进“智慧城管”平台、海绵城市和地下综合管廊规划建设。

*积极实施乡村振兴。*完成农村土地承包经营权确权登记颁证工作。稳步推进村改居社区“政经分开”[22]、农村土地“三权”分置[23]等工作。规范农村集体“三资”管理。扎实开展农村人居环境综合整治，做好省、江门市级卫生镇村创建和复评等工作，推进塘口镇强亚村、大沙镇大塘面片区等新农村示范点建设。建立农村生活垃圾收运处理及保洁常态化机制，持续推进农村无害化卫生厕所改造。完成一批农村改水工程。实施新一轮农村电网改造升级。深化农村信息直通车工程，健全农村专业合作社运行机制，推动农村电商发展。推进国家现代农业示范区建设，抓好高标准基本农田、中央财政现代农业优质稻产业带、农业面源污染治理等重点项目实施。配合江门市推进现代种业长廊建设。加快金鸡镇现代农业双创示范基地建设。强化农产品质量安全监管，创建国家农产品质量安全县。加快发展农产品精细加工、冷链冷库物流、休闲观光田园综合体和农村新兴服务产业。引导企业申报“三品一标”[24]，打造高品质农业品牌。

*全力推进全域旅游。*深化“旅游+”发展模式。按照“全景化体验、全时化消费、全业化融合、全民化共享”要求，促进旅游发展与产业提升、城市提质、乡村振兴密切协同，与工业、农业、商业、文化、教育、科技、大健康等相关产业高度融合，确保成功创建国家全域旅游示范区。推进赤坎古镇项目建设。举全市之力推动赤坎古镇华侨文化展示旅游项目建设，依法完成赤坎圩镇文物保护与整体改建项目房屋征收，扎实推进赤坎圩镇建筑保护修葺，实施赤坎古镇二期征收，抓好赤坎新区规划，打造古镇保护开发、特色小镇建设、“2511”新型城镇化改革[25]三结合样板工程。加快旅游资源开发。构建旅游局、旅游协会、旅游智库、平台公司和龙头企业“五驾马车”做旅游的运作模式。强化金山文旅公司运营能力，加强旅游资源收储和整合利用。整体提升立园、自力村、马降龙村等景区质量，全力创建国家5A级旅游景区。依托国家中微子实验站，探索打造世界科技特色小镇。活化利用碉楼古村落和历史文化街区，打造一批具有侨乡特色的标杆式民宿民居。创建大沙天露山“醉美乡村”等一批江门乡村旅游示范村。抓好“获海埠”骑楼街等项目开发。完善旅游配套服务体系。按照“主客共享”要求，以外来游客“行走自如”、本地居民“方便快捷”为目标，完善交通设施、信息咨询、安全保障、质量监督等旅游配套服务体系，构建外来游客与本地居民共享的高品质生活环境。优化旅游大数据平台，提升旅游安全生产和质量监管水平。实施“厕所革命”，新（改、扩）建A级旅游厕所10座。积极支持老字号、名优产品企业，打造一批地方特色旅游手信。

*加大生态文明建设力度。*树立“绿水青山就是金山银山”的发展理念，完善生态补偿机制，大力实施森林小镇、绿色生态水网、生态景观林带、森林围城进城工程，推进珠三角国家森林城市群建设，提升城市色彩层次。新增

生态公益林2.5万亩。建设4.5千米梁金山森林防火应急通道。优化国道G325、省道S274等重点主干道树种，打造绿化示范路。加强公园城市建设，推进广东开平孔雀湖国家湿地公园试点和潜龙湾省级森林公园质量等级提升，金山森林公园和金鸡白云石森林公园创建省级森林公园，加快翠山湖峯景生态公园一期建设和天露山梅花谷森林公园景观改造，新建镇级森林公园2个、镇（街）公园3个、村（居）公园33个。推进大气、水、土壤污染防治，抓好城区烟囱治理，严格控制企业污染排放，强力整治扬尘污染。加大对印染、制革、陶瓷等重点行业的环保督查，完成第二批“小散乱污”企业整治。加强城区码头整治管理。积极实施河长制，加强饮用水源综合整治，持续修复潭江河水域生态环境。完成新一轮生活污水处理设施整市捆绑PPP项目。认真实施畜牧业发展规划和畜禽养殖污染防治规划，巩固畜禽养殖整治成果。强化土壤污染管控和修复。完成市固废综合处理中心一期项目土建工程。

四、工作提效，打造法治高效廉洁的人民政府

*强化党建工作。*深入开展“大学习、深调研、真落实”活动，推动党的十九大精神学习宣传贯彻往深里走、往实里抓，坚定不移地用习近平新时代中国特色社会主义思想统一思想和行动，持续推进“两学一做”学习教育常态化制度化。深入开展“不忘初心、牢记使命”主题教育，不断增强“四个意识”、坚定“四个自信”。坚持党对一切工作的领导，落实全面从严治党，建设善于学习、勇于实践的政府系统党组织，凝聚干在实处、走在前列的强大合力。

*推进依法治市。*全面推进政务公开，主动接受人大法律监督和政协民主监督，办好人大代表建议和政协提案。深入开展“七五”普法，深化法治开平建设，完成法治镇（街）创建任务，推进民主法治村（社区）创建。建设青少年法治教育实践示范基地。依法规范信访秩序，完善矛盾纠纷排查化解制度。推进城市执法体制改革。加强对监督薄弱单位的审计，促进审计全覆盖。加强系统性金融风险防范。做好财政预决算和“三公”经费公开，规范政府债务管理，抓好财政监督检查，查处违规乱纪行为。

*深化“放管服”改革。*深化商事登记制度改革，实施电子营业执照和电子化登记，推进银政直通车服务[26]、“一站式”服务[27]和“证照分离”改革[28]。深化检验检疫审单放行新政，提高通关效率。全面推进公共服务事项标准化，将部门行政许可事项和公共服务事项全部纳入行政服务中心大厅和网上办事大厅，并进一步完善村（社区）公共服务体系。落实领导干部联系挂钩基层制度，推行“一线工作法”[29]。稳步推进经济强镇（街）行政管理体制改革。完善镇级财政管理体制，激发镇级发展积极性。深化预算项目绩效评价改革，提高财政资金效益。

*加强廉政建设。*从严落实廉政建设“一岗双责”，把握运用监督执纪“四种形态”，纠“四风”，肃党纪，巩固和拓展落实中央八项规定成果。保持反腐高压态势，坚决整治侵害群众利益的不正之风和腐败问题。深入开展廉政文化宣传，促进廉政教育常态化。扎实开展“作风建设年”活动，完善“三级量化问责”[30]考核机制，提升干部队伍执行力，确保各级党委政府决策部署落到实处。建立健全改革容错纠错机制和绩效考评机制，纵深推进机关管理创新工作，调动各级干部锐意改革、勇于创新的积极性。

五、以人为本，扎实推进各项民生事业

*深入开展精准扶贫。*用好扶贫资金，开展智力扶贫、就业扶贫和产业扶贫，构建扶贫与低保“两线合一”常态化、全覆盖的城乡扶贫长效机制，高质量完成脱贫目标。积极解决老区村出行难、饮水难等问题。完善“百医牵百村”“百企扶百村”等社会帮扶机制。积极实施基本公共服务均等化补助和资源激励型财政补贴政策，实现全市村级集体年可支配收入达20万元以上。

*提高就业质量和人民收入。*推动各项促进就业扶持、产业扶贫和创业优惠政策落地见效，重点促进生活困难人员和扶贫对象就业创

业。鼓励创业带动就业，发展和完善创业孵化基地，引导更多高校生回乡创业发展。完善政府、工会、企业共同参与的协商协调机制，促进用人单位依法用工。完善收入分配制度，加大恶意欠薪行为打击力度。加强专业技术和高技能人才队伍建设。

强化社会保障体系。加大民生资金投入力度，继续抓好市镇两级“十项民生实事”。持续提高城乡低保、特困人员和孤儿供养等底线民生保障标准。加强流浪者和精神病人救助。推进社会保险扩面，做好被征地农民养老保障预存资金分配工作。稳步实施医保城乡一体化改革，加快推进省内异地就医实时结算，推进医疗救助“一站式”结算服务。完善基本医疗保险和大病保险制度。构建多元化养老服务体系，落实民办养老机构新增床位和运营补贴，健全居家养老服务设施的长效运营机制。加强保障性住房建设和管理。推动志愿服务事业发展。大力开展慈善公益活动。制定中长期青年发展规划，认真实施妇女儿童发展规划。

高起点推进文化事业。加大华侨文化保护传承力度，实施文化惠民工程，传承开平文脉。拓展省图书馆、文化馆总分馆制试点建设成果，促进公共文化资源向农村倾斜。完善“开平碉楼与村落”监测工作。广泛征集文物，充实新博物馆馆藏。完成市档案馆扩建工程。推进自然村落历史人文普查。开展普惠性文化活动，创作一批富有开平特色的文艺精品。推动传统媒体和新兴媒体深度融合发展，打造具有影响力和侨乡特色的媒体品牌。

优先发展教育事业。积极推进义务教育“三二一”工程，建成梁金山小学（二期）、翠山湖实验学校（一期）、市职业教育公共实训中心（一期）。加快苍江中学教学楼及配套工程、赤坎镇中心小学和中心幼儿园搬迁建设，启动侨园路小学扩建、光明实验学校建设。推进职业教育专业设置与地方产业发展深度融合。深化强师工程，提升教师综合素养，建好配强教师队伍。加强智慧校园建设，加快推进教育现代化。实施中小学校考核评价体系改革，促进义务教育优质均衡发展。

建设“健康开平”。巩固和扩大“医联体”试点成效，全面实施分级诊疗，促进医疗资源下沉到基层。抓好基层卫生人才培养和临床专科建设。完成医疗急救体系标准化建设、第二人民医院迁建主体工程、中医院迁建、金鸡卫生院扩建和长沙社区卫生服务中心建设。推进市妇幼保健计划生育服务中心综合大楼、农村卫生站公建民营规范化建设。落实全面二孩配套政策，提升人口计生服务质量。实施省餐饮质量安全三年提升计划，打造省级食品安全示范街，提升食品抽检、快检覆盖率。启动新体育中心建设前期工作。全力配合江门市申办第十六届省运会，办好全民健身系列活动。

打造“平安开平”。开展“忠诚走前列、护航新征程——2018年粤警行动”，依法打击黄赌毒黑拐骗、盗抢等违法犯罪活动，擦亮“平安”品牌，营造最优治安环境。扎实推进“综治中心+网格化+信息化”工作，完成“两街一镇”治安视频监控建设。推进安全生产改革发展，健全公共安全体系。新建城区市政消火栓150个，抓好森林防火公路和镇级森林消防队伍建设。健全防灾减灾应急体系，提高“三防”能力。抓好民兵预备役、国防教育和双拥共建，完善复退军人服务体系，推动军民融合深度发展。完善周文雍陈铁军烈士陵园爱国主义教育基地建设。完成粮库智能化升级改造和粮油企业仓储规范化建设，保障粮食安全。持续加强保密、人防、打私、气象、老龄等工作。抓好外事、侨务、民族、宗教、对台工作，强化与港澳社团、华侨新生代的沟通联系，促进我市加快融入粤港澳大湾区开放发展。

同志们，做好2018年各项工作，任务艰巨、使命光荣。让我们更加紧密团结在以习近平同志为核心的党中央周围，在中共开平市委的坚强领导下，不忘初心、牢记使命，开拓进取、干在实处，为开平的加快发展努力奋斗，推动党的十九大精神在开平大地落地生根、开花结果。

幸福都是奋斗出来的，在新的一年里，让我们撸起袖子加油干！

附表1

2017年开平市经济社会主要指标完成情况表

序号	指 标	单 位	绝对值	增长（%）
1	地区生产总值	亿元	330.02	8
2	规模以上工业增加值	亿元	120.38	9.50
3	地方一般公共预算收入	亿元	23.33	8.63
4	固定资产投资	亿元	298.55	17.04
5	社会消费品零售总额	亿元	191.83	10.19
6	外贸进出口总额	亿元	150.70	2.50
7	城乡居民人均收入	元	23218.6	8.74
备注	地区生产总值和城乡居民人均可支配收入为预计完成数。			

附表2

2018年开平市经济社会发展主要预期增长目标表

序号	指 标	预期增长目标（%）
1	地区生产总值	7.9
2	规模以上工业增加值	8.2
3	地方一般公共预算收入	9
4	固定资产投资	14
5	社会消费品零售总额	10
6	外贸进出口总额	2.5
7	城乡居民人均可支配收入	与经济增长基本同步

附表3

2018年开平市十项民生实事

序号	项 目	任 务 目 标
1	推进美丽乡村建设	实现全市村级集体年可支配收入达20万元以上。
		推进塘口镇强亚村、大沙镇大塘面片区等新农村示范点建设。
		实施新一轮农村电网改造升级。
2	提升底线民生保障	严格执行新的低保提标政策，提高我市城乡最低生活保障标准和月人均补差水平。
		提高我市城乡特困人员供养标准，不低于当地城乡最低生活保障标准1.6倍。
		将基本医疗保险一档（原城乡医保）各级财政补助标准提高到每人每年不低于480元。
		我市分散供养孤儿（艾滋病病毒感染儿童）基本生活保障标准从每人900元/月提高到1000元/月，机构集中供养孤儿基本生活保障标准从每人1540元/月提高到1800元/月。
3	加强城乡养老服务	城乡居民基本养老保险基础养老金提高到130元/月。
		将“银龄安康行动”老人意外伤害险政府出资投保对象扩大到60周岁以上的户籍老人。
4	优化公共卫生服务	完成市第二人民医院迁建主体工程。
		完成长沙社区卫生服务中心建设。
5	强化生态环境保护	完成新一轮生活污水处理设施整市捆绑PPP项目。
		完成第二批“小散乱污”企业整治。
6	深化森林城市建设	加快翠山湖峯景生态公园一期工程建设。
		完成新增生态公益林2.5万亩。
		完成新建镇级森林公园2个、镇（街）公园3个、村（居）公园33个。

续表

序号	项 目	任 务 目 标
7	加快教育事业发展	建成梁金山小学（二期）工程并投入使用。
		建成翠山湖实验学校（一期）工程并投入使用。
		建成市职业教育公共实训中心（一期）工程并投入使用。
		加快苍江中学教学楼及配套工程建设。
		加快赤坎镇中心小学和中心幼儿园搬迁建设。
8	实施城市提质工作	完成宝源桥扩建改造工程。
		完成长振桥“一桥一特色”改造。
		完成中和路改造提升。
		完成富强路改造提升。
		全面实施环卫处长沙站和幸福站片区清扫保洁业务市场化。
		抓好宝堤东路改造提升。
		优化东汇城周边道路。
		完成沿江东路、潭江西路河堤改造工程。
9	完善交通基础设施	完成乡道狮上线、乡道沙塔线、县道台蚬线、县道马稔线安全生命防护工程。
		完成深茂铁路开平站配套及相关道路工程。
		环城公路东环、西环段力争建成通车。
		完成新美大道主体工程。
10	齐创共建“平安开平”	推进4.5千米梁金山森林防火应急通道工程建设。
		新增城区市政消火栓150个。
		完成“两街一镇”治安视频监控建设。

注释：

［1］**政银保**：即以政府财政投入的基金做担保，银行等金融机构为符合贷款条件的担保对象提供贷款，保险公司对上述贷款提供保证保险的新型融资产品。

［2］**去降补**：即去产能、去库存、去杠杆、降成本、补短板。

［3］**出清重组国有“僵尸企业”**：即对已停产、半停产、连年亏损、资不抵债，主要靠政府补贴和银行续贷维持经营的企业进行分类处理。其中，对无资产、无人员、无经营场地的“三无”企业，在妥善处理债务并进行清算后予以注销；对完全处于关闭或停业状态、职工已安置或仍有部分留守人员、营业执照被吊销的长期休眠企业，实施退出、关闭或破产清算；对符合条件的困难企业，推动兼并重组，实现转型升级。

［4］**杠杆率**：指权益资本与资产负债表中总资产的比率。

［5］**十五证合一**：即整合《营业执照》《组织机构代码证》《税务登记证》《社保登记证》《刻章许可证》《海关报关单位注册登记证》《出入境检验检疫报检企业备案表》《对外贸易经营者备案登记表》《外商投资企业设立备案》《开户许可证》《机构信用代码证》《原产地证表》《贸易外汇收支企业名录登记》及统计、电子口岸企业入网资格审查等信息的新版企业营业执照。

［6］**五证整合**：即整合《营业执照》《税务登记证》《刻章许可证》《开户许可证》《机构信用代码证》等五个证照信息，完成了从事一般个体经营活动开办阶段全部证照手续整合。

［7］**两化融合管理体系贯标试点企业**：即企业系统地建立、实施、保持和改进两化融合过程管理机制的通用方法，覆盖企业全局，可帮助企业依据为实现自身战略目标所提出的需求，规定两化融合相关过程，并使其持续受控，以形成获取可持续竞争优势所要求的信息化环境下的新型能力。

［8］**数字化城市管理平台**：即以新一代信息技术为支撑，通过数字城管的网格化管理和事部件管理的新模式。

［9］**“小散乱污”企业**：即生产规模小，且不符合产业政策，不符合当地产业布局规划，未办理工信、发改、土地、规划、环保、工商、质监、安监、电力等相关报批手续，不能稳定达标排放的企业。

［10］**河长制**：即由各级党政主要负责人担任河长，负责组织领导相应河湖的管理和保护工作。

［11］**义务教育“三二一”工程**：即2016—2018年，蓬江、江海各要新建不少于3所，新会、开平、鹤山各要新建不少于2所，台山、恩平各要新建不少于1所义务教育阶段公办中小学校。

［12］**医联体**：即区域医疗联合体，是将同一个区域内的医疗资源整合在一起，通常由一个区域内的三级医院与二级医院、社区医院、村医院组成一个医疗联合体。

［13］**一卡通**：市民持社会保障卡在医院就诊时，可通过社会保障卡自助服务终端享受自助付费结算、社保信息查询、医院消费情况查询等便民服务，既避免在人工付费结算窗口长时间排队等候，又大大提高群众就医的主动权、选择权和知情权。

［14］**社区康园中心**：指立足于社区，集工疗、娱乐、康复为一体，为社区内的成年精神残疾康复者、智力残疾人和重度肢体残疾人提供日间照料、康复功能训练、庇护性就业和文体活动等服务的公益性残疾人社区康复服务机构。

［15］**监督执纪“四种形态”**：第一种，党内关系要正常化，批评和自我批评要经常开展，让咬耳扯袖、红脸出汗成为常态；第二种，党纪轻处分和组织处理要成为大多数；第三种，对严重违纪的重处分、作出重大职务调整应当是少数；第四种，严重违纪涉嫌违法立案审查的只能是极少数。

［16］**廉政建设“一岗双责”**：即各级党政机关党员干部在经济建设、履行行政工作职责的同时，还要负责所在机关的党风廉

政建设。

［17］**四风**：即形式主义、官僚主义、享乐主义、奢靡之风。

［18］**法治建设“三级同创”**：即推进省级法治县（市、区）、法治乡镇（街道）和民主法治村（社区）“三级同创”。

［19］**一程多站**：指将游客来源地与旅游资源富集地区的多个目的地相连，通过一线式的行程为游客提供多个站点的旅游体验。

［20］**“专精特新”小微企业**：具有“专业化、精细化、特色化、新颖化”特征的工业小微企业。

［21］**“占补平衡”土地政策**：即根据《土地管理法》规定，实行占用耕地补偿制度，非农建设经批准占用耕地要按照“占多少，补多少”的原则，补充数量和质量相当的耕地。

［22］**政经分开**：即进行农村集体产权制度改革、组建农村股份合作经济组织的地区，探索剥离村“两委”对集体资产经营管理的职能，开展实行“政经分开”试验。

［23］**“三权”分置**：即所有权、承包权、经营权三权分置，经营权流转。

［24］**三品一标**：指无公害农产品、绿色食品、有机农产品和农产品地理标志。

［25］**“2511”新型城镇化改革**：即在广东省选择2个地级市、5个县区、10个建制镇作为新型城镇化综合试点，选择10类项目作为新型城镇化专项试点。

［26］**银政直通车服务**：市场监管部门与商业银行合作，由商业银行免费代为办理商事登记各项业务，向商事主体提供商事登记代办服务（含代办名称预核准、工商注册登记、“多证合一”登记、代领营业执照等）。

［27］**“一站式”服务**：全面实行“一套材料、一表登记、一窗受理、一次采集、一档共享”登记模式，即由综合服务窗口负责指引申请人登陆江门市网上办事大厅填报涉税等登记信息。市场监管部门核准营业执照后，将工商登记档案中的章程、住所（经营场所）证明及企业开办综合信息申报表扫描共享至“多证合一”平台，同时通过“多证合一”平台整合企业基本信息及涉税、刻章、开户信息，并分别推送至相应部门，其他部门不再要求企业提交相关纸质资料。

［28］**“证照分离”改革**：即实施行政审批事项分类改革，进一步清理和取消一批后置审批事项，推动一批行政许可事项由审批改为备案，推动一批行政许可事项实行告知承诺制；创新行政审批服务运行模式，推行“多证合一”登记制度改革，实施全程电子化和电子营业执照改革；强化事中事后监管，健全市场监管和企业信用信息平台，推进“双随机一公开”监管机制。

［29］**一线工作法**：即领导在一线指挥、干部在一线工作、问题在一线解决、决策在一线落实的工作方法。

［30］**三级量化问责**：即按指标任务未完成率进行量化分级问责。其中，三级问责由两办督查部门实施工作问责，二级问责由市委组织部实施“三书预警”或组织处理，一级问责由市纪委（监察局）进行党纪政纪问责。

开平市2017年国民经济和社会发展计划执行情况与2018年计划草案的报告

——2018年1月23日在开平市第十六届人民代表大会第四次会议上

开平市发展和改革局局长 张健东

一、2017年国民经济和社会发展计划执行情况

2017年是实施“十三五”规划的实干之年，是新一届政府继往开来的起步之年。我们在上级党委、政府和中共开平市委的正确领导下，在市人大及其常委会和市政协的监督支持下，学习贯彻党的十九大精神，以“工作落实年”为动力，善作为、重实效、谋新篇，全力推进经济社会持续健康发展。预计全市地区生产总值完成330.02亿元，同比增长（下同）8%；规模以上工业增加值120.38亿元，增长9.50%；固定资产投资298.55亿元，增长17.04%；地方一般公共预算收入23.33亿元，增长8.63%；社会消费品零售总额191.83亿元，增长10.19%；外贸进出口总额150.70亿元，增长2.50%。金融机构各项贷款存款余额分别增长16.98%和8.99%。经济社会发展呈现稳中向好态势。

（一）经济形势稳中有进，产业结构不断完善

实体经济提质增效。传统产业转型升级步伐加快，水暖卫浴、化纤纺织和食品三大传统产业实现规模以上工业增加值68.80亿元，增长15.85%。新增省名牌产品4个，著名商标2件。华艺卫浴获评中国出口质量安全示范企业。先进装备制造业规模逐步增大，实现增加值47.28亿元，增长11.50%。现代建筑产业发展加快，实现建安产值182.20亿元，增长20.84%，2项工程荣获国家优质工程奖。招商引资成果喜人，共引进1000万以上招商项目44个，投资总额64.3亿元。其中，超亿元项目13个。

翠山湖园区建设水平提升。全年投入1亿元继续完善基础设施建设，翠山湖大道东延线、翠山湖实验学校、翠山湖峯景生态园等7项道路及配套建设顺利推进。健全消防网格化管理，完成翠山湖消防队建设。连续6年在省产业园考评中获优秀等次。成功创建中国产学研合作创新示范基地，列入江门市万亩工业园发展体系，申报纳入国家名录省级开发区。企业建设提速提效，鸿福堂、凯赛德等项目动工建设，百汇模具、联新三期等项目建设进展顺利。园区累计落户企业109家，投试产企业75家。

第三产业发展提速。文化旅游发展备受肯定，我市连续8年获评广东省县域旅游综合竞争力十强县市。广东省首个联合国世界旅游组织旅游可持续发展观测点在我市揭牌。国家全域旅游示范区和国家5A级旅游景区创建工作稳步推进。赤坎华侨文化旅游小镇成为省级特色小镇创建工作示范点，并获得省专项资金150万元。仓东教育基地获评中国乡村旅游创客基地。大沙镇、塘口强亚村分别获评江门市乡村旅游示范镇、示范村。全年接待海内外游客约684万人次，旅游收入约76亿元，分别增长14.2%和20.7%。房地产市场保持平稳健康发展。全年房地产预计完成开发投资32.23亿元，增长65.31%；商品房成交面积和成交金额分别增长36.22%和59.71%。

农业供给侧结构性改革稳步推进。全市农业总产值56.72亿元，综合发展速度为103.50%。农业机械化水平处于全省前列。农业“政银保”全年发放贷款1.02亿元，引导社会资金5亿元投入国家现代农业示范区建设，该示范区建设水平监测评价位列全省前三名。建成

高标准基本农田4.39万亩。扶持8家省级现代农业示范区农业经营主体建设。新认定江门市级农民专业合作示范社4家，新增开平市级重点农业龙头企业4家。金鸡现代农业创业创新示范基地和现代种业长廊加快建设。中心城区实现家禽“集中屠宰、冷链配送、生鲜上市”。农村土地承包经营权确权登记颁证达92%。

（二）狠抓重大项目建设，区域交通优势凸显

重点项目建设加速推进。我市4个省重点项目累计投资14.68亿元，完成年度投资计划的116.94%；52个江门市重点项目累计投资51.52亿元，完成年度投资计划的115.47%；71个本市级重点建设项目累计投资126.33亿元，完成年度计划的114.57%。赤坎古镇项目取得突破性进展，房屋征收率超过96%，实现零上访、零投诉、零抢建三个“零记录”，为房屋征收提供了成功案例。赤坎古镇景区修建性详细规划已通过专家评审会。新区项目启动建设，安置区、赤坎大道、美堂大道、赤坎镇中心小学、中心幼儿园迁建等工程稳步推进。

大交通建设全面提速。江罗高速开平段建成通车，深茂铁路、高恩高速、中开高速、开春高速开平段建设和开阳高速开平段扩建工程有序开展。深茂铁路开平站配套及道路工程完成年度投资计划的120%。开平环城公路全线加快实施，东线、西线和北线东延线一期工程分别完成年度投资的160%、103.46%和106.25%。台开快速路、环城公路北环段一期和东延线二期等前期工作扎实开展。新美大道（G325国道潭江大道）顺利招标。完成省道路面改造11公里、新农村公路硬底化建设11公里和危桥改建3座。

（三）重点领域改革深化，市场活力进一步激发

“去降补”任务全面落实。去产能步伐加快，完成7户国有“僵尸企业”出清重组。去库存成效显著，我市商品房库存消化周期控制在合理区间。完成棚户区改造新开工50套。非金融企业杠杆率控制在合理水平，农合机构、村镇银行和小额贷款公司杠杆率不低于4%。降成本政策执行到位，取消或停征41项行政事业性收费，减轻企业负担1.35亿元。扎实推进26个补短板项目，完善能源、信息、交通、水利等九大类基础设施建设。

重点领域改革深入推进。深化商事登记制度改革，实现企业“十五证合一”和个体工商户“五证整合”。开展“1+3”清单动态管理，清理规范政府部门行政审批中介服务，全面梳理557项行政许可审批权限。推动行政审批委托制，全市13个单位159项委托事项正式实施。进一步赋予赤坎古镇管委会行使审批事权。实施“互联网+政务服务”，行政许可事项进驻网上办事大厅率达95.50%。试行与周边市“同城通办”公共服务事项156项。深入推进行政体制改革，综合行政执法体制改革持续深化，建立健全市委巡察工作机构，推进纪委派驻全覆盖。

小微双创步伐加快。实施创新驱动战略，主营业务5亿元以上工业企业研发机构全覆盖。华艺公司、彼迪药业和盈光机电分别被认定为省级工业设计中心、企业技术中心和省级两化融合管理体系贯标试点。翠山湖金山创客空间被认定为江门市小微企业众创空间，水口卫浴谷被认定为江门市科技企业孵化器，水口水暖卫浴小微双创基地建设进展顺利。培育科技型小微企业192家，693家小微企业成功申请江门市小微企业服务补贴。新增市场主体6974户，新增注册资本29.27亿元，分别增长30.18%和22.42%。

（四）构建城乡新格局，生态文明建设取得新成效

城乡建设协调发展。顺利通过“广东省文明城市”复评，马冈镇成功创建“广东省卫生镇”。《开平市城市总体规划（2011-2020年）》成果通过省人民政府批准实施。簕冲、迳头和新美片区控制性详细规划扎实推进。敷设天然气中压管网29千米。扎实推进新农村示范工程，建成江门市新农村连片示范村4条。7个镇（街道）和祥龙、东兴社区生活垃圾处理实施市场化管理。农村生活垃圾无害化有效处理率达99%，村庄保洁覆盖率达100%。投入

804.79万元，推进16条村庄整治。

绿化造林成果丰硕。成功创建国家森林城市，全市森林覆盖率达43.06%，城区绿化覆盖率达44.92%，人均公园绿地面积18.19平方米。全市造林5.50万亩，植树约489.5万株。四大重点林业生态工程扎实开展。完成大沙河水库生态公益林更新改造以及第一次抚育等阶段性工作，月山镇牛牯坑水源涵养林建设工程竣工验收。扎实推进生态公益林扩面和饮用水源水库第一重山商品林调整工作。国家森林城市、公园城市建设加快发展，广东开平孔雀湖国家湿地公园试点建设工作稳步推进，金山森林公园创建省级森林公园通过省级专家评审。我市绿化工作和湿地公园试点建设经验在全省推广。

环境治理卓有成效。成立市环保委员会，着力推进环境质量改善“三大战役”。水污染防治方面，严格实施“河、段长制”，做好“一河一策”工作，全面完成饮用水源一级保护区内项目清理整治，联合开展禁养区养殖场拆迁，累计拆迁或关停养殖场1664家，出台非禁养区养殖场相关政策。大气污染防治方面，完成锅炉整治125台，淘汰黄标车1255辆。土壤污染防治方面，确定重点整治企业80家。按照中央、省环保督查的要求，抓好整治落实工作。加大环保执法力度，查处环境违法行为136宗。

（五）民生保障扎实推进，社会事业大力发展

文教事业提速发展。公共文化服务体系日臻完善，市博物馆投入使用。推进图书馆、文化馆总分馆制建设，市图书馆总分馆被评为省示范点。开平电视台获评全国市县20强电视台和“影响中国媒体”最具融合力媒体。教育资源进一步优化，义务教育“三二一”工程建设顺利，水口镇第三小学、梁金山小学（一期）、碧桂园学校投入使用。翠山湖实验学校、职业教育公共实训中心建设顺利推进。成功创建“国家级农村职业教育和成人教育示范县”。

卫生事业不断进步。投入3.37亿元建设3个“医联体”试点分院，推动医疗资源向基层下沉。公立医院综合改革进一步深化，全市家庭医生签约人数约48万人，签约服务覆盖率为71%。县级公立医院全面取消药品加成，减轻患者负担4841万元。落实全市严重精神障碍患者监护经费发放工作。推进市第二人民医院与赤坎镇卫生院整体搬迁整合。我市连续5年获评省人口计生工作先进单位。

社会保障日益完善。促进就业创业机制完善，城镇新增就业7921人，城镇登记失业率为2.37%。城乡居民医保成功纳入省财政转移支付范围。全面提高城乡居保基础养老金、城乡医保财政补助、城乡低保、特困人员和孤儿供养等底线民生保障标准。困难人员大病保险起赔标准降低70%以上。建成公租房146套，新增入住103套。成功创建广东省双拥模范市。发放重点优抚对象抚恤定补金1831万元。新建农村居家养老设施14个，城乡居家养老设施实现全覆盖。同时，妇女儿童、老龄、残疾人、民族、宗教、应急、人防、消防、气象、档案和食品药品、安全监管等社会各项事业也取得了新的成绩和进步。

在肯定成绩的同时，我们也清晰地看到我市经济社会发展出现了一些新情况新问题，主要表现在：实体经济质量和效益有待提高；经济发展后劲有待增强；结构调整任务依然艰巨；生态文明、环保卫生、民生保障水平与群众期望仍有差距。对于这些问题，我们必须予以高度重视，认真研究，采取切实有效措施，着力加以解决。

二、2018年国民经济和社会发展计划的安排意见

2018年是贯彻落实党的十九大精神、决胜全面建成小康社会的关键一年。中国特色社会主义进入新时代，开平的发展也面临新形势、新任务、新挑战、新机遇。我市将坚定不移贯彻“创新、协调、绿色、开放、共享”的发展理念，用新发展理念推动各项工作。深化供给侧结构性改革，把发展经济的着力点放在实体经济上，努力提高经济发展的质量和效益，进一步做大经济总量。要坚持以“产业提升、城

市提质、工作提效”为工作主线，科学谋划新一年发展方向和工作重点。

综合考虑新时代经济发展转型新特征和我市发展环境条件，经与“十三五”规划目标衔接，2018年全市经济社会发展预期目标如下：

——地区生产总值增长7.9%；

——规模以上工业增加值增长8.2%；

——地方一般公共预算收入增长9%；

——全社会固定资产投资增长14%；

——社会消费品零售总额增长10%；

——外贸进出口总额增长2.5%；

——城乡居民人均可支配收入与经济增长基本同步。

为实现上述目标，重点做好以下工作：

（一）加快转型升级，推进产业提升

大力发展实体经济。紧抓招商引资“生命线”，通过“走出去+请进来”全力做好精准招商工作。要充分把握翠山湖高新区纳入江门万亩工业园体系的有利契机，以港澳、广州、深圳等地区为主攻方向，更好地承接粤港澳大湾区新一轮产业转移。强化主要领导亲自抓重大优质项目，争取引进1—3家世界500强企业，全年全市引进千万元以上投资规模的实体项目40个以上。充分发挥翠山湖公共保税仓的作用，积极探索开展市场采购贸易试点工作。做好水暖卫浴产业提升，推动落后产能退出，大力发展装备制造业。支持企业增资扩产和技术改造。规划建设现代建筑产业特色小镇，吸引现代建筑产业扎根开平、集聚发展。

壮大核心产业平台。高标准打造翠山湖“万亩园区”，狠抓“扩园提速、招商提效、服务提质”，主动融入粤港澳大湾区建设。积极申报省级高新区，为今后单独申报国家级高新区奠定基础。优化扩展区的功能分区，推进园区扩容增效，加快“五年再造一个翠山湖”的步伐。明晰园区重点以先进装备制造业基地、大健康产业为主攻方向。持续完善核心区发展、加快推进拓展区一期建设。加快基础设施建设，抓好管网管道、燃气供应等基础建设，重点推进翠山湖综合智慧能源项目。完善园区交通路网，加快城南三路等工程建设。推进联新三期、百汇一期、鸿福堂一期等项目建成投产，推动正威国际集团、任达集团、弘和集团等重点项目落地建设。强化“一园四区”重大发展平台体系，全面带动水口、月山、沙塘、苍城四个镇级工业集中区的发展。

加快发展全域旅游。全力以赴迎接国家全域旅游示范区创建验收，继续做好开平碉楼文化旅游区创建国家AAAAA级景区工作，深化“一核多翼”全域旅游发展格局。加快赤坎古镇开发、开平碉楼提升、塘口荣桂坊生态旅游、大沙醉美乡村等旅游项目进展。举全市之力推动赤坎古镇项目建设，加快赤坎圩镇房屋一期征收收尾工作，实施赤坎古镇项目二期征收。抓好赤坎新区规划建设工作，落实学校迁建工程、医院迁建工程、市场建设工程等公共配套项目建设，打造古镇保护开发、特色小镇建设、“2511”新型城镇化改革三结合样板工程。将大沙镇打造为以“登山、观水、赏花、品茶”为一体的全域旅游示范镇。将碉楼文化与乡村建设相结合，劳作体验与田园风光相结合，积极打造一批美丽乡村。依托中微子实验站，积极探索打造世界科技特色小镇。开展特色民宿试点建设，以点带面，大力发展旅游新业态。加大宣传推广力度，打响开平旅游品牌。

促进农业现代化。深化农业供给侧结构性改革。抓好省级现代农业示范区、高标准农田建设、中央财政现代农业优质稻产业带、农业面源污染治理等重点项目实施。抓好国家农产品质量安全县创建工作，确保2018年顺利通过考评验收。依托国家现代农业示范区的资源优势，做大现代农业规模。加快推进金鸡镇现代农业创业创新示范基地和现代种业长廊建设。实施乡村振兴战略。抓好新农村示范工程、农村人居环境整治和老区村建设工作。积极培育新型农业经营主体，继续实施农业“政银保”合作贷款。组织市镇两级农技人员积极下乡开展科技创新。推动“马冈鹅”等本地农产品、土特产搭建电商平台。全面完成农村土地承包经营权确权登记颁证工作。

（二）突出深化改革，激发市场活力

推进关键领域改革。积极推进供给侧结构性改革，坚定落实“三去一降一补”政策。着力淘汰传统产业中一批过剩、低效、污染企业。继续促进房地产业持续稳定发展。加大“放管服”改革力度，落实“两无两藏”工作要求，深入推进“多证合一”“三制”等改革。推动国有企业创新发展，充分发挥好国有企业特有的经济和社会职能，探索推动“资源资产资金”良性转换模式。营造有利于改革的环境，建立健全改革容错纠错机制，在激励先进、鼓励探索、宽容失误等方面多研究提出一些好思路好举措，充分调动各级干部锐意改革、勇于创新的积极性。

以创新驱动引领发展。加快翠山湖、水口水暖卫浴、龙胜汽配三大“双创”基地建设，完善创业创新服务平台。做好迎接国家五部委对小微双创示范基地的验收准备工作。大力实施创新驱动战略，支持水暖卫浴、纺织服装、食品等传统产业优化升级。以国汇工业园、金山创客空间、清关中心为孵化器，配以青年创客OFFICE等特色创业配套，壮大小微双创经济。打造高新技术产业高地，支持更多企业创建省级研发机构。打造海内外侨界青年创新创业平台，发动更多港澳青年才俊在开平创业创新发展。

（三）坚持协调发展，助力城市提质

加快完善交通网络。要充分发挥开平作为珠三角通往粤西地区重要交通枢纽的区位优势，主动融入珠三角交通一体化。完成深茂铁路开平站配套及道路工程，确保深茂铁路开平段建成通车。加快推进中开高速、高恩高速、开春高速开平段和开阳高速开平段扩建工程等重点交通项目建设。推动国道G325月山至塘口段改线工程立项。加快开平环城快速干线项目建设，力争东、西线建成通车，推动北线一期及北线东延线二期工程早日完工。推进赤坎大道、美堂大道等旅游交通道路规划建设。加快县道X561线苍城至马冈段公路改造工程和县道马稔线白沙桥改建工程建设。继续推进新农村公路路面硬底化工程。加快原侨园宾馆周边地块房屋征收，推进市政道路项目建设。

加快新型城镇化建设。加快台开恩协同发展，推进潭江新城规划建设。不断完善城乡规划体系，做好新一版《开平市城市总体规划（2020—2030）》编制的前期准备工作。按计划有序推进开平大道C地块、新海渠东G325国道北侧地块、龙东片区、八一片区、港口片区等控制性详细规划编制工作。加快推进各镇总体规划编制、修编和实施。促进产城融合，推进翠山湖、水口镇与城区融合发展。整合环卫、城监、市政的资源，推动网格化管理向纵深发展。推进市固废综合处理中心一期一阶段PPP项目。要着眼于满足人民对美好生活的需要，以创建“全国文明城市”为统领，分步骤、分阶段提升城市整体形象，力争到2020年实现城市竞争力的整体大幅提升。

建设美丽绿色开平。积极推进珠三角国家森林城市群建设，实施森林小镇、绿色生态水网、生态景观林带、森林围城进城等林业工程，精心打造城市绿色生态系统。继续推进生态公益林扩面工作，至2020年完成省下达生态公益林占总林地面积50%的任务。擦亮“公园城市”名片，抓好广东开平孔雀湖国家湿地公园建设和金山公园创建省级森林公园工作，推进金鸡白云石省级森林公园建设。新建2个镇级森林公园、3个镇（街道）公园、33个村居公园。开展农村人居环境整治行动，建设美丽乡村。纵深推进绿化开平大行动，着力打造1—2条城区绿化示范路，继续抓好公园城市建设，让群众共享创建国家森林城市的成果。

推进环境治理和生态保护。从严落实中央环保督察和省专项督查整改工作，以壮士断臂的决心打赢大气、土壤、水污染三大战役。实施大气污染防治行动，整治“小散乱污”企业。落实最严格的水资源管理制度，巩固禁养区畜禽养殖场整治成果。强化土壤污染管控和修复。从严执行河长制，强力推进潭江流域、未达标水体综合整治。加大对印染、制革、陶瓷等重点行业的环境综合整治力度。

（四）着力保障和改善民生

着力发展文教事业。优先发展教育事业。持续抓好义务教育“三二一”工程，加强师德师风建设，统筹建好配强乡村教师队伍，推动城乡义务教育一体化发展，促进高中阶段教育内涵发展。开展初中学校教育教学联盟试点工作。鼓励创业带动就业，提供全方位公共就业服务，提高就业质量和人民收入水平。落实各类优秀人才奖励，加快建设人才强市。深挖非物质文化遗产内涵，加强开平特色华侨文化的传承、保护与开发。加快发展文化事业和文化产业，开展丰富多彩的普惠性文化活动，推动文化资源向基层延伸，用好融媒体平台，推进传统媒体与新兴媒体深度融合发展，提供新闻舆论传播力、引导力、影响力和公信力。

完善民生保障体系。加强社会保障体系建设，扩大各项社会保险覆盖面，落实好江门市“六项底线民生保障项目”。深入开展精准扶贫，打赢脱贫攻坚战，确保完成全市城乡重点扶贫对象的脱贫任务。深化医药卫生体制改革。巩固“医联体”试点建设成效，深入推进分级诊疗，提升基层医疗服务水平。推进家庭医生签约服务和分级诊疗，打造“健康开平”。加快推进母婴设施、留守儿童设施等相关配套建设。

继续加强妇女儿童、侨务、人防、打私等工作，抓好民族、宗教、对台、气象、食品药品、安全监管以及慈善、反恐怖主义和志愿者服务等工作，促进我市各项社会事业全面发展。

做好2018年经济社会发展任务艰巨，意义重大。让我们在市委市政府的正确领导和市人大、市政协的监督支持下，不忘初心、牢记使命，锐意进取、担当作为，为实现2018年全市经济社会平稳健康发展而努力奋斗！

开平市2017年财政预算执行情况和2018年财政预算草案的报告

——2018年1月23日在开平市第十六届人民代表大会第四次会议上

开平市财政局局长　张伟赞

一、2017年财政预算执行情况

2017年，在市委、市政府的正确领导和市人大及其常委会的监督支持下，我市财政部门深入学习和贯彻党的十九大和习近平总书记系列重要讲话精神，紧紧围绕“善作为、重实效、谋新篇”的工作主线，统筹稳增长、促改革、调结构、惠民生、防风险，全市经济运行保持了总体平稳，稳中有进，进中向好的良好态势，财政改革发展有序推进，预算执行情况良好。

（一）一般公共预算执行情况

全市地方一般公共预算收入实现233316万元，完成经市第十六届人大常委会第十次会议审议通过调整预算（以下简称“预算”）的103.47%，比上年（可比口径，下同）增收18527万元，增长8.63%。其中，税收收入实现163078万元，完成预算的102.31%，增长13.73%；非税收入实现70238万元（含跨市县总机构预缴所得税收入，下同），完成预算的106.27%，负增长1.63%。全市一般公共预算支出实现364704万元，完成预算的96.96%，比上年增支23253万元，增长6.81%。2017年全市地方一般公共预算收入加上上级补助、税收返还、调入资金和上年结余等，减去一般公共预算支出及各项上解支出后，实现收支平衡，略有结余。

市本级一般公共预算收入实现102759万元，完成预算的111.43%，比上年增收9154万元，增长9.78%。其中，税收收入实现32521万元，完成预算的124.48%，增长46.48%；非税收入实现70238万元，完成预算的106.27%，负增长1.63%。市本级一般公共预算支出实现315568万元，完成预算的95.21%，比上年增支17400万元，增长5.84%。2017年市本级一般公共预算收入加上上级补助、税收返还、调入资金和上年结余等，减去市本级一般公共预算支出及各项上解支出后，实现收支平衡，略有结余。

（二）全市政府性基金预算执行情况

全市政府性基金预算收入实现264879万元，完成预算的121.42%，比上年增收203539万元，增长3.32倍。全市政府性基金收入加上上级补助3244万元、置换债券转贷收入1000万元和上年结余28050万元，总财力为297173万元。全市政府性基金预算支出实现209692万元，完成预算的118.68%，比上年增支139588万元，增长1.99倍；债务还本支出10308万元，调出资金12795万元。收支相抵，结余64378万元。

（三）全市国有资本经营预算执行情况

全市国有资本经营预算收入实现7759万元，完成预算的102.33%，比上年（可比口径，下同）增收177万元，增长2.33%。全市国有资本经营预算支出实现7759万元，完成预算的102.33%，比上年增支177万元，增长2.33%，全部统筹安排在一般公共预算的教育支出及社会保障和就业支出科目反映。

（四）全市社会保险基金预算执行情况

全市社会保险基金预算收入实现176390万元，完成预算的62.62%，比上年增收15496万元，增长9.63%。全市社会保险基金预算收入加上上年结余190690万元，收入总计367080万元。全市社会保险基金预算支出173956万元，完成预算的63.04%，比上年增支17148万元，增长10.94%；上解上级支出4042万元。收支相抵，年终滚存结余189082万元。

根据上级的政策，从2014年10月1日起实施机关养老保险制度。编制2017年全市社会保险基金预算收支时，包含了2014年10月至2017年12月机关养老保险基金收入115721万元、支出109291万元。但在实际执行过程中，此项工作未开展，因此，2017年全市的社会保险基金预算收入和支出执行率较低。

（五）市本级财政预算“三公”经费执行情况（含一般公共预算和政府性基金预算）

市本级财政预算“三公”经费支出2322万元，完成预算的101.09%，比上年增支211万元，增长10.00%。比上年增支的主要原因是：在预算执行过程中，原车改核定部分保留公务用车为黄标车或到期报废车，需要更新购置，因此追加公务用车购置费用138万元。如剔除此因素，市本级财政预算“三公”经费支出2184万元，完成预算的95.08%，比上年增支73万元，增长3.46%。具体如下：

1. 因公出国（境）费用61万元，完成预算的93.85%，比上年减支4万元，减少6.15%。

2. 公务接待费用882万元，完成预算的96.29%，比上年减支7万元，减少0.79%。

3. 公务用车费用1379万元，完成预算的104.79%，比上年增支222万元，增长19.19%。其中：

（1）公务用车运行维护费1113万元，完成预算的94.24%，比上年减支19万元，减少1.68%；

（2）公务用车购置费用266万元，完成预算的197.04%，比上年增支241万元，增长9.64倍。增幅较大的主要原因是：①2017年公务用车购置费用年初预算135万元，比2016年增加110万元，增长4.4倍。具体包括公安局购车100万元和纪律检查委员会购车35万元。②在预算执行过程中，原车改核定部分保留公务用车为黄标车或到期报废车，需要更新购置，因此追加公务用车购置费用138万元（其中公安局追加支出49万元、市府办追加支出89万元），如剔除此因素，市本级财政公务用车购置费用支出128万元，完成预算的94.81%，比上年增支103万元，增长4.12倍。

（六）2017年市重点支出（基本公共服务均等化支出）的预算执行情况

基本公共服务均等化十项支出204383万元，完成预算的141.58%，比上年增支11928万元，增长6.20%。具体的项目包括：

1. 公共教育支出82071万元，比上年减支3124万元，减少3.67%。减少的主要原因是：根据上级的要求，减少统计科目。

2. 公共文化体育支出1136万元，比上年减支101万元，减少8.19%。减少的主要原因是：根据上级的要求，减少统计科目。

3. 公共卫生支出18363万元，比上年增支7060万元，增长62.46%。增幅较大的主要原因是：根据上级的要求，增加统计科目。

4. 公共交通支出4085万元，比上年增支3383万元，增长4.82倍。增幅较大的主要原因是：根据上级的要求，增加统计科目。

5. 公共安全支出28148万元，比上年增支5122万元，增长22.25%。

6. 生活保障支出43685万元，比上年增支627万元，增长1.46%。

7. 就业保障支出1131万元，比上年增支797万元，增长2.39倍。增幅较大的主要原因是：根据上级的要求，增加统计科目。

8. 医疗保障支出22246万元，比上年增支934万元，增长4.38%。

9. 住房保障支出909万元，比上年减支454万元，减少33.30%。减幅较大的主要原因：根据上级的要求，减少统计科目。

10. 生态环保支出2608万元，比上年减支2317万元，减少47.04%。减幅较大的主要原因：根据上级的要求，减少统计科目。

（七）市本级财政对下级政府的转移性支出预算执行情况

2017年，市对镇转移性支出32660万元，包括一般性转移支付7441元和专项转移支付25219万元（其中：一般公共预算安排9137万元、政府性基金预算安排23523万元）。专项转移支付主要包括：赤坎古镇专项征收项目11000万元、翠山湖公租房项目4371万元和基础设施配套费支出1995万元等。

（八）地方政府债务情况

1.2017年初地方政府债务余额。经省政府批准，省财政厅核定我市2016年末地方政府债务限额为316159万元（其中：一般债务58800亿元、专项债务257359万元）。2017年初，我市地方政府债务余额为313688万元（其中：一般债务58501万元、专项债务254340万元，或有债务847万元）。

2.地方政府债务置换债券转贷情况。2017年，我市收到省财政下达我市新增债券转贷资金21000万元（其中：一般债券20000万元、专项债券1000万元）。

3.我市承接江门市划转政府债务情况。根据江门市政府《关于江门市本级政府债务划转的通知》（江府函（2017）207号），江门市本级划转开平市的政府债务80000万元（全部为一般置换债券）。

4.2017年底地方政府债务余额。经省政府批准，省财政厅核定我市2017年末地方政府债务限额为416159万元（其中：一般债务158800万元、专项债务257359万元）。截至2017年12月31日，我市地方政府债务余额为403529万元（其中：一般债务157680万元、专项债务245002万元，或有债务847万元）。综合债务率46.99%，其中：一般债务率66.50%、专项债务率67.50%。风险测算评估为安全地区。

以上快报数在决算编制中可能还会有所调整，决算完成后再报市人大常委会审批。

（九）2017年财政主要工作和成效

1.把握主题突出重点，在抓好收支上有新作为。加强收入预测和预算执行分析，科学应对各项政策性增减收因素，做到依法征收、应收尽收。分解落实各部门的收入任务，进一步加强收入管理考核，注重收入质量，抓好收入均衡入库。同时，认真研究上级财政预算安排重点，找准争取着力点和突破点，科学规划和储备项目，加大向上争取资金力度，2017年取得的上级转移支付收入达120258万元。从2018年起，开平市纳入城乡居民医疗保险省级财政转移支付补助范围，仅这一项政策，上级补助8961万元，以后每年随着提标相应增加，有助于缓解我市财政困难。通过加强部门协调、有序调度资金、积极向上争取、盘活土地、合理安排往来、优化支出结构，千方百计实现财政收支平稳运行。

2.集中财力加大投入，在民生保障上有新提升。2017年民生支出295463万元，增长18.57%，进一步解决涉及群众切身利益的问题。一是推动教育改革发展，拨付资金106267万元，落实城乡义务教育、各类扶贫助学政策，加快改善义务教育薄弱学校基本办学条件，推进学前教育发展、基础教育课程改革、现代职业教育质量提升工程、“强师工程”等改革。二是支持社会保障和就业工作，安排资金80553万元，推进社会保险、低保、老年人、残疾人等工作，织牢加固社会保障网，落实就业创业政策。三是促进深化医药卫生体制改革，落实资金57128万元，提高城乡居民医疗保险、基本公共卫生服务人均财政补助等标准，支持公立医院和基层医疗卫生改革，完善公共卫生服务体系，开展“医联体”管理，推进“互联网+分级诊疗”，打造“健康开平”。四是加大文化体育和旅游投入，投入资金9480万元，弘扬开平特色侨乡文化，加强公共文化体育服务体系建设，支持打造特色文化旅游品牌。五是加强“三农”投入，统筹资金25059万元，支持高标准农田、农田水利、农业综合开发等基础生产设施建设，改善农村环境，保障村级组织运转经费，推进脱贫攻坚。

3.多措并举培植财源，在服务发展上有新思路。深入实施创新驱动战略，加大财政资金的整合、聚焦和放大力度，着力构建与经济新常态相适应、与创新创业相衔接的政策体系，促进经济结构优化升级。一是全面落实减税降费政策。落实小微企业、高新技术企业等各类税收优惠政策，继续取消、停征和归并一批政府性基金、行政事业性收费，切实减轻企业税费负担。二是统筹资金助力供给侧结构性改革。支持实体经济加快发展，突出推动产业结构调整。拨付各类资金7000万元，扶持先进装备制造业，促进传统产业加快转型，支持推进小微双创，积极培育发展高新技术企业。三是发挥政府投资撬动功能。筹措资金152473万元，重点支持交通、城建、污水处理、产业园区等基础设施建设，有效发挥了财政投资拉动经济增长的关键作用。

4. 持之以恒强化管理，在深化改革上有新举措。深入推进各项财政管理改革，充分发挥财政在政府治理中的基础性和支撑性作用。一是完善全口径政府预算编制和管理。积极试编中期财政规划，有计划、分步骤安排项目支出。进一步清理碎片化、零星分散的专项资金，确保集中财力办大事。二是预决算公开规范透明。主动向社会“晒账本”，除涉密部门外，全市66家部门在政府网的专栏统一公开部门预决算情况，公开覆盖面达100%。三是严格管控预算执行。国库累计集中支付517309万元，其中直接支付365669万元，直接支付率为70.69%；政府采购项目2916个，预算资金28873万元，节约资金1058万元，节约率为3.66%；评审财政投资项目539个，送审金额116638万元，核减6929万元，核减率为5.94%。四是全面推行绩效预算管理。凡金额50万元以上的可评项目全部开展预算绩效评价，并将评价结果应用到2018年财政预算编制中，促进资金使用效益不断提升。五是加强地方政府性债务管理。完善债务风险预警及化解机制，规范政府性债务举债融资行为和PPP项目运营的财政监督，将政府性债务纳入预算管理，防控财政风险。六是深入开展专项督查。协助配合做好上级各项审计和检查，提高财政监管能力。

二、2018年财政预算草案

2018年是贯彻落实党的十九大精神、决胜全面建成小康社会的关键一年，科学合理地编制好2018年财政预算，对推动各项财政工作上一新台阶具有重要意义。2018年我财政预算和财政工作的总体要求是：认真贯彻上级的决策部署，紧紧围绕市委提出“产业提升、城市提质、工作提效”的工作主线，着力在组织收入上开拓财源、在服务发展上加力增效、在民生保障上守住底线、在财税改革上开拓创新、在资金管理上从严规范，促进全市经济持续健康发展、社会和谐稳定。

（一）2018年一般公共预算草案

1. 全市地方一般公共预算安排

2018年，全市地方一般公共预算收入安排254315万元，比上年增加20999万元，增长9.00%。其中，税收收入185604万元，增长13.81%；非税收入68711万元，减少2.17%。

2018年全市地方一般公共预算收入安排254315万元，加上上级补助收入、调入资金和上年结余等，减去各项上解支出和预计年终结余后，2018年全市一般公共预算支出相应安排379153万元，比上年增加14449万元，增长3.96%。

2. 市本级一般公共预算安排

2018年，市本级一般公共预算收入安排106116万元，比上年增加3357万元，增长3.27%。其中，税收收入37405万元，增长15.02%；非税收入68711万元，减少2.17%。

2018年市本级一般公共预算收入安排106116万元，加上上级转移性收入、镇上解市收入、调入资金和上年结余等，减去各项上解支出、补助镇支出和预计年终结余后，2018年市本级一般公共预算支出相应安排325328万元，比上年增加9760万元，增长3.09%。主要的支出项目包括：

（1）一般公共服务支出28870万元，增加1329万元，增长4.83%，占一般公共预算支出的8.87%。

（2）公共安全支出21136万元，同口径相比，增加113万元，增长0.54%，占一般公共预算支出的6.50%。

（3）教育支出76838万元，同口径相比，增加5237万元，增长7.31%，占一般公共预算支出的23.62%。增加的主要原因是：人员经费增加9590万元。存在以下口径调整因素：①2017年为达到教育支出的法定考核要求，将教师的住房公积金5070万元、医疗保障缴费4317万元和社会养老保障缴费8312万元调整到教育支出反映，而2018年预算的教育支出不包含此部分；②2017年实际支出99263万元中，包含上级追加9936万元，而2018年预算不包含。

（4）科学技术支出12097万元，增加5379万元，增长80.07%，占一般公共预算支出的3.72%。增加的主要原因是：2018年预算包含上年结转6242万元。

（5）文化体育与传媒支出8665万元，同口径相比，增加1409万元，增长19.42%，占一般公共预算支出的2.66%。存在以下口径调整因素：2017年实绩8780万元中，包含上级补助1524万元，而2018年预算不包含。

（6）社会保障和就业支出75753万元，增加9489万元，增长14.32%，占一般公共预算支出的23.29%。

（7）医疗卫生与计划生育支出44070万元，增加4298万元，增长10.81%，占一般公共预算支出的13.55%。

（8）城乡社区支出12990万元，增加5563万元，增长74.90%，占一般公共预算支出的3.99%。增加的主要原因是：2018年预算包含上年结转6275万元。

（9）农林水支出8912万元，同口径相比，增加2750万元，增长44.52%，占一般公共预算支出的2.74%。增加的主要原因是：新增项目开平市生态公益林面积扩大与区划补偿资金1402万元、全面推行河长制建设400万元。存在以下口径调整因素：2017年实绩15182万元中，包含上级补助9005万元，而2018年预算不包含。

（10）住房保障支出10139万元，增加5365万元，增长1.12倍，占一般公共预算支出的3.12%。增加的主要原因是：2018年预算包含教师住房公积金6615万元，而2017年实际支出中，教师住房公积金5070万元在教育支出反映。

2018年开平市本级一般公共预算支出结构表

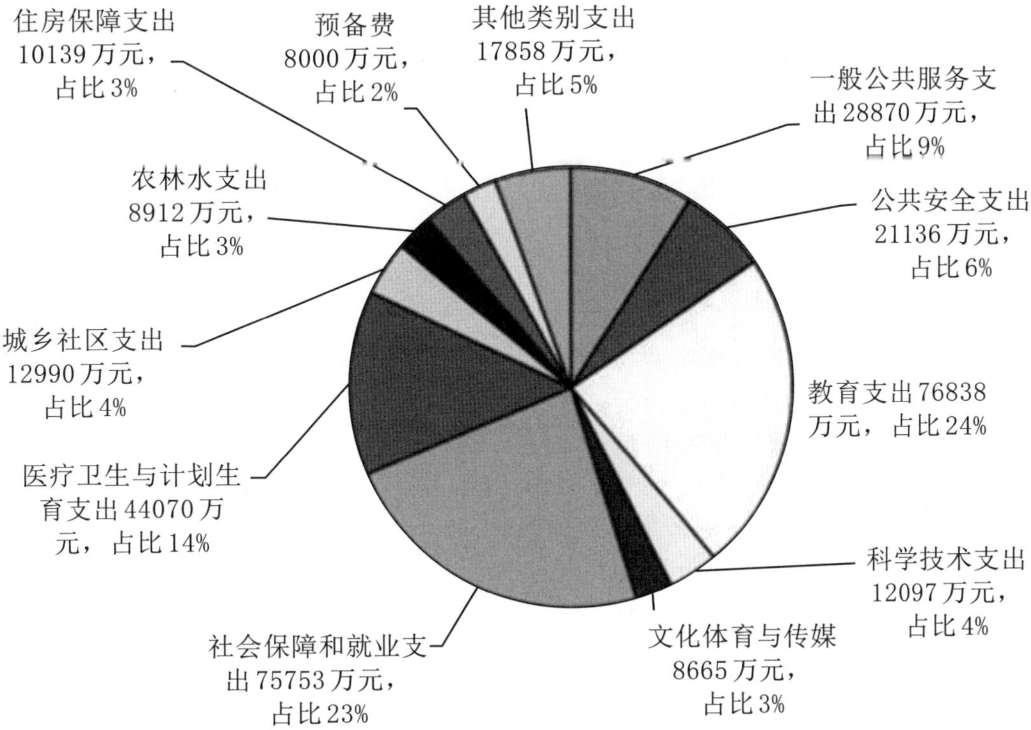

由于市本级一般公共预算的财力有限，按照《预算法》的规定和“量入为出、收支平衡”的原则，仍有62551万元的项目支出未纳入预算。主要包括：一般公共服务支出16000万元、国防支出300万元、农林水支出29954万元、交通运输支出5897万元、资源勘探信息等支出2000万元、商业服务业等支出1300万元、国土海洋气象等支出3400万元、粮油物资储备支出1500万元和其他支出2200万元。

3. 市本级一般公共预算安排的基本支出情况

2018年，市本级一般公共预算安排的基本支出为173267万元，比上年增加7008万元，增长4.22%。其中：人员经费安排164335万元，增加6739万元，增长4.28%；公用经费安排8932万元，增加269万元，增长3.11%。具体包括：

（1）工资福利支出138960万元，增加25212万元，增长22.17%。增加的主要原因是：①2017年住房公积金和住房补贴共19233万元在对个人和家庭补助支出反映，2018年该两项支出共19483万元调整到工资福利支出反映。②2018年实施机关养老保险及职业年金制度，因此增加工资福利支出9394万元。

（2）对个人和家庭的补助支出25375万元，同口径相比，增加760万元，增长3.09%。

（3）商品和服务支出8932万元，增加269万元，增长3.11%。增加的主要原因是：根据上级文件要求，公安和交警的公用经费保障由每人每年3.15万元提高到每人每年5万元，由此市本级负担的公用经费比上年实绩增加169万元。

（二）2018年全市政府性基金预算草案

2018年，全市政府性基金预算收入安排113471万元，比上年减少151408万元，减少57.16%。全市政府性基金收入加上上年结余64379万元，总财力为177850万元。根据政府性基金预算有关规定和专款专用原则，2018年全市政府性基金预算支出安排170497万元，比上年减少39195万元，减少18.69%。具体包括：

1. 国有土地使用权出让收入89000万元，减少142955万元，减少61.63%；支出安排128631万元，减少46880万元，减少26.71%。

2. 国有土地收益基金收入10000万元，减少7853万元，减少43.99%；支出安排9627万元，减少2619万元，减少21.39%。

3. 农业土地开发资金收入1000万元，减少322万元，减少24.36%；支出安排1347万元，增加1335万元，增长111.25倍。

4. 城市基础设施配套费收入9000万元，增加882万元，增长10.86%；支出安排21264万元，增加10654万元，增长1.00倍。

5. 污水处理费收入3431万元，增加187万元，增长5.76%；支出安排3657万元，增加963万元，增长35.75%。

6. 彩票公益金收入1040万元，减少65万元，减少5.88%；支出安排1359万元，增加333万元，增长32.46%。

7. 彩票发行销售机构业务费从2016年起取消。2018年，从彩票发行销售机构业务费历年结余70万元中安排支出70万元，增加4万元，增长6.06%。

8. 国家电影事业发展专项资金及对应专项债务收入全部为上级补助收入，从上年结余11万元中安排支出11万元，减少97万元，减少89.81%。

9. 大中型水库移民后期扶持基金全部为上级补助收入，从上年结余549万元中安排支出549万元，减少3400万元，减少86.10%。

10. 小型水库移民后期扶持基金全部为上级补助收入，从上年结余179万元中安排支出179万元，增加129万元，增长2.58倍。

11. 大中型水库库区基金全部为上级补助收入，从上年结余17万元中安排支出17万元，减少79万元，减少82.29%。

12. 债务付息支出3786万元，增加2273万元，增长1.50倍。

（三）2018年全市国有资本经营预算草案

2018年，全市国有资本经营预算收入安排

425万元，比上年减少7334万元，减少94.52%；支出安排425万元，比上年减少7334万元，减少94.52%。从2018年起，我市对国有资本经营预算进行独立核算，由于核算口径的调整，因此比上年的收支实绩减幅较大。

（四）2018年全市社会保险基金预算草案

2018年，全市社会保险基金预算收入安排326554万元，比上年增加150164万元，增长85.13%；全市社会保险基金预算收入加上历年滚存结余189082万元，收入总计515636万元。

2018年，全市社会保险基金预算支出安排331518万元，比上年增加157562万元，增长90.58%；上解上级支出407万元。收支相抵，年终滚存结余183711万元。

增幅较大的主要原因是：根据上级的政策，从2014年10月1日起实施机关养老保险制度，我市2018年起正式执行。因此，2018年预算包含2014年10月至2018年12月机关养老保险基金收入138753万元、支出138464万元，而2017年实绩不包含此项。

各险种的收支安排具体如下：

1. 企业职工基本养老保险基金收入81632万元，支出98415万元。

2. 城乡居民基本养老保险基金收入23028万元，支出17015万元。

3. 机关事业单位基本养老保险基金收入138753万元，支出138464万元。

4. 城镇职工基本医疗保险基金收入38872万元，支出37706万元（其中：住院支出15624万元，门诊支出19936万元）。

5. 城乡居民基本医疗保险基金收入38706万元，支出32572万元（其中：住院支出27070万元，门诊支出3351万元，大病保险支出2141万元）。

6. 工伤保险基金收入1648万元，支出2163万元。

7. 失业保险基金收入2559万元，支出2454万元。

8. 生育保险基金收入1356万元，支出3136万元。

（五）2018年市本级财政预算“三公”经费安排情况（含一般公共预算和政府性基金预算）

2018年，市本级财政预算安排“三公”经费共2257万元，比上年减少65万元，减少2.80%。其中：

1. 因公出国（境）费用60万元，比上年减少1万元，减少1.31%。

2. 公务接待费用922万元，增加40万元，增长4.51%。增加的主要原因是：2017年在财政专户反映43万元的公务接待费用，2018年调整到一般公共预算反映。剔除此因素，2018年预算比上年实绩减少3万元，减少0.34%。

3. 公务用车费用1275万元，减少104万元，减少7.54%。其中：

（1）公务用车运行维护费用1040万元，减少73万元，减少6.56%。

（2）公务用车购置费用235万元，减少31万元，减少11.63%。

（六）2018年市重点支出和重大投资项目的预算安排情况

1. 重点支出（基本公共服务均等化）的预算安排情况

2018年，基本公共服务均等化十项支出共安排161994万元，同口径相比（剔除上年实绩包含上级补助的因素），增加5622万元，增长3.60%。具体的项目包括：

（1）公共教育支出安排70742万元，同口径相比，增加8691万元，增长14.01%。

（2）公共文化体育支出安排966万元，同口径相比，增加134万元，增长16.15%。

（3）公共卫生支出安排21,138万元，同口径相比，增加2775万元，增长15.11%。

（4）公共交通支出安排4571万元，同口径相比，增加486万元，增长11.91%。

（5）公共安全支出安排20728万元，同口径相比，增加54万元，增长0.26%。

（6）生活保障支出安排30023万元，同口径相比，增加8460万元，增长39.23%。

（7）就业保障支出安排880万元，同口径相比，增加149万元，增长20.36%。

（8）医疗保障支出安排8804万元，同口径相比，增加300万元，增长3.52%。

（9）住房保障支出安排755万元，同口径相比，增加65万元，增长9.47%。

（10）生态环保支出安排3387万元，同口径相比，增加779万元，增长29.86%。

2.重大投资项目的预算安排情况

根据市委、市政府工作部署，2018年重点安排“城市提质”与“乡村振兴”项目支出76636万元。具体的项目包括：

（1）新美大道建设工程16000万元；

（2）325国道与274省道美化改造工程6000万元；

（3）中和路至思明路段路面提升改造工程1100万元；

（4）富强路至中山大道段路面改造工程2100万元；

（5）冲澄桥工程1202万元；

（6）宝源桥工程635万元；

（7）振华桥工程785万元；

（8）宝堤东路路面改造工程500万元；

（9）市区桥梁特色美化工程850万元；

（10）长沙、幸福片区清扫保洁4300万元；

（11）深茂铁路开平站场4500万元；

（12）开春高速2018年项目资本金1600万元；

（13）国道G325线开平市区改线工程5000万元；

（14）国省道改造工程开平市配套资金1023万元；

（15）水口新卫浴城土地整理及长堤建设12904万元；

（16）开阳高速公路月山互通连接线工程征地项目4943万元；

（17）城区高清视频监控建设2874万元；

（18）创建文明城市专项经费1000万元；

（19）农村人居环境整治5320万元；

（20）振兴农村建设四个示范项目4000万元。

（七）2018年市本级财政对下级政府的转移性支出预算安排情况

2018年，市对镇转移性支出安排16751万元，包括一般性转移支付7221万元和专项转移支付9530万元（其中：一般公共预算安排9540万元、政府性基金预算安排7211万元）。专项转移支付主要包括：振兴农村建设四个示范项目4000万元、对翠山湖的各项补助支出2500万元、实施生态激励型财政机制奖励资金1000万元和公安派出所公用经费（市对镇补助）908万元等。

（八）2018年地方政府债务预算情况

2018年，我市需偿还地方政府债务本息合计11527万元（其中：一般债务8287万元、专项债务3240万元），至2018年底，我市未偿还本金余额401203万元（其中：一般债务155354万元、专项债务245002万元，或有债务847万元）。综合债务率35.51%，其中：一般债务率40.90%、专项债务率60.00%。风险测算评估为安全地区。

三、攻坚克难，拼搏实干
确保2018年财政预算任务完成

按照市委十三届五次全会提出的目标，结合今年我市预算和财政工作的总体要求，为确保完成全年财政预算任务，实现财政平稳运行，我们将认真做好以下工作：

（一）抓好财源建设，形成经济良性互动核心力

找准财源建设的切入点和着力点，大力支持创税产业提升，为财税稳定增收奠定基础。一是完善财税扶持措施，推动产业优化升级，改造提升传统产业，培育壮大新兴产业，加快发展现代服务业，提高园区产业聚集度。二是统筹运用支持发展政策，“抓大壮小”，深化重点企业困难“摸排消”活动，解决企业发展中的各种难题，指导和帮助企业做大做强。支持精准招商，积极落实招商引资和招才引智优惠政策，加快项目落地投产见效。三是实施人才引领和创新驱动战略，采取人才津贴、科研补助、贷款贴息、人才奖励等多种方式，支持知识创新、技术创新、管理创新等，健全多元化投入机制。四是落实各项减税降费政策，进一步减轻企业负担，营造公平的税负环境。五是优化收入征管措施。协调各级、各相关部门

抓好收入征缴的同时，加强重点税源、重点行业、重点税种监控，推进涉税信息交换与信息保障机制建设。健全非税收入管理制度，加强财政专户资金、代收代管资金管理，强化集中统筹。

（二）抓好统筹聚焦，增强民生社会事业保障力

完善民生保障机制，继续支持实施民生实事工程，进一步破解民生难题、回应社会关切、满足民生需求。同时，着力推动相关领域的支出政策安排，突出公共性，增强可及性和可持续性。稳步推进机关事业单位工作人员养老保险制度改革，支持实施精准扶贫，加大教育、医疗卫生、生态环保、社会保障和就业以及公共文化等资金投入，落实困难群众兜底保障措施，切实提升城乡居民生活质量。2018年市本级财政预算安排省级十项民生实事支出14614万元，比上年增加7776万元，增长1.14倍。

（三）抓好服务发展，充分发挥财政资金凝聚力

一是支持城市品质提升。紧盯轨道交通、国道扩容、城市道路、环境整治等重点项目，乘势而上推进一批符合发展需求的基础设施项目，全面拓展和提升城市综合承载力。同时，改善城乡人居环境，扶持振兴乡村建设，推进城乡统筹发展。二是加强社会治理创新。加强对法治开平、平安开平的经费保障力度，积极支持“雪亮工程”、“智慧城市”建设，完善政府向社会力量购买服务，探索扩大城区清扫保洁及生活垃圾转运市场化试点，增强社会治理整体合力，提高城市运行效率，确保社会平安稳定。三是增强城市文化软实力。扶持弘扬传承侨乡特色文化，增强世遗文化旅游市场影响力，积极支持全域旅游示范市建设，大力招宾引客。

（四）抓好改革创新，构建现代财政制度向心力

聚焦制约财政改革发展、履职尽责的体制机制“短板”，坚持以深化改革促发展、增活力，在关键环节上精准发力，有序推进各项重点改革任务。一是加快构建以绩效预算为导向的预算管理制度。建立健全财政专项资金绩效评价体系，充分发挥信息化在预算绩效管理中的基础性作用，实现预算绩效管理与预算编制、预算执行的深度融合，增强预算绩效结果的应用，拓宽重点专项支出绩效评价广度和深度。二是深化预决算公开改革，细化和完善公开的内容、格式和制度，加快全面规范、公开透明的现代预算制度建设，自觉接受人民群众的监督。三是创新财政监管机制。不断完善财政投资评审、政府采购、国库集中支付等机制，切实管控好财政资金运行流程和关键节点，加强对涉及群众切身利益的重大专项资金的监督检查，努力提高财政资金使用效益。

站在新的起点，踏上新的征程。我们将在市委、市政府的坚强领导下，全面贯彻落实各项重大决策部署，坚持团结务实、敢于担当、积极作为，扎实推进各项财政工作，争取全年预算任务圆满完成，为保障全市经济平稳健康发展及社会和谐稳定贡献力量。

2017年2月23日，开平市第十六届人大二次会议在开平人民会堂隆重召开

（余映意　摄）

大事记

开平年鉴

（2018）

KAI PING NIAN JIAN

2017 年大事记

1 月

3日 上午，央视大型纪录片《记住乡愁》走进开平赤坎古镇正式开始拍摄，为期12天的拍摄时间，摄制组将走访赤坎镇多处历史古迹，了解古镇的传统历史文化，通过镜头还原记忆中的赤坎，将古镇世代传承的乡愁元素展现给海内外华人。开平市委常委、市委宣传部部长颜海娜，副市长陈杰文到场了解拍摄情况。

4日 上午，江门市第十五届人民代表大会第一次会议在市委市政府大会堂隆重开幕。各方代表齐聚一堂，共商江门发展大计。江门市委书记林应武主持会议，江门市市长邓伟根代表市政府所作的工作报告中多次提及开平，涵盖产业发展、交通建设、全域旅游等方面，体现了江门市政府对开平经济社会发展的重视和支持。开平市领导黄耀雄、庞正华、张星杰等与开平代表团一行60名代表出席了会议。

5日 上午，第四届全国广播电视民生影响力调查表彰会暨创新发展论坛在海南省海口市举行，开平广播电视台的《乡情》电视栏目被评为电视民生影响力优秀栏目。

10日 下午，开平市十六届人大常委会第一次会议召开。会议审议了关于市十六届人大常委会组成人员分工的决定；审议了市十六届人大常委会代表资格审查委员会成员名单；接受辞职；审议了市公安局关于提请许可对一名市十六届人大代表采取强制措施的报告；并进行了人事任免。

13日 上午，2017粤台农业示范区赤水青枣采摘旅游节在赤水镇拉开帷幕，通过推动生态农业和旅游产业的相融合，进一步打响山区科普旅游特色品牌，开创开平旅游强市的新格局。

14日 下午，位于翠山湖科技园的开平市高美空调设备有限公司举行三大项目剪彩仪式，该公司国家级中央空调综合性能测试中心、三期厂房项目，以及光伏发电项目正式落成启用。开平市领导庞正华、凌华威、邝业礼，江门市、开平市相关职能部门负责人等到场致贺。

16—17日 广东县域旅游经济发展（开平）研讨会暨《广东县域旅游竞争力报告2016》发布会在开平举行，此次活动由广东经济学会和广东县域经济研究与发展促进会主办，开平市人民政府承办。会议发布了《广东县域旅游竞争力研究报告2016》。报告显示，2016年度广东省县域旅游业综合竞争力指数前十名依次为：开平市、台山市、博罗县、英德市、惠东县、乳源县、新兴县、连州市、恩平市、佛冈县。

21日 广东省人力资源和社会保障厅、省文化厅、省新闻出版广电局公布了《关于表彰第三届广东省基层文化工作先进单位、先进工作者的决定》，开平市获两项先进表彰，其中：开平市文化馆荣获广东省基层文化工作先进单位称号，谭健超荣获广东省基层文化工作先进工作者称号。

23日 上午，开平市气象科普馆揭幕正式对社会公众开放，这将成为开平市科普领域一个亮点。开平市副市长黄国忠出席了揭幕式。开平市气象科普馆位于金鸡镇现代农业创业创新示范基地，馆内具有三维模拟、虚拟现实体验、智能机器人等多种高新技术研发成果。其中虚拟防灾体验测评系统、智能机器人、全球气候系统互动体验均为全国首创。

23日 下午，首部以“开平碉楼与村落”为历史背景题材的电视连续剧《浴血重生》于开平市骏贤居举行开播仪式，将于24日晚开平广播电视台综合频道正式播出。开平市委常委、宣传部部长颜海娜出席开播仪式。

23—25日 大型跨国企业银都拉玛集团在开平市召开“2017年度全球战略年会”，来自全球22个国家66家企业高层及代表齐聚开平，共商集团企业发展大计。

2 月

1日 开平市司徒氏通俗图书馆举行复馆35周年庆祝典礼，海内外的司徒氏宗亲齐聚赤坎镇，观看了醒狮表演，参加了巡游活动。司徒氏通俗图书馆从1920年开始筹办，1925年竣工，1926年正式投入使用。1943年日本侵略中国，司徒氏图书馆被迫停办。1982年，该馆得到香港司徒氏宗亲会的积极支持和资金赞助，终于复馆。图书馆一直得到司徒氏族人的支持，目前藏书过万册。

1日 在开平与台山交界的永安村附近，有一条疑似海豚的“大鱼”在河内翻滚，渔政专家赶到后，发现这只“大鱼”正是素有“美人鱼”和“水上大熊猫”之称的国家一级保护动物中华白海豚。

9日 上午，江门市副市长赖燕芬带领江门市督导组到开平市进行医改工作现场督导，确保江门市“医联体”工作按进度开展。开平市领导庞正华、陈杰文参加了督导。

16日 市长庞正华在凌华威常委的陪同下，带领市府办、市科工商务局、翠山湖管委会等相关负责人，赴深圳开展精准招商活动，拜访了融创中国控股、深圳市社会组织总会、深圳市茂名商会、华夏幸福深圳市伙伴房地产经纪、圣码智能科技、百汇精密塑胶模具等有关企业和商会，就相关项目进行洽谈和交流考察。

17日 上午，开平市人社局在城市南广场举办2017年就业援助月暨“南粤春暖”大型劳务招聘会。这是春节后开平市举办的首场大型招聘会。副市长黄力奔到现场了解招聘会有关情况。

17日 农业部发展计划司副巡视员聂新鹏带队到开平市国家现代农业示范区核心区开展农业专题调研，省农业厅副厅长牛宝俊、江门市政府党组成员容福华、江门市农业局局长郑少强、开平市副市长黄国忠等相关领导陪同。

19日 受开平市塞纳河贸易有限公司董事长、法籍华人邓丽柔女士的邀请，法国驻中国大使馆总领使傅伟杰一行5人到开平参观考察。

21日 住房城乡建设部办公厅公布了广东、山西等14省区第一批绿色村庄名单，全国共4971个村庄入选，广东省共13个市有467个村庄获评，江门93条村上榜，其中开平14条村上榜（长沙街道平原村；沙塘镇下丽村、清湖塘村；苍城镇新村村、下湾村；塘口镇以敬村、仲和村；赤坎镇护龙村、中庙村；金鸡镇金鸡村；月山镇横江村；赤水镇三合村、长塘村；水口镇永乐村）。

23日 上午，开平市政协副主席黄旭征受政协第十三届开平市委员会常务委员会委托，向大会作提案工作报告，政协第十三届开平市委员会第一次会议期间，共收提案37件，总体质量较高。

23日 下午，开平市第十六届人民代表大会第二次会议在人民会堂开幕，听取和审议开平市政府工作报告、市人大常委会工作报告、市法院工作报告和检察院工作报告，书面审议市2016年国民经济和社会发展计划执行情况与2017年计划草案的报告、市2016年财政预算执行情况和2017年财政预算草案的报告。大会由开平市委书记黄耀雄主持。

3 月

1日 开平市公安局禁毒大队正式挂牌成

立。省禁毒办常务副主任、省公安厅禁毒局局长邓建伟，江门市副市长高诚苗，开平市领导庞正华、李沃华、陈勇出席揭牌仪式。

3日 上午，共青团开平市第十五届委员会第三次全体（扩大）会议召开，总结和部署了团市委工作。市委副书记李沃华出席了会议。

8日 旅美侨胞谭广生先生捐资100万美元回家乡开平兴建百岁楼，作为开侨中学的物业大楼。上午，这幢命名为“谭广生百岁楼”的物业大楼奠基仪式在开侨中学举行。开平市领导黄耀雄、颜海娜、黄力奔，开平市文化促进会会长谭思哲出席了奠基仪式。谭广生先生的儿子、全美英端商工总会总理元老谭瑞璋先生代替谭广生回乡参加了奠基仪式并作了讲话。

10日 上午，省林业厅党组成员、副厅长杨胜强、省林业厅林政处处长罗燕喜带领省林业厅林政处党支部，到开平市镇海林场开展党员志愿者服务活动。

10日 上午，省文化厅副厅长陈杭带队到开平市调研2017年中国“文化和自然遗产日”广东分会场系列活动筹备工作。省文化厅办公室调研员、文化信息中心主任徐健，省文化厅非遗处和省非遗保护中心相关人员参加调研。江门市文广新局领导梅新潮、柳超球，开平市领导李沃华、陈军凯等陪同调研。

12日 上午，2017年开平茶薇文化节于开平市马冈镇茶薇园开幕，吸引了大批市民与摄影爱好者前来观赏游玩。

15日 开平市大力发动有条件的企业和个人申报“扬帆计划”各类项目。2016年开平市进入公示名单的分别是：“开平市国家全域旅游示范区‘十百千’旅游人才培养工程”，将获得50万元扶持；广东嘉士利食品集团有限公司引进的“低温、高膳食纤维功能性焙烤食品的研发及产业化创新团队”，将获得300万元扶持；16名高级技师将获得16万元扶持广东彼迪药业有限公司1名博士后科研人员将获得12万元扶持。

17日 下午，开平市谭宏帙纪念小学举行“广东省安全文明学校”挂牌暨谭福添先生捐赠奖教金仪式。世界谭氏宗亲总会创会主席谭福添先生，世界谭氏宗亲总会永远荣誉会长谭思哲、谭炳立出席了活动。

21日 中国疾控性艾中心在浙江宁波举办探索以医院为基础的丙肝疫情监测系统培训班，全国共有9个省被纳入本次以医院为基础的丙肝监测试点工作实施地区，其中开平市和深圳宝安区两个示范区成为广东省实施地区。

22日 为推动优质医疗资源向基层下沉，开平市马冈镇卫生院与市中医院“医联体”管理试点单位，水口医院与市中心医院“医联体”管理试点单位正式挂牌成立。市领导黄耀雄、庞正华、陈伟成、谢常荣出席了挂牌仪式。

25日 上午，2017年广东省文化科技卫生“三下乡”活动暨“千会服务千村”行动启动仪式在开平市东汇城广场举行，拉开了“三下乡”系列活动的帷幕。省科协党组书记、常务副主席何真，江门市委常委利为民，省卫生和计划生育委员会巡视员彭炜，省新闻出版广电局副巡视员袁海晶，开平市领导庞正华、凌华威等出席仪式。

28日 以“共融 共进”为主题的2017年江门市广告人节在恩平市举行。会上传来喜讯，开平市报送的优秀广告作品喜获2017年度江门市“太阳传媒”杯广告创作大赛多个奖项。

28日 下午，国家工商总局商标局地理标志处张萍调研员和广东省工商局商标处冉宗权科长在江门市工商局商广科、开平市市场监督管理局及马冈镇相关负责人的陪同下，深入开平市马冈镇调研指导“马冈鹅”地理标志证明商标申请工作。

28日 以开平市赤坎镇为题材的长篇散文《流逝与永恒》在《人民日报》第24版副刊发表，该文章由中国著名作家陈世旭所创作，以钟楼、老街以及南楼等地方特色，讲述了赤坎镇近百年来的历史变迁。散文《流逝与永恒》全篇共计6000字，占《人民日报》24版副刊五分之四版面。文章发表后，引起了社会的广泛关注，让侨乡文化与赤坎古镇又一次成为焦点。

4 月

10日 江门市政府副市长、公安局局长高诚苗到开平市月山镇两户帮扶对象家中慰问后，又先后到达防汛责任挂靠点蚬冈镇合山水利工程管理处、苍城镇工业集中区和江门（开平）翠山湖科技产业园调研，并重点到长沙街道冲澄村委会民警村干部工作室调研督导民生警务“321”一线工作法落实情况。开平市委书记黄耀雄、市委常委凌华威、副市长陈勇等领导陪同调研。

17日 下午，江门市副市长许晓雄到广州第121届广交会现场，走访江门市参展企业，实地考察了开平市华艺卫浴、希恩卫浴等企业展位，并与企业负责人进行了亲切交谈，了解企业产品订单洽谈成交情况，鼓励企业紧抓“一带一路”战略机遇，开拓更大市场。市科工商务局有关领导陪同走访。

21日 上午，开平市妇联召开十二届五次执委（扩大）会议，总结去年全市妇联工作，部署今年工作任务，交流工作经验，向获得“巾帼文明岗”称号的单位授牌，并选举替补市妇联十二届执委、常委及主席。开平市委副书记李沃华出席了会议。

22日 中国侨联秘书长兼办公室主任陈迈在广东省侨联副主席李丰、省侨联秘书长曹堪宏、江门市侨联副主席余泽权等的陪同下，率中国侨联调研组到开平调研，受到开平市人大常委会副主任吉喆及开平市侨联的热情接待。

5 月

12日 下午，开平市长沙街道冲澄社区举行“全国综合减灾示范社区”揭牌仪式。

12日 下午，开平市举行开平开放大学揭牌仪式，已有37年办学历程的开平市广播电视大学正式更名为开平开放大学。开平开放大学是首批全国示范性电大。江门五邑开放大学党委书记吴军、开平市副市长黄力奔出席揭牌仪式。

16日 上午，广东风采新纪元开平一中励志奖学金签约仪式在市青少年宫举行，该项目是由广东风采新纪元律师事务所出资人民币51万元，分10年每年出资5.1万元，用于奖励开平一中品学兼优、家庭贫困的学生。该项目每年奖励30名学生，每个年级奖励10名学生，共设一等奖2名，奖金每名3000元；二等奖3名，奖金每名2000元；三等奖5名，奖金每名1000元。

18日 上午，开平市举行周文雍、陈铁军烈士陵园国家级烈士纪念设施保护标志暨烈士雕塑（铜像）揭幕仪式，缅怀先烈，传承红色精神。江门市副市长梁许赞，开平市领导庞正华、张星杰、梁民跃、黄国忠，广东省民政厅优抚处副处长韦福进等领导出席了揭幕仪式。

18日 在广东省梅州市中国客家博物馆举行的2017年“5·18”国际博物馆日广东省主会场活动开幕式上，省文物局、省文物保护基金会表彰了一批文化遗产保护先进集体，开平市风采堂文化研究会被省文物保护基金会评为“2017年度广东省文化遗产保护突出贡献团体”。

18日 下午，主题为“匠心筑梦寻找南粤工匠·传承匠人精神”的广东首届“碉楼杯”南粤工匠高峰论坛暨南粤工匠传媒奖颁奖典礼在“建筑之乡”开平市举行。

24日 上午，开平市文联获评“广东省文艺志愿服务先进集体”，市文联主席冯永胜同志在会上作为唯一一个县级市先进集体代表作经验交流发言。他发言的题目是《到人民中去，以文艺志愿服务引领社会正能量》。

24日 下午，国际旅游研究院专家团近百人到开平考察，受到了江门市旅游局局长邝积康、开平市副市长陈杰文及开平市旅游局相关领导的欢迎。

6 月

3日 上午，江门市书法家协会换届，开平市冯永胜全票当选新一届主席陈荣亲、邝宁、黄炳壮三人当选副主席，黄伟文为秘书长，冯文慧、程作夫为副秘书长。

7日 下午，中共开平市翠山湖园区非公企业委员会成立暨第一次党员大会胜利召开，大会顺利选举产生了中共开平市翠山湖园区非公企业第一届委员会委员。这标志着江门市工业园区首个非公企业党委正式成立，开平翠山湖科技产业园实现了非公党委“零”的突破，开平市也成为江门市第一个成立园区非公企业党委的市（区）。

9日 下午，开平市工商业联合会（总商会）第十五次会员代表大会召开，选举产生了新一届领导班子。梁春浩当选本届执行委员会主席。江门市委统战部副部长、工商联党组书记庄春维出席活动，黄耀雄、张星杰、梁民跃等开平市四套班子领导到场祝贺。

10日 下午，广东省文化厅厅长方健宏率队到开平市调研基层文化基础设施建设和古建筑的保护情况。他强调要让群众乐于参加文化活动，享用文化设施，要大力保护好文物。开平市领导庞正华、颜海娜参加了调研。

19日 上午，广东省文物保护基金会向获得“2017年度广东省文化遗产保护突出贡献团体”荣誉称号的开平市风采堂文化研究会进行授牌。开平市委常委、市委宣传部部长颜海娜，广东省文物保护基金会理事长邱立诚等领导出席了授牌仪式。

20日 上午，翠山湖金山创客空间举行五邑大学开平市金山创客空间产学研合作基地签约暨揭牌仪式，进一步推动开平市青年创业创新。开平市委常委、翠山湖管委会主任凌华威，五邑大学科技处处长甘俊英等出席了签约仪式。

27日 上午，一起群众状告市政府的行政诉讼案在开平市人民法院开庭审理。这起“民告官”的案件也是江门地区首次由市长出庭应诉的行政诉讼案。

27日 江门市人民政府批准并公布江门市第六批市级非物质文化遗产代表性项目名录，开平市推荐的“镇濠泥鸡制作技艺”列入江门市第六批市级非物质文化遗产项目名录。开平目前列入江门市级以上的非遗项目达到9项，显示开平市非物质文化遗产保护发展工作取得新的成绩。

30日 下午，开平翠山湖科技园招商引资接连传来喜讯：总投资9亿元共3个项目的弘和健康产业集团、总投资5.5亿元的华美节能科技集团先后签约落户入园。开平市市长庞正华，市委常委、常务副市长何武健，弘和健康产业集团、华美节能科技集团相关高层领导，以及开平市府办、翠山湖管委会、市工业资产公司相关负责人出席签约仪式。

7 月

6日 上午，“双百计划”塘口社工服务站在开平市塘口镇人民政府揭牌成立，塘口社工服务站作为开平市首个工作站，该站的揭牌标志着广东省民政厅主办的“双百计划”在开平市正式落地。该站共配备了4名专业社工。

8日 下午，开平市教伦中学举行第27届高中学生毕业典礼，教伦中学全体高三毕业生及校董欢聚一堂，共同庆祝学业顺利完成，该校校董及社会热心人士捐赠奖教助学金50多万元。开平市副市长黄力奔及相关部门单位负责人出席了典礼。

11日 上午，开平市召开全市领导干部大会。江门市委常委、组织部部长张元醒出席会议并作重要讲话。会议宣读了广东省委、江门市委的任免决定：庞正华任开平市委书记，免去黄耀雄的开平市委书记、常委、委员职务。

12日 上午，2017中国（江门）开平碉楼文化旅游节开幕式在市人民公园举行。开平市领导庞正华、简锦聪、颜海娜、吉喆、陈杰文、 黄婉慈，江门市旅游局局长邝积康和相关部门单位负责人出席了开幕式的活动。2017年是开平碉楼与村落申遗成功十周年。10年来，开平旅游业塑造了“广东旅游看碉楼”的金字招牌，2016年县域旅游综合竞争力更是位居全省第一。

12日 上午，开平健芝缘灵芝基地被江门市科学技术协会、江门市食品药品监督局联合命名为“江门市科普教育基地”，该基地是开平市首家食品药品安全类科普教育基地。

13日 上午，开平市首个旅游警察中队——开平市公安局自力村旅游警察中队在自力村景区挂牌成立，开平市领导李沃华、陈杰文、陈勇为自力村旅游警察中队揭牌。

13日 上午，江门地区首个旅游巡回审判点在开平立园揭牌，开平市领导李沃华、陈杰文出席了揭牌仪式。

13日 下午，由广东省水利厅副厅长边立明带队的省最严格水资源管理制度考核组对江门市2016年度实行最严格水资源管理制度情况进行考核。开平市大沙河水库和镇海水库被江门市确定为省最严格水资源管理制度考核组对江门考核的现场检查点。江门市副市长梁许赞、开平市副市长黄国忠等陪同检查。

19日 上午，在匈牙利举行的2017年国际泳联世锦赛中，开平籍中国跳水队队员彭健烽夺得男子跳水1米板冠军。开平市副市长黄力奔来到彭健烽家中，看望并慰问了他的家属。

25日 下午，江门市政协副主席蓝华带队到开平市水口镇址山河调研河长制落实情况。开平市领导黄国忠、余荣深陪同调研。

8 月

1日 中国共产党开平市第十三届委员会第三次全体会议召开。全会由市委常委会主持。会议深入贯彻落实习近平总书记对广东工作重要批示、省第十二次党代会以及江门市委十三届四次全会精神，总结2017年上半年工作，部署下半年工作。市委书记、市长庞正华主持会议并代表市委常委会作讲话；市委副书记、政法委书记李沃华传达了江门市委十三届四次全会重要精神。

2日 下午，开平市翠山湖管委会与深圳任达集团举行签约仪式，总投资11亿元的任达集团电器项目正式落户园区。开平市委常委、翠山湖管委会主任凌华威，深圳任达集团相关领导，以及开平市科工商务局、翠山湖管委会相关负责人出席签约仪式。翠山湖管委会副主任劳振辉，任达集团副董事长蔡茂城，分别代表双方签订了投资合同。

9日 上午，开平市市场监督管理局旅游工商分局在赤坎市场监督管理所揭牌成立，开平市副市长陈杰文，市市场监管局局长甄雪英、副局长关海锋，市旅游局副局长陈丽、赤坎镇副镇长李海锋、赤坎古镇党工委委员李文锋及赤坎所全体成员参加了揭牌仪式。

12日 由5名医务人员组成的开平市首批援疆医疗队结束了为期5个月的对口卫生援疆工作，从新疆第三师图木舒克市凯旋。开平市卫计局、市中心医院、市中医院负责人，以及援疆医疗队家属前往广州白云机场欢迎他们归来。

14日 下午，在园恩荣文化促进会五周年志庆活动于在园举行，在园园主、在园恩荣文化促进会会长吴荣治先生现场捐资港币500万元，用作教育事业建设。开平市领导庞正华、张星杰以及来自江门市政协、五邑大学、开平市四套班子等有关领导出席志庆活动。

21日 上午，开平市征信中心揭牌成立，标志着开平市在推进普惠金融试点工作迈出了新步伐。市委常委、常务副市长何武健，江门市金融局副局长叶卓平，人行江门市中心支行副行长钟朝阳，以及人行开平市支行、市金融局、市发改局、市市场监督局等部门负责人出席揭牌仪式。

21日 下午，开平市委书记、市长庞正华，副市长黄国忠与江门、开平林业局相关负责人一起在开平东汇城广场向市民派发盆栽植物，助力开平“创森”，受到市民的欢迎。

21—23日 广州市科学技术协会联合香港京港学术交流中心、澳门科学技术协会组织港澳科技专家到大湾区开展科技交流考察活动，开平市是其中一个考察点。

23日 台风“天鸽”于12时50分在珠海市金湾区登陆，登陆时中心最大风力14级。下午3时到4时从开平市穿过，最大风力达到12级，给开平市造成严重影响。江门市副市长、市公安局局长高诚苗，开平市领导庞正华、简锦聪、黄国忠、陈勇等坐镇开平市三防指挥办指挥防风工作。

26日 23时，台风“帕卡”（强热带风暴级）中心位于台山东偏南方向约455公里的海面上，中心最大风力10级（28米/秒）。预计其将以30公里左右时速西偏北移动，强度逐渐加强。“帕卡”将对开平市有严重风雨影响，开平市气象台26日23时20分发布台风橙色预警信号，并启动了防风应急Ⅱ级响应。针对14号台风“帕卡”的来袭，晚上，开平市委书记、市长庞正华连夜召集三防指挥部成员单位会商风情，部署防御工作。市领导简锦聪、黄国忠出席了会议。

31日 上午，开平碧桂园学校举行秋季开学典礼。开平市副市长黄力奔出席了典礼。典礼上，黄力奔对碧桂园学校的开学表示祝贺。她希望开平碧桂园学校以孩子的健康成长为己任，为开平市广大家长提供优质的教育服务，建成一所幸福的学校。

9 月

1日 在2017年7月国际泳联世锦赛男子1米板跳水决赛中，中国队开平籍运动员彭健烽勇夺冠军。上午，彭健烽载誉回乡，受到了开平市政府和市民的热烈欢迎。彭健烽在家人的陪同下到市体育局。开平市副市长黄力奔、市体育局有关负责人与彭健烽一起进行座谈。

3日 是中国人民抗日战争胜利纪念日，开平市司徒氏图书馆和司徒氏教伦堂的宗亲在南楼公园祭奠氏族抗日英雄南楼七烈士，并为《南楼背后的往事》纪录片举行首映仪式，铭记历史，缅怀先烈，弘扬爱国主义精神。

11日 是开平市推行“主题党日+”活动制度的首个主题党日，全市各党支部开展了一系列集中学习、党性教育、志愿服务等“主题党日”活动，进一步推动“两学一做”学习教育向纵深发展。

13日 开平市举行市委巡察机构揭牌暨市纪委派驻机构授牌仪式。江门市纪委常委、监察局副局长、市委巡察办主任冯妙妍，开平市委常委、组织部部长陈军凯，开平市委常委、市纪委书记谭良发等出席了会议。

18日 下午，民进开平市支部委员会正式挂牌成立，梁桥锋当选民进开平市支部第一届委员会主委。江门市政协副主席、民进江门市委会主委费伟东，江门市委统战部、开平市各民主党派代表及相关部门负责人出席了会议。

27日 作为开平市“十二五”规划的重要组成部分和重点民生工程，西环大桥项目自动工以来，一直深受市民关注。9月27日，项目第一处主桥中跨顺利合龙。

28日 上午，开平市文明办负责人先后到月山镇、三埠街道登门慰问了“身边好人”和“道德模范”代表李丽珍、刘国胜，向他们送去节日的祝福。月山镇的李丽珍，义务照顾与家婆同村的非亲残疾老人添叔，这一照顾就是29年，不离不弃。

28日 下午，开平市妇女第十三次代表大会在圆满完成各项议程后胜利闭幕。会议审议并通过了大会工作报告，选举产生了新一届市妇联领导班子。开平市领导陈军凯、李宝贞、黄婉慈出席闭幕式。

29日 糖尿病预防与控制相关卫生政策研究与县域内分泌学科发展助力工程试点项目“蓝色县域”交流基地访问活动，在开平市中心医院举行，该医院成为广东省内第一批唯一入选的“蓝色县域”交流基地。哈佛医学院教授、中国老年保健协会专家指导委员副主任委员马晶，开平市副市长林国宁，以及来自省内、外21家县级医院的院长、主任等出席活动。

10 月

8日 晚上，开平碉楼作为图片问答题材亮相于中央电视台大型演播室益智类文化节目《绿水青山看中国》，独特的中西建筑艺术风格让观众眼前一亮。

16日 下午，市委书记庞正华主持召开全市领导干部大会。江门市委常委、组织部部长张元醒出席会议并作讲话，江门市委组织部副部长、市编办主任劳茂昌宣读了江门市委的任免决定。会议宣读了中共江门市委的任免决定：任命邝积康为开平市委委员、常委、副书记，提名邝积康为开平市市长候选人。庞正华不再担任开平市市长职务。

19日 广东省台办主任率调研组一行6人到广东（开平）裕茂农业开发公司进行实地考察调研。

19日 下午，广东省经济和信息化委副主任何荣，在江门市有关部门领导陪同下，到开平翠山湖科技园，实地调研产业园招商引资和项目建设情况。开平市领导邝积康、凌华威以及市科工商务局、翠山湖管委会等有关部门领导参加调研。

21日 下午，江门市委副书记、市长刘毅率队到开平市检查有关景区（点）、文体工程项目的管理、维稳安保及安全生产工作，听取有关文化、体育、旅游重点项目的进展情况。开平市领导庞正华、邝积康、颜海娜、陈杰文等参加。

23日 开平一中迎来了98周年校庆的大喜日子，为了筹备2019年学校建校100周年的庆典，开平一中海内外各届校友代表齐聚一中校友楼，举办座谈会献计百年校庆，共谋学校发展大计。开平市领导陈伟成、吉喆、黄力奔、郑永钦出席了座谈会。

26日 上午，开平市未成年人观护教育基地在市青少宫揭牌成立，市人民检察院与市义工联签订合作协议。

26日 省人大常委会副主任周天鸿和省有关部门领导到开平市调研非物质文化遗产保护工作，实地察看了仓东教育基地建设情况。江门市有关部门领导齐丁民、甄瑞珠，开平市领导邝积康、张星杰、颜海娜、吉喆参加。

28日 晚上，在全球微粤曲大赛（第三季）总决赛上，开平市选手邓永昌凭着扎实的功底，一举夺得大赛老年组铜奖，并获得粤剧粤曲文化推广大使称号。大赛由广东省文联指导，广东省曲协、南方生活广播主办。

30日 上午，开平市十六届人大三次会议在市人民会堂召开。经过会议投票选举，邝积康全票通过当选开平市人民政府市长。

30日 下午，江门市副市长林飞鸣带队到开平市调研督导中开高速公路建设情况，开平市领导庞正华、陈伟成、陈杰文、何俊贤参加了督导和汇报工作。

11 月

11日 上午，开平市侨青创业园揭牌仪式暨2017开平东汇城青年创业大赛颁奖典礼在东汇城举行，为开平市有理想、有追求的年轻人打造又一个创业平台。开平市委常委、宣传部部长颜海娜出席了揭牌仪式。

12日 由中国产学研合作促进会与山东省人民政府共同主办的第十一届中国产学研合作创新大会暨第二十六届山东省产学研展洽会在济南举行。开平市委常委、翠山湖管委会主任凌华威，市府办副主任劳伟锋，翠山湖党工委委员、管委会副主任邬晓芳等代表参会。开平翠山湖科技园于2017年10月成功通过评审，被认定为中国产学研合作创新示范基地。会上，市委常委凌华威代表开平市委、市政府上台接受授牌。

15日 2016年9月，旅美侨领、慈善家谭广生先生捐资100万美元在开侨中学建设谭广生“百岁楼”，作为开侨中学的物业大楼，并在今年3月动工兴建。经过7个月奋战，谭广生百岁楼落成并将投入使用。

16—23日 巴拿马总统巴雷拉及其访问团

对我国进行国事访问。这是中国与巴拿马自2017年6月建交以来，巴拿马总统首次访问中国。在这次巴拿马访华团成员中，就有一位开平籍侨领关伟文。

23日 广州中医药大学第一附属医院开展国医大师邓铁涛医疗队送医送药开平行公益惠民活动，以实际行动贯彻党的十九大精神，为基层群众提供高水平的健康服务。

25日 上午，“述花集续——胡培烈捐赠摄影作品展”开幕式在市谭逢敬艺术院举行。开平市领导邝积康、林国宁、余荣深，省文联、省摄影家协会有关负责人，以及来自中山、江门等地的摄影家近300人出席了活动。

29—30日 广东省爱卫会组织省卫生镇考核鉴定组对开平市马冈镇创建“广东省卫生镇”工作进行了全面考核鉴定。30日上午，马冈镇顺利通过了考核验收。

30日 江门市副市长梁许赞带队到开平市长沙街道开展现代农业产业调研工作。开平市副市长黄国忠、长沙街道党工委书记张伟业等陪同调研。

30日 下午，江门市副市长赖燕芬带领江门市督导组到开平市调研，督导水口医院“医联体”建设工作。开平市委常委陈伟成陪同调研。

12　月

1日 江门（深圳）开平翠山湖科技园招商引资推介会在深圳拉开帷幕。成功签约10个优质产业项目，总投资超59亿元人民币，其中包括投资12亿元的江门圣邦物流交易中心冷链项目、投资11亿元的深圳任达集团电气项目、投资8亿元的深圳任达集团养老项目等。

6日 广东省文化厅公布2017年综合文化站评估结果，开平市马冈镇文体服务中心获评为特级文化站。

6—8日 开平市委常委、翠山湖管委会主任凌华威率领翠山湖招商团队和规建团队，陪同江门市副市长蔡德威带领的江门考察团队赴皖豫等地开展精准招商活动，专题拜访正威国际集团，就项目合作进行深入洽谈和交流考察。

7日 开平市市长、市政府党组书记邝积康主持召开市政府党组会议，传达江门市市长刘毅12月6日到开平调研重要指示精神，研究开平市贯彻落实意见。

8日 上午，开平市“助力河长制，保护母亲河”志愿服务活动启动仪式在潭江河堤举行，100多名义工以实际行动保护潭江水环境。

11—12日 国家发改委对外经济研究所所长叶辅靖带领国家发改委对外经济研究所一行到开平市开展经济社会发展状况工作调研活动。江门发改局总经济师陈小曼，开平市发改局局长张健东、副局长何素娴和相关负责人陪同。

12日 开平市建设商会第四届第一次会员大会在开平潭江半岛酒店召开。会议选举产生市建设商会新一届领导成员，李耀南连任会长。江门市住建局局长林健生、开平市四套班子领导到场祝贺。

17—19日 央视大型纪录片《中国影像方志》在开平开拍，先后到水口镇泮村、三埠文化体育广场、开平关氏和司徒氏图书馆等地进行为期两周的拍摄工作

28日 上午，开平市残疾人联合会第六次代表大会在开平碧桂园翡翠湾凤凰酒店召开，李树浓当选开平市残联第六届执行理事会理事长。江门市残疾人联合会副调研员廖秋涛、开平市副市长黄国忠出席会议并讲话。

28日 下午，开平市文艺界学习宣传贯彻中共十九大精神宣讲报告会暨文艺家协会换届大会在市青少年宫礼堂举行。市文联属下的11个文艺家协会集中统一换届，选举产生新一届理事会领导班子。开平市文艺界230多名会员代表参加。

开平概况

开平年鉴

（2018）

KAI PING NIAN JIAN

概 况

行政建置

【立县经过】 明崇祯十一年（1638年），恩平县长居、静德二都（今苍城以西一带）经常受流寇侵扰，恩平县又无法制止，于是恩平知县宋应升向省宪建议，由新兴、恩平、新会三县割地建立开平县，但因种种原因而停止。

崇祯十四年（1641年），首事生员张朝鼎等十多人约同到肇庆府，请建开平县。岭西道谭汝伟接受了张朝鼎等人的请求，呈文给两广总督，提请建开平县。两广总督收文后，发文要求广州府和肇庆府调查开平立县的可行性。肇庆府辖下的新兴、恩平两县无意见；而广州府辖下的新会县的乡绅则认为割去登名、古博、平康、得行四都（今泮村、址山、月山至蚬冈、赤水、东山、沙塘、赤坎一带），使新会县不再成为五大县之一，于是极力反对。新会知县李光熙力排众议，同意割地。

崇祯十五年（1642年），岭西道谭汝伟委派肇庆知府张瑀到开平屯（今苍城）勘踏地形。张经过调查后，认为在开平屯建县城较好，遂回复两广总督。

崇祯十六年（1643年），两广总督沈犹龙采纳了僚属意见，呈文给明朝廷户部，题请建开平县，获得户部批准。

崇祯十七年（1644年）八月，恩平知县江大任接到批文，随即和乡绅张朝鼎等十多人择日上梁，兴建县衙。后因时局变化，且工程浩大，结果不了了之。

此后几年，由于明、清政权忙于战争，加上开平地方“奴反主”斗争兴起，社会局势动荡。南明永历三年（清顺治六年，1649年）二月，举人张钜璘等人看到时局混乱，便约同到肇庆，向永历政权说明崇祯十六年（1643年）批准立县而没有执行的原因，再次要求立县。随即得到永历政权的户部批准，并派出知县伍士昌来开平县治理。新兴、恩平、新会也随即割地、割户口给开平县。当时，因来不及建县署，便由乡绅谭虬捐出自己的房子权作县署。至此，开平县的政体正式确立。

【县名来由】 明朝时期，今大沙、马冈、龙胜、苍城、金鸡一带，地广人稀，山高林密，一些反抗官府的人以此为基地，开展活动，而官府又鞭长莫及。到明隆庆年间（1567—1572年），在今苍城一带又有陈金莺、林翠兰等率众造反，他们与新兴县的陈奇山和新会县的造反者联合起来，声势浩大。提督御史殷正茂派岭西兵备佥事李材督师镇压。到明朝万历元年（1573年），才将这一带反抗官府的人镇压下去。事后，李材为了维持这一带的治安，在今大沙、马冈、龙胜、苍城、金鸡一带，设置了18个屯，并从外地募兵来屯驻守。这些屯，有的用原地名来命名，有的则用原地名与命名者愿望相结合的名字来命名，而最多的是以命名者的愿望和带有歌功颂德性质的名字来命名。在仓步村设置的开平屯，有“开通敉平”之意，目的是希望经过这次镇压后，设置屯地，募兵耕守，使这一带从此太平。

明万历二年（1574年）正月初二，新会县的平康、古博的都民入籍开平屯。万历八年（1580年），撤销屯制，原划归开平屯的平康、古博的都民仍归地方管辖。开平屯的百户被撤销，只设哨官1人，士兵增至100人，分立马冈、合水、苍步、土塘、水泉湾五个兵营，以维持这一带治安。

崇祯年间，在今开平一带，“土贼”蜂起，恩平、新兴、新会三县均感鞭长莫及，无法镇压。崇祯十一年（1638年），恩平知县宋应升建议割新兴县的双桥都，割恩平县的长静都，割新会县的平康、得行、登名、古博四都建置开平县。后几经波折，才于南明永历三年（清顺治六年，1649年）建成。因当时是将原开平屯范围扩大为县，因而县名也沿用了“开平”之称，直至现在。

【境域变化】 南明永历三年（清顺治六年，1649年），割新会县的平康、得行、登名、古博四都，割新兴县的双桥都，割恩平县的长静都（由恩平县的长居都和静德都部分地方组成）建开平县。雍正十年（1732年），鹤山县立县，开平县割县属双桥都、古博都（半都）给鹤山县。

民国19年（1930年）10月，恩平县赤水墟划归开平县管辖。

1949年10月，长沙埠、长沙东乡、长沙西乡和原属台山县的新昌埠以及近郊簕冲、旺北、石海，荻海埠以及近郊南山、三围、燕山、思始、迳头等地划归三埠镇（县级）管辖。1950年，开平县鹤洲乡划归恩平县，恩平县松和乡、金鸡乡划归开平县。1952年7月，三埠镇并入开平县。1958年11月1日，鹤山县黎村乡划归开平县。1958年11月4日开平与恩平合并为开恩县，1959年1月9日改称开平县。1961年3月16日，开平与恩平分县，原属恩平县的大沙公社和陂头咀、黄屋、白村、齐洞、蟠龙、黄村、联塘、塘头、岗咀大队划入开平县。

【行政隶属】 秦朝，秦始皇派兵攻取南越，在岭南设置南海、桂林、象郡，今开平地（以下简称开平）隶属南海郡番禺县。

汉武帝元封五年（公元前106年），天下分为13州，开平隶属交州合浦郡临允县。

三国吴黄武五年（226年），从交州分出南海、苍梧、郁林、高凉4郡设立广州，开平分属广州苍梧郡临允县、南海郡平夷县。

晋武帝太康元年（280年），天下分为19州，开平分属广州新宁郡临允、新兴、新夷县，南海郡盆允、封平县。

南朝宋，设22州，开平分属广州新宁郡临允、新兴县，新会郡新夷、盆允、封平、封乐、义宁、初宾、始康县。南朝齐，设23州，开平分属广州新宁郡临允、新兴县，新会郡新夷、盆允、封平、封乐、义宁、初宾、始康县。南朝梁，割广州新宁一郡立新州，开平分属新州新宁郡新兴县，广州新会郡新夷、盆允、封平、封乐、义宁、初宾、始康县。南朝陈，开平行政隶属与南朝梁相同。

隋开皇三年（583年）将诸郡改为州。大业三年（607年）又改州为郡，开平分属信安郡新兴县，南海郡新会、义宁县。

唐贞观元年（627年）设10道。开元二十一年（733年）又分为15道，道下设州，开平分属岭南道新州新兴县，冈州新会、义宁县。

五代（南汉），开平分属新州新兴县，兴王府新会、义宁县。

宋太宗至道三年（997年），设15道，开平分属广南东路新州新兴县、广州新会县。

元朝，开平分属江西等处新州路新兴县、行中书省广州路新会县。

明洪武九年（1376年），改行中书省为布政司，开平分属广东布政司肇庆府新兴县、恩平县，广州府新会县。

南明永历三年（清顺治六年，1649年），开平立县，隶属肇庆府。

民国初期，开平县仍按清制隶属肇庆府。民国3年（1914年），隶属粤海道。民国9年（1920年），撤销道制，只留省县级行政建制。民国17年（1928年），隶属西江善后委员公署。民国25年（1936年）10月，隶属广东省第一行政督察区。民国38年（1949年）4月，改属广东省第十行政区。

1949年10月，隶属粤中专区。1952年5月，划入粤西行政区。1956年1月，撤销粤西行政区，开平县划归佛山专区。1958年12月，改属江门专区。1961年2月，属肇庆专区。1963年9月，再次划归佛山专区（1968年1月改专区为地区）。1983年5月，改属江门市。

【行政区划】 清顺治六年（1649年）开平立县，全县共分平康、得行、登名、古博、长静、双桥6都。清雍正十年（1732年），将双桥全都14条村庄和古博都2条村庄割给鹤山县，全县实有5都90图。清宣统元年（1909年），又将县境分为10个自治区，各设自治局一所，其时各乡只是就近设局，自署为一个区。

民国元年（1912年），将全县10个区划定界线。是时，全县共有101个乡。此后，经多次分分合合，于民国36年（1947年）12月，全县调整为4个区，下设59个乡、2个镇。

1949年10月23日，开平县解放。开平县人民政府接管旧政权的4个区，59个乡，2个镇。随后，将全县划为4个区，99个乡。1950年12月，将恩平县的金鸡乡、松和乡划归开平县，开平县将鹤洲乡划归恩平县。到1951年1月，全县共有4个区101个乡。1952年7月1日，三埠镇与开平县合并，县城由赤坎迁至三埠。1952年8月，把原来的5个区、63个乡划分成11个区，147个乡，另3个镇。1958年9月，人民公社化，全县成立长沙、水口、赤坎、赤水、苍城、东河、三埠镇7个人民公社。同年11月，开平、恩平合县，合并后全县有15个人民公社。此后，经多次撤并、名称变更，到1992年末，全县共有17个镇，分别是三埠、赤坎、水口、长沙、月山、水井、沙塘、苍城、龙胜、马冈、大沙、塘口、百合、蚬冈、赤水、金鸡、东山。

1993年1月，开平撤县设市。同年11月9日，撤销原三埠镇、长沙镇，市区内设三埠区、长沙区、沙冈区（从水口镇分出）3个办事处。从此，开平市市区行政区域由原来的22平方公里扩大到108.3平方千米。2003年10月，水井镇与月山镇、东山镇与赤水镇合并，全市实有13个镇和3个办事处。2005年6月，沙冈办事处并入水口镇。

2017年，全市共辖三埠、长沙2个街道办事处，月山、水口、沙塘、苍城、大沙、马冈、龙胜、赤坎、塘口、百合、蚬冈、金鸡、赤水13个镇。全市有44个社区居民委员会，226个村民委员会。

自然地理

【位置、面积】 开平市位于广东省中南部、珠江三角洲西南面，地跨北纬21°56'～22°39'，东经112°13'～112°48'；东北连新会，正北靠鹤山，东南近台山，西南接恩平，西北邻新兴。全市总面积1659平方千米，境内南北西部多低山丘陵，东、中部多丘陵平原，潭江自西向东横贯市腹，地势自南北两面向潭江河谷地带倾斜，海拔50米以下的平原面积占全市面积的69%，丘陵面积占29%，山地面积占2%。

【气候】 2017年平均气温23.0℃，比常年偏高0.4℃，年最高气温37.2℃（8月21日），年最低气温6.3℃（12月18日）。年总降雨量1734.8毫米，较常年偏少7.3%，年最大日雨量112.8毫米（7月3日）。年总日照时数1519.4小时，较常年同期偏少14.7%。

年平均气温正常，但部分月份气温异常，其中1月、6月和9月分别偏高2.2℃、2.2℃和1.2℃；全年共出现16天高温，分别是6月1天、7月4天、8月7天、9月4天，其中8月21日最高气温37.2℃为全年最高气温。年内降水分布不均匀，其中3月和7月显著偏多，为常年同期的1.7倍和2.0倍，其中2月和12月显著偏少，分别比常年同期偏少53.8%和98.3%；全年共出现5天暴雨，1天大暴雨，其中7月3日112.8毫米为本年最大日雨量。

全年共受4个热带气旋影响，分别是1702号台风“苗柏”、1713号台风“天鸽”、1714号台风“帕卡”和1720号台风“卡努”。其中，1713号强台风“天鸽”造成开平市15个镇（街道）不同程度受灾，全市直接经济总损失8.2649亿元，其中水利设施直接经济损失

0.0452亿元；全市共计3.326万亩农作物受灾，其中沙塘镇、三埠街道、水口镇、长沙街道农作物受灾较重；全市受灾人口2549人，转移人口2549人，未发现有人员失踪或死亡，全市共倒塌房屋18间。1714号台风“帕卡”造成开平市全市15个镇（街）不同程度受灾，全市直接经济总损失0.8994亿元，其中水利设施直接经济损失0.0112亿元；全市共计1.357万亩农作物受灾，其中马冈镇、三埠街道、苍城镇农作物受灾较重；全市受灾人口2476人，转移人口2476人，未发现有人员失踪或死亡。

自然资源

【矿产资源】 矿产资源种类丰富，有铁、锰、铜、锡、金、铀、独居石、锂云母、煤、耐火石、钾长石等33种。但储量贫瘠，且零星分散，除花岗岩、建筑用砂岩、陶瓷用石英砂、水泥用石灰岩和黏土外，其余矿产资源储量较少。大部分地区出露的岩层为白垩纪砂岩、泥质砂岩、页岩和第四纪黏性土，局部地段出露的岩层为寒武纪石英砂岩、变质砂岩，奥陶纪砂岩、砂砾岩，泥盆纪石灰岩。岩浆岩在龙胜、大沙、赤水镇有出露。

【水资源】 开平市河流密布，水道纵横，主要河流是潭江，全市面积95%在潭江流域内。潭江干流发源于阳江市阳东区牛围岭山，流经恩平市（潭江干流恩平段又称为锦江），在开平市西部义兴蒲桥入境自西向东横贯该市中部，经茅冈、合山电站（梯级电站）、百合、赤坎、三埠、水口，在水口泮村流入新会区，并在双水附近折向南流，融入珠三角河网区（与江门河、西江连通），注入银洲湖在崖门入南海。干流全长248千米，集雨面积6026平方千米，河流平均坡降0.45‰，其中在开平市境内河长56千米，集雨面积1580平方千米。潭江上游多高山，植被良好，上游较陡，中下游地势平坦开阔，河道坡降平缓，较为弯曲，江心洲颇多。合山电站以下受南海潮汐影响，每天潮水两涨两落，潮型属混合不规则半日潮，每月大潮两次（农历初三、十八为大潮）。潭江地处暴雨区，汛期洪水峰高量大，每遇洪潮相碰，水位骤升，洪涝灾害比较严重；枯水期则径流量不大，河床逐年淤积，通航能力逐年降低。据设在义兴对岸的潢步头水文站1956年至1979年实测资料统计，多年平均径流量为21.29亿立方米，最大洪峰流量3870立方米/秒（1968年5月），多年平均枯水流量4.37 立方米/秒，最高水位9.88米（1968年），最低水位0.95米（1960年3月）。三埠最高洪水位2.67米（2008年6月6日）。潭江在开平市境内集雨面积大于100平方千米的二级支流有镇海水、白沙水、蚬冈水、新桥水、新昌水、址山水、莲塘水。镇海水为潭江最大的一条支流，发源于鹤山将军岭，上游段称宅梧水，在开平市北部苍城大罗村入境，流至上佛田村附近与北来的双桥水汇合，向南经联兴、苍城（此河段旧称东河），在苍城与另一西来的支流开平水（旧称西河）汇合，再向南经沙塘、狗咀、楼冈至交流渡，在交流渡分东、南两水道注入潭江干流。全河长101千米，集雨面积1203平方千米，河流平均坡降0.81‰，其中在开平市境内河长38千米，流域面积674平方千米。镇海水流域图形似扇形，沙塘以下受潮汐影响。白沙水（又名赤水河）发源于开平市南部的三两银山，自南向北流经该市赤水镇，台山市白沙镇和该市蚬冈镇，在百足尾汇入潭江。全河长49千米，集雨面积383平方千米，河流平均坡降0.77‰，其中在开平市境内河长49千米，集雨面积241平方千米，下游15千米是开平市与台山市的界河。群丰鹤仔葫以下受潮汐影响。蚬冈水发源于恩平市五点梅花山，流向东北在开平市金鸡镇白善龙入境，经锦湖、大同、蚬冈急水礼、长乐、蚬冈圩，在茅葫汇入潭江干流。全河长34千米，集雨面积185平方千米，河流平均坡降1.3‰，其中在开平市境内河长29千米，集雨面积148平方千米。企山海以下受潮汐影响。新桥水发源于鹤山市皂幕山南麓，向南流经开平市水井圩、天湖、月山，在水口镇汇入潭江干流。全河长34千米，集雨面积143平方千米，河流平均坡降3.24‰，其中在开平市境内河长29千米，集雨面积130平方千米。天湖以下受潮汐影响。新昌水（又名台城河）发源于台山市狮子尾山，向西北经台山市四九圩，至合水汇入五十水，过台城，北汇三合水经公义圩，在开平市三埠街道新昌簕冲汇入潭江干流（原在荻海与新昌之间的东河出口，1970年12月由台山组织民工在开平市河段裁弯取直疏河，新挖长1300米、宽120米的新河改在下游簕冲出口）。全河长52千米，集雨面积576平方千米，河流平均坡降1.81‰，其中在开平市境内河长4千米，集雨面积8平方千米。址山水发源于鹤山市皂幕山的横岗山，流经鹤城、禾谷、址山、新会司前，在开平市水口泮村附近汇入潭江干流。全河长30千米，集雨面积204平方千米，河流平均坡降3.35‰，其中在开平市境内河长4.8千米，集雨面积6平方千米。1971年在开平市出口河段曾进行过裁弯取直，长800多米。莲塘水发源于开平市大沙的天露山，流经岗坪、茶坑、虾山、急水田入恩平市西坑水库，再经牛江渡、沙湖圩，在该市蒲桥汇入潭江干流。莲塘水上游在本市境内又叫西水。全河长44千米，集雨面积252平方千米，河流平均坡降4.77‰，其中在该市境内河长15千米，集雨面积60平方千米。三级支流有双桥水和开平水（均属镇海水支流）；四级支流有曲水（开平水支流）。

开平市境内属粤西沿海小河有：大隆洞河、那扶水和深井水。大隆洞河发源于台山市婆髻山，其在该市境内的支流又称虎爪河。流经赤水镇的横洞、高龙，汇松南的溪流向东北入台山市境，全河长59.8千米，集雨面积709平方千米，河流平均坡降0.80‰，其中在该市境内河长13千米，集雨面积37平方千米。那扶水发源于该市金鸡镇的鱼潭山，流经盘村、石湾，经鲮鱼潭入台山禾雀陂，再经广海湾出南海。全河长52.4千米，集雨面积684平方千米，河流平均坡降0.39‰，其中在该市境内河长8千米，集雨面积11平方千米。深井水发源于该市东山林场百子牙，最后流入深井水库。全河长39千米，集雨面积226平方千米，河流平均坡降0.39‰，其中在该市境内河长10千米，集雨面积18平方千米。

开平市蓄水工程共476处，集雨面积共569.74平方千米，设计总库容5.48亿立方米，正常库容3.54亿立方米，蓄水工程的灌溉面积占2.28万公顷，是全市的主要灌溉设施。其中大（2）型水库2处（大沙河水库、镇海水库），中型水库3处（狮山水库、立新水库、花身蚕水库），大中型水库集雨面积共416平方千米，设计总库容4.4亿立方米，正常库容2.82亿立方米，设计灌溉面积1.77万公顷；小（1）型水库35处，集雨面积共91.32平方千米，设计总库容7463万立方米，正常库容5269万立方米，设计灌溉面积4067公顷；小（2）型水库103处及山塘333处，设计总库容3335万立方米。引水工程168处，流量5.5立方米/秒，灌溉面积2733公顷。电动排水站217处4501千瓦，灌溉面积8347公顷（含重复灌溉面积）。江堤104条长264千米，捍卫面积1.30万公顷。电动排水站149处，装机容量1.53万千瓦，排涝面积6193公顷。小水电站39座1.36万千瓦，年发电3050万千瓦时。

市水资源较为丰富，多年平均降雨量1970毫米，根据《广东省江门市水资源综合规划总报告（2000—2030）》，多年平均水资源总量为25.61亿立方米（未计过境水量），其中地表水为19.70亿立方米，地下水为5.91亿立方米。人均水资源占有量为3766 立方米（按68万人计），高于全国和全省人均占有量。随着社会经济高速发展，人口快速增长，工业化和城市化进程加快，加上降雨的时空和水源分布与需水地域匹配偏离，使开平市易出现洪涝和干旱，甚至出现水质性缺水的现象，水资源的供需矛盾会越来越大。

人口·民族·语言

【人口、民族】 2017年末开平市户籍人口68.83万人，其中：男性34.38万人，女性34.45万人。非农业人口23.65万人，占总人口的34.36%。全年出生人口1.07万人，出生率为15.58‰。死亡人口0.58万人，死亡率8.39‰。人口自然增长率7.19‰，比上年下降1.29个千分点。

全市民族以汉族为主，占全市总人口98.18%（2010年人口普查数据），其余为蒙古族、回族、藏族、苗族、布依族、满族、瑶族、土家族、黎族、高山族。

开平市是全国著名侨乡。至2017年底止，旅居海外的华侨、华人、港澳台同胞共78万人，分布在世界上79个国家和地区。

【语言】 开平方言的分布，大体可分三个片：东北部的水井地区，属于客家话方言区；西北部大沙、龙胜等地因靠近新兴县，属于粤语方言区；其余地区基本上属于粤语方言四邑的一种次方言区。

除水井地区外，其余两个片的方言由于地域不同、姓氏不同，在语音上也千差万别，但基本上能沟通。沿潭江北岸，从东到西，分别有泮村话、沙冈话、长沙话、赤坎话、蚬冈话；从县城向西北方向而去，则有沙塘、苍城、马冈、张桥等话，随后联接大沙、龙胜等粤语方言区。而潭江南岸的获海地区则讲台山话，金鸡讲蚬冈话，赤水、东山接近赤坎话。

由于赤坎镇位于开平市中部，研究开平方言的人士均以赤坎话为开平方言代表点。

社会经济发展概况

【全市经济发展稳中向好】 2017年，开平市围绕“善作为、重实效、谋新篇”工作主线，以抓实抓好加快发展为第一要务，主动作为，攻坚克难，全市经济发展稳中向好，实现地区生产总值341.57亿元（当年价），比上年增长7.9%。其中：第一产业增加值31.64亿元，增长4.32%；第二产业增加值167.80亿元，增长9.05%；第三产业增加值142.13亿元，增长7.23%。第一、二、三产业增加值的比重为9.26:49.13:41.61。人均地区生产总值4.81万元。

园区建设水平提升。全年投入1亿元完善翠山湖园区基础设施，园区新引进优质项目21个，投资总额54.65亿元，新增投（试）产企业9家、在建项目10个，累计投产企业75家。被认定为中国产学研合作创新示范基地，列入江门市万亩工业园发展体系，申报纳入国家名录省级开发区，省级高新区申报工作扎实推进。连续6年在省考评中获优秀等次，并3年排名第一。

实体经济加快发展。全年引进投资3000万元以上项目40个，计划投资总额63.82亿元。落实各级财政对企业奖励扶持资金1.36亿元。装备制造业增加值实现47.28亿元，增长11.50%。水暖卫浴、纺织化纤和食品产业实现规模以上工业增加值68.80亿元，增长15.85%。新增省名牌产品4个，著名商标2件。现代建筑产业加快发展，实现建安产值182.20亿元，增长20.84%，占江门地区建安总产值的63%；建安房地产税收13.05亿元，增长19.94%；2项建筑工程获国家优质工程奖。

全域旅游优化升级。中国第9个、广东省首个联合国世界旅游组织旅游可持续发展观测点落户该市。国家全域旅游示范区和AAAAA级旅游景区创建工作顺利推进。该市连续8年获评省县域旅游综合竞争力十强县市。仓东教育基地获评中国乡村旅游创客基地。赤坎华侨文化旅游小镇成为省级特色小镇创建示范点。赤坎圩镇房屋征收率超过96%，创造“赤坎速度”。赤坎新区项目启动建设。大沙镇、塘口镇强亚村获评江门市乡村旅游示范镇（村）。

现代农业稳步发展。全市农业总产值预计为56.72亿元，综合发展速度103.50%。国家现代农业示范区建设水平监测评价位列全省前三名，发放农业“政银保”[1]贷款1.02亿元，引导社会资金5亿元投入示范区建设。农业机械化水平处于全省前列。建成高标准基本农田4.39万亩。中心城区实行家禽“集中屠宰、冷链配送、生鲜上市”。镇级农产品质量安全监管服务站和质量检测室实现全覆盖。农村土地承包经营权确权登记颁证率达92%。农村“三资”平台交易集体资产成交3.90亿元，增值15%。

“去降补”[2]成效显著。出清重组国有“僵尸企业”[3]7家，国资监管电子平台试运行，市直四大集团公司（含参股企业）实现净利润1.76亿元，增长11.50%。商品房库存消化周期控制在合理区间。26个补短板项目扎实推进。落实各项税费减免政策，为企业减负2.47亿元。公共资源交易总成交额23.15亿元，增收3.37亿元，节支0.30亿元。开展省普惠金融“村村通”试点，完成市征信中心建设，建成信用村204条、乡村金融（保险）服务站242个、助农取款点307个。金融业务主要监测指标达到监管要求，金融机构杠杆率[4]处于合理水平，本外币各项贷款、存款余额分别增长16.98%和8.99%。

“放管服”改革不断提升。深化商事制度改革，实现企业“十五证合一”[5]和个体工商户“五证整合”[6]。推行行政审批委托制，159项上级赋权事项全部承接到位。实施“互联网+政务服务”，行政许可事项进驻网上办事大厅率达95.50%。率先在江门地区将不动产查册业务纳入“侨都之窗”自助服务终端，实现全天候自助办理。试行与周边市“同城通办”公共服务事项156项。完善村（社区）公共服务体系，打通服务群众“最后一千米”。

“小微双创”工作纵深推进。新增国家高新技术企业47家，省级工程技术研究中心9家，省级工业设计中心、企业技术中心、两化融合管理体系贯标试点企业[7]各1家。主营业务5亿元以上工业企业研发机构全覆盖。培育科技型小微企业192家。水口卫浴谷、翠山湖金山创客空间分别被认定为江门市科技企业孵化器、江门市小微企业众创空间。新发展市场主体6974户，新增注册资本29.27亿元，分别增长30.18%和22.42%。新增个体工商户转为企业156家，小微企业升级为规模以上企业54家。

【社会事业不断发展】 交通设施不断完善。各级投入19.28亿元，完善交通基础设施建设。高恩高速、中开高速、开春高速、开阳高速、深茂铁路开平段新（扩）建工程有序开展。完成环城公路东环段65%、西环段60%、北环段东延线一期45%。启动深茂铁路开平站配套工程、环城公路北环段一期工程和东延线二期工程建设。台开快速路、赤坎大道等工程扎实推进。完成省道路面改造11千米、新农村公路硬底化11千米。

城乡建设协同共进。顺利通过“广东省文明城市”复评。马冈镇成功创建省卫生镇。创建省卫生村47条，江门市卫生村128条、宜居社区3个、新农村连片示范村4条。敷设天然气中压管网29千米。新建光缆3072千米。环卫实施网格化管理，数字化城市管理平台[8]启动建设。7个镇（街道）和祥龙、东兴社区生活垃圾处理实施市场化管理。市固废综合处理中心一期项目动工建设。完成村级公益事业一事一议财政奖补项目71个、农村改水工程12宗、农村河（渠）道清淤清障22.50千米。

造林绿化高效推进。造林5.50万亩，修复退化林1.30万亩，抚育中幼林和碳汇林6.18万亩，新增生态公益林15.83万亩，全市森林覆盖率达43.06%，成功创建国家森林城市。广东开平孔雀湖国家湿地公园试点工作有序开展。完成江罗高速开平段生态景观林带建设12千米。新建镇级森林公园、镇级公园、村（居）公园37个。该市湿地公园试点和绿化工作经验在全省推广。

环境治理有效提质。高规格成立市环保委员会，强力推进大气、水和土壤污染防治，从严落实中央环保督察和省环保专项督查整改工作。整治“小散乱污”企业[9]104家，拆除城区烟囱5条，淘汰黄标车1255辆、高污染燃料锅炉125台。严格执行河长制[10]，依法推进畜禽养殖禁养区关停整治、非禁养区规范提升，大沙河水库等饮用水源水质稳定达标。迳头污水处理厂二期投入使用，城镇生活污水处理率达91.02%。完成世界银行贷款农业面源污染治理4.30万亩。

社会保障日益健全。各级财政民生支出29.55亿元，增长18.57%。深入推进精准扶贫，360户贫困户共1295人实现脱贫。落实基本公共服务均等化补助和资源激励型财政补贴政策，全市村级集体年可支配收入达18万元以上。城镇新增就业7921人，城镇登记失业率为2.37%。城乡居民医保成功纳入省财政转移支付范围。城乡居保基础养老金、城乡医保财政补助、城乡低保、特困人员和孤儿供养等底线民生保障标准全面提高。困难人员大病保险起赔标准降低70%以上。建成公租房146套，新增入住103套。新建农村居家养老设施14个。

文教实力不断增强。该市获评国家级农村职业教育和成人教育示范县。义务教育“三二一”工程[11]扎实推进，梁金山小学（一期）、水口镇第三小学、碧桂园学校投入使用。高质量承办省文化和自然遗产日暨开平碉楼与村落申遗成功十周年活动。完成图书馆、文化馆总分馆制试点，市图书馆总分馆转为省示范地区推广。市博物馆投入使用。市档案馆扩建项目完成主体建设。市文联获评省文艺志愿服务先进集体。建成市融媒体平台。开平广播电视台获评全国市县20强电视台和“影响中国传媒”最具融合力媒体。

医疗卫生更趋优化。该市连续5年获评省人口计生工作先进单位。“医联体”[12]试点进展顺利，市中心医院与水口分院、市中医院与马冈分院远程医疗会诊系统投入使用。完成3家镇级卫生院标准化建设，12家基层卫生院公共卫生配套投入使用。县级公立医院取消药品加成，减轻患者负担4841万元。居民健康档案建档率不断提高，家庭医生签约服务覆盖率为71%。开启银医合作新模式，社会保障卡诊疗实现一卡通[13]。

社会大局和谐稳定。奋力抗击“天鸽”“帕卡”双台风袭击。出色完成党的十九大维稳安保等重大任务，受到上级表彰。开展“飓风2017”专项行动，刑事治安总警情下降24.31%，刑事立案下降21.82%，群众安全感不断提升。该市民警李锦汉获评全国优秀人民警察，塘口司法所谢羡恒获评全国模范人民调解员。全面建成镇级社区戒毒康复服务中心，市戒毒所获评省“雷霆扫毒”先进集体。全面完成消防安全重点单位和社区微型消防站建设。抓好粮食库区安全智能化升级改造，加强道路交通、工矿商贸、职业健康和食品药品等安全监管，安全生产形势总体稳定。

各项事业稳步发展。该市获评全国群众体育先进单位，成功举办市十二届运动会暨第二届老年人运动会。土地执法监察工作获省政府通报表扬。东河中学获评省民族团结进步创建活动示范单位。数字开平地理空间框架建设项目发布推广。新建社区康园中心[14]6个。新增基层义工服务队56支、义工驿站295个。

依法行政不断深化。深入实施“七五”普法规划，全面推进法治建设“三级同创”[15]活动。市政府主要领导主动出庭应诉相关行政案件。依法向赤坎古镇管委会赋予第二批审批事权。完成法律援助服务大厅标准化和金山公园法治文化区建设。自觉接受人大法律监督和政协民主监督，办理人大代表建议116件、政协提案95件。

注释：

［1］**政银保**：即以政府财政投入的基金做担保，银行等金融机构为符合贷款条件的担保对象提供贷款，保险公司对上述贷款提供保证保险的新型融资产品。

［2］**去降补**：即去产能、去库存、去杠杆、降成本、补短板。

［3］**出清重组国有“僵尸企业”**：即对已停产、半停产、连年亏损、资不抵债，主要靠政府补贴和银行续贷维持经营的企业进行分类处理。其中，对无资产、无人员、无经营场地的“三无”企业，在妥善处理债务并进行清算后予以注销；对完全处于关闭或停业状态、职工已安置或仍有部分留守人员、营业执照被吊销的长期休眠企业，实施退出、关闭或破产清算；对符合条件的困难企业，推动兼并重组，实现转型升级。

［4］**杠杆率**：指权益资本与资产负债表中总资产的比率。

［5］**十五证合一**：即整合“营业执照”“组织机构代码证”“税务登记证”“社保登记证”“刻章许可证”“海关报关单位注册登记证”“出入境检验检疫报检企业备案表”

"对外贸易经营者备案登记表""外商投资企业设立备案""开户许可证""机构信用代码证""原产地证表""贸易外汇收支企业名录登记"及统计、电子口岸企业入网资格审查等信息的新版企业营业执照。

[6] **五证整合**:即整合"营业执照""税务登记证""刻章许可证""开户许可证""机构信用代码证"等五个证照信息,完成了从事一般个体经营活动开办阶段全部证照手续整合。

[7] **两化融合管理体系贯标试点企业**:即企业系统地建立、实施、保持和改进两化融合过程管理机制的通用方法,覆盖企业全局,可帮助企业依据为实现自身战略目标所提出的需求,规定两化融合相关过程,并使其持续受控,以形成获取可持续竞争优势所要求的信息化环境下的新型能力。

[8] **数字化城市管理平台**:即以新一代信息技术为支撑,通过数字城管的网格化管理和事部件管理的新模式。

[9] **"小散乱污"企业**:即生产规模小,且不符合产业政策,不符合当地产业布局规划,未办理工信、发改、土地、规划、环保、工商、质监、安监、电力等相关报批手续,不能稳定达标排放的企业。

[10] **河长制**:即由各级党政主要负责人担任河长,负责组织领导相应河湖的管理和保护工作。

[11] **义务教育"三二一"工程**:即2016—2018年,蓬江、江海各要新建不少于3所,新会、开平、鹤山各要新建不少于2所,台山、恩平各要新建不少于1所义务教育阶段公办中小学校。

[12] **医联体**:即区域医疗联合体,是将同一个区域内的医疗资源整合在一起,通常由一个区域内的三级医院与二级医院、社区医院、村医院组成一个医疗联合体。

[13] **一卡通**:市民持社会保障卡在医院就诊时,可通过社会保障卡自助服务终端享受自助付费结算、社保信息查询、医院消费情况查询等便民服务,既避免在人工付费结算窗口长时间排队等候,又大大提高群众就医的主动权、选择权和知情权。

[14] **社区康园中心**:指立足于社区,集工疗、娱乐、康复为一体,为社区内的成年精神残疾康复者、智力残疾人和重度肢体残疾人提供日间照料、康复功能训练、庇护性就业和文体活动等服务的公益性残疾人社区康复服务机构。

[15] **法治建设"三级同创"**:即推进省级法治县(市、区)、法治乡镇(街道)和民主法治村(社区)"三级同创"。

政 治

中共开平市委员会

中共开平市委工作

【概况】 2017年，开平市委贯彻落实党的十九大精神，以习近平新时代中国特色社会主义思想为指导，贯彻习近平总书记对广东重要指示批示精神，以“工作落实年”为动力，实现经济社会持续健康发展。

抓党建　把学习宣传贯彻党的十九大精神作为首要政治任务抓紧抓实，形成轰轰烈烈、铺天盖地的宣传态势，使党的十九大精神深入人心。推进“两学一做”学习教育常态化制度化。完成村（社区）“两委”换届选举工作。整顿软弱涣散党组织，在江门地区率先成立翠山湖园区非公企业党委，海鸿电气公司荣省非公有制经济组织先进党组织。出台人才工作新政，开平市申报省“三大人才项目”的类别和数量增长。完善市委巡察机制，累计完成七轮巡察。发挥市委总揽全局、协调各方的作用，支持人大、政府、政协高效履职，推动各民主党派及人民团体创造性开展工作。党管武装工作不断加强，军民融合持续深化。

抓经济　主要经济指标稳中有升。核心产业平台翠山湖园区成功创建“中国产学研合作创新示范基地”，申报纳入国家名录省级开发区，连续6年省考核获“优秀”等次，并3年排名第一，纳入江门市万亩工业园区发展体系。全市招商引资势头红火，全年累计引进3000万元以上项目40个，投资总额63.8亿元。三次产业结构不断优化，发展文化旅游产业，成功举办联合国世界旅游组织中国第9处观测点揭牌仪式，国家全域旅游示范区及国家5A级旅游景区创建工作步向深入，赤坎古镇项目取得突破性进展，房屋征收率超过96%，新区项目启动建设。仓东教育基地被评为中国乡村旅游创客基地。先进装备制造业规模逐步扩大，水暖卫浴、纺织化纤、食品三大传统产业转型步伐加快。现代建筑产业健康发展，两项建筑工程获国家优质工程奖。国家现代农业示范区加快建设，农业机械化水平处于全省前列。打好新一轮交通大会战，配合上级抓好跨境重点交通项目建设，江罗高速开平段建成通车，开平环城公路、台开快速路、赤坎大道建设加快推进。

抓改革　出台《开平市2017年重要改革任务要点》。推进供给侧结构性改革，推动新旧动能转换。实施创新驱动战略，国家高新技术企业达到80家，工业技改投资增速排名江门市前列。新增省级工业设计中心、企业技术中心和两化融合管理体系贯标试点企业各1家。开平卫浴谷、金山创客空间分别获评江门市科技企业孵化器、小微企业众创空间。推进“清单制、委托制、承诺制”改革，加大简政放权力度，向赤坎古镇管委会赋予第二批审批事项。深化“多证合一”商事制度改革，国企改革步伐加快。土地执法监察工作获省政府通报表扬。完成省普惠金融“村村通”试点建设。完成图书馆、文化馆总分馆试点建设，市图书馆转为全省示范地区推广，市文化馆被评为省基层文化工作先进单位。

抓环保　坚持生态优先，推进“创文再出发”，顺利通过“广东省文明城市”复检测评，马冈镇成功创建“广东省卫生镇”。成立市环保委员会，推进环境治理和生态保护，落实中央环保督察和省专项督查整改工作，改善全市环境质量。完成高污染燃料锅炉、黄标车淘汰及禁养区畜禽养殖场整治任务。执行河长制，加强潭江水资源保护以及饮用水源综合治理。迳头污水处理厂二期投入使用，提高环保能力建设。成功创建“国家森林城市”，绿化工作和湿地公园试点建设经验在全省推广。

抓民生　全年各级民生投入29.55亿元，全面兑现市镇两级“十项民生实事”。城镇登记失业率控制在2.37%。该市纳入城乡居民医疗保险省财政转移支付补助范围，城乡居家养老设施实现全覆盖。超额完成上级下达脱贫目标任务。义务教育“三二一”工程扎实推进，梁金山小学、水口第三小学投入使用，该市被评为“国家级农村职业教育和成人教育示范县”。3个“医联体”改革试点和家庭医生签约工作进展顺利。连续5年被评为“省人口计生工作先进单位”。高质量承办2017年广东省“文化和自然遗产日”暨“申遗十周年”系列活动。成功举办市十二届运动会暨第二届老年人运动会，获评“2013—2016年度全国群众体育先进单位”。圆满完成党的十九大维稳安保任务。（梁添发）

【重要决定、意见】 6月，市委办公室、市政府办公室印发《开平市全面推行河长制工作方案》。该方案要求，全面构建以党政领导负责制为核心的市、镇（街道）、村（居）三级河长组织体系，联结“河道警长”“民间河长”共治，打破部门、区域、层级的壁垒，明确管理职责，实行联防联控，形成“党政齐抓、上下共管”和“横向到边、纵向到底”的工作格局。该方案提出，到2020年底，水资源利用更加充分，水环境改善更加明显，水安全保障更加有力，基本实现河畅、水清、堤固、岸绿、景美的总目标。

10月，市委、市政府印发《关于建设卫生强市的实施意见》。该意见提出，到2025年，基本医疗卫生制度完善，医疗卫生服务体系健全，卫生资源配置合理，医疗设施和技术先进，疾病控制科学高效，人才队伍结构优化，主要健康指标达到或接近发达国家（地区）水平，全面建成卫生强市。

12月，市委办公室、市政府办公室印发《关于推行法律顾问制度和公职律师制度的实施意见》。该意见提出，2017年底前，该市各级党政机关全部设立法律顾问、公职律师，所有村（社区）全部设立法律顾问。市委、市政府以党内法规工作机构、政府法制机构为平台设立法律顾问室，加强市公职律师事务所建设，推动市属国有企业建立法律顾问、公司律师制度，探索市属各事业单位建立法律顾问制度。完善法律顾问和公职律师、公司律师制度及工作机制，到2018年底形成与全面建成小康社会和法律服务需求相适应的法律顾问和公职律师、公司律师制度体系。（谭永辉）

【市委十三届三次全会】 中国共产党开平市第十三届委员会第三次全体会议于8月1日召开。全会由市委常委会主持。会议深入贯彻落实习近平总书记对广东工作重要批示、省第十二次党代会以及江门市委十三届四次全会精神，总结2017年上半年工作，部署下半年工作。市委书记、市长庞正华主持会议并代表市委常委会作讲话；市委副书记、政法委书记李沃华传达了江门市委十三届四次全会重要精神。

全会客观评价了市委常委会今年上半年工作。一致认为，2017年上半年，全市上下贯彻落实上级党委、政府各项决策部署，致力“兴业惠民、治吏简政”，践行“善作为、重实效、谋新篇”的工作主线，实现党的建设有新加强，经济发展有新亮点，城乡面貌有新变化，民生事业有新进步，展示出换届后开平广大领导干部的新面貌、新作风、新作为。

全会指出，要做好2017年下半年工作，全市各级各部门要更加主动对接好上级各项重大决策部署，特别是要以习近平总书记“四个坚持、三个支撑、两个走在前列”的重要批示精神统领工作全局，贯彻落实省第十二次党代会和江门市委十三届四次全会精神，按照稳中求进的工作总基调，狠抓经济发展、深化改革、民生福祉和党建主业不放松，以优异的成绩迎接党的十九大胜利召开。

会议要求，全市各级要紧抓全面从严治

党，坚持思想建党、从严管理干部、夯实基层党建、铁腕惩治腐败；紧抓实体经济，把做大做强实体经济作为当前谋划发展的牛鼻子来抓，重点做好“园区提升、招商提质、征地提速、服务提效”四篇文章；紧抓改革创新，重点深化供给侧结构性改革，深入实施“创新驱动”战略，盘活国有资产、做强国有企业，扎实推动城市扩容提质；紧抓民生事业，扎实推进底线民生保障，让全市人民共享改革发展成果。

【市委十三届四次全会】 中国共产党开平市第十三届委员会第四次全体会议于12月11日召开。全会由市委常委会主持。全会深入学习宣传贯彻党的十九大精神，学习贯彻省委十二届二次全会和江门市委十三届五次全会精神，对该市深入学习宣传贯彻党的十九大精神进行再动员、再部署、再推动。市委书记庞正华代表市委常委会作了专题讲话。会议审议通过《中国共产党开平市第十三届委员会第四次全体会议决议（草案）》。

全会指出，党的十九大在政治上、理论上、实践上、制度上取得了一系列重大成果，作出了划时代、开创性的历史贡献。党的十九大最重要的政治成果，是选举产生了以习近平同志为核心的新一届中央领导集体。最重要的理论成果，是把习近平新时代中国特色社会主义思想确立为我们党必须长期坚持的指导思想。最重要的实践成果，是描绘了决胜全面建成小康社会、全面建设社会主义现代化国家的宏伟蓝图。最重要的制度成果，是通过了党章修正案，把习近平新时代中国特色社会主义思想确立为党的行动指南，实现了党的指导思想的与时俱进。

全会提出，习近平新时代中国特色社会主义思想是一个主题鲜明、逻辑严谨、系统完整的科学理论体系，是全党全国人民为实现中华民族伟大复兴而奋斗的行动指南。持续深入学习宣传贯彻党的十九大精神，最核心最根本的是要深刻领会这一指导思想。全市广大党员干部要全面准确把握“八个明确”和“十四个坚持”的思想内涵，切实增强政治认同、思想认同、情感认同。

会议强调，要坚决维护习近平总书记的核心地位和以习近平同志为核心的党中央集中统一领导，牢固树立“四个意识”，把维护习近平总书记的核心地位作为第一位的政治要求，作为最重要的政治纪律和政治规矩，任何时候任何情况下都忠诚核心、拥戴核心、维护核心、捍卫核心。要坚决听从习近平总书记和党中央的统一指挥，坚决完成上级交办的各项工作任务，自觉把开平的工作、开平的发展放到全江门、全省乃至全国的大局中去思考、谋划和推动，确保上级各项政令在开平畅通，不折不扣落到实处。

会议提出，要坚持以习近平新时代中国特色社会主义思想为指导，推动新时代开平工作不断取得新突破。要在落实新发展理念上主动作为、谋划突破，坚持以“产业提升、城市提质、工作提效”为工作主线，高标准打造翠山湖“万亩园区”，全力做大做强文化旅游产业，实施创新驱动战略，支持水暖卫浴、纺织化纤、食品等传统产业优化升级，加快发展现代建筑产业，实施乡村振兴战略；要在全面深化改革上主动作为、谋划突破，深入推进重点领域和关键环节改革；要在全方位融入粤港澳大湾区发展上主动作为、谋划突破，将开平打造成为粤港澳大湾区江门腹地；要在提高保障和改善民生水平上主动作为、谋划突破，坚持以人民为中心的发展理念，努力兜底线、补短板、办实事、利民生；要在推进环境治理和生态保护上主动作为、谋划突破，以壮士断臂的决心打赢大气、土壤、水污染三大战役；要在建设法治开平和平安开平上主动作为、谋划突破，全面推进依法治市进程，推动社会治理重心向基层下移，树立安全发展理念，坚持铁腕治乱、重拳惩恶，切实增强人民群众的安全感。

会议强调，要认真贯彻落实新时代党的建设总要求，推动全面从严治党向纵深推进。从严抓好政治建设，严明党的政治纪律和政治规矩；从严抓好干部队伍建设，坚持党管干部原则，树立鲜明的选人用人导向；从严抓好意识形态工作，牢牢掌握意识形态工作的领导权、管理权、主动权；从严抓好党风廉政建设，坚决贯彻执行中央八项规定及其实施细则，以上率下正风肃纪，运用好监督执纪“四种形态”，用好巡察利剑，扎实推进监察体制改革试点。

会议指出，各级党组织和广大党员干部要把学习宣传贯彻党的十九大精神作为一项长期的政治任务来抓，按照上级统一部署要求，将开展“大学习、深调研、真落实”活动作为深入学习宣传贯彻党的十九大精神的重要抓手，为即将开始的“不忘初心、牢记使命”主题教育做好思想和工作准备。要把学习宣传贯彻党的十九大精神与贯彻落实习近平总书记对广东工作的重要指示批示精神紧密结合起来；把学习调研与破解发展难题紧密结合起来；把谋划长远与立足当前紧密结合起来；把强化指导与督促落实紧密结合起来。继续围绕学懂弄通做实的要求，坚持久久为功，推动学习宣传贯彻党的十九大精神往深里走、往实里抓，确保每个阶段都取得实实在在的成效。（梁添发）

【调研工作】 2017年，市委办坚持围绕市委中心工作，立足当好市委决策智库，创新“大调研”工作机制，“创新大调研机制　当好市委决策智库”项目获评市直机关创新奖一等奖。围绕“产业提升、城市提质、工作提效”工作主线，形成《开平市推进大健康产业发展前景研究》《健全“河长制”　创新生态保护机制》《关于开平市城区工业企业发展及土地利用情况的调研报告》等一批调研报告。做好有关上级主要领导到该市调研的工作安排。（梁添发）

【办文办会】 市委办先后印发了完善“短、实、新”的新文风和“多会合一”的新会风制度，加强党内法规制度建设，新设立文电法规股和党委法律顾问室，主要负责党内规范性文件的制定、审核、解释、报备工作，规范市委文件的办理、审核、制发，提高公文质量，全年印发正式文件70件，信函格式文件50多件，办理各类上下级文件近1000件。开展党内规范性文件清理，对该市1983年至2016年期间以市委、市委办名义印发的5846份文件进行全面梳理，整理出744份规范性文并提出清理意见，其中207件予以废止、347件宣布失效、144件继续有效。办会方面，高标准、严要求地承办150多场会议，其中，市委全会2次，市委常委会19次，党政班子会8次，书记专题会议10次，成功筹备了市委十三届三次、四次全会等重要会议。（谭永辉）

【督查督办】 围绕市委决策部署和市领导交办事项，创新出台《2017年市委市政府重要工作部署及重点督办任务完成情况考核工作方案》。每月对各镇（街）主要经济指标完成情况、上级督办和市重点项目的落实进行督查，推动市委改革发展和民生改善政策措施切实落地见效。联合市委督促检查工作组，对环保工作、禽流感防控、农村土地确权、精准扶贫、十九大宣传等重点工作进行专项督查，推动工作加快落实。全年先后立项督查3次，编印《督查通报》20期，项目年度达标率为96.73%。（关健敏）

【协调与服务】 履行协调与服务职责，协助市委做好党的十九大精神学习贯彻工作，起草《开平市学习宣传贯彻党的十九大精神工作方案》，推动全市各级围绕“学习宣传宣讲、教育培训考学、贯彻落实提效”三个方面，加强主题策划。突出党建主业，制定《市委办全面从严治党工作实施意见》，深入推进“两学一做”学习教育常态化制度化，进一步严肃党内政治生活，成功创建“开平市直机关党建工作示范点”。健全“四大办”联席会议制度，发挥“四大办”微信群作用，及时沟通工作，形成工作合力。科学规范日常应急值守管理，完善应急值班管理制度，加大紧急重大突发事件信息报送的精准力度。执行中央“八项规定”，做好公务接待和后勤保障工作。车队管理中心全年安全行车42万千米，出车安全率达100%。（彭　红）

【信息综合】 以打造“精品信息”为方向，发挥党委信息以文辅政、参谋决策作用，全年累计处理信息5000多条，向江门市委办报送信息66篇，被采纳21篇，11篇上报省委办公厅。编印《开平信息》41期，刊登全市各部门单位的信息共198篇。编刊贯彻落实市委第十三届二次、三次全会及中共十九大精神情况三个专刊，宣传新精神新作为。 （方新月）

【保密服务】 健全保密绩效考核机制，开展保密“三大管理”，推进依法治密，抓好高考等重点保密任务的落实。开展保密宣传教育和保密培训，充实保密装备配备，强化保密督查自评，加大对全市保密工作的检查力度，先后对该市30多个单位开展保密自查自评专项督查，实行保密检查常态化，全年没有泄密事件发生。 （吴志军）

【信访工作】 做好中共十九大维稳安保工作，实现重要节点信访“零上访”任务。落实领导包案制度，推动信访突出问题治理。“开平信访”微信公众号和手机APP客户端软件建成投入使用，高清视频信访接访系统完善升级，进一步拓宽群众反映诉求的信访渠道。全市群众信访量总体呈下降趋势，信访形势平稳向好。

（彭添兢）

附：1. 中共开平市委正副书记、市委常委名录

市委书记：黄耀雄（—2017.7）
庞正华（2017.7—）

市委副书记、市长：庞正华（—2017.10）
邝积康（2017.10—）

市委副书记、政法委书记：李沃华

常　委：陈军凯　谭良发
陈伟成　凌华威
简锦聪　颜海娜（女）
何武健

2. 市委办公室正副主任名录

主　任：简锦聪

副主任：吴振威（—2017.7，挂任江门市委办）
张文仰（—2017.6）
黎伟立（2017.7—，挂任市委办副主任）
谭晓华（—2017.9）
陈振奎（—2017.8）
苏俊杰（2017.9—）
刘　飞（2017.11—）

3. 挂靠单位领导班子名录

市委改革办主任：谭晓华（—2017.9）
刘　飞（2017.11—）

市委机要局局长：李柱源

市国家保密局局长：彭　红

市信访局局长：张文仰（—2017.6）
苏俊杰（2017.9—）

市信访局副局长：苏俊杰（—2017.9）

市信访局副局长：张育充

纪检监察工作

【简况】 2017年，该市各级纪检监察机关以学习贯彻中共十九大精神为主线，按照上级纪委全会和市委十三次党代会的部署，履行党章赋予的职责，强化监督执纪问责，把全面从严治党向纵深推进，纪律和作风建设不断加强，巡察工作实现创新突破，派驻机构建设稳步推进，深化监察体制改革试点工作有序开展。

【重要会议】 十三届纪委二次全会 2017年2月14日在市行政机关大楼召开，传达贯彻上级纪委全会精神，总结2016年开平市党风廉政建设和反腐败工作情况，研究部署2017年工作，审议通过题为《坚持标本兼治，强化责任担当，扎实推动全面从严治党向纵深发展》的工作报告和《中共开平市第十三届纪律检查委员会第二次全体会议决议》。参加会议人员有市四套班子党员领导干部，市人民法院院长，市人民检察院检察长，市纪委委员，各镇（街）党（工）委书记、纪（工）委书记，翠山湖管委会常务副主任、纪工委书记，市直各单位、驻开平有关单位主要领导和纪检组长

（纪委书记）或分管纪检工作的领导，市监察局特邀监察员，市纪委机关全体同志，共250多人。

【落实“两个责任”】 修订《开平市党风廉政建设党委主体责任和纪委监督责任考核办法》，将“两个责任”考核与市直单位绩效考核结合起来，进一步细化考核内容，增强考核的科学性和实用性。牵头对全市各单位落实全面从严治党“两个责任”情况进行检查考核，组织水口镇、市教育局等6个单位的主要负责人向市纪委全会述责述廉述德，并接受市纪委委员评议。全面落实约谈制度，全市各级党组织共开展谈话提醒1575人次，其中“咬耳扯袖”1445人次，“红脸出汗”130人次。

协助市委抓好主体责任的落实，会同市委组织部，起草《贯彻落实〈中共江门市委关于加强党员干部教育监督管理构建良好政治生态的工作意见〉实施方案》，围绕净化党内政治生态、推进全面从严治党，加强对党员干部的教育监督管理。

【党风政风监督】 落实中央八项规定精神，全年查处违反中央八项规定精神问题14件，处分13人。看住重要节点和关键环节，聚焦重点对象，紧盯“四风”新形式新动向，坚持暗访、查处、追责、曝光“四管齐下”，全年出动100多人次，围绕工作纪律、工作作风和群众反映的热点问题，开展明察暗访60多次，制作暗访片2期；推进党员领导干部“八小时以外”活动监督管理常态化；对发现问题公开曝光并通过约谈、问责及时进行处理，推动作风建设长效化。

制定《开平市深入治理“为官不为”问题实施方案》，以推动环保整治为重点，深入开展“为官不为”专项治理。全面调查全市畜禽养殖禁养区养殖场治理情况，配合省纪委深入核查大沙河水库饮用水源保护区内228家畜禽养殖场清退不到位的问题，结合“创文再出发”工作开展生态环境治理主题暗访活动，开展全市畜禽养殖整治情况专项巡察。对党员领导干部在履职尽责过程中的不作为、慢作为、乱作为问题进行严肃问责，给予党纪政纪处分8人，诫勉谈话10人，通报批评3人，批评教育3人。强化正面引导，推选敢担当、善作为先进典型10名。

【执纪审查工作】 研究制定该市落实监督执纪工作规则的工作指引，将落实工作规则融入线索处置、谈话函询、初步核实、立案审查、审理、管理监督等各个环节，全面规范纪检机关监督执纪工作。全年共受理信访举报215件（次），处置问题线索245件，立案141件，其中审查科级干部13人；结案131件，给予党纪政纪处分125人。2017年，运用监督执纪“四种形态”处理243人次，其中第一种形态114人次，占总数的47%；第二种形态97人次，占40%；第三种形态16人次，占6.5%；第四种形态16人次，占6.5%。

深化农村基层党员干部违纪违法线索排查，聚焦小官贪腐，严惩农村“蝇贪”。镇级纪委立案112件，审查农村党员干部112人。重点开展扶贫领域监督执纪问责工作，围绕危房改造、村级扶助项目处置、低保和临时救济、旅游厕所建设四个方面，深入排查镇村两级党员干部贪污侵占、虚报冒领、截留私分、克扣挪用、优亲厚友、挥霍浪费等问题线索。派出5个排查组49人，深入到各镇（街）、各村（社区）组、各农户展开“地毯式”排查，对扶贫领域相关情况进行深度“扫描”。共排查扶贫项目1470个，排查出问题线索115件，纪检监察机关立案30件，严厉惩治了一批敢动扶贫“奶酪”的“蝇贪”。

【县级巡察工作】 完善巡察机构设置，设立巡察办和3个巡察组，配备行政编制12名，建立稳定的巡察队伍。健全巡察工作制度，制定《市委巡察机构与市纪委等部门单位工作协作协调机制》，出台《市委巡察整改工作问责制度实施方案》，实行巡察工作人员评价制度，加强部门间的配合协作。规范巡察工作程序，由市委书记专题会和市委常委会分别听取巡察具体情况和总体情况汇报，提高巡察工作的有效性和权威性。创新巡察工作方式方法。通过创新采用“1+N”巡察方式、实施“巡驻结合”工作模式、开创巡察回访制度，提高巡察效率、形成监督合力、督促问题整改，实现巡察数量、巡察方法、巡察效果“三个突破”。全年共开展3轮巡察，分别对龙胜镇、市发改局等8个单位党组织进行常规巡察，对全市畜禽养殖整治情况开展专项巡察，发现各类问题154个，向纪检监察机关、组织部门等移交问题线索39件。

【党风廉政宣传教育】 深入开展纪律教育学习月活动，举办领导干部党纪政纪法纪教育培训班，开展党规党纪知识测试，组织党员干部参加“廉洁火炬杯”党规党纪知识竞赛。运用市纪委官方微信平台开展党规党纪“党员随身微教育”，开设专栏及时推送学习教育内容。发挥本地网络舆论主阵地作用，聚焦上级纪委机关媒体，宣传我市党风廉政建设和反腐败工作的举措和成效，营造良好舆论氛围。

传播廉洁文化“正能量”。开展以“清廉修身、廉洁齐家”为主题的廉洁文化系列活动：举办“学家训、立家规、正家风”主题展，开展“优秀家风传万代”经典家规家书朗诵活动，创作排演廉洁家风主题小品《考验》，举办第三届“清廉开平·多彩侨乡”廉政文艺专场晚会，参与广东省修身齐家（江门赛区）演讲比赛，开展第六届廉洁读书月活动。运用本地优秀传统文化资源，结合当前扶贫领域热点难点，组织拍摄勤政廉政微电影《初心》并予以宣传推广。

【纪检监察体制改革】 市委办印发《关于市纪委派驻机构建设的意见》，设立市纪委派驻纪检组9个，配备行政编制43名，监督市直单位61个。

成立市深化监察体制改革试点工作小组，按照上级确定的时间表、路线图推进改革试点工作。市委书记带头履行“施工队长”职责，多次对重要环节、重要事项、关键节点进行协调、把关，确保上级的部署不走样、不跑偏。市纪委履行牵头抓总的专责职责，协助市委抓好改革试点工作的组织实施和任务落实，抓好过渡期各项政策和工作的衔接。聚焦人员转隶环节，突出思想政治工作，对转隶人员进行全覆盖谈心谈话，开展“暖心家访”活动，推动合编、合心、合力。

【干部队伍建设】 把学习宣传贯彻中共十九大精神作为首要的政治任务，通过召开会议、组织宣讲、撰写心得等多种形式，在纪检监察系统内掀起学习党的十九大精神的热潮，要求全市纪检监察干部将党的十九大精神落实到实际工作中去。推进“两学一做”学习教育常态化制度化，深入开展“正风肃纪强素质、求真务实促发展”主题实践活动，引导纪检监察干部学党规、强党性、守纪律、讲规矩，加强纪检监察队伍思想建设和作风建设。

制订年度学习计划，将监督执纪工作规则和纪律处分条例作为学习重点，引导督促全体干部抓紧自学，并根据学习进度组织测试。重点抓好对新进纪检监察干部的教育培训工作，举办业务培训班4期，培训干部390人次。继续落实跟班学习制度，选送3名干部到上级纪委跟班学习，安排6名镇（街）纪检干部到市纪委机关跟班学习。加强实践锻炼，抽调派驻机构干部和镇（街）纪检干部41人次参与扶贫领域问题线索专项排查和畜禽养殖整治情况专项巡察。

加强对纪检监察队伍的管理监督，落实《开平市纪委监察局领导约谈纪检监察干部工作制度（试行）》，定期或不定期开展谈心谈话，实现日常性约谈全覆盖，市纪委监察局领导与全市纪检监察干部谈心谈话91人次。制定印发《开平市镇（街）纪检监察工作考核评价办法》，组织对各镇（街）纪（工）委的工作情况进行考核评价。（杨宏波　黄惠文）

附：1. 中共开平市纪委正副书记、常委名录

书　记：谭良发

副书记：张海滨

关华俊

常　委：劳念华（—2017.8）

班朝举

张艳玲

邱镇尧

2. 开平市监察局领导班子名录

局　长：张海滨

副局长：张艳玲

梁永祥

3. 举报专线电话

信访室（举报中心）： 2292342

市行政效能投诉中心： 2296800

组织工作

【简况】 2017年，开平市委组织部学习贯彻习近平总书记系列重要讲话精神及各级组织部长会议精神，围绕市委“工作落实年”主题，坚持“夯基础、重规范、抓落实”，开启十九大后全市组织工作新征程。该市有党组织1566个，其中基层党（工）委44个，包括镇街党（工）委16个、城市和乡镇社区党委9个、机关和事业单位党（工）委4个、企业党委11个、镇（街）“两新”组织党委4个；党总支177个，党支部1345个。市“两新”组织党工委1个。全市有党员29921名，其中女党员8056名（占26.9%）；35岁以下党员6188名（占20.7%）；大专以上学历党员11538名（占38.6%）。该市党员中，农村党员12549名（占41.9%）；机关事业单位党员6816人（占22.8%）；“两新”组织党员1108名（占3.7%）。

【村级“两委”换届工作】 4月中旬顺利完成269个村、社区“两委”换届工作。选举产生新一届村（社区）“两委”干部1091名。一次性当选率、党组织书记和村（居）委会主任“一肩挑”比率、村（社区）“两委”干部交叉任职比率三项指标均超90%，比上一届有提升。村（社区）干部平均年龄从换届前的48.9岁下降到换届后的42.6岁，干部结构得到优化。整个换届选举未发生因组织不严密而引发的群体性事件和有效投诉，没有发生到省和北京上访的情况，实现了换届工作平稳有序、风清气正。在换届工作中，该市对问题村（社区）实行星级动态管理、选派“民警村干部”一村一警参与换届等创新做法。

【抓好基层党建重点任务】 落实历史留用地685.54亩，100%解决历史留用地欠账问题。抓紧农村土地承包经营权确权登记颁证工作，颁发证书10.8万本，颁证率92%，完成年度任务。落实资金分配4800多万元，100%完成被征地农民养老保障资金分配任务。作为省的试点，高标准建成269个村级公共服务站，顺利通过省和江门市的验收，为群众提供“一站式”的便民服务。深化“驻点直联”工作。全市269个驻点团队全覆盖走访联系群众15万多户，解决群众反映问题2800多条。抓好软弱涣散党组织整顿。在排查摸底、选派力量、落实措施、督促检查四个方面精准发力，在江门市率先完成14个软弱涣散村（社区）党组织整顿工作，部分党组织实现了后进向先进的转变。

【提升各领域党建工作水平】 持续实施不达标村级办公活动场所整顿，市镇村三级投入资金1000余万元，推动24个不达标村级办公活动场所改扩建，在江门四市三区中率先成立第一家园区非公企业党委——翠山湖科技园区非公企业党委。是年新成立“两新”党组织12个，提升党在“两新”组织的覆盖率。组织实施党建“一镇一品”工程，推动15个入库党建品牌建设。该市选报的“民警村干部”工程和“两新”党建“扩面工程”案例入选江门优秀基层党建案例。（黄伟龙）

【干部队伍建设】 2017年，提拔调整市管干部10批217人。其中，提拔正科级领导干部16人，其他领导干部27人，非领导职务18人；调整交流156人，因党组清理、机构改革等原因对33名领导干部重新任职。在提拔的科级领导干部中，男35人，占81.40%；女8人，占18.60%；大学以上学历37人，占86.05%；大专学历6人，占13.95%；30岁至40岁19人，占44.19%；40岁至50岁22人，占51.16%；50岁以上2人，占4.65%。是年，该市选派16名优秀市管干部到江门市直机关挂职锻炼，抽调103名干部到赤坎古镇旅游开发项目。（黄景林）

【党员干部教育培训】 2017年，首次将领导干部家属廉政教育列入主体培训班，将中央、省、江门驻开平有关单位的科级干部纳入为该市的培训对象，扩大了培训的范围。落实上级关于学习贯彻中共十九大精神的有关部署，举办开平市科级干部学习贯彻党的十九大精神专题培训班，推动中共十九大精神在开平落地生根。是年全市培训各级各类干部8650多人次。其中举办主体班次19个34期，培训各级干部4450多人次。全市科级以上干部、村（居）“两委”干部实现培训全覆盖。（梁晓森）

【干部日常监督管理工作】 发挥开平市管干部出入境信息管理平台的作用，加强和规范干部出入境管理工作，严格执行领导干部的证照出国（境）管理及因私出国（境）审批制度，是年共受理审批出国（境）申请53批410人次，不予批准9人次，保证市管领导干部因私出国（境）管理制度落到实处。利用“表格化清单”方式，做好干部选拔任用全程纪实，将干部选拔任用的工作流程进行细化梳理，逐步形成制度化、表格化，对提拔选任工作查漏补缺，减少出错遗漏概率。初步设计完成干部监督综合信息档案系统，为精准科学识别干部提供重要参考，防止干部“带病提拔”。结合干部选任工作，督促5家单位完成“一把手”离任责任交接，提请12名单位党政正职进行离任经济责任审计。持续加强对“裸官”的岗位管理，完善台账、动态跟踪该市“裸官”名单。继续落实“三书”预警告诫制度，是年发出《函询通知书》3份。持续发挥干部任用公示、信访举报、“12380”举报电话及网上举报等监督手段的作用，是年受理来信来访12件，其中来信9件，办结9件，办结率达100%；来访3件，办结3件，办结率达100%。（林金焕）

【人才工作发展】 先后出台了开平市人才工作领导小组工作职责、工作机制和各成员单位工作分工制度，开平市人才工作考核评价办法，开平市领导联系高层次人才制度。首次按照地方年度一般公共预算财政收入0.5%的标准，安排人才发展专项资金1125万元。海鸿电气有限公司、广东华艺卫浴实业有限公司2家博士后科研工作站成功引进2名博士后，广东敞开电气有限公司许凯旋入选江门市首批科技创业领军人才。该市入选江门市“名师”5人、“名医、名中医”4人、首席技师1人、名师工作室1家。该市通过江门市高层次人才认定的25人。农业人才培养工程方面，聘请10名高层次专家组建开平市农业发展专家顾问团，组织了浙江大学农业人才专题研修班、技能人才鉴定等培训培养各类农业人才1000多人次，开展了优秀农业人才评选活动。开平市“十百千”旅游人才培养工程等3类项目新入选广东省“扬帆计划”，获得省级财政78万元扶持。落实开平市人才政策性奖励及特殊津贴发放，是年奖励各类人才274人次，发放资金87.9万元。组织1400多名优秀人才参加免费体检。开展了人才工作集中宣传月活动。（谢小君）

附：市委组织部领导班子名录

部　长： 陈军凯

副部长： 梁小耐（—2017.5）
刘威龙
劳蔼婵（女）
谭雄辉
利俊义（2017.8—）
谭健勇

宣传工作

【简况】 2017年，市委宣传部深入学习宣传贯彻中共十九大精神，以中央、省和江门市宣传思想文化工作会议精神为统揽，以创建机关党建工作示范点为契机，推进理论学习、新闻宣传和舆论引导、社会主义核心价值观建设、文明城市创建、文化惠民工程以及未成年人思想道德建设等工作，为全市经济社会发展提供了有力的思想保证、舆论支持和文化条件。

【市委中心组学习】 2月28日，邀请江门市国家安全局局长程文宏作国家安全形势专题辅导报告。4月26日，组织收听收看省委讲师团团长杜新山所作学习贯彻习总书记批示精神专题报告。7月5日，组织收听收看省政府发展研究中心副主任李惠武作学习贯彻省十二党代会精神专题报告。7月27日，邀请江门市中级人民法院民三庭庭长张海疆作“依法行政”专题辅导报告。9月18日，邀请中国旅游智库秘书长石培华到开平市作“全域旅游”专题辅导报告。11月23—24日，邀请江门市委宣讲团成员戴永洁、李纯、张国雄作辅导报告，先后举办3场市委中心组学习贯彻党的十九大精神专题学习会，其中学习报告会1场、研讨会2场。是年，市委中心组成员还订阅学习了《全面从严治党面对面》《牢记嘱托 再创新局——学习贯彻习近平总书记对广东工作重要批示精神辅导读本》《追问》《人民的名义》《习近平的七年知青岁月》以及十九大文件和学习辅导读物等理论学习书籍。

【外宣工作】 全年接待中央和省、江门各级新闻媒体320多家次，各级媒体刊播开平报道350多篇，其中，央视到开平拍摄10多个开平专题节目，包括《中国影像方志》《航拍中国》《记住乡愁》《传奇中国节·端午节》等。制作《印象碉楼》《“遗”脉相承》2部宣传片，围绕宣传市委、市政府中心工作，制播《新潭江论坛》节目20期。外宣队伍新增2名外宣高级顾问。打造开平新型主流媒体，开平电视台获评“‘影响中国传媒’最具融合力媒体”。

【舆论引导工作】 举办了新闻媒体座谈会和新闻发言人培训班。完成7项媒体排查调研工作，建立网络传播工作碰头会制度。引进舆情监测技术服务，加强网络安全监管，健全江门每日舆情传送机制，市委宣传部联合市公安网监、市文化执法队、市科工商务局等单位协调、指导、监管好开平市主流媒体与社会各媒体平台的“两位一端”运作情况。利用全市各媒体平台正确引导社会舆论，处理好开平市的负面舆情，全年共处理负面舆情135宗，维护了社会的稳定发展。

【配合中心工作开展宣传】 围绕市委市政府中心工作，唱响“开平好声音”，开展学习宣传贯彻党的十九大精神工作，营造“铺天盖地、轰轰烈烈”的氛围。在各级媒体上刊登新闻报道250多篇，制作大型广告牌250多个，灯柱、灯箱、LED屏广告3000多个，横幅1600多条。宣传习近平总书记对广东工作重要批示精神，营造浓郁氛围，被上级评为“走在四市三区前列”。突显主题宣传，开设《聚焦两会》《两会声音》《贯彻市委全会精神》等专栏，活用微信直播活动，把市委全会和“两会”盛况等传递到千家万户。抓好赤坎古镇项目、全域旅游等专项宣传。

【通过广东省文明城市测评复核】 召开全市迎接广东省文明城市测评复核动员会。8月4日上午，市委书记庞正华带队对创文再出发“八项整治行动”开展实地督查。组织召开全市迎接广东省文明城市测评复核动员会，庞正华动员全市上下统一思想，深化创文再出发“八项整治行动”，提升城市管理能力，提高城市文明程度，实现城市提质。改进道路清扫方式，推行城市道路清扫标准化作业，提高道路机械化清扫率和洒水保洁水平。全面排查城市卫生死角，每天定时清运垃圾，防止卫生死角回潮反复，每天清理卫生死角垃圾约90吨。加强“牛皮癣”整治力度，每月出动约1300人次深入城市主要道路、背街小巷等清擦小广告，使用电话追呼系统，从源头上遏制“牛皮癣”的滋生。开展水浮莲专项治理工作，投入资金900多万元，人力12965工日，机械1964台班，船只1225台班，顺利完成10000亩水浮莲治理任务，全市水环境得到改善。抓好市场的硬件建设和改造，幸福市场、南岛市场创建成为全市样板市场。推进集贸市场及周边环境整治工作，增强部门联动，组建综合执法队对市场周边占道经营、乱摆乱卖、乱停乱放、乱搭乱建等现象进行综合整治，并在整治后通过实行长驻管理的方式，解决市场及周边乱象。挖掘城市现有的交通资源，合理开辟设置公共停车位；严厉查处各类交通违法行为和运输车辆超载超限违法行为；开展机动车礼让斑马线活动，做到设备监控和现场执法相结合，提升驾驶人礼让斑马线行人的文明意识。全面清理违规户外广告，拆除违章设置的20平方米以下户外广告牌125个，拆除广告横幅1050多条，做到楼顶户外广告只减不增，提倡多用LED广告屏幕发布。通过全市各部门的共同努力，开平市顺利通过省文明城市测评复核工作。

【群众性精神文明创建】 继续开展群众性精神文明创建工作，评选出开平市标兵文明村15条，开平市标兵文明单位2个。推动“道德模范”“开平好人”选、树、学工作，张培询入选2017年6月“中国好人榜”点赞评议“助人为乐”候选人，司徒端被评为第六届江门市十佳道德模范等。继续开展文明旅游、文明交通、文明上网、文明餐桌、道德讲堂、身边好人推荐和评选等活动，提高市民文明素质。

【开展十大“最美文明村”评选活动】 为提升文明村建设的水平和成效，开平市开展十大“最美文明村”评选活动，各镇（街道）各推荐2条最好的文明村参评，通过网络宣传、投票、实地评比、现场PK等环节，从全市30条参评村中评选出10条 “最美文明村”。这次评选以自然村综合实力评比为基础，同时着重挖掘各村的地方特色，突出引领作用，在开平市文明村建设工作中属首创之举，“开平发布”微信公众号的“最美文明村”网络投票专栏吸引了72万多人次访问。

【开展第五届中国侨都健走马拉松大赛开平赛场活动】 为巩固和发展创文成果，宣示“创文再出发”决心，11月25日上午，“创文再出发”——第五届中国侨都健走马拉松大赛开平赛场活动在开平市人民公园启动。开平市领导庞正华、邝积康、张星杰等出席了开平分赛场的活动。

【组织大型文艺活动】 2017年元旦、春节、中秋期间，市宣传文化部门举办了新年音乐会、“潭江春色”新春系列文化活动、“金秋曲艺敬老活动周”等大型群众性文艺活动。其中，市委宣传部牵头，组织市文广新局、文联、团市委、总工会等部门在全市开展以“我们的节日”为主题的开平市2017年“潭江春色”春节系列活动，全市组织群众文化活动42项，包括义务挥春、文艺演出、游园、书画摄影展览、百姓健康舞展演、电影放映、龙狮表演以及象棋、羽毛球、乒乓球比赛等。大年初一晚上，市委宣传部等部门在潭江河段举办了春节音乐焰火晚会，吸引近10万名群众观看，是全市春节活动的一项重头戏。

【政工职评工作】 11月9—10日，市委宣传部举办了2017年全市政工干部培训班。全市各镇（街道）、各单位分管政工的领导、新闻发言人、新闻助理，以及各镇（街道）宣传委员、文体中心负责人等200多人参加的为期两天的培训学习。是年政工职称申报评定工作按照江门、省有关要求开展，组织开平市申报人员报名参加政工专业人远程继续教育学习和专业知识考试，并开展相关申报工作。

（张荣新　余肖莹　黄　钊　杨秋銮）

附：市委宣传部领导班子名录

部　长：颜海娜（女）

副部长：徐兆喜　　关伟生

　　　　黄炳和　　何永贺

统战工作

【简况】 开平市委统战部挂市民族宗教事务局牌子，下设办公室、党派股、综合股、台湾工作办公室、民族宗教股等5个内设机构。

2017年，统战工作创新思路，凝心聚力，服务经济社会发展，维护国家安全和社会稳定和谐。

【多党合作与政治协商】 2017年，市委统战部引导各民主党派发挥政治协商与民主监督的职能作用，就市旅游业发展、城市治理、交通建设等民生热点问题建言献策，向两级人大、政协及政府部门提出议案、提案33件，其中《关于促进我市先进装备制造业发展的建议》被列为一号提案，《关于推动开平市老住宅区旧楼加装电梯的建议》《关于解决我市城区交通拥堵问题的对策》《高起点规划建设潭江大道，推进我市城市升级和升值》被评为重点提案。

是年，各民主党派、工商联及无党派代表人士参加各类意见征询会、民主协商会、座谈会、调研视察活动30多次。协调民主党派和无党派人士建立特约监督员27名人选，推动相关单位聘请党外人士担任特约监察员、特约审计员、特约教育督导员和特约国土资源监察员，积极参与联系单位的民主监督和监察工作。

11月，联合市委组织部在肇庆社会主义学院举办“开平市党外中青年干部及党外知识分子培训班”，包括全市各民主党派的市委委员、机关干部及党派成员代表、市知联会骨干会员、统战干部等70多人参加培训教育，协调各民主党派参加上级部门组织举办的各类党外干部培训班。

2017年，中国民主促进会开平支部委员会举行成立大会，民盟、民建、致公党、知联会共发展新会员23名，完善了市多党合作和政治协商制度。争取市委重视和财政部门支持，继续争取为每个民主党派拨出专项调研工作经费，协调组织各民主党派、市知联会围绕大健康产业、旅游发展、水资源保护、民生服务等开展专题调研。

【海外联谊工作】 以市海外联谊会为平台，开展多形式、多层次的联谊交往活动，拜访港澳社团及社团首长，邀请、接待港澳乡亲到开平考察访问，为海内外乡亲、朋友到开平投资考察提供服务与平台，是年接待了澳门江门同乡会及澳门江门商会联合拜访团、香港开平同乡会理监事拜访团、澳门开平青年会访问团考察访问。加大与华侨新生代的沟通交流，凝聚港澳台及海外乡亲。

【对台工作】 2017年，多次对市台资企业进行拜访慰问和开展“暖企行动”；协调省、江门两级领导考察调研市台资企业发展情况和有关涉台纠纷事件；及时到因强台风“天鸽”“帕卡”吹袭受损的台资企业调研，指导开展救灾复产工作。台协会相继举办2017年春节团聚会、端午联谊及组织参加异地商会、姐妹会的迎春联谊等。组织接待了台北市开平同乡会访问团回开平考察，并协助台湾同胞认祖寻根。全年协助解决两宗因为意外身亡台胞的善后工作，处理涉台投诉、信访事件9宗，协助解决台商、台干在交通、子女入学、就医、办证等方面遇到的困难。

【非公经济发展】 2017年，协助工商联顺利完成换届，选举产生了由梁春浩等135人组成的第十五届执行委员会。市工商联及基层商会服务会员企业，组织会员企业互访、外出学习、举办培训班及座谈会、开展助学与商业论坛活动等活动。截至2017年底，工商联有会员1148人，全市非公有制企业4419家，会员数占本地非公有制企业数比例达26%以上。基层商会及会员企业参与敬老、助学、慰问等慈善活动共14次。

【民族宗教工作】 完善了民宗三级工作网络，合并调整民宗工作协调领导小组及成员单位职责。统战部副部长兼任民宗局局长，增设民宗股，持执法证人员从2名增加到4名。

民族宗教界学习十九大精神及全国宗教工作会议和习近平总书记系列重要讲话精神、新《宗教事务条例》，创新开展“互联网+”学习模式。

加强全媒体、全方位宣传，定期分析研判，做好特别防护期安全检查、宗教渗透、隐患排查。指导做好防御台风及灾后修复工作，划拨专款支持宗教场所配足消防器材。协调帮助天主教、基督教顺利完成赤坎古镇项目签约及临时聚会点的安排。全年为民族宗教界解决铺位续租、道路修整等困难8件。深入开展民族团结“六进”活动。落实了金山中学等6个创建点，开展异地培训、实地检查。东河中学获省民宗委现场高度评价，被评为省级创建示范单位，创建经验在江门日报专题刊出。开展创建平安、和谐寺观教堂和佛道教场所专项治理，规范管理。宗教界全年捐出善款超过15万元。联合国保及属地等开展联合行动11次，查处非法活动5宗，教育40人次，收缴非法资料一批。市委书记庞正华代表该市在江门市宗教工作会议上作经验介绍。（邓锦荣）

附：市委统战部领导班子名录

部　长：陈伟成（市委常委）

副部长：梁忠彬

莫　央（兼工商联党组书记）

罗雪芳（女，—2017.4）

余洛荣（2017.9—，兼民族宗教事务局局长）

市直机关

【简况】 市直机关工委是管理市直机关党组织、作风建设、工青妇、武装等工作的市委工作部门。主要职能：指导所属基层党组织做好党的政治思想、组织、作风、制度和反腐倡廉建设，抓好党员的培养、发展、教育和管理；领导和支持市直机关工会、共青团、妇工委等群团组织依照各自的章程开展工作；组织开展机关民兵建设、军事训练和征兵等重要工作；指导市直机关人口与计划生育、老干、关工委等其他工作。

【基层党组织建设】 结合全市组工会议，及时制定下发《2017年市直机关党建工作要点》，对机关年度党建工作和“两学一做”学习教育常态化制度化作出了全面部署；制定《市直机关党建工作考评实施办法》，通过分类设置、目标量化、激励争创、日常动态考核与年终考核等形式相结合，加强对市直各部门机关党建工作情况进行科学合理考核，考核结果作为基层党组织评优评先的重要依据和机关绩效考评的一项重要内容，形成责任明确、奖惩分明、客观公正、措施具体的机关党建工作考核机制；打造市委办、市场监管局、检察院、国税局、地税局等机关党建创新示范点，做到有布置、有检查、有实效，经常性地对示范点建设工作开展检查与指导，评出了8个2017年度市直机关党建工作示范点，并于11月30日在市场监管局召开市直机关党建工作推进会，总结推广经验；加强党员队伍教育管理，向市委组织部推荐市委办、开平汽车总站两个先进基层党组织、16名优秀共产党员和党务工作者作为宣传对象，让广大党员学有榜样、学有标杆。做好发展党员工作，执行发展党员工作程序，完善入党积极分子和发展对象的培训教育。全年培训入党发展对象88名，吸收预备党员81名，预备党员转正65名；加大机关党建工作督查力度，抽调21名“两学一做”学习教育指导员分四个组不定期到市直机关73个单位进行督查指导工作，确保“两学一做”学习教育“从内到外”有人抓、有人管，一级抓一级，级级抓落实，推进机关党建规范化建设。落实党的组织生活制度和“三会一课”制度，协同组织部在市直机关推行“主题党日+”活动，指导基层党组织建立健全党组织生活管理台账，规范和完善党支部学习记录簿、组织生活记录簿；广泛发动市直机关党员开展“学省党代会精神迎党的十九大”和“学报告 学党章”的考学活动，实现党员参考率100%全覆盖目标；出台《关于进一步规范党费收缴管理工作的通知》，明确党费收缴标准和程序，全年共收缴党费150多万元；推进党员管理信息化管理，是年着重做好党组织及党员信息采集工作和推广新版党务系统使用，促进党员管理和党员统计的信息化建设；继续抓好机关基层党组织换届选举工作，推进换届选举提醒催办制度，全年共有88个党支部进行了换届选举和补选工作；抓好软弱涣散党组织的整顿，做好失联党员和不合格党员的处置工作，对61名失联不合格党员停止党籍。

【党风廉政建设】 围绕“讲政治、强党性、严纪律、守规矩”为主题开展纪律教育月活动，按照全面从严治党的要求，加强党性宗旨教育，组织全体党员开展“三个一”活动、参观周文雍陈铁军纪念馆和风采堂廉政教育基地，并通过专题辅导、观看警示教育片、党规党纪知识测试和发放学习资料等方式广泛开展党风党纪和廉政教育，引导党员干部增强政治意识、大局意识、核心意识、看齐意识；做好新常态下的机关思想政治工作，推进谈心谈话活动经常化，领导班子和全体党员相互之间共进行谈心谈话12次；通过会议、板报、标语等形式，宣传社会主义核心价值观；加强自身作风建设，落实“两个责任”，抓好党风廉政建设，出台《市直机关工委进一步严肃工作纪律加强作风建设办法》，加强对股室和个人岗位职责的考核，提高工作效能。

【机关作风建设】 按照市委对绩效考核评价工作的总体要求，学习先进地区经验，先后到江门市、台山市等地学习其考核评价办法，重点学习考评体系设置、分值权重、结果运用等方面的好经验、好做法；听取各方意见建议，主动向市考核领导小组成员汇报工作并听取意见建议，对机关绩效考评方案的考核内容、考核范围、分值权重、考核方式、考核等次等多方面进行了完善和调整，确立了客观公正的考核、评价部门工作的机制。

【举办《民声热线》节目】 与市纪委（监察局）、宣传部、广播电视台联合开办《民声热线》节目。共有19个单位“一把手”先后走进直播室，通过热线电话，以及短信留言、微信微博、网络跟帖等多种互动形式，回答群众咨询，受理群众投诉，解决群众提出的问题。全年节目共接到群众热线电话和微信咨询、投诉450多条，现场解答问题370多条，需转交其他部门解答或办理的80多条，经过工委联合纪委督促推进，全部问题得到解答和办理。

【机关武装建设】 履行党管武装的责任，完成对市直机关900余名基干民兵和普通民兵的整组工作，加强对民兵应急连的建设；5月份组织机关基干民兵80多人参加5天的轻舟分队训练和11月份组织30名民兵进行防火军事训练；开展征兵宣传和兵役登记工作，完成1名兵员征集任务；圆满完成年内两次民兵应急队伍125人的应急点验工作，提高应急队伍随时准备处置突发事件、抢险救灾等应急能力，特别是8月份的第13号“天鸽”和第14号“帕卡”强台风正面袭击该市，组织市直机关预备役民兵第一时间赶赴受灾现场，共计出动140多名民兵协助相关部门参与抢险救灾和驰援江门市区开展抗灾复产工作，恢复市区主干道的交通，完成了抢险救灾任务。

【巩固群团工作】 坚持党建带工建、党建带团建、党建带妇建的工作机制，按照“五好”标准继续统筹推进党、工、青、妇、关工组织建设，继续抓好“党员示范岗”“职工之家”“青年文明号”和“巾帼文明岗”的创建和管理工作；开展形式多样文体活动，举办庆“三八”健步走、庆“七一”干部职工“创森”健步走，开展机关团委、妇委会拓展交流活动、庆“国庆”拔河比赛、科级干部羽毛球团体赛；联合两新党组织“浙江商会”党支部开展“三个一”党日活动和扶贫慰问活动；结合创文再出发分别开展义务植树、清理牛皮癣、“七一”党员志愿者活动；与退休党支部在月山镇万隆客栈开展主题党日暨关心下一代活动，组织市直机关关工小组学习贯彻党的十九大精神暨庆祝“老人节”活动；做好市直机关人大代表会议期间的各项服务工作及闭会期间每季度的视察活动；牵头组织机关代表队参加开平市第十二届运动会暨第二届老年人运动会，获团体总分第三名。

【开展“扶贫双到”活动】 做好扶贫帮困和党内关怀工作，多次深入大沙镇两户贫困户了解情况和慰问，制定具体帮扶计划；建立党内关爱机制，深入市直单位对贫困干部职工、老党员和模范党员进行慰问，共慰问和帮扶72名特困干部职工和352名老党员，发放慰问金和慰问品共7万多元。协助市委组织部做好“党内互助金”筹集工作，通过基层党组织申报，上级党组织审核，由市党内互助会对市直机关5名生活特别困难党员进行资金资助。（许青云）

附：市直机关工委领导班子名录

书　记：林　斌（女）

副书记：罗发荣（2017.1—2017.7）

黄勇志

陈家庆（2017.7—）

机构编制

【简况】 2017年，开平市编办贯彻党的十九大精神，学习贯彻习近平总书记系列重要讲话精神，按照“四个坚持、三个支撑、两个走在前列”的总体要求及市委市政府工作部署，致力“兴业惠民、治吏简政”，深化行政体制改革，加大“放管服”改革攻坚力度，创新机构编制管理，营造便民便企、创新创业的良好政务环境。

【政府机构改革】 市编办全面完成纪委派驻建设工作，从全市各部门划转一批编制，设置9个派驻纪检组，实现纪委派驻全覆盖。依托原有三个纪工委平台，建立起市委巡察机构的框架，加强开平市委巡察机构的建设工作。推进开平市食盐监管体制改革工作。按照省、江门有关的工作的部署，主动配合发改部门做好该市盐业体制改革总体方案的制定，参照省和江门的文件，印发《开平市食盐监管体制改革实施方案》，稳步推进相关改革工作。协助做好各项改革任务：为配合抓好国家湿地公园试点建设工作，打造以广东开平孔雀湖国家湿地公园建设为龙头的湿地保护体系，成立广东开平孔雀湖国家湿地公园管理处，明确了管理处的主要职责、机构设置和人员编制等事宜；为推进开平市“两新”组织党建工作，加大小微企业和社会组织的党建工作力度，成立市小微企业和社会组织党组织孵化中心，在市党员服务中心加挂牌子；为加强开平市国家级烈士纪念设施的维护和管理，成立周文雍陈铁军烈士陵园管理处，明确了管理处的主要职责、机构设置和人员编制等事宜；配合做好开平市机关事业单位工作人员养老保险制度改革工作，市社保局增设机关事业单位养老保险管理股，加挂“职业年金管理股”牌子；成立市河长制工作领导小组，由市委书记庞正华担任组长。设立河长制工作领导小组办公室，由市水务局局长兼任办公室主任，下设河长制工作股，增加专职编制负责组织、协调及实施全市推行河长制工作。

【行政审批制度改革】 推行行政审批“委托制”。截至12月，159项赋权事项开平市均已全部承接到位，承接到位率100%；已成功办理644宗委托事项业务。为了配合做好赤坎圩镇进行整体改建及赤坎新区建设的需要，是年10月，以市政府名义印发了第二批赋予赤坎古镇管委会行使13项审批事权，由赤坎古镇管委会以市城乡规划局名义行使委托授权的行政管理事权，提升赤坎古镇管委会工作效能。进一步深化“清单制”。会同市市场监管局、市法制局，结合《开平市行政许可目录（2016年版）》、行政审批标准化建设和近两年法律法规的立、废、改，联合对全市“1+3”清单事项目录进行调整更新，提高了清单的规范性和时效性，使清单的调整步入常态化的运行轨道。其中，行政许可共计新增事项77项，取消50项，调整整合293项，进一步明晰梳理全市39个市直行政机关及上级驻开平有关单位共557项行政许可审批权限；除行政许可外，权责清单中的行政处罚、行政强制、行政征收、行政给付、行政检查、行政指导、行政确认、行政奖励、行政裁决等九类行政职权及其他类行政职能，共计新增事项8项，修改63项，撤销36项；监管清单共计修改14项事项。按照“应进尽进、能进必进”的工作要求，在开平市2016年发布的行政许可事项目录的基础上，结合省的2017年版通用目录，制定出台了《开平市网上办事大厅行政许可事项目录（2017年版）》，确保网厅事项合法、合规、标准、有效。

【事业单位登记管理】 为加强事业单位法人事中事后监督管理，规范事业单位法人公示信息抽查，制定印发了《开平市事业单位法人公示信息抽查实施方案》，对系统随机抽选出的5家事业单位进行了抽查，并在广东事业单位登记管理网上公示抽查结果。结合事业单位分类改革相关工作，严格按照机构编制部门批复的改革方案做好事业单位法人设立、变更和注销登记工作。是年，开平市共有事业单位法人357家。其中：办理法人设立登记6次；法人变更登记34次；法人注销登记13次。（邝廷活）

附：市编办领导班子名录

市编办主任、市事业单位登记管理局局长：
肖　燕（女）
市编办副主任：周晓兰（女）
何耀彬
市事业单位登记管理局副局长：张伯良

党校工作

【简况】 中共开平市委党校（市行政学校、市社会主义学校），主要任务是为该市在职干部培训提供服务，承担市级机关国家公务员和党群机关工作人员的任职培训、专门业务培训、更新知识培训及市属街、镇国家公务员和党群机关工作人员的任职培训。按照2017年党校主体班培训工作计划安排，与相关部门沟通协调，落实全年干部培训计划，完成主体班及协助单位完成20期培训任务，培训学员2324人次，各级各部门单位租用党校场地办班26次，培训4785人次。

【党校建设】 维修和完善破烂的、残旧的设备设施，对7号楼楼梯间剥落腻子灰刮除干净并重批；对7号楼东侧厕所排水沟进行清理、疏通以及维修；完成6号楼校委办公室天花板渗漏的维修工作；对礼堂风扇罩进行统一的维修翻新；对5号楼锈蚀的水管进行更换；对5号楼天棚的避雷设施加固及维修等。美化环境，绿化校园，对不能生长的树木清除及补种；对6号楼二楼花圃改种部分花卉品种；做好台风“天鸽”对绿化树木损毁的善后处理工作。对学校的花草树木进行常规性的除草、施肥、灭虫和剪枝节，定期对礼堂和阶梯教室等多功能室的设备进行检修、维护和更新。

【党员干部教育培训】 2月20日至21日，市委组织部与市委党校联合开展了2017年干部培训需求调研，分赴宣传部、发改局、人社局、教育局、市场监督管理局等5个市直部门，三埠、水口、月山、苍城、沙塘等5个镇街，以及15个村委会开展调研，为准确把握党员干部培训需求，制订年度主体班教学计划以及送课下基层提供了参考。2017年，市委党校教师结合党的十八届六中全会精神、开平市第十三次党代会精神和十九大精神等课程先后到基层进行宣讲56场次，培训4900余人次。

【完善培训内容】 根据形势和任务的要求，不断充实和创新教学内容，抓好理论教育和党性教育这个“必修课”。以中国特色社会主义理论和党性教育为中心内容，把学习习近平总书记系列重要讲话精神、党章、党史和党纪党规作为理论教育和党性教育的重中之重，推进党的最新理论成果进课堂、进学员头脑。明确要求在课程设置上，党性教育课程占比达到20%以上。在村（社区）干部培训班中，以党风廉政教育为重点，邀请市部门领导以及高校、上级党校教师作了《学习贯彻习近平总书记 对广东工作重要批示精神 做一名合格的“新兵”》《珍惜当下 警钟需长鸣》《农村土地承包经营权确权 纠纷处理对策建议》《学习党的历史 增强宗旨意识》的专题教学和案例教学；在科级干部轮训班中，设置了《学习贯彻习近平总书记关于经济建设的重要论述》《〈关于新形势下党内政治生活的若干准则〉〈中国共产党党内监督条例〉〈中国共产党问责条例〉〈广东省党的问责工作实施办法〉解读》《夺取新时代中国特色社会主义伟大胜利——中国共产党第十九次全国代表大会〈报告〉解读》《中国共产党人的党性与党性修养》等专题，推动各级党员自觉守纪律、讲规矩、转作风。

【创新培训方式】 抓好分级分类培训。把教育培训的普遍性要求与不同类别、不同层次、不同岗位干部的需要结合起来，在全力抓好党性教育和理论教育这个主业主课之外，根据不同班次设置不同的培训内容。如科级干部轮训班，侧重理论素养、领导科学、公共管理能力素质、廉政建设等培训；村（社区）干部培训班，侧重政策解读、基层工作务实、廉洁履职和法纪教育等培训等；抓好培训模式改革创新。利用现代传媒和网络培训等先进手段，推行“网络教育”“请进来”“走出去”等培训模式，变“封闭型”为“开放型”教学。

【教学管理】 探索主体班培训制度改革，完善《学员管理制度》《主体班班主任工作手册》《主体班工作流程图》等一系列培训管理工作的制度：学员提前统一报名。各参训单位按计划提前安排学员参加，减少人员的变动性；落实主体班工作清单制度，定期召开工作人员会议，沟通交流，明确职责。在异地培训带班人员工作会议里，书面详细列出每人的工作职责和负责事项，商讨相关注意事项；安排专人担任班主任工作，全程参与班务管理，全天候跟班听课、跟班服务，检查学员出勤情况，解决学员学习、生活中遇到的困难和问题；主体班中，安排工作人员协助班主任进行各项教学管理工作，对开班前、中、后三大部分的密切跟进，及时对班主任的工作进行指导和提醒。

【干部队伍建设】 2017年持续推进人才强校战略，优化师资队伍结构，招录1名硕士研究生。强化教师培训教育，选派骨干教师到中国人民大学、苏州大学、西安交大等高校和上级党校参加学习进修，是年派送教师外出培训学习19人次。健全完善校委与年轻干部“一帮一”帮扶制度，加强日常与教师的谈心谈话，了解思想动态，帮助解决实际困难，让教师安心顺心工作。完善试讲评课制度和教师“沙龙”活动，全年开展9次教研交流活动和18场主题沙龙活动，加强了教师之间的思想和工作交流。

【办班授课】 是年完成了20期培训班任务，培训了2324人次。其班次是：科级干部轮训班（4期）、村“两委”干部培训班（8期）、新录用公务员初任培训班（1期）、市直机关工委入党发展对象培训班（1期）、学习贯彻习近平总书记重要批示精神暨开平市第十三次党代会精神专题研讨班（1期）、镇街入党发展对象培训班（1期）、开平市组织系统贯彻落实省第十二次党代会精神暨组织工作业务骨干培训班（1期）、开平市科级干部学习贯彻党的十九大精神专题培训班（3期）。2017年培训班次是2016年班次总量的143%，学员总量的190%。

（劳晓玲）

附：开平市委党校领导班子名录

校　长：陈军凯

常务副校长： 李健明
副 校 长： 李瀚华　　陈咸堡
校务委员： 梁东想　　徐锦源

老干部工作

【简况】 2017年，市老干部局学习贯彻党的十九大精神、习近平总书记系列重要讲话以及对广东工作的重要批示精神，学习全国老干部“双先”表彰大会精神，以抓好老干部政治、生活待遇的落实为重点，从政治上尊重、思想上关心、生活上照顾老干部，破解老干部工作发展中的各种难题，推动了老干部工作的和谐发展。

【落实老干部的政治待遇】 坚持老干部阅文、通报情况，参加重要会议、参观考察等各项制度。组织离退休干部参加市干部推荐、征求意见等重要会议2次，处级离退休干部茶话会、镇街老领导座谈会等活动6次，组织原市四套班子领导分别到苍城镇和汕头市参观工农业生产发展和参观学习，举办老干部学习总书记习近平的重要批示精神暨离退休干部党支部书记培训班1次，组织老领导集中收看十九大开幕式一次，举办离退休干部党支部书记暨处级离退休干部学习贯彻十九大精神专题报告会1次。并且为全市120个离退休干部党支部征订《广东老干部政治理论读本》和《学习参考》；协助全市各单位为离退休干部订阅了《秋光》杂志7000多册，及南方日报、江门日报等各类党报党刊。充分利用离退休干部党员现代远程教育基地，组织离退休干部党员定期进行学习。

【落实老干部的生活待遇】 执行开人社〔2017〕108号《关于2017年调整退休人员基本养老金的通知》精神，对接管的执行机关待遇的退休人员和市“事改企”前退休人员及建国初期参加革命工作的退休干部进行待遇调整，从2017年1月起准确、及时、按照标准通过银行发放到这些人的养老金账户上。

按照《关于调整2017年机关事业单位住房维修基金计发基数的通知》和《调整2017年开平市机关事业单位工作人员死亡后遗属生活困难补助标准的通知》的要求，为所接管的离退休人员调整了住房维修基金计发基数。为59位离休人员遗属和15位退休人员遗属调整生活补助。城镇居民的离休人员遗属调整到1183元，农村居民的离休人员遗属调整到1014元。

加强与组织、财政、人社等部门的沟通，保证离休干部“三个机制”有效运行。采取医院记账，缩短报销周期等方式做好离休干部医疗费报销工作，全年共办理报销12批113人次，报销金额120多万元。做好了接管的退休人员基本养老金调整工作。做好常态化走访慰问，特别做好春节、中秋、“七一”等重要节日对困难离退休干部的慰问工作。全年共走访慰问住院和困难老干部349人次，参加老干部告别会12次。

【离退休干部党建工作】 执行向离退休干部党组织按比例下拨收缴党费制度。2017年，针对离退休干部缴纳党费标准不一问题，联同组织部门共同研究，并召开了全市各单位组织人事会议，按中组发〔2008〕3号文：印发《关于中国共产党党费收缴、使用和管理的规定》的通知，规定统一规范了离退休干部缴纳党费的标准。在2016年成立老干部大学临时党支部的基础上，完善支部建设，用多种形式吸引老干部党员参与其中，举办了“七一”座谈会、学习会、教学工作征询会、支部生活会等支部活动9次，把党建工作向基层延伸。

【举办文娱体育活动】 开展“建言十九大”和“畅谈十八大以来变化”为主题的老干部庆“七一”大型文艺演出；组织老干部参加了关于开展征集“双100句”活动、“诗声朗朗诵党恩”江门市老干部诗词大会、“展侨都变化·晒幸福生活”江门市老干部诗书画影作品展活动，参加“幸福侨都舞飞扬”江门市老干部健身操比赛，“活力秀”江门市中老年风采展示活动。挑选50名老干部进行精心训练，并在开平市第十二届运动会暨第二届老年人运动会开幕式上表演柔力球。依托开平政府网、开平老干微信公众号和微博平台等，对开展正能量系列活动作相关报道。做到网站上有报道、微信上有图文，激发老同志的热情，营造正能量舆论氛围。结合开平市老干部活动中心大楼落成使用暨市老干部大学建校十周年系列活动及关工委2017年工作会议，开展各类的宣传活动。

【老干部大学】 加强和完善老干部大学（老干部活动中心）的硬件建设，维修更换了活动中心大楼的生活水泵，维修改造了新昌门球场，修补中山门球场护栏、平整场地等。加强和完善各项制度建设，把老干部大学（老干部活动中心）打造成老干部政治学习的课堂、文化娱乐的场所。将平时活动与节日活动、知趣性活动与健身活动结合，有组织地开展文体活动。在老干部活动方面以各老干部协会为基础，共组织开展了庆祝元旦、“三八”“五一”“七一”“重阳节”等活动16场次，组织学员参加了电视台春节联欢晚会获优秀节目奖；组织学员参加江门老干部局举办的“诗声朗朗颂党恩”诗词大会获第二名和优秀奖；组织学员参加江门老干部局举办的“幸福侨都舞飞扬”健身操比赛获银奖。在老干部教育方面共开设电脑、英语、书画、歌咏、养生保健等12门课程，学员近900人次，并召开了老干部大学成立十周年总结会议。2017年累计接待参加学习、活动的老干部48900多人次。

【关心下一代工作】 继续做好扩大帮孤（困）助学等关心下一代工作，争取社会各阶层和热心人士支持做好献爱心和慈善工作。据统计，两年来全市受资助的家庭困难学生883人次，资金225.06万元。市关工委和老干部大学以创建教育基地为龙头，分别在塘口镇华园现代农业有限公司及赤坎镇高萠岛“江门市家庭示范农场”建立青少年社会实践基地和市老干部大学校外活动基地。组织青少年在节假日到基地参加体力劳动，接受农村干部和农民群众对农业种养知识的传授。在苍城商会成立了关工委，实现了开平市在商会成立关工委零的突破。后又在水口镇龙美皮革制品有限公司成立关工委。至此，开平市实现了在商会、企业等非公组织成立了6个关工组织。

市离退休妇女干部联谊会志愿者大队坚持帮扶困难学生，多年对困难学生发放助学金和练习书法书籍、文具等。近10年来已累计扶助贫困学生282人（次），发放资金近9.15万元，在物质及精神上支持和鼓励困难学生健康成长。联谊会对青少年进行爱国主义教育，连续多年组织青少年学生进行“学党史、颂党恩、跟党走”的主题演讲比赛。（张向明）

附：老干局领导班子名录

局　长： 刘威龙

副局长： 吴玉玲

吴崇进

开平市人民代表大会

市人大工作

【简况】 2017年，市人大及其常委会深入学习贯彻党的十九大精神，落实上级关于加强县乡人大工作和建设的部署要求，围绕市委“善作为、重实效、谋新篇”的工作主线，紧扣全市工作大局和重大民生事项，履行宪法法律赋予的职责。全年共听取审议“一府两院”专项工作报告11项，开展执法检查、专题视察调研活动12项，决定任免了一批国家机关工作人员。

【市十六届人大二次会议】 2月23—24日，市十六届人大二次会议在市人民会堂举行。实有代表249名，出席开幕大会代表238名、闭幕大会代表238名。会议听取和审议《政府工作报告》，审查和批准《开平市2016年国民经济和社会发展计划执行情况的报告及2017年国民经济和社会发展计划》《开平市2016年财政预算执行情况和2017年财政预算草案的报告》，听取和审议《开平市人大常委会工作报告》《开平市人民法院工作报告》和《开平市人民检察院工作报告》，并作出相应决议。　（詹文宇）

【市十六届人大三次会议】 10月30日，市十六届人大三次会议在市人民会堂举行。实有代表246名，出席开幕大会代表232名、闭幕大会代表232名。经无记名投票，邝积康当选开平市人民政府市长。　（詹文宇）

【常委会会议】 是年，市十六届人大常委会举行了第1次至第10次共10次会议，主要听取和审议“一府两院”各有关专项工作报告和贯彻实施法律、法规情况的报告，对“一府两院”及人大常委会办事机构工作人员进行职务任免，讨论、决定有关重大事项，作出《关于召开开平市十六届人大二次会议的决定》《关于召开开平市十六届人大三次会议的决定》《关于批准开平市2016年市本级财政决算的决议》《关于批准2017年市本级财政预算调整决议》《关于增拨开平市第十六届人大代表名额的决定》《关于建立市十六届人大代表小组及其活动制度的决定》《关于开平市十六届人大常委会组成人员联系基层市人大代表的决定》等21项决定决议。　（詹文宇）

【人事任免】 是年，市人大常委会共任命国家机关工作人员60人，免职11人，接受辞职8人，补选江门市人大代表1人。第3次会议决定接受邓毅斌辞去市十六届人大常委会委员职务。第7次会议任命余耀华为市人民检察院副检察长。第8次会议决定接受庞正华辞去市人民政府市长职务。第9次会议补选邝积康为江门市十五届人大代表。　（梁煜焜）

【监督工作】 履行法定职权，听取审议“一府两院”有关工作报告11项，开展执法检查、专题视察调研活动12项。

围绕全口径预算审查监督依法行使重大事项决定权，实现对财政国库支付系统实时联网监督，听取审议预算、计划执行情况、预算调整情况和审计工作的报告；围绕重点项目落实情况开展监督工作，听取市政府重点项目推进情况报告，视察重点项目，就项目建设提出意见建议；围绕赤坎古镇建设开展代表约见市长活动，就加强古镇传承保护，切实保障群众合法权益等方面积极建言献策；围绕省文明城市测评复核工作开展视察调研，推动城市管理长效化、精细化、制度化。

加强对环境保护问题的监督，依法听取市政府年度环保工作报告，视察迳头污水处理厂二期项目，开展环保工作重点督查；加强对饮用水安全问题的监督，组织视察大沙河水库、镇海水库周边养殖场清理关闭工作；加强对食品安全问题的监督，对贯彻实施省食品安全条例情况开展调研，听取市政府专项工作报告；加强对学生托管机构安全问题的监督，督促相关职能部门加大食品卫生、消防安全等方面的监管力度；加强对“三农”工作的监督，参与精准扶贫工作。

推进宪法法律法规贯彻实施，全面贯彻实施宪法宣誓制度，开展禁毒法、省禁毒条例执法检查，调研监督省宗教事务条例实施情况，配合江门市人大常委会开展义务教育法执法检查；推进依法行政，加强规范性文件备案审查工作，组织市政府组成部门负责人开展学法考试；推进公正司法，关注未成年人司法保护工作，调研未成年人刑事案件审理、市法院青少年法制教育基地建设和中小学实施预防未成年人犯罪法情况，支持检察院提起生态环境保护公益诉讼，安排人大代表参加法院执行行动、“检察开放日”等司法活动。（詹文宇）

【建议工作】 市十六届人大一次、二次会议及闭会期间，共收到人大代表提出的建议116件。其中交通建设类45件，城市建设和管理类24件，教科文卫类9件，社会保障类3件，三农建设类5件，环境保护类7件，财政类3件，政法类3件，民政类1件，其他类16件。根据归口办理原则，市政府通过建议提案在线系统交办116件建议交由60个部门单位和镇（街道）负责办理。

5月至6月中旬，市人大常委会从116件建议中确定18件关于城市建设、交通建设、环境保护、教育文化事业、旅游开发等建议进行重点督办，市人大常委会主任、副主任分别带领分管的工委、室，督促承办单位做好建议办理工作。

截至2017年9月底，代表建议已全部办理完毕，办复率100%。其中，已经解决或基本解决（A类）的有50件，占总数的43.1%；正在解决或列入计划逐步解决（B类）的37件，占31.9%；所提问题受条件限制或其他原因留作参考或不作考虑（C类）的29件，占25%。

（梁煜焜）

【信访工作】 是年，共受理人民群众来信来访来电 71件/次，做好信访件的登记、转办、协调工作。重视做好全国“两会”期间信访工作和金砖国家领导人会议期间、中共十九大召开前后时期的信访、维稳工作。（罗振业）

【宣传和理论研究】 加强开平人大官方微博和人大网建设，在开平人大网开设《市、镇人大工作和建设专栏》，集中宣传开平市贯彻落实上级会议和文件精神，推进市、镇人大工作和建设的做法及进展情况。向上级人大报送工作信息，邀请新闻媒体报道人大履职情况，宣传人大制度和民主法治建设情况。1人被广东省《人民之声》杂志社评为2017年度“优秀通讯员”。在广东省《人民之声》发表通讯3篇，其中《开平市人大常委会推进法治建设侧记》长篇通讯在监督广角栏目发表；介绍市人大代表陈毅雪履职事迹的通讯在代表风采栏目发表；介绍三埠街道人大工作的通讯在基层园地栏目发表。7月20日，江门市人大制度研究会理论研讨会在开平召开，该市报送的论文《对健全人大讨论决定重大事项制度的几点思考》作大会交流发言。（詹文宇）

附：1. 市十六届人大常委会组成人员名录

主　任： 张星杰

副主任： 李宝贞（女）　邝业礼

吉　喆（女）　陈百浓

谢常荣　冯健楚

委　员： 丁友国　方万强

邓毅斌（—2017.3）

冯　丽（女）	司徒瑞娴（女）
吕跃进	关思勇
关耀铧	祁锦雄
杨子晖	杨惠炽
何振锋	张如炎
张德真	林　斌（女）
罗振业	周珠花（女）
梁小耐	梁文斌
梁兆波	梁沃辉
谢子彬	詹文宇
谭永照	谭尚生
潘伟雄	

2. 市人大常委会办事机构正、副主任名录

（1）办公室

主　任：潘伟雄

副主任：梁洁梅（女，—2017.12）

李志权（2017.5—）

方瑞芬（女，2017.12—）

（2）研究室

主　任：詹文宇

副主任：谭荣清

（3）选举联络任免工委

主　任：谭尚生

副主任：邝银焕（女）　梁煜焜

（4）财经城建环保工委

主　任：张如炎

副主任：方瑞芬（女，—2017.12）

梁洁梅（女，2017.12—）

（5）法制工委

主　任：罗振业

副主任：吴荣斌

（6）教科文卫工委

主　任：丁友国

副主任：胡洁华（女）

（7）农村工委

主　任：

副主任：梁兆波

（8）侨务工委

主　任：何振锋

副主任：黎活涛（—2017.10）

（9）三埠街道工作委员会

主　任：劳均明（2017.11—）

副主任：邝碧筠（女，2017.11—）

（10）长沙街道工作委员会

主　任：黎锦洪（2017.11—）

副主任：司徒广德（女，2017.11—）

开平市人民政府

市政府工作

【简况】 2017年，开平市政府深入学习贯彻党的十九大精神、习近平新时代中国特色社会主义思想以及习近平对广东工作重要批示精神，围绕“兴业惠民、治吏简政”，以“工作落实年”为动力，紧扣“善作为、重实效、谋新篇”的工作主线，统筹做好稳增长、促改革、调结构、惠民生、提效能等各项工作，全市地区生产总值同比增长8%、地方一般公共预算收入增长8.63%，呈现出经济发展稳中见好、改革创新步伐加快、城乡建设增速提质、民生福祉不断提升、政府建设持续加强、社会更加和谐安定的良好局面。

【市政府常务会议】 是年，市政府先后召开十六届第4次至22次共19次常务会议，研究讨论议题70多个。其中，2月10日，召开市政府十六届第4次常务会议；3月3日，召开市政府十六届第5次常务会议；3月24日，召开市政府十六届第6次常务会议；4月6日，召开市政府十六届第7次常务会议；5月26日，召开市政府十六届第8次常务会议，6月26日，召开市政府十六届第9次常务会议；7月17日，召开市政府十六届第10次常务会议；7月27日，召开市政府十六届第11次常务会议；8月2日，召开市政府十六届第12次常务会议；8月24日，召开市政府十六届第13次常务会议；8月29日，召开市政府十六届第14次常务会议；9月19日，召开市政府十六届第15次常务会议；10月13日，召开市政府十六届第16次常务会议；10月31日，召开市政府十六届第17次常务会议；11月13日，召开市政府十六届第18次常务会议；11月18日，召开市政府十六届第19次常务会议；12月7日，召开市政府十六届第20次常务会议；12月19日，召开市政府十六届第21次常务会议；12月28日，召开市政府十六届第22次常务会议。主要审议了开平市生态建设与环境保护“十三五”规划、开平市科学技术、贸易发展与对外经济合作和电商发展三项“十三五”规划、关于制定开平市2017年度政府规范性文件制定计划的请示、关于申请台风“天鸽”和“帕卡”灾后救灾复产资金的紧急请示、中国历史文化名镇——广东开平市赤坎镇保护规划、开平市关于完善体制机制加快建设人才强市的实施意见等议题，学习了《广东省行政应诉工作规定（省政府令236号）》《中共中央 国务院关于推进安全生产领域改革发展的意见》及《中共广东省委 广东省人民政府关于推进安全生产领域改革发展的实施意见》等法规和文件，听取和研究了开平市禁毒重点整治、安全生产等工作。

【市长办公会议】 2017年，市政府召开十六届第3次至十六届第18次共16次市长办公会议，研究了60多个议题。其中，2月10日，召开市政府十六届第3次市长办公会议；3月3日，召开市政府十六届第4次市长办公会议；3月24日，召开市政府十六届第5次市长办公会议；4月6日，召开市政府十六届第6次市长办公会议；4月17日，召开市政府十六届第7次市长办公会议；5月27日，召开市政府十六届第8次市长办公会议；6月26日，召开市政府十六届第9次市长办公会议；7月17日，召开市政府十六届第10次市长办公会议；8月2日，召开市政府十六届第11次市长办公会议；8月24日，召开市政府十六届第12次市长办公会议；9月19日，召开市政府十六届第13次市长办公会议；10月13日，召开市政府十六届第14次市长办公会议；10月31日，召开市政府十六届第15次市长办公会议；11月13日，召开市政府十六届第16次市长办公会议；11月28日，召开市政府十六届第17次市长办公会议；12月19日，召开市政府十六届第18次市长办公会议。主要研究了开平市2016年国民经济和社会发展计划执行情况与2017年计划草案的报告（送审稿）、开平市关于建设卫生强市的实施意见、开平市全面推行河长制实施方案、关于贯彻落实机关事业单位工作人员养老保险制度改革的问题、关于建设24小时自助图书馆等议题。

【专项工作会议】 2017年，市政府召开全市性专项工作会议主要有：春运工作会议、“六五”普法总结暨“七五”普法动员大会、开平市禁毒工作会议、春节文化活动暨音乐焰火晚会筹备工作会议、“医联体”建设工作会议、全市畜禽养殖专项整治工作推进会、农业普查工作推进会、开平市惠普金融“村村通”工作会议、全市民政工作会议、全市依法行政工作会议、市水务及三防工作会议、全市体育工作会议、市环城公路建设指挥部工作会议、广东省文化科技卫生“三下乡”活动工作会议、全市2016年度粮食安全责任考核工作会议、建议提案办理工作会议、创建国家AAAAA级旅游景区迎检工作会议、开平市全面推行“河长制”工作会议、武装工作会议、赤坎古镇保护开发项目工作指挥部工作会议、开平市“创森”工作推进会、无偿献血暨红十字会理事工作会议、食品安全工作会议、水库饮用水源整治工作会议、2017年广东省“文化和自然遗产日”主会场活动暨“开平碉楼与村落”申遗成功十周年系列活动工作会议、征兵工作会议、城市专项整治工作会议、小微双创工作会议、全市质量工作会议、创新驱动发展工作推进会、精准扶贫工作会议等。

【应急工作】 2017年，增加7个应急委成员单位，成立了市防汛抗旱、重大动物疫情、公共卫生、森林防火、食品安全、非煤矿山、危险化学品等专项应急救援专业队伍，全市15个镇（街）、翠山湖管委会和268个村（居）委会均初步成立了应急管理领导机构、办事机构和工作机构。提升现有的专业化应急救援队伍人员素质和装备配置，共组建专业应急救援队伍17支约600人，镇（街）基层综合应急救援队伍约1000多人，基层综合应急救援队先后参与处置了属地火灾事故354起，参与抗洪抢险2起，转移被困人员59人。各专业应急救援队协调参与处置“第13号超强台风‘天鸽’复产行动”等12起突发性事件。落实镇（街）和重点单位24小时应急值守工作制度，做到值班工作有登记、有报告、有落实、有反馈。全年共处理接收、抄送以及报送重大紧急、应急信息226条次，其中办理领导送阅件128条，上报江门市委值班室信息67条，落实领导批示31件。落实每季度风险隐患会商会制度，强化应急预警监测系统建设，实行地质灾害巡查制度，每月安排7天对地质灾害进行定期巡查。开展突发事件风险隐患排查和整改工作，对全市存在的风险隐患做了彻底的排查，共排查出各类突发事件隐患15项，全部完成整改，整改率100%，已消除6项。开展市镇村三级专项应急预案的制订、修订和完善，加强各类应急演练，全年共开展各类应急演练60多场次。

【调研工作】 2017年，市府办围绕市政府中心工作，开展了“建筑产业发展调研”“水暖卫浴产业发展调研”等多项专题调研活动，撰写调研报告和供市领导参考材料92篇，包括环境保护、社会治安、就业情况、小微双创、市场监管等方面内容。配合做好上级和政府主要领导深入基层调研的各项工作。

【人防工作】 疏散基地（地域）总规经过修改校对后，3月份完成并上报江门市人防办备案。

坚持每周参与江门市人防办组织的指挥通信训练，通信设备一直处于良好的状态。组织通信技术人员不定期到该市和邻近县市的部分镇村，提高人防机动指挥所通信保障和指挥控制能力。梁金山公园疏散基地规划文本的编制、标识牌安装、宣传栏制作工作顺利完成，疏散基地基本成型。严格按照省防空警报管理规定进行月检、季检，确保防空警报器保持良好的工作状态。9月18日，完成该市城区及水口、赤坎两镇防空警报试鸣工作。防空袭方案修编工作是年1月份正式启动，方案初稿于8月底完成，10月进行了专家评审，是年已完成终稿编制工作。配合上级人防部门完成短波电台（基站）和数字集群建设，短波电台项目已纳入年度预算。全市办理人防结建工程报建8宗，批准同步建设防空地下室4.9万平方米，在建人防工程共13座，面积8.4万平方米。竣工验收人防地下室3座，合计6万平方米，是年该市投入使用人防工程总面积已达到20万平方米，至11月，共收取防空地下室易地建设费905万元，易地建设费累计额达到2亿元。协助市政府完成市二院迁建项目人防报建工作。

【政府法制工作】 年度立规计划7件，共审查、修订规范性文件8件，办理有关法律、规章草案征求意见29件，备案规范性文件13件。组织全市各部门对已实施的规范性文件中与“放管服”不一致的文件进行清理，共废止5个规范性文件。加强执法证管理工作，对全市行政执法人员信息进行逐人逐项审核，为241名行政执法人员进行行政执法证年审换证工作。组织338名行政执法人员参加了执法资格考试，其中295人通过考试，获得行政执法资格。对各部门的“1+3”清单进行重新审核，共修改63项、增加8项、撤销36项权责清单事项。开展行政执法案卷评查工作，起草了《开平市行政执法案卷评查办法》及评分标准，经市政府同意后发布。全年共办理行政复议案件30宗，行政应诉案件16宗。推进行政诉讼领导出庭工作，9月，配合江门中级人民法院在该市开展巡回法庭工作，市长庞正华亲自出庭应诉做好答辩及证据提交工作，为全市行政部门起了示范带头作用。

（张晓立）

附：1. 市长、副市长名录

市　长： 庞正华（2017.1—2017.10，市委书记、市长）
邝积康（2017.10—）
常务副市长： 何武健
副市长： 林国宁
黄国忠
陈杰文
黄力奔（女）
陈　勇

2. 市府办领导班子名录

主　任： 伍德斌
副 主 任： 梁羽行
吴进进
麦振广
梁国少
劳伟锋
邝宝柔
林　铭
陈振奎（2017.8—）
党组成员： 余娇影（女，纪检组长）
郑　勇

3. 挂靠单位领导班子名录

法制局局长： 谢文广
副 局 长： 吴建明
人防办主任： 梁羽行

开平市行政服务中心

【简况】 2017年，开平市人民政府行政服务中心落实“邑门式”政务服务改革措施，建设“便利、贴心、高效、公平”的服务平台，服务窗口受理事项203509项，办结184259项，办结率为90.54%，即办166450项，即办率为81.78%，按时办结率为100%；工程建设项目竣工联合验收受理84宗，办结83宗。

【创建满意服务活动】 2017年，开平市人民政府行政服务中心结合“邑门式”政务服务改革开展创建满意服务活动，将服务窗口（包括服务专窗、综窗和中介窗口）、审办后台（包括受办分离的审批后台和政府热线接办后台）、服务后勤（包括保安服务后勤、保洁服务后勤和设备设施维护后勤）和窗口前台工作人员都纳入创建活动范围，分别设立集体和个人奖项，从人员管理、规范服务管理、提高电子政务水平、办理事项管理、各项办事指标评比、卫生保洁与节能降耗管理、服务对象评议等方面进行日常考核，实现创建活动对象与考核评比指标的全方位与全覆盖，采取日常考核和年度考评相结合的方式，评选先进集体和个人。

【深化行政审批制度改革】 行政审批制度改革在2017年取得“三个进一步”和“两个突破”：

“邑门式”改革工作得到完善。在市镇村三级“邑门式”服务大厅建设方面。市级行政服务中心在综窗设置了“投资项目综合服务窗口”“部门业务综合服务窗口”和“商事登记综合服务窗口”三种类型的综合窗口，其中“投资项目综合服务窗口”一窗综合受理投资项目报建审批相关联的“立项报备、用地审批、规划报建、施工许可、竣工验收”5个阶段的事项，涉及15个部门近70个事项；“部门业务综合服务窗口”一窗综合受理25个部门近400项法人类和个别自然人的事项；此外还设置了不动产登记、国地税联合办税和公安业务等特色专窗。镇级“邑门式”公共服务中心统一设置“综合窗口+公安专窗”，个别镇结合实际需要增设专窗，如水口镇针对法人类事项办理比较多的情况，增设了工商专窗、不动产登记专窗、税务专窗。村级公共服务平台建设全面铺开，建成270个村（社区）公共服务平台。在硬件建设上，市镇村三级都完成了实体办事大厅“邑门式”统一标识、“侨都之窗”自助服务终端和呼号、评价、监控等系统的安装。在功能分区上，市镇村三级都结合业务合理分区，做到指示清晰明确。市级行政服务中心在一楼大堂设立导办总台，在每层窗口服务区设立导办窗口，负责对办事群众进行分流、咨询、预审、派号等工作，提供群众办事找导办的精准服务。在市镇村三级“邑门式”服务标准化体系方面。市镇村三级“邑门式”服务统一使用“邑门式”审批系统，按《开平市三级公共服务平台“线上线下”审批操作手册》进行“线上线下”审批；都统一参加“邑门式”系统操作及业务培训；都实行“一次性告知制”“首问负责制”“限时办结制”等管理制度；接受行政效能视频监控，审批全过程接受效能电子监察。在市镇村三级“邑门式”服务事项标准化建设方面。市级“邑门式”梳理了382项法人事项和109项公共服务事项，其中法人事项实现线上线下一体化运行；镇级“邑门式”网上受理平台的事项进驻公共服务中心；村（社区）服务事项第一批共36项纳入了“邑门式”系统办理。

网上办事的应用得到推广，增加了进驻事项。根据“一门一网式相对应”的原则，开平市网上办事大厅的行政许可事项由382项增加到531项，占全市556项行政许可事项总数的96%，超过省考核要求的70%。提高了“三率一数”。通过部门自查自检，确保行政许可事项网上全流程办理率、网上办理率、网上办结率和网上申办事项到现场办理次数“三率一数”均达到省70%、70%、65%、72%的考核指标。推出了网上预约服务。制定网上办事预约操作方法和规则，并于2017年11月1日推出。据统计，截至当年12月31日，网上预约数为1150次。

“侨都之窗”自助便民服务终端覆盖面得到扩大。市级和镇级“邑门式”服务大厅共安装18台“侨都之窗”自助服务终端，6台出入境办证自助一体机，2台税务自助服务终端，1台交警（违章）业务自助服务终端；还有3个民营加油站点各安装了1台“侨都之窗”自助服务终端。

“第一个突破”是台开恩三市服务事项

“同城通办”取得突破。该服务中心配合梳理了2批《台开恩三市“同城通办”事项目录》共81项，并于2017年6月份试行三市公共服务事项“同城通办”，为今后更全面深入的“同城通办”打下坚实基础。截至当年12月31日，累计通过台开恩同城通办专窗成功办理业务164件。

“第二个突破”是“侨都之窗”24小时自助服务终端服务能力的提升取得突破。该服务中心在江门市内率先将开平市不动产查册业务纳入“侨都之窗”自助服务终端，群众在江门市内任意一台“侨都之窗”自助服务终端机上，都可以24小时自助办理开平市辖区范围内不动产查册业务。

【“12345”政府服务热线工作】 2017年，开平市“12345”政府服务热线按照江门市提出的统一平台、统一标准、统一管理、统一考核“四个统一”的要求接处事项，督促指导平台单位录入词条更新知识库，与“110”建立三方联动机制，完善“开平微市长”公众号功能，通过举办“三八”维权周接听活动、参加江门市组织的调研和“12345”城市管理服务先进标准体系推广交流会等工作，做好与江门市热线平台的对接融合工作。是年，开平市“12345”政府服务热线共受理事项11132项，办结10686宗，办结率96%，抽检事项满意率100%。

【窗口工作人员的学习教育】 加强考勤。从2017年4月开始采取指纹录入或脸部识别的方式考勤，并将考勤结果作为年终考核和创建满意服务活动的评选依据使用。加强谈话提醒工作。落实抓早抓小工作机制，促进约谈常态化，是年开展“咬耳扯袖”一般性约谈32人次。加强政治理论与形势的宣传学习。包括总书记习近平对广东工作的重要批示精神和《中国共产党问责条例》《广东省党的问责工作实施办法》的学习，对省、市各级有关会议精神的学习，对有关专题展览的参观学习，对有关专题教育片的学习等。围绕建党96周年、“不忘初心、廉洁从政”“学党章、交党费”等主题，开展“主题党日+”活动。参加党员干部考学活动，机关党员干部100%参加“学省党代会精神，迎党的十九大召开”“两学一做”学习教育考学，以及《2017年开平市党员干部党纪党规知识测试题》考试、“学报告，学党章”考学活动。在中共十九大召开期间，组织全体党员干部集中观看开幕会议和闭幕会议，聆听总书记习近平的报告；十九大会议结束后，展开深入宣传学习，组织党员干部参加各级组织的学习贯彻中共十九大精神专项培训，并在中心楼顶安装了“永远把人民对美好生活的向往作为奋斗目标”的标语，在一楼大堂和大门口的LED轮番播放相关宣传标语和图片。

【政务公开工作】 该服务中心利用信息设备资源、网络技术和办事空间环境，通过传统的政务公开栏和现代化的电子信息发布网络系统，宣传各项政策、法规、服务事项办理流程及政府有关工作信息，按照《信息公开条例》，公开可以公开的各类政务信息，2017年公开发布各类信息1428条，其中政府信息公开目录系统上公开各类信息552条；通过政务微博发布（转发）信息324条，其中原创82条；微信发布（转发）信息231条；“微市长”发布信息321条。（温华轩）

附：市行政服务中心领导班子名录

党组书记、主任：梁志洪

党组成员、副主任：方锦健

何海清（女）

党组成员、纪检组长：洪伟瑜（女）

党组成员、副主任科员：陈春颖（女）

政协开平市委员会

市政协工作

【简况】 中国人民政治协商会议开平市第十三届委员会成立于2016年11月。常务委员会是市政协的领导机构。开平市政协委员会内设8个专门委员会、17个联络组，分别为：提案委员会、农村委员会、教育文化委员会、卫生体育委员会、社会法制文史委员会、经贸委员会、科技委员会、“三胞”联络委员会；香港联络组、澳门联络组、三埠街道联络组、长沙街道联络组、月山镇联络组、水口镇联络组、沙塘镇联络组、苍城镇联络组、龙胜镇联络组、大沙镇联络组、马冈镇联络组、塘口镇联络组、赤坎镇联络组、百合镇联络组、蚬冈镇联络组、金鸡镇联络组、赤水镇联络组。2017年，市政协委员会学习贯彻中共十八大六中全会和习近平总书记对广东的重要批示以及十九大精神，落实市委全会的决策部署，坚持团结和民主两大主题，履行政治协商、民主监督、参政议政职能，发挥人民政协服务大局、增进团结、联系各界、协调关系、促进和谐的作用。

（梁凤英）

【市政协十三届二次会议】 2月22—24日，市政协在政协会堂召开十三届二次会议，出席委员235人。主席梁民跃代表市政协常委会作工作报告，副主席黄旭征作提案工作情况的报告，市委书记黄耀雄在开幕大会上讲话。与会人员列席了市十六届人大二次会议，听取和讨论了市政府工作报告及有关报告。会议审议通过市政协十三届二次会议决议；组织了市政协中心组（第一季扩大）理论学习会，全体政协委员参加培训，学习《中国人民政治协商会议章程》。

（梁凤英）

【政协常委会会议】 2017年，市政协十三届委员会常务委员会召开第二、三、四、五、六次会议。第二次会议主要议题：审议通过十三届二次会议议程、日程、报告人名单、分组讨论名单；审议会议决议；研究会议有关事项。第三次会议主要议题：听取审议十三届二次会议决议的意见。第四次会议主要议题：市政协中心组（第二季扩大）理论学习会；布置政协有关工作方案。第五次会议主要议题：总结市政协上半年工作；审议批准交叉任职委员请辞事项；学习贯彻省十二次党代会精神；学习贯彻市推进“两学一做”学习教育常态化制度化工作会议精神；审议《加强港澳委员联络协商及常委培训学习的方案》。第六次会议主要议题：组织政协常委会议对“一号”提案《关于促进我市先进装备制造业发展的建议》开展座谈协商、视察活动。

（梁凤英）

【政治协商】 贯彻《关于加强人民政协协商民主建设的实施意见》，组织委员按界别自主选题撰写提案；结合大会发言，联系、指导民主党派、专门委员会分别围绕促进该市先进装备制造业发展、解决该市城区交通拥堵问题、加强侨捐项目管理等专题，深入调研。在市政协召开《市委全会工作报告》《政府工作报告》、关于“城市提质工程”征求意见等协商座谈会。围绕市委、市政府布置的固废处理中心一期项目、城市天然气输送工程、建设公园城市，推动金山公园建设、加快推进海绵城市建设等4个重点督办项目责任抓好督办协商。组织政协常委会议对“一号”提案《关于促进我市先进装备制造业发展的建议》开展座谈协商、视察活动。各专门委员会分别对赤坎古镇旅游建设、潭江新城建设、该市侨捐项目管理、禽畜养殖污染防治、城区河涌综合整治、旧楼加装电梯、生活垃圾管理、物业管理等项目开展协商活动。（梁凤英）

【民主监督】 贯彻《关于加强和改进人民政协民主监督工作的意见》，推动民主监督规范有序发展。共收到提案101件，立案95件，经主席会议确定“一号提案”2件、重点提案10件。委员对提案办理情况，均表示满意，答复率和满意率均为100%。配合市重点任务做好创文迎复检工作，开展专项监督性履职活动。通过走访委员和委员企业、向委员寄发《社情民意反映表》，收集社情民意信息；编报《开平政协》简报10期。推荐委员担任纪委、检察院、法院、海关、工商、税务等部门单位的特邀监督员；参与民主评议政风行风等活动。（梁凤英）

【凝聚合力】 坚持以委员为中心，打造“懂政协、会协商、善议政，讲规矩、守纪律、重品行”的委员队伍。市政协领导坚持联系政协常委，走访内地办企业的港澳委员、企业主委员和各镇（街）联络组；加强统一战线协商协调事务，坚持联系各民主党派和工商联制度。发挥各专门委员会和港澳委员组所在界别以及联结海外等各方面优势，组织委员间的互访交流，赴深圳开展“走访侨资企业，推介翠山湖新区”专题考察活动。据统计，各联络组全年组织开展的专题视察、调研活动45次；围绕教育、卫生、医疗等民生问题，向市政协、属地党（工）委反映社情民意信息、建议意见共120余条；协助当地维稳、协调化解群众矛盾8宗；各联络组委员参与地方经济建设、招商引资和重点工程建设。委员们投身家乡建设和扶贫济困活动，涌现一大批热心公益的优秀政协委员。据统计，年内政协港澳委员、内地委员共为该市各项公益事业捐资款项达港币70多万元、人民币400多万元。（梁凤英）

【提案工作】 开平市政协第十三届开平市委员会第一、二次会议期间，收到101件提案，经提案委员会整理、合并和审查共立案95件。立案提案归类为：经济建设类14件；农村建设类6件；城市管理类17件；交通类21件；旅游类10件；文教体卫类14件；社会综治类6件；环境治理类5件；水质治理类1件；其他1件。立案的95件提案分别交给了56个部门和单位办理。截至2017年7月底，所有提案全部办复，委员对提案办理情况均表示满意，答复率和满意率均为100%。市政协提案工作通过严格遴选程序，选定了《关于促进我市先进装备制造业发展的建议》等两件“一号提案”和《关于对我市城区内的河涌实行综合整治的建议》等10件重点提案，分别由市委、市政府领导和市政协正、副主席分工督办，取得较好实效。发挥广东省政协提案办理重点联系市和广东省提案工作研究会单位会员的职能作用，开展政协提案工作理论和实践的研究，构建交流平台，创新提案督办方式，培育精品提案。（梁国荣）

【海内外联谊工作】 组织赴港澳参加港澳联络组和港澳社团的联谊活动；推介开平投资环境，联系乡情；接待港澳人士、海外侨胞来访；组织港澳委员回乡视察赤坎古镇安置区及古镇开发情况，召开座谈会专题协商，听取港澳委员对家乡发展的建议意见。（梁凤英）

【学习教育与精准扶贫】 抓好推进“两学一做”学习教育常态化制度化，重点学习贯彻习近平总书记对广东工作重要批示精神以及治国理政新理念、新思想、新战略，省第十二次党代会精神、江门市委全会、开平市委全会精神；举办了学习政协章程培训班，《履职尽责参政议政，凝心聚力筑梦中华》的政协知识专题辅导课；学习了习近平总书记在政协成立65周年大会上的讲话、《关于加强和改进人民政协民主监督工作的意见》；组织参观“七一”崖门爱国主义教育基地活动。党的十九大胜利召开，政协委员会以习近平新时代中国特色社会主义思想为引领，掀起学习贯彻高潮，政协领导班子按市委部署到联系的镇、村开展宣传学习贯彻活动，在机关也组织进行学习宣传贯彻行动。政协党组领导落实执行从严治党“两个责任”“三会一课”、民主生活会等制度，坚持上党课，学党章；健全党员台账、完善党员管理。市政协机关精准帮扶驻村贫困户解决生活、生产上的实际困难，牵头落实派驻“第一书记”帮扶沙塘镇台洞村委会工作。

（梁凤英）

【文史工作】 2017年8月11日，由广东省政协文化和文史资料委员会、江门市政协联合举办的《五邑侨胞耀中华——江门市华侨华人、港澳台胞“三亲”史料》出版座谈会暨首发仪式，在广州南国书香节举行。开平市由副主席黄婉慈带队，组织10多名传主和亲属代表参加了首发式。在首发式上，中国致公党的创始人之一、开平籍美洲著名侨领司徒美堂的孙女司徒月桂在首发式上发言。吴荣治、周志峰分别代表传主和新生代华侨上台接受书本捐赠仪式。

开平市政协在开平市委、市政府的大力支持，并在上级的要求和指导下，成立了工作领导小组，挑选20多位写作经验丰富的文学爱好者为作者，顺利完成稿件的撰写与校对。开平市共撰写81篇稿件，上交江门得到省采纳74篇，由人民出版社出版。

《五邑侨胞耀中华》是国内首套记录海外华侨史料的合集，填补了国内相关史料的空白，对于弘扬华侨文化、宣传侨胞贡献、服务统侨工作具有重要意义。全书共4卷，409篇，230万字，有730多张珍贵照片。按人物的主要事迹等分为“侨领风范”“革命志士”“抗战忠魂”“造福桑梓”“实业报国”“科技精英”“桃李春风”“文化传灯”“德艺双馨”“异域星辉”10大类。开平市共有74篇稿件入选。书中所收录人物的时间范围，是从辛亥革命前后直到现代。包括老一辈五邑侨胞支持辛亥革命、抗日救亡，支持共产党建立新中国，维护祖国主权完整，促进祖国和平统一等方面的事迹；五邑侨胞支持祖国社会主义建设，捐资兴建家乡公益项目和公益事业、投资在家乡兴办实业等方面的事迹；五邑侨胞在各自领域中作出的、对全国乃至全世界产生较大影响和贡献的事迹。

（梁国荣）

附：1. 政协开平市第十三届委员会正副主席、正副秘书长、常委名录

主　席： 梁民跃

副主席： 余荣深　黄旭征　黄婉慈（女）　何俊贤　郑永钦

秘书长： 肖章兴

副秘书长： 伍志平　谭健雄

常　委： 万淑琴（女）　区灿辉　邝忠胜　冯立本　冯继君　司徒卓森　司徒建新　朱卓成　关春燕（女）　麦振广　麦铨湛　劳和益　李耀南　吴海宏　余焯源　张仲文　张肖平（—2017.7）　张焕尧　陈伟奇　陈炳钦　陈培华　罗健稳　罗雪芳（女）　周志峰　周植南　莫　央　梁宇龙　梁羽行　梁志旺　梁荣华　梁洪乐　释顿瀚　温羡宏　简　永　谭美婵（女）　谭炳立　谭晓华　谭健勇

2. 市十三届政协机构设置及负责人名录

提案委员会主任： 肖章兴

农村委员会主任： 梁洪乐

教育文化委员会主任： 张焕尧

卫生体育委员会主任：谢树武
社会法制文史委员会主任：谭健勇
经贸委员会主任：李耀南
科技委员会主任：梁羽行
“三胞”联络委员会主任：冯立本

3. 政协机关
办公室主任：肖章兴
办公室副主任：伍志平　谭健雄
秘书科科长：梁凤英（女）
副科长：茹健美
综合科科长：梁尚文
副科长：周日亮
联络科科长：王春雯
副科长：余润渲（—2017.5）

民主党派和工商联

民盟开平市委员会

【简况】 中国民主同盟开平市委员会（简称民盟开平市委会），是由从事文化教育科技以及卫生、法律的高、中级知识分子组成的参政党。2016年9月23日，中国民主同盟开平市第九届委员会第一次全体会议选举吉喆为中国民主同盟开平市委员会主任委员。截至2017年底，全市有盟员165人，11个基层支部。其中145人具有大学或以上文化程度；在职人员中高级职称人员86人，中级职称人员52人。

【参政议政】 2017年，民盟成员中担任江门市人大代表1人，开平市人大代表2人，其中开平市人大常委会副主任1人，开平市人大常委会委员1人；担任江门市政协委员1人，开平市政协委员6人，其中开平市政协常委1人。是年，民盟市委会围绕开平市如何发展大健康产业开展考察调研，形成调研报告。民盟开平市委会主要领导参加市委市政府及相关部门召开的情况通报会、民主协商会、座谈会、征求意见会共54人次，就开平市重大政务、人事安排、经济和社会发展等问题发表意见，提出建议。在地、市两级人大、政协大会上，民盟市委会和盟员人大代表、政协委员在“两会”上共提交建议、提案12件，涉及经济、民生、教育、卫生、交通、旅游等多个方面。其中《高起点规划建设潭江大道，推进我市城市升级和升值》《关于对我市城区内的河涌实行综合整治的建议》《关于大力营造我市浓厚的旅游城市文化氛围的建议》被列为重点提案，关于河涌整治的提案被评为优秀提案。谭美婵、武胜利、周万球、郭文芳、刘远源被评为2017年度开平市优秀政协委员。谭美婵、周万球、郭文芳代表民盟分别参加市直机关和市直事业单位绩效考核考评工作。

【自身建设】 组织盟员深入学习科学发展观和中共十九大精神，学习和贯彻习近平新时代中国特色社会主义思想的重要讲话精神。贯彻落实盟中央、盟省委下发的学习文件，发动盟员参与群众路线实践活动。按照“注重质量，注意数量”的原则，把好盟员发展关。2017年，发展新盟员10人，全部具有大学学历，其中有高级职称3人，博士研究生1人，平均年龄为40.5岁。8月，民盟市委会组织10位青年盟员参加民盟江门市委举办的“民盟历史”和《民主党派的地位作用和民主党派如何参政议政》的培训。11月，民盟市委会联合市委统战部组织18位中青年骨干盟员到肇庆市委党校学习、培训。为提高民盟市委的参政议政质量，组织民盟市委委员支部主委到湛江、茂名市取经、交流参政议政经验。盟市委要求各支部每季度组织一次以上活动。盟市委组织退休盟员举行重阳节茶话会，年终召开全体盟员总结会。

【社会服务】 盟组织支持和鼓励盟员开展社会服务工作。年初，盟员书画家余活波、关坚濠与市文联的书画家一起参与义务挥毫活动。为提高乡镇中学的教学质量，是年有5位盟员教师参加乡镇中学支教活动；盟员律师吴永、贺国帅到企业、农村、中小学校参加普法活动，给群众解答法律问题；市中心医院、中医院的盟员医生多次参加有关部门组织的义疹活动。

（周万球）

附：民盟开平市委员会领导班子名录

主　委： 吉　喆

副主委： 谭美婵　　吴　永

武胜利

民建开平市委员会

【简况】 中国民主建国会开平市委员会（简称民建开平市委会），主要由从事经济界人士、新社会阶层人士、文化教育以及机关事业单位的知识分子组成。截至2017年底，共有会员90人，3个基层支部，具中高级职称人员26人，担任各级人大代表、政协委员11人。

【参政议政】 1月，民建市委会召开市委委员会议，要求各支部、委员、办公室准备“两会”的有关提案、议案。在“两会”期间，以市委会名义提交的《关于促进我市先进装备制造业发展的建议》被评为市政协十三届一、二次会议一号提案，委员万淑琴提交的《关于推动开平市老住宅区旧楼加装电梯的建议》被评为市政协十三届一、二次会议重点提案，评为2017年优秀提案，万淑琴、梁日强、叶韶红、黄宏韧被评为2017年度优秀政协委员。

市政协十三届一、二次会议期间，以市委会名义提交了《关于推进我市城区水务一体化建设的建议》，以个人名义提交的有：黄旭征、黄宏韧提交的《治理苍江，还市民一个风景怡人的河岸》；万淑琴提交的《关于加强开平旅游宣传的建议》《关于深挖开平侨乡特色文化，大力开发碉楼博物馆的建议》《关于切实提高我市班主任工作待遇的建议》《关于关注未成年人犯罪问题　促进我市未成年人健康成长的建议》，黄宏韧提交的《关于加强城区化粪池管理的建议》，叶韶红提交的《关于长沙虹桥路升级改造的建议》等提案；人大代表建议有：关思勇提交的《关于加强对非法电鱼执法的建议》和《加大对轻微交通事故快速处理方法宣传力度，减少城区交通堵塞》。

2017年，民建市委会班子领导在参加市委十三次党代会工作报告征求意见会和市政府工作报告征询会上，围绕发展先进装备制造业、公共交通、城市规划等提出合理的意见和建议。担任人大代表、政协委员的会员，参与人大、政协和其他部门组织的调研和视察活动。

【自身建设】 民建领导班子每两个月召开一次班子会议，研究有关工作。市委会组织2015年至2017年入会的新会员参加了2017年民建江门市新会员及议政骨干培训班。

7月，市委会组织会员参加广东省民建组织的“不忘合作初心，继续携手前进”主题征文活动，组织会员参加民建中央举办的第二届“工匠精神”征文活动；9月，组织会员参加广东省委统战部举办的“共画同心圆，喜迎十九大”征文活动。其中，郭梦诗撰写的征文作品《共画同心圆，喜迎十九大》获广东省委统战部组织的“共画同心圆　喜迎十九大”征文比赛优秀奖；三支部会员卢盛椿撰写的征文作品《不忘合作初心　永远携手前进》获民建中央组织的“不忘合作初心　继续携手前进”主题征文比赛优秀奖。

9月，为了提高会员社情民意信息写作能力，市委会组织三名骨干会员参加在中山市举办的民建广东省委会反映社情民意信息工作培训班（中西片）。同月，响应市委号召，抽调市委会主委关思勇到创文办督导组工作，完成创文复评工作任务。同月，市委会组织支部主委、副主委参加了民建江门市委组织的支部主委湛江学习调研活动。

11月，市委会组织骨干会员参加市委统战部举办的2017年开平市党外中青年干部及党外知识分子培训班。同月，组织会员参加江门市委宣传部举办的“学习贯彻党的十九大精神”理论征文活动。

是年，该会发展了3名政治素质好、文化层次高、有一定参政议政水平的同志入会，其中1名是经济界代表性人士。万淑琴和黄宏韧被评为2017年民建广东省委优秀会员，万淑琴被评为2017年度江门民建优秀会员。

【社会服务】 民建开平二支部主委、开平沙冈张立群医院副院长蓝子胡2017年组织、参加各种免费义诊10余次，在重阳节和其他重大节日组织医护人员到各个敬老院进行慰问和免费体检活动，经常参加开平义工联组织的天露山环保宣传及清理垃圾活动。

民建开平一支部委员、广东维盛律师事务所律师赖雨峰履行“一村一法律顾问”法律工作，定期进村委会接受法律咨询，普及法律知识，参与群众矛盾调解；履行乡镇中、小学学校法律顾问工作，定期对乡镇中、小学学生或学生家长进行法律讲座、安全知识讲座。

12月，该会落实民建广东省委会和民建江门市委会《关于精准帮扶黔西县文化村、广西村有关事项的通知》，捐助黔西路灯建设。

（万淑琴）

附：民建开平市委员会领导班子名录

主　委：关思勇

副主委：万淑琴　　梁洁芳

致公党开平市委员会

【简况】 中国致公党是以归侨、侨眷中的中上层人士和其他有海外关系的代表人士为主组成的，具有政治联盟特点的，致力于发展中国特色社会主义的政党。截至2017年底，致公党开平市委会共有党员74人，党员主要分布在教育界，有39人，占比52.7%，其次是医疗卫生界，有11人，占比14.9%。党员中具有高级职称21人，占比28.4%，具有大专以上学历的有60人，占比81.1%。下设3个基层支部。

【参政议政】 截至2017年底，开平市致公党党员中担任广东省人大代表1人，江门市人大代表2人，江门市政协委员2人：开平市人大代表2人，其中常委1人，代表1人；开平市政协委员7人，其中常委3人，委员4人。有1人被开平市检察院聘为特约检察员，1人被开平市法院聘为人民陪审员。2017年，致公党开平市委会领导班子成员多次参加市委市政府和市有关部门召开的政党协商座谈会、情况通报会、意见征询会，围绕市委市政府各时期的工作主题，为该市经济社会及科学发展等建言献策，履行参政议政、民主监督职能。担任各级人大代表、政协委员的党员，参与有关部门组织的调研、视察和评议活动，以多种形式履行参政议政职能。

在2017年度各级人大、政协两会期间，致公党开平市委会以集体名义，以及担任人大代表、政协委员的党员以联名或个人方式，共提交人大建议及政协提案16件。其中广东省人大建议4件，开平市人大建议3件，开平市政协提案9件。提议案内容涉及城市规划、交通建设、环境保护、市场管理等多方面。其中以市委会名义提交的政协大会发言提案《关于解决我市城区交通拥堵问题的建议》和委员联名提案《加强业委会的指导与扶持推动我市物业管理健康发展》被评为开平市优秀政协提案，有5人被评为开平市优秀政协委员。

9—10月，市委会分别前往河源市万绿湖水库和开平市大河水库开展水资源保护调研，形成调研报告《借鉴万绿湖经验，推动我市水资源保护管理工作上新台阶》获中共开平市委主要领导的批示和肯定，为市政府和有关部门科学决策提供依据。

【自身建设】 市委会根据致公党中央、省委会的指示精神和工作部署，组织党员学习贯彻中共十八、十九届会议精神以及习近平总书记系列重要讲话精神；学习贯彻致公党全国十五大和广东省十二大会议精神，开展“不忘合作初心，继续携手前进”专题教育活动。共选派29人（次）中青年骨干党员分别参加致公党广东省委会举办的“广东省致公党2017年度中青年骨干党员培训班”“广东省致公党2017年新党员培训班（粤西片）”和中共开平市委组织部、统战部联合举办的“2017年开平市党外中青年干部及党外知识分子培训班”、中共江门市委统战部举办的“江门市统一战线各界人士学习贯彻十九大精神专题培训班”，以及致公党江门市委会举办的“2017年致公党江门市委会参政议政能力提升培训班”等。2017年党员中有1人被评定为开平市优秀中青年拔尖人才。2017年起，市委会为加强基层组织建设和提升基层组织活力，在各基层支部开展“一支部一提案”活动，鼓励动员全体党员参与议政调研活动，形成调研成果，以调动各支部成员参加集体活动、参与议政的积极性。市委会还以QQ群、微信群、支部博客、支部年谱为平台，密切党员间的联系沟通，增强组织凝聚力。

2017年市委会共发展年青新党员6人，平均年龄38岁，为组织补充了新鲜血液，充实壮大了党员队伍，优化了队伍年龄结构。

【社会服务】 发挥医卫界党员专业优势，医卫界党员每年主动参加各医疗单位组织的义诊活动，为城区市民和边远乡镇群众免费开展妇科、儿科和肺结核等疾病的筛查与防治。并参与家庭医生签约服务项目的开展，为居民建立健康档案。党员中有多名党员加入开平市义工联组织，定期参与市义工联组织的各种慰问老人、扶困助学、清洁环境等社会公益活动。“侨”字是致公党的特色和优势，有5位致公党党员担任开平市《光裕月报》《小海月报》《潭溪月报》《新民月报》《长塘月刊》等侨刊乡讯的主编、编委工作，以侨刊乡讯沟通乡情，传递信息。2017年9月，市委会党员参与发动海外热心乡贤每年捐资15万元人民币，成立“蚬冈学校司徒健新、林羡祥扶困助学、奖教奖学基金”。

【海内外联谊】 司徒美堂先生是中国致公党创始人之一，其故居位于开平市赤坎镇中股村牛路里，全国各地每年均有不少致公党组织带领党员来到司徒美堂故居，开展“重走致公路”党史教育和爱国主义教育。2017年，致公党开平市委会先后接待了司徒美堂先生的孙女司徒月桂、致公党广东省专职副主委吴毅率领的省委会调研组、台湾致公堂陈锦生一行等；接待并协助致公党山东省威海市委会前来开展“重走致公路”学习教育活动，致公党广西北流市委会前来开展“不忘合作初心，继续携手前进”专题教育活动等。全年共接待领导嘉宾6批69人。在接待好走进来的嘉宾同时，以走出去的形式加强与致公党兄弟组织的联谊沟通，分别于3月份组织骨干党员前往致公党广州市番禺区委会进行党务交流，9月份前往致公党河源市委会开展调研活动和党务交流。 （韦玉森）

附：致公党开平市委员会领导班子名录

主　委： 梁荣华

副主委： 区灿辉（专职）

余劲杨

开平市工商联

【简况】 2017年，开平市工商联（总商会）履行部门职能，开展各项工作，取得成效，被评为2017年广东省“五好”县级工商联，翠山湖商会被评为2017全省工商联系统“优秀商会示范点”暨“四好”商会。截至2017年12月，开平市有基层商会16个，开平市工商联（总商会）执委135人，其中主席（会长）1人，常务副主席（副会长）1人，副主席20人，副会长21人，秘书长1人。

【组织建设】 6月9日，开平市工商联（总商会）召开第十五次会员代表大会，会员代表196人参加会议，选举产生了由梁春浩等135人组成的开平市工商联（总商会）第十五届执行委员会；开平市工商联（总商会）召开第十五届执行委员会第一次会议，选举梁春浩为主席（会长）、莫央为常务副主席（副会长）、邝忠胜等20人为副主席、冯继君等21人为副会长、卜辉勤等27人为常委、方根伦等64人为执委、罗仕荣为秘书长。1月10日，月山商会召开第四届会员大会，选举简维德任会长，杨新明等6人任常务副会长，邝少伦等14人任副会长，区汉女等47人任理事。1月12日，苍城商会举行第四届第一次会员大会，陈仕超当选新一届苍城商会会长，会议选举产生叶钊锋等15名副会长、伍柏强等49名理事。12月20日，长沙商会召开第六届会员代表大会，会议选举陈毅雪为会长、张春敏等8人为常务副会长、许炳寅等30人为副会长、甄俊颖等27人为理事，大会聘请周珉兴和吴如兼（女）为商会的荣誉会长。

【参政议政】 2017年，开平工商联（总商会）任政协开平市第十二届委员会的政协委员履行职能，献言献策。是年两会换届期间，工商联（总商会）有2人任江门市第十五届人大代表，执委班子中有3人任江门市政协委员，9人任开平市人大代表，27人任开平市政协委员。

【党建工作】 市工商联（总商会）组织全体党员干部及会员学习领会中共十九大精神，学习贯彻习近平总书记对广东工作作出的重要批示及省第十二次党代会精神，以习近平总书记“四个坚持、三个支撑、两个走在前列”重要指示开展工商联工作。为贯彻落实党的十九大精神，提升工商联整体素质和管理水平，11月6—9日，市工商联（总商会）组织会员及各基层商会工作人员47人，赴广东省社会主义学院开展专项业务培训班，参观广州市立白集团非公党建展览厅及中共三大会址纪念馆。

【交流活动】 2017年，市工商联（总商会）增强服务观念，为会员企业搭建沟通交流平台，组织举办培训交流活动13次。9月25日，苍城商会举办企业安全负责人安全管理培训班，组织会员70多人，到龙桥气动密封件有限公司和五联人造板有限公司现场学习。11月13—16日，长沙商会组织会员20多人到潮汕地区开展为期4天的商务考察活动。长沙、苍城、马冈、翠山湖商会等基层商会举办新春、春茗活动。

【社会服务】 是年，市工商联（总商会）、基层商会及协会，开展慈善活动14次，其中，长沙商会、苍城商会、翠山湖商会等基层商会在劳动节、教师节、中秋节及重阳节举行节日慰问、奖教助学活动。市工商联（总商会）按照市委市政府精准扶贫工作安排，2017年3次到水口镇开锋村委会贫困户家中慰问，共赠送慰问金3000元、赠送慰问品（食用油、大米）947.8元。

（吴桂清）

附：市工商联领导班子名录

党组书记： 莫　央

主　　席： 周志峰（—2017.6）
　　　　　　梁春浩（2017.6—）

人民团体

市总工会

【简况】 市总工会贯彻市委、上级工会各项决策部署，围绕“善作为、重实效、谋新篇”的工作主线，加强“政治性、先进性、群众性”，去除“机关化、行政化、贵族化、娱乐化”，面向基层、贴近职工，凝聚力量，服务大局，履行维护职工权益、服务职工的主业和职责，推进全市工会工作。

【市总工会第十六届委员会第三次全委会议】 市总工会第十六届委员会第三次全委会议于7月14日上午召开，总结市总工会2016年工作，部署2017年工作；选举市人大常委会副主任、三埠街道党工委书记冯健楚为市总工会第十六届委员会主席；市委副书记李沃华讲话。会议听取和审议市总工会副主席胡明俊所作的《开平市总工会工作报告》和副主席李欢定所作的《关于2016年工会经费审查工作情况及2017年工作安排的报告》，通过了相关决议。

【基层工会】 做好换发新版工会法人资格证工作。全市需换发新版法人资格证的机关、企事业单位540多家，已办理293家。共录入新建工会48家。

【维护职工合法权益】 处理职工来电来信来访，接待处理职工来电来信来访51宗85人次，调处一批职工群体性事件，上报2宗省总舆情信息，处理一批信访部门和市政府热线转本会的督办案件，维护职工权益。主动参与职工集体事件的调处工作。联合开平市司法局和律师协会，聘请2名符合条件的律师担任开平市6家上规模非公企业工会的法律顾问，指导企业工会用法治方式规范运作，保障职工的合法权益。是年，在6家企业开展法律宣传活动15场次，培训606人次，解答法律咨询问题51个，代拟法律文书5件次，调解劳动争议3件次，代理诉讼案并胜诉1件，为职工挽回经济损失66.3万元，确保6家企业没有发生重大劳资纠纷。做好企业工会组建，推进工资集体协商工作。加强《中华人民共和国劳动法》《中华人民共和国妇女权益保障法》《中华人民共和国女职工劳动保护特别规定》的有关维护女职工切身利益的法律法规宣传力度。基层工会建立女职工委员会及签订女职工权益保护专项集体合同均为48家。

【推选劳模】 根据上级工会部署，做好推荐评选全国和省部级劳模工作。推荐开平市玲珑医院徐娜和开平健之源保健食品有限公司分别获得省五一劳动奖章和广东省五一劳动奖状荣誉。

【引导职工发挥主力军作用】 依照《开平市劳模（职工）创新工作室管理暂行办法》，创建联冠（开平）胶粘制品有限公司技能人才创新工作室、供电何南生技能专家创新工作室，三年来共建8个劳模（职工）创新工作室，发挥劳模和技术人才的引领作用。

【38家企业工会主席领到省总的补贴】 做好200人以上非公企业工会主席工作津贴发放，2017年增加8家企业工会主席享受津贴，共有

38家企业工会主席领到省总的补贴。

【广泛开展技术革新活动】 动员各级工会结合行业特点，结合单位实际，以企业、车间、班组为阵地，发动开展节能减排、合理化建议、创低能耗、技术升级、挖潜增效、提合理化建议活动。动员职工为企业发展建言献策，企业工会设立建议箱、建议簿、建议网站等，鼓励职工提出合理化建议和技术创新。是年收到职工合理化建议5500多条，技术革新改造589项。

【开展“技行五邑”职工职业技能竞赛】 开展劳动竞赛活动，引领广大职工在改革发展中建功立业。开展技术革新活动，促进企业转型升级。推进“技行五邑”活动，提升职工劳动技能。83个企业开展职工职业技能竞赛，参赛人数达7650人。其中，联合有关部门举办中小学教师教学技能大赛、“技行五邑”开平天翼高清装维服务技能竞赛、开平市道路客运应急处置竞赛、卫生应急技能竞赛等大规模的劳动竞赛。

【重视工会基层组织建设】 支持基层镇（街道）和企业的工会服务阵地建设，争取上级工会组织对职工活动场所建设项目的支持，继续推进在镇（街道）、园区和企业等职工较集中的区域建设职工服务中心。推进“三个一批”（即建设一批社区（村）、园区工会联合会，建设一批社会化工会工作者队伍，建设一批会、站、家一体化的职工之家）试点工作，初步完成翠山湖试点工作，完善配置“会、站、家”一体化职工之家建设硬件设施，加强软件设施建设，真正做到有组织联结、有阵地服务、有专人干事，充分发挥翠山湖工联会的独特优势，为园区内的职工群众排忧解难。

【开展送清凉活动】 制定了《关于做好高温天气劳动保护工作的通知》下发全市所有基层工会，要求各镇（街）工会做好防暑降温工作。市总工会组织人员于6月下旬深入到银海市场垃圾压缩站、深茂铁路开平段施工现场等63家企业及高温作业现场，为在高温下辛勤劳动的工人送上清凉饮料。此次“送清凉”活动共慰问职工约3.5万人，发放清凉饮料2101箱，共计5.3万元。

【广泛开展困难帮扶活动】 落实困难职工基本生活保障制度，健全困难职工信息建档工作。为全市6户享受低保的职工代发低保金，共发低保金8.55万多元。协助有关部门落实低保职工享受11项的优惠待遇，解决其中2 人的基本医疗门诊和特殊医疗病种费用，共救助0.75万元。继续深入开展帮扶送温暖活动，春节期间慰问困难职工61人，发放慰问金和慰问品共2.48万元。利用上级专项资金和配套资金对生活救助、医疗救助、扶困助学和工伤探视等困难职工开展帮扶活动。是年共帮扶困难职工185户，714人，38.85万元。协助开平市扶贫办做好精准扶贫工作。在重要节日期间，与挂钩扶贫单位教育局筹备资金，为挂钩贫困户5户送上帮扶款和慰问金共40762元，并为贫困户送上油和米；在国庆中秋期间，联系开平盈邦医药有限公司为精准扶贫对象送上慰问金1500元和月饼。根据江门市、开平市精准扶贫实施帮扶的要求，给予5户精准扶贫户分别帮扶共1.5万元和2.25万元，为改善民生发展工程提供力所能及的帮助和扶持，争取在2018年底精准脱贫。

【职工互助保障活动和女职工服务新亮点】 推广女职工互助保障计划，增加医疗保障，确保关爱行动的稳定性。全面宣传职工互助保障计划及二次住院活动的各项有关细节及理赔的保障，发动全市各部门、各企业多关爱职工及女职工的医疗保障。全年职工医疗新保、续保共参保6807份；女职工安康新保及续保共参保4228份；二次住院新保及续保共参保6180人。三项参保共理赔157人，合计金额601898元，为职工提供安康保障。

【举办“牵手开平 快乐有约”未婚青年职工联谊活动】 突出“牵手开平 快乐有约”活动主

题，打造成为服务职工工作的新亮点、新品牌。3月29日在百合达维生态园举办了一期“牵手开平，快乐有约”未婚青年职工联谊活动，80位未婚青年职工参加了活动。

【职工业余文体活动】 春节期间，联合有关单位先后举办五项活动：春节送春联活动（新昌、水口共两场），邀请开平书法家现场写春联1000多对免费赠送与市民；新春免费赠送电影票1300张给企业员工；举办职工乒乓球比赛，其中男子团体赛参赛队伍22支，女子团体赛参赛队伍12支，共170多名运动员参加，进行了60多场次的比赛；年初一至年初十在人民公园播放电影专场共10场，3000多职工群众观看电影；年初四在城市南广场举行贺新春晚会，1000多人观看晚会。4月26日，联合有关单位在翠山湖体育公园举办2017年开平市企业职工庆“五一”趣味运动会，来自各镇（街）、翠山湖管委会有关企业30支队伍400多名职工参加。6月5日晚，与江门市总一起协助省总、省文化厅、南方报业传媒集团在开平市人民会堂举办广东工人艺术团走进开平“中国梦·劳动美”文艺晚会，开平各级劳模及职工代表1000多人到场观看。

统筹安排专项资金26万元，支持各镇（街）、翠山湖管委会的工会组织，在所在辖区举办职工庆“五一”文体活动，活跃节日气氛，丰富职工文化生活。

继续做好“送器材、送服务”工作，再购置一批文化体育器材，为企业、为职工提供一个器材种类较多、趣味健康、项目丰富的文体活动免费保障平台。利用这几年来购置的趣味运动器材，主动服务企业。有43家企事业借用器材，活跃基层职工文化生活。

【工会宣传和服务职工阵地建设】 配合市宣传部等做好创文见证材料的收集和整理，开展创文宣传活动。

做好工会日常宣传工作。在市总大堂配置信息显示设备，强化工会宣传和形象。及时更新工会网站、工会微博和微信公众号的内容。更新工会宣传栏，开设绿色低碳节能专栏，出版4期《开平工会简报》，宣传各时段市总工会和基层的中心工作。

为大力弘扬劳模精神，4月联合开平电视台制作《侨乡好工匠》新闻系列报道，报道劳模和先进职工的先进事迹，于五一前后在开平电视台黄金时间播出。

在市委、市政府和上级工会的大力支持和帮助下，开平市职工之家（开平工人文化宫）已完成主体工程施工，待2018年通过验收并完善一些设施后投入使用。

【上线《民声热线》节目 解答职工群众咨询诉求】 4月18日上午，市总工会副主席胡明俊、李欢定，总工会维权部部长尹正才等上线开平广播电视台《民声热线》节目，围绕职工维权、职工帮扶、工会经费使用等问题，在线解答职工群众的咨询或诉求。

【关爱女职工】 完善2016年江门市女职工创新工作室“开平市邓贤芳班主任工作室”的后续工作；宣传和推广“爱心妈妈小屋”的建设和“健康有约”关注女性心身健康活动；争取省总专项资金支持关于开展女职工“两癌”检查工作。

【抓好工会经费审查和收缴】 按照上级工会经审工作意见，加强经审组织建设，完善工会经审工作机制。4月，配合江门市总工会前来进行经费审查、监督工作。

税务代收工会经费以来，提高了工会经费的收缴额及收缴的覆盖面，到年底止，核定应缴工会经费的企业家数有673家，缴费单位397家；缴费率约59%；信息录入率约93%；缴费金额分配率约95%。

【召开劳模协会换届会议】 10月17日下午，市劳动模范协会召开第三届理事会议，市委常委何武健，市人大常委会副主任、市总工会主席冯健楚与劳模协会会长、名誉会长、劳模协会第三届理事会理事及各级劳模代表出席了会议。劳模协会会长李耀南作题为《弘扬劳模精神 发挥劳模作用 带领广大劳模为建设幸福开平建功立业》的工作报告，总结了市劳模协会过去五年的工作情况，部署今后一个阶段的主要工作任务。会议推举出协会新一届名誉会长、会长、副会长，广东耀南建筑工程有限公司总经理李耀南连任第三届市劳模协会会长。

【发放助学金】 8月28日上午，市总工会召开2017年金秋助学座谈会，市总工会副主席胡明俊、李欢定、受助学生代表及其家长参加了座谈会，为34名贫困家庭学生发放了助学金7.3万元。是年扶困助学95人，发放助学金17.55万元。据不完全统计，14年来共帮扶困难家庭学生777人次，发放助学金94.12万元。

（谭灿炬）

附：市总工会领导班子名录

主　席： 余荣深（市政协副主席，—2017.7）
冯健楚（市人大常委会副主任，2017.7—）

副主席： 胡明俊
司徒卓森
李欢定（女）

纪检组组长： 卢锐权

团市委

【简况】 2017年，在全团掀起学习宣传贯彻习近平新时代中国特色社会主义思想和党的十九大精神的热潮；重视建设“青年之声”及开平共青团微信公众号新媒体平台。推进共青团改革的各项工作开展和坚持全面从严治团，提升共青团的自身建设水平。以金山创客空间和创新发展战略驱动为载体，打造青年创新创业服务新体系；深化“创文”成果，持续开展“万名党员志愿服务，共建爱心之城”活动；精心打造“蓝天计划”“福彩育苗班”“福彩夏令营”“阳光行动”等服务项目，为青少年健康快乐成长保驾护航；增强青少年宫公益性，打造青少年综合服务平台。2017年4月，团市委被授予2016年度江门市五四红旗团委的光荣称号。

【重要会议】 3月3日，共青团开平市第十五届委员会第三次全体（扩大）会议在市府大楼401会议室召开，中共开平市委副书记、市政法委书记李沃华，团市委书记梁文斌及100多名代表出席会议。会议审议并通过了梁文斌代表共青团开平市第十五届委员会常委会所作的工作报告。

12月5日，共青团开平市委员会第十五届委员会第四次全体（扩大）会议暨团市委党组中心组（扩大）理论学习会在市府大楼401会议室召开，团市委书记梁文斌及90多名代表出席会议。会议邀请了市委党校校委委员徐锦源为代表们授课，精读了党的十九大报告。

【思想引领工作】 党的十九大召开前，广泛开展“青春喜迎十九大、不忘初心跟党走”等主题团日教育活动。党的十九大召开后，迅速制定并下发了《关于全团认真学习宣传贯彻党的十九大精神的通知》。举办“党的十九大精神”广东青年宣讲团走进开平宣讲会、新兴青年群体十九大精神宣讲会，开展“向习爷爷说句心里话”主题队日活动。截止2017年末，该市共青团系统共举行中心组学习5次、学习座谈会50次、主题团日活动40次、专题组织生活会40次，全方位多领域地掀起学习十九大精神的热潮。打造新媒体宣传主阵地，在微信公众号和开平青少网专题开辟青春践行十九大的专栏。“开平共青团”微信公众号共发布361条信息，总阅读量达294704人次，成绩在全省团属微信公众号中名列前茅。推广“青年之声”互动社交平台，截止2017年末，用户量超过10000人，综合排名多次在江门地区获得第一。树立先进典型，针对不同青少年群体，分线分类分年龄段，开展“最美南粤少年”、青年文明号、青年安全示范岗、开平市团员先锋岗（队）、青年岗位能手等评选创建活动。

【共青团改革工作】 制定改革实施方案等系列文件，明晰相关部门职责分工，联合市教育局等有关部门发文推动团市委兼挂职工作。加强基层团组织建设，落实镇（街道）团委每年工作经费不少于2万元。联合市委组织部发文，部署推进该市269个村（社区）团组织集中换届工作，“两委”班子年轻成员兼任团组织书记，配强基层团干部，优化基层团组织，平均年龄32周岁，女委员人数达388人，新进班子540人。控制全市中学团青比例，对新发展的团员统一编号，严把入口关。多渠道直接联系服务青年，2017年共举办“机关开放日”活动2场；落实“1+100”制度，全市各级团干部直接联系青年2627名，开展活动214场次。推动“智慧团建”平台建设，是年系统录入组织数1098个、团干部数516人、团员报到数14810人，实现对团组织、团员、团干部、青年人才基本信息的用户自主动态以及基础团务的互联网化管理。

【全面从严治团】 团市委落实从严治党“两个责任”，健全制度建设，加强纪律教育和纪检监督工作，成功创建为开平市直机关党建工作示范点。深入开展学习教育，每月至少举行一次“主题党日+”活动，通过集中学习、参观交流、党员义工等模式，推动“两学一做”学习教育制度化常态化。加强团的各项建设，举办“不忘初心跟党走”入团宣誓示范活动，规范入团流程。开展团干部培训班，提高青年团干的党性修养和业务水平。以“学习总书记讲话，做合格共青团员”教育实践为契机，严肃团的组织生活，严格规范“三会两制一课”。创新开展“团干讲团课”方式，以微视频专题拍摄团课，点击量达1800人次。

【学校团队工作】 开展以“我是光荣少先队员”为主题的队日活动，全市共上报作品49份，其中“童心童话”有26份获得省级奖项，“动感中队”有7个作品获得省级奖项。2017年1月，召开少先队开平市第五次代表大会。利用清明节和“9·30”烈士祭奠日，开展缅怀烈士祭奠活动。在全市11间高（职）中开展以“青春共贺十九大”为主题的成人宣誓活动。组织开平市50多名辅导员到位于东莞的省少工委鼓乐培训中心参加2017年开平市辅导员鼓号队培训班，加强辅导员队伍的专业化建设。联合市教育局在浙江省团校开展教育线团干培训班，强化学校团干部队伍建设。

【服务“双创”成效】 团市委与翠山湖管委会合作共建的青年创业创新基地——金山创客空间被认定为“2017年江门市小微企业众创空间”。继续以高标准打造创业创新基地，分别与五邑大学、广东技术师范学院创建“产学研创业创新合作基地”，推动实现“校企合作、产学双赢”。成功举办总奖金高达16.5万元的“翠山湖杯”第一届开平市创业创新大赛，共收到157个企业和项目报名，营造了“大众创业，万众创新”的良好氛围。指导东汇城举办创业大赛，在东汇城商业广场挂牌成立“侨青创业园”。开展2017年“展翅计划”就业创业活动，向开平籍大学生提供337个实习（见习）岗位。举办“农村信息直通车”信息员培训班，2017年全年培训600多人次，提升信息员的综合素质。

【青联统战工作】 以青联为平台，召开开平市青年联合会第五届委员会第三次常委（扩大）会议。以“走出去、请进来”的方式，举办浙江大学青联委员专题研修班；组织青联委员参加粤港澳台青年企业家嘉年华、澳门开平青年会成立等活动，加强交流。开展同心圆行动，组织澳门青年到开平拍摄微电影；组织和接待香港开平同乡会、香港小童群益会、香港狮子山智库、世界广府人等社团回开平参观交流。

【义工事业发展】 截至2017年底，该市注册义工2.8万人，社区义工服务站37个，基层义工服务队358支，较2016年增加了56支，全市225个村委会建立了义工（志愿）驿站。深化开展义工品牌服务项目，创新助学模式，建立“风采新纪元开平一中”励志奖学金51万元。

与检察院共建开平市未成年人观护教育基地，增强对涉罪的未成年人教育、考察、矫治的力度。开展“万名党员志愿服务，共建爱心之城”活动，动员全市77个党员义工服务队、社会组织和广大义工开展文明交通劝导、清洁卫生、社区宣传、便民服务和精准扶贫等超过250场的志愿服务活动，参与义工人数达1550人次。开展“飞鸽行动”，组织全市义工1万多人次参与台风过后的城乡复原清障行动。开展以“奉献爱心，晴暖开平”为主题的“2017民政暖流”活动，发动广大团员青年、义工及社会爱心人士捐款捐物，筹集近13万元资金和物资，为困难群体送去温暖和关怀。开平市义工联合会“圆梦行动”获得广东省学雷锋志愿服务先进典型的“最佳志愿服务项目”奖项；开平市侨园社区义工服务站义工陈碧秀获评2017年“江门好人”。

【青少年宫全面发展】 2017年，青少年宫开展了艺术、体育、创客等各类培训班，共培训1665人次，实现收入比2016年翻一番，并举办超过30场的公益学堂，免费培训1000多人次。联合市教育局、市科协举办为期3天的“校园科普巡游展系列活动——创客在校园·科技创未来”，送科普下乡，让学生们亲身感受科技的魅力。承接和举办各大型公益活动，包括开平市健走马拉松、新春游园会、六一儿童节游园会、申遗十周年系列活动、小学生“开笔礼”、重阳风车节活动等，服务总人数超5万人次，发挥青少年宫公益性。

【青年服务工作】 开展“共青团与人大代表、政协委员面对面”活动，搭建青少年诉求表达渠道。举办“福彩育苗班”“福彩夏令营”等活动，吸引2000多人次参加，为全市留守儿童和困难儿童提供社会实践和课程培训，感受社会的关爱和温暖。发挥市预防青少年违法专项组组长作用，牵头打造“蓝天计划”预防未成年人违法犯罪专项工作，建成青少年法治教育实践示范基地。开展“阳光行动”——“五类”特殊青少年群体跟踪帮扶工作，通过政府购买服务，以个案跟踪的方式，帮扶特殊群体40人，结合“12355”青年服务平台，帮助4位未成年人成功复学。举办中小学禁毒宣传教育活动，教育青少年拒毒防毒。举办“五四”青年文化嘉年华、“义起来·跑出彩”东汇城爱心超人跑、“最美翠山湖杯”男子篮球赛、青年职工玫瑰节等活动，满足不同群体青少年兴趣爱好需求，范围覆盖全市过万名青少年。

（尹振华）

附：共青团开平市委员会领导班子名录

书　记： 梁文斌

副书记： 陈炳钦

　　　　吴晓钧

市妇联

【简况】 开平市妇联内设办公室、权益部、儿童部3个机构，市妇儿工委办公室挂靠在市妇联。市妇联共有行政编制7人，实有7人；雇员编制2人，实有2人；行政退休人员6人。

【组织建设】 借村级“两委”换届契机铺开全市村级妇代会改建妇联工作，通过“会改联”，全市共配备村（社区）妇联主席269人，专、兼职副主席538人，执委2959人。结合镇级妇联换届实施妇联组织区域化建设，镇（街道）妇联副主席由原来15人增至46人，妇联执委由原来的116名增至379名。如期召开开平市第十三次妇女代表大会，按照《广东省妇联改革方案》有关规定完成妇联换届选举，市妇联新一届领导班子在原有的一正两副基础上，从教育、企业界各选推1名优秀妇女代表担任市妇联兼职副主席，新一届妇联执委和常委中各行各业劳动妇女和知识女性的优秀代表比例分别提升到41.4%和42.9%。

推进“儿童友好社区（村）”“妇女之家”及“妇女儿童之家”创建活动，指导苍城镇、金鸡镇五联村创建广东省第三期“妇女之家”示范点，指导长沙街道南岛社区、金鸡镇创建江门市第五批“儿童友好示范社区（村）”以及“妇女儿童之家”示范点，指导金鸡镇创建江门市第五批“妇女儿童之家”优秀示范点。2017年共创建2个省级“妇女之家”示范点，2个江门级“儿童友好示范社区（村）”及“妇女儿童之家”示范点，1个江门级“妇女儿童之家”优秀示范点以及52个开平市“儿童友好社区”。

【妇女维权】 借“三八”维权周、“6·26”禁毒日、“12·1”防艾宣传日、“12·4”法制宣传日等契机，以及不定期深入人流密集地，围绕婚姻家庭、反家暴、禁毒、防艾等内容开展大型街头普法宣教活动。开展妇联主席接听维权热线活动，于“三八”当天由妇联主席在市妇女儿童法律服务中心接听“12338”维权热线，另由一名副主席参加接听“12345”市长热线，解答群众维权问题。举办反家暴、防艾、维权等专题讲座，引导妇女群众学法用法，依法维护合法权益。据统计，全年共举办普法宣传活动26场次，发放宣传资料上万份，参与活动群众近7000人次。

挂牌成立“开平市婚姻家庭纠纷人民调解委员会”，坚持热情接待群众来信来电来访，协调相关部门做好婚姻家庭纠纷调解疏导，指导妇女群众运用法律手段维护自身合法权益，全年共接待群众来信来访来电案件192宗，其中深度跟进处理个案23宗，法律援助案件14宗。

【平安家庭】 根据创建平安开平工作要求，结合“妇女之家”和“妇女儿童之家”建设，系统推进“平安家庭”创建工作开展。全市围绕反家暴、禁毒、防艾等开展的“平安家庭”创建宣传活动有20多场次。

【妇女儿童发展规划】 召开市妇女儿童工作会议，总结过去五年该市妇女儿童事业发展的成绩和经验，部署妇女儿童工作。调整市妇女儿童工作委员会成员。印发两个规划白皮书和儿童防性侵小册子，加强两个规划和相关政策法规宣传。做好上年度两个规划监测统计工作，撰写评估报告。对两个规划各项指标和八大示范工程进度实行动态监测，制定措施推动指标良性发展。指导三埠街道开展江门市妇女儿童发展规划示范镇（街道）创建工作。

【增收致富】 继续实施好农村妇女小额担保贷款工作，争取市政府及农业银行等职能部门的支持，为8名妇女申请小额担保贷款78万元，解决她们创业资金困难问题。参与市普惠金融“村村通”工作，召开工作推进会，组织镇（街）妇联主席学习相关政策和申办流程。开展妇女创业技能培训，举办3场农村妇女创业就业技能培训班，培训妇女113人。组织镇（街道）妇联干部及女能手40多人前往鹤山市巾帼示范基地参观学习，带领有关女能手参加江门市巾帼创业致富带头人培训班，为女能手提供学习交流机会。

【巾帼建功】 开展创建各级“巾帼文明岗”，专题召开创岗培训班、创岗评审会，深入创岗单位实地调研，对创岗单位实行分类指导，推动“巾帼文明岗”创建活动开展。2017年该市申报创建江门市级岗2个，本市级岗6个。其中，省级岗教伦中学政治科组被全国妇联授予“全国巾帼建功先进集体”荣誉称号。

【家庭文明建设】 推进家庭文明建设工作，举办“最美家庭”颁奖典礼电视现场直播活动，表彰“全国文明家庭”和21户开平“最美家庭”。在电台开设《最美家庭》专栏，用讲故事的形式展示“十大最美家庭”事迹。开展2017寻找“最美家庭”系列活动，创评“最美家庭”和征集微家书，指导基层妇女组织开展家风家训学习讨论。是年该市有6户家庭获省和江门市妇联表彰，征集的微家书在全江门获得较好成绩，有9封获奖。

【开展家庭教育活动】 组织各领域专业人才和优秀家长参加江门市家教大讲堂课件征集评选活动，收集上报课件58个，并将其中的优秀人才吸纳为市家教讲师团成员。抓好家教实践活动，举办专题报告会，邀请全国家教专家为全市300多名家教骨干作辅导报告。加强社会主义核心价值观教育，组织发动近4000名学生及家长参与“清明节”网上祭英烈活动。

【扶贫助困】 延续“爱心父母”助学行动，重点关注受家庭变故、罹患重疾或意外致残等原因而致贫的特殊困难儿童家庭。争取嘉士利、百润公司、阳光慈善会等热心企业和上级妇联的支持，筹得善款35万元帮扶困难妇女儿童565人、病困儿童18人。摸查和调研走访单亲特困母亲危房户，争取上级妇联支持筹集资金1.1万元，援助大沙镇单亲特困妇女修葺危房。争取市政府拨款10万元为670名妇女提供免费“两癌”检查。争取上级支持和自筹资金共5.2万元，资助21名患“两癌”和重大疾病的贫困妇女。开展妇女“两癌”摸调，为9名新增罹患“两癌”妇女向上级申请医疗救助。落实市委精准扶贫精准脱贫工作任务，妇联班子多次到水口镇2户结对帮扶家庭，了解他们的生活现状，尽所能帮助贫困户加快脱贫步伐，并走访慰问3户计生帮扶家庭。

【特色宣传活动】 举办庆“三八”女干部拓展活动、机关女干部健走活动和离退休妇女干部文艺会演。拍摄播放“三八”专题宣传片，利用电视、网络等现代传媒宣传是年该市妇女儿童工作成绩，宣扬男女平等基本国策和妇女工作先进典型。该市举办庆祝活动50多场次。

“六一”期间，举办青少年才艺大赛、游园活动、留守儿童快乐行、“小小家”才艺大赛，以及主题书法绘画比赛等大型庆祝活动。依托是年创建的54个各级儿童友好社区和妇女儿童之家，开展家教培训、亲子活动、读书活动和社会公益活动，据统计，该市是年举办亲子家教实践活动300多场次。

【离退休妇女干部联谊会】 开平市离退休妇女干部联谊会于元旦、“三八”妇女节、劳动节、重阳节等节日开展有益身心健康的娱乐活动和联谊活动，发动会员和社会各界热心人士筹集资金2万多元帮扶龙胜镇30名贫困学生，组织志愿者分别到东河中学和龙胜中学为学生开展法律知识讲座，对学生进行常见心理问题辅导。

【女企业家协会】 开展各项学习、联谊、服务、慈善活动，如开展创业故事分享会，加强企业互访，增进友谊、抱团发展；先后组织全体会员到鹤山、阳江、香港开展女企交流活动，加强商业合作交流；开展“女企情暖环卫工，共建文明美丽开平”慰问活动，向环卫工人赠送10000份暖心早餐；春节、中秋前夕，前往龙胜、水口等地开展扶困助学活动，资助金额2万多元和慰问品一批。　　（杨健匀）

附：市妇联领导班子名录

主　席： 罗雪芳（女，2017.4—）

副主席： 方佩慈（女）

关春燕（女）

开平市文学艺术界联合会

【简况】 开平市文学艺术界联合会（简称开平市文联），通过组织文艺工作者开展文学艺术活动、文艺创作、深入生活、文艺采风、召开学术研讨、表彰奖励文学艺术创作、进行人才培训等活动，促进该市文艺界团结和文艺事业繁荣发展。2017年，该会获“广东省文艺志愿服务先进集体”、广东省第十届、第十一届青少年“明日之星”曲艺大赛“优秀组织单位”等荣誉。　　（张丽妍）

【文艺精品创作】 重点策划创作出版大型散文集《赤坎故事》，2017年年初，邀请多位全国著名作家到赤坎古镇采风和进行创作研讨。由原中国作协主席团委员、江西省作协主席、文联主席陈世旭创作以赤坎为题材的长篇文化散文《流逝与永恒》（6000字）在4月6日《人民日报》第24版副刊发表；散文家艾云创作的5万多字的长篇散文《慷慨寄长风——记司徒美堂》在广东省作家协会主办的《作品》杂志2017年12期发表；市文联作家张碧云创作的赤坎题材的散文《赤坎古镇风情》《赤坎的粤曲和吃食》在中国侨联主办的刊物《海内与海外》总第305、306期发表；陈世旭的《老街》和张陵的《南楼》在《海内与海外》总第310期发表。出版了开平籍著名摄影家胡培烈个人摄影集《述花集续》及举办“《述花集续》——胡培烈捐赠摄影作品展”。7月，举办2016年度文艺界精品表彰大会和“楚星书画艺术精品奖”颁奖会，其中获“开平市文艺政府奖”作品2件，获“开平市文艺精品奖”作品5件，获“开平市文艺优秀奖”作品33件、“楚星书画艺术精品奖”11件。（张丽妍）

【书画人才培养工程】 市文联与开平市文学促进会共同打造“开平市书画艺术星光大道——开平市书画艺术培养工程”，列入“江门市2017年宣传文化系统重点工作和创新项目”，获得开平市15万元、江门市10万元的扶持资金，举办幼儿园学生、小学生、初中生、美术高考生书画系列大赛及书画名家作品邀请展，选送书画骨干参加高级研修班，书画进校园，邀请国内著名书画家到开平举办书画讲座、雅集交流，提升该市书画艺术水平。

【文艺惠民活动】 2017年，开平市文联开展多层次展演、雅集、培训、交流活动50多项，参观（参与）人数近4万人。春节前，组织20多名书法家，到市党员服务中心、水口镇、新昌公园、供电局、供电所等部门单位、社区、镇街开展“迎春送福进万家”义务挥春活动，免费赠送春联3500多对。市文联坚持该活动已21年。春节期间，举办书法现场挥毫比赛、对联擂台赛、“潭江之春”诗书画展览、市文艺界在园元宵雅聚活动。承办“到人民中去——广东省文联文艺志愿者走进开平惠民演出”。邀请全国诗联名家赵秀敏到开平一中举办诗词、对联讲座。（张丽妍）

【曲艺音乐新亮点】 开平市是“中国曲艺之乡”，有民间曲艺社团50多个，业余曲艺作者50多人，活动骨干1500多人，每年户外演唱和送戏下乡2500场次。2017年，邓永昌获得全球微粤曲大赛（第三季）总决赛老年组铜奖，并荣获粤剧粤曲文化推广大使称号；苏雨蓝、邓艺岚获第十一届广东省青少年曲艺“明日之星”选拔赛三等奖；彭雪玲被中国曲艺家协会评为“中国曲艺之乡优秀基层曲艺工作者”；市文联副主席郑红受邀代表开平出席第四届中国曲艺之乡岳池论坛，作了题为《以点带面，让曲艺星星之火在开平侨乡大地燎原》发言。（张丽妍）

【文艺家协会换届选举】 12月28日下午，该市文艺界举行学习中共十九大精神宣讲报告会暨文艺家协会换届大会，该市文艺界230多名会员代表参加大会。大会邀请中共广东省委宣传部宣讲团团长杜新山作中共十九大精神宣讲报告。开平市文联属下的11个文艺家协会集中统一换届，分别选举产生了新一届理事会领导班子。开平市作家协会第六届主席：梁小恩，副主席：梁少雷、梁艳君、张碧云；市摄影家协会第八届主席：张志旺，副主席：方锦鹏、余健财；市书法家协会第六届主席：程作夫，副主席：谭意军、司徒梓安；市美术家协会第六届主席：谢东达，副主席：李强稳、何德裕、关坚濠；市音乐家协会第六届主席：谭发宁，副主席：林尤清、罗顺飘、刘曼翔；市舞蹈家协会第八届主席：魏巍，副主席：李雅倩、周紫君、赵姗姗；市戏剧家协会第六届主席：周晓棠，副主席：林坚池、蔡晓静；市曲艺家协会第六届主席：彭雪玲，副主席：关基强；市民间文艺家协会第六届主席：关炳辉，副主席：李达维、周青薇、张万禄；市诗词协会第一届主席：饶秋龙，副主席：司徒素柏、周炎联；市文艺评论家协会第三届主席：刘晓莉，副主席：黄钊。（张剑绫）

附：开平市文学艺术界联合会领导班子名录

主　席：冯永胜

副主席：郑　红

残疾人事业

【简况】 开平市有残疾人4万多人，已办理二代残疾人证的共11943人。2017年，市残联贯彻中共十八届六中全会和党的十九大精神，贯彻总书记习近平对广东工作重要批示精神，联系实际，凝心聚力，促进该市残疾人事业。

【社会保障】 协助民政部门开展两项补贴发放工作，完成两项补贴提标，共为2849名贫困残疾人发放生活津贴、为5342名重度残疾人发放护理补贴。落实基本医疗保险资助和城乡居民基本养老保险资助，全市享受基本医疗保险资助的重度残疾人有4804名，享受城乡居民基本养老保险资助的重度残疾人有3206人。抓好残疾人临时救助工作，为有特殊困难的残疾人提供救助，共救助28人次。落实残疾人危房改造和居家无障碍改造工作，完成危房改造33户、居家无障碍改造31户。

【康复救助】 开展精准康复服务，全年为2469名残疾人提供康复服务。其中：完成白内障手术628例；盲人定向行走训练46人，聋人助听器适配20人；假肢、矫形器适配19人；发放辅助用品用具163件；精神残疾服药465人，精神残疾人住院86人；完成7岁以上机构肢体康复200人；提供残疾人居家康复服务276人、居家养护服务95人、居家职业训练80人；为73名0—6岁学前特殊儿童提供康复教育服务，为314名精神、智力及重度肢体残疾人提供日间照料服务。推进精准康复服务定点机构审核，执行《广东省残疾人精准康复服务定点机构管理办法（试行）》和《广东省残疾人精准康复服务定点评估机构准入标准（试行）》，与卫计部门、教育部门组成技术专家组开展精准康复服务定点机构审核工作。

【扶贫就业】 对接有关优惠政策，实施精准扶贫，本年度共扶持168户（其中新增60户）贫困残疾人家庭发展生产及自主创业；开展残疾人就业登记工作，向有关企业联系推荐残疾人就业，全年共为17名残疾人进行求职登记，为17名残疾人进行了职业能力测评，并通过推荐就业和发动用人单位招聘就业，共新增按比例就业残疾人50人。依法足额征收和规范使用残保金，共完成了2602个用人单位的年审工作，依法征收残保金2310万元。多形式组织残疾人就业技能培训，举办乡镇（街道）残联专职委员计算机技术和业务培训培训班1期、残疾人实用技术培训班1期，同时依托8个已投入运营的社区康园中心和上级残联举办的技能培训为残疾人提供各类技能培训，全年共培训残疾人183人次，其中新增培训147人。

【特殊教育】 落实残疾学生及贫困残疾人子女助学补助政策，为336位残疾人子女及特殊教育学校学生发放了义务教育阶段补助；资助随班就读残疾儿童学前免费教育保教费9人；资助高中残疾学生10人享受免费教育；资助2位大专以上残疾学生享受教育补助。

【文体工作】 发挥电视、报纸等传统媒体以及网络媒体的宣传平台作用，在全国助残日及其他残疾人相关节日，通过组织残疾人手工作品义卖、助残慰问、康园开放周、制作播放《走近残疾人》专题报道等方式，营造发展残疾人事业的良好氛围。依托残疾人服务机构，开展各类残疾人文体活动如趣味运动会、游园同乐会以及党员志愿活动等；组织参加上级各类文体活动，为全国残障儿童和平海报作品、广东省残疾人美术作品大赛、广东省残疾人事业好新闻、江门“爱阅读 爱生活”征文演讲比赛、第五届“阳光和谐”江门市残疾人事业美术、书法、摄影作品展等活动选送参赛选手和作品，获得了多项个人奖。

【组织建设】 完成全国残疾人基本服务状况和需求信息数据动态更新工作，组织16个镇（街道、管委会）的调查员走村入户，深入残疾人家庭开展基本服务状况和需求信息数据动态更新，于8月底全面完成8587名残疾人基础数据的录入及上报等工作。扩大残疾人日间托养机构覆盖面，完成大沙、龙胜、赤水、沙塘、百合、蚬冈等6个镇的新建社区康园中心，至此，该市15个镇（街道）实现各建设1间社区康园中心的目标。开展助残志愿服务，结合文明城市创建工作和党员志愿活动，以社区康园中心、市特殊儿童康复教育中心、市特殊教育学校等残疾人服务机构为主要阵地，主动链接社会资源，组织开平市助残志愿服务队在传统节庆日、全国助残日、全国爱耳日、国际残疾人日等特殊日子为残疾人和各类残疾人活动提供志愿服务。

【换届工作】 推进市、镇（街道）两级残联换届工作。按照上级有关工作部署，制订《开平市残疾人联合会第六次代表大会方案》，于10月底完成15个镇（街道）的换届工作。12月28日上午成功召开开平市残疾人联合会第六次代表大会，选举产生开平市残疾人联合会第六届主席团，黄国忠当选主席；推举产生开平市残疾人联合会第六届执行理事会，李树浓当选理事长，何琼新当选副理事长。圆满完成残疾人各专门协会换届选举。12月21日召开各专门协会代表会议，选举产生盲人协会、聋人协会、肢残人协会、智力残疾人及亲友协会、精神残疾人及亲友协会等5个协会的主席、副主席。

（杨秀芬）

附：市残疾人联合会领导班子名录

理　事　长： 李树浓

党组副书记： 谭瑞芳（女，—2017.3 ）

副 理 事 长： 琼　新（女）

法　治

政法委和综合治理

【简况】 2017年，开平市委政法委贯彻落实市委、市政府的工作部署，圆满完成了十九大维稳安保等各项重大工作任务，为该市“城市提质、产业升级、工作提效”的战略布局提供了安全稳定的社会环境。

【推进政治安全专项整治】 市委政法委拟订了《开平市迎接党的十九大胜利召开确保政治安全的总体工作方案》，全面开展维护国家政治安全八个专项行动。牵头组成了维护国家政治安全专项督导组。2017年市委政法委牵头开展联合行动26次，查处非法宗教活动6宗，境外宗教渗透3宗，取缔9个非法宗教活动点，侦破5起散发邪教“法轮功”宣传资料案件，查处4名“法轮功”邪教组织人员。处置各类有害信息30多条，封堵各种煽动性攻击性有害言论8条，封堵网络账号1个。牵头检查文化经营单位（场所）209家次，查处书店2家取缔出版游商地摊18个，收缴非法出版物2175份，查处安装接收境外电视信号设备案一宗。

【推进“6+3”社会矛盾专项治理】 市委政法委成立了维稳安保工作督导组，对全市维稳安保工作进行定期和不定期检查督导。围绕涉农、涉土、劳资纠纷、涉环境、涉众型金融、涉房地产、涉民族宗教、部分参战参试人员和烈属、部分企业和自主择业军转干部、部分原民办代课教师等人群的利益诉求等问题，加强苗头隐患信息排查，对可能存在越级上访的苗头和隐患进行研究分析。是年该市共滚动排查矛盾纠纷53宗。其中，47宗已化解或基本化解，剩余6宗全部落实稳控。对6宗以市委办、市政法委名义印发督办的通知，落实市领导亲自包案稳控化解。是年，群众到市委、市政府集体上访人数和批次与2016年同期同比分别下降38.00%和50.84%。省、江门市交办涉稳事项全部办结。

【社会治安综合治理】 抓好“中心+网格化+信息化”建设。在三埠、长沙、水口、马冈四个镇（街）试点基础上，年内全部镇（街）完成建设工作。推进市综治中心联勤指挥室、公共安全视频监控系统建设和“雪亮工程”建设。选定“两抢一盗”作为该市是年重点治理的主攻方向，狠抓沙塘镇重点治理工作。通过齐抓共管，沙塘镇是年治安形势有较大改善。加大平安宣传工作力度，提升该市“对政法机关和政法队伍执法工作满意度”“平安创建群众知晓率”“群众安全感”。

【法律监督和法律服务】 自觉接受纪委的党内监督、人大的法律监督和政协的民主监督，办好人大代表建议和政协提案。深入开展“六五”普法，深化“法治开平”建设，全面完成法治镇（街）创建任务，推进“民主法治村（社区）”创建活动。依法推进国家监察体制改革、司法体制改革。依法规范信访秩序。持续深入推进法治建设“四级同创”活动，推进基层镇（街）的法治创建工作。落实了一村居（社区）一法律顾问。完成金山法治文化公园的建设，为“法治开平”“平安开平”建设营造了法治氛围。

【政法队伍建设】 推进“两学一做”常态化制度化，开展党风廉政建设和反腐败斗争。队伍建设取得进步，获得省级以上表彰的先进个人12人、先进集体3个，先后涌现一批全国模范人民调解员、全国优秀人民警察等先进个人。市委政法委党建工作经验被江门市推广。

（张东斌）

附：市委政法委领导班子名录

书　记：李沃华

副书记：郑国荣

郑启荣（2017.10—）

谢长安

李快贤

公　安

【简况】 2017年，围绕十九大安保维稳这一主线，以“对党忠诚、服务人民、执法公正、纪律严明”的总要求为引领，坚持以打开路，通过成立合成作战中心、禁毒中队、技侦中队，打整体战、合成战和信息战，部署开展“飓风2017”、强力推进“春雷·风暴”、全面启动“全民禁毒工程”等，维护了社会的稳定。全市公安机关共立刑事案件3173起，同比下降21.89%，破获各类刑事案件1733起，破案率为54.6%，同比上升11.3%，刑事拘留各类犯罪对象1113名，逮捕759人，移送起诉1031人，查处治安案件3294起，抓获违法人员2241人。

【指挥调度】 围绕省厅和各级局党委工作部署，履行参谋助手、综合协调、服务保障的职能作用，组织牵头成立“打击办”“考核办”等，协调各警种开展行动，加强重大战果和突出案例的收集，共形成工作简报31期和各种稿件1236份。推广“邑微警”平台，进驻16个“邑门式”公共服务中心。网警大队共处置互联网有害信息6000多条，上报江门网警支队舆情信息1000多期，专项舆情引导工作130多期，编印《互联网舆情信息》12期。110报警服务台全年共接报警电话144580起，其中有效报警65581起（刑事案件2194起，治安案件3504起，交通事故18057起，火灾事故246起，纠纷3004起，求助15555起，提供线索2628起，查询11866起，其他8527起），编印《公安信息快报》226期。

【国内安全保卫】 完成全国“两会”、香港回归20周年庆典活动、厦门金砖峰会、十九大特防期和全市村（居）委会“两委”换届等一系列重要敏感节点的安保维稳任务，实现了“零进京”和“四个不发生”的工作目标。年内，共搜集各类情报信息656条，提前预警不稳定隐患56起，化解重点不稳定因素19起，侦破非法宗教活动13宗，打掉制作邪教“法轮功”宣传资料窝点2个，对3名邪教“法轮功”人员实行刑事拘留。

【刑事犯罪侦查】 以“更快地破大案，更多地破小案，更快地办好案，更好地控发案”为总目标，先后侦破了潭江“6·12”故意伤害致人死亡案和水口“8·17”抢劫杀人案等4起命案。2017年共立刑事案件3173起，同比下降21.89%，破获各类刑事案件1733起，破案率为54.6%，同比上升16.2%，打掉刑事犯罪团伙68个269人，抓获逃犯190人，刑事拘留各类犯罪对象1113名，逮捕759人，移送起诉1031人。

【经济犯罪侦查】 全年的工作重点是打击金融领域突出犯罪、网络传销、集资诈骗犯罪、地下钱庄犯罪等，先后侦破嘉既金融非法集资案，“7·12”组织领导传销案、“9·13”特大非法经营地下钱庄等大要案。全年共受理经济犯罪和食品药品与环境犯罪案件65宗，立案61宗，涉案金额5143.25万元，挽回经济损失121万元，抓获犯罪嫌疑人53人。

【治安管理】 坚持以防促安工作方针，深入开展重点地域重点部位和重点人员的排查管控，完善2个市际和9个县际治安卡点工作机制，科学设立“1、3、5”分钟防控圈，启动“千人巡防”常态化巡逻，确保重点区域巡防全覆盖。先后开展了“打虎”行动、扫黄禁赌冬季百日行动和缉枪治爆专项行动，成功侦破了“3·24”开设网络赌博案，公安部督办的“9·15”胡某某非法制造枪支弹药案，“4·06”苹果手机盗抢销专案等。全年共受理治安案件4208起，查处3294起2241人，其中涉黄案件22起38人，赌博案件437起899人；销毁涉赌游戏机157台和“六合彩”彩报一大批；检查、排查涉枪危爆单位86个228人，依法收缴枪支14支，子弹695发，管制刀具55把；处理审批户口资料22038人次，办理户口资料变更50883人次，办理居民身份证44153张。

【禁毒工作】 全面启动“全民禁毒工程”，在各镇、街巡回开展禁毒宣传文艺晚会，全力推进社区戒毒社区康复“8·31”工程，全市执行率达96.61%。全年破获涉毒刑事案件178起，刑事拘留毒品犯罪嫌疑人196人（其中逮捕142人），强制隔离戒毒699人，缴获各类毒品18.62千克，其中侦破部级目标案件1宗，省级目标案件10宗，市级目标案件40宗。

【消防管理】 健全消防网格化管理，完成翠山湖消防站建设，推进沙塘镇火灾隐患重点地区整治，开展高层建筑消防安全治理工作，排查高层建筑448幢。全年共检查单位24461家，下发行政处罚决定书29份，责令“三停”单位21家，临时查封28家，罚款53.06万元。全年全市共发生火灾事故104宗，同比下降44.4%，经济损失152.9万元。

【道路交通管理】 是年，共发生道路交通事故508宗，死亡40人，受伤377人，直接经济损失127.77万元。查处交通违法行为36451宗，查扣各类交通违法车辆8872辆，查处酒驾违法行为4951宗，扣留交通违法人员3069人，办理机动车注册登记27861辆，办理机动车转移和注销登记16727宗，办理机动车检测135660辆，办理机动车驾驶人审验10814人，申领机动车驾驶证30314人，组织机动车驾驶人考试10914人次，发送宣传资料近30万份，发送手机短信130万条，发布微博2833条，上交通安全课755节，播放教育警示片369场次，受教育驾驶人、群众达90余万人。

【出入境管理】 拓宽服务渠道，简化工作流程，改善办证大厅环境，新增电脑38台、高拍仪10台投入前台办证服务，设置24小时大厅导办员和机器维护员。是年共办理港澳通行证57749张，赴港澳签注206492人次，办理台湾地区通行证及各类赴台湾地区签注2093人次，受理前往港澳定居申请1341人，批准定居申请1821人，办理出国护照16794本，查获“三非”人员69名（已遣送出境68名）。

【公安法制】 是年，共审核刑事拘留案件847宗1113人，呈请逮捕案件627宗929人，移送审查起诉案件804宗1031人，审核取保候审案件631宗716人，审核监视居住案件5宗8人，审核行政拘留案件4843宗5071人，审核强制戒毒案件882宗895人，办理行政复议案件6宗、行政诉讼案件2宗。

【监所管理】 开展处置突发事件演练和安全隐患深度排查工作，提高执法管理能力。至2017年12月，看守所共关押各类违法嫌疑人1567人，处理出监1089人，获取犯罪线索154条，协助破获各类刑事案件34宗。

【公安宣传】 发挥各类媒体、公安门户网站和公安微博、微信平台的宣传作用。是年，在各类媒体刊登新闻稿件638篇，其中中央级媒体6篇，省级媒体104篇，江门媒体118篇，开平媒体410篇。

【队伍建设】 开展“两学一做”“党的十九大”等专题学习教育和反腐倡廉、纪律教育月等活动，打造一支“忠诚、担当、团结、温情、廉洁”的公安队伍。先后有39个单位和97名民警立功受奖，其中李锦汉获“全国优秀人民警察”称号，戒毒所获广东省“雷霆扫毒”先进集体称号，李学军、邝允任选录为全省公安战线“百名英模”。是年共提拔干部54名（其中正科级干部5名，副科级干部7名，正股级干部13名，副股级干部29名），民警岗位交流53名。

【警务保障】 以巩固基础、服务实战、提升效能为目标，对武器装备、办公环境、信息化建设、经费保障等方面不断优化升级。共投资6980万元对看守所进行新建和搬迁，是年9月竣工验收，后期配套工程基本完成；总面积540平方米的室内射击训练馆11月建成后完成调试；新机关食堂10月9日建成后投入使用，可供300人同时用餐；社会治安视频监控系统第三期建设和DNA实验室建设加紧进行中。全年共购单警装备800套，采购储备应急物资175万元。

【全国优秀人民警察李锦汉】 李锦汉，男，1972年10月出生，汉族，广东开平人，1994年3月参加公安工作，先后在看守所、戒毒所、刑侦大队禁毒中队和禁毒大队工作，现任开平市公安局禁毒大队副大队长。李锦汉于2006年从事禁毒工作以来，带领、指挥队员侦破了一批重特大毒品案件，11年来共破获毒品案件251起，抓获毒品犯罪嫌疑人302人，缴获各类毒品共111千克，缴获毒资合计人民币305万元，其中破千克以上毒品案和公安部、省厅目标案件41起。分别于2006年、2009年、2011年获个人三等功，2017年获“全国优秀人民警察”称号。在李锦汉的带领下，禁毒中队（禁毒大队）于2012年、2014年、2015年、2017年分别获集体三等功。（陈晓红）

附：市公安局领导班子名录

党委书记、局长： 陈　勇

党委副书记、政委： 吴艺平

党委副书记、副局长： 黄惠能

党委委员、纪委书记： 梁荣灼

党委委员、副局长： 陈明旺

冯伟健

邓健彬

陈　湘（挂职）

检　察

【简况】 2017年，开平市人民检察院贯彻落实中共十八届六中全会、党的十九大、省第十二次党代会精神，领会习近平新时代中国特色社会主义思想，按照中央政法工作会议、上级检察长会议等重要会议的部署，结合“两学一做”学习教育，推进司法体制改革，履行法律监督职责，为该市实施“五大工程”、率先全面建成小康社会提供有力的司法保障和法律服务。

【依法打击刑事犯罪】 2017年，该院支持公安机关“飓风2017”以及打击整治电信网络诈骗犯罪、打击非法获取、买卖公民个人信息犯罪等专项行动，维护社会稳定。全年受理提请批准逮捕各类刑事案件623件925人，经审查批准逮捕665人、不批准逮捕261人；受理移送审查起诉各类刑事案件789件1072人，经审查向法院提起公诉733件943人、不起诉26件36人、移送其他检察院管辖26件38人。依法严厉打击了毒品犯罪、“两抢一盗”、网络赌博、非法传销等犯罪活动，严惩食品药品领域、破坏环境资源、涉众型经济犯罪，加大对恶意欠薪、新型网络诈骗、集资诈骗等犯罪的打击力度，办理了在本地有较大影响的“善心汇”“云数贸”网络传销和“嘉既金融”非法集资、理财诈骗等案件。

【查办与预防职务犯罪】 市人民检察院拥护、支持深化国家监察体制改革试点工作，配合市纪委按照时间节点落实好转隶的各项工作。加速清理案件线索、文件档案、涉案财物，力求工作平稳交接。2017年立案查办贪污贿赂案件8件13人，包括行贿案件3件5人、受贿案件4件7人、挪用公款案件1件1人。查办的贿赂案件中2件为特别重大贿赂犯罪案件。贯彻落实

《国家创新驱动发展战略纲要》、最高人民检察院关于服务保障科技创新"15条意见"以及广东省检察院服务保障创新驱动发展战略实施意见，依法打击和依法保护并重，查办了"科技三项费用"管理领域贿赂犯罪案件2件2人。开展非公领域职务犯罪专项预防，防范各类侵害非公企业合法权益的职务犯罪行为发生，推动构建新型政商关系。调查研究非公企业的司法需求，及时为其提供法律支持和帮助，促进非公经济持续健康发展。开展警示宣教活动33场次、预防调查10件、行贿犯罪档案查询1632件，发出预防职务犯罪检察建议8件。

【强化诉讼监督】 加强侦查监督，发出《要求说明不立案理由通知书》11份，《要求说明立案理由通知书》1份，立案监督11件12人，监督撤案1件2人，向侦查机关发出逮捕案件继续侦查取证意见书11份，不批准逮捕案件补充侦查提纲135份，发出《纠正违法通知书》8份、《检察建议书》32份。依法追捕15人。追诉漏犯39人，追诉漏罪10件。加强对公安派出所的侦查活动监督，对全市22个派出所提交的案件台账进行审查，对发现的立案监督线索进行调查，对该立案的监督立案，对非刑事案件则建议撤案，督促侦查机关规范对刑事案件的立案侦查。加强"两法衔接"机制，持续开展破坏环境资源犯罪专项立案监督活动和危害食品药品安全犯罪专项立案监督活动，加大对破坏环境资源和危害食品药品安全犯罪的打击力度，捍卫"青山绿水"和"舌尖上"的安全。2017年批准逮捕涉破坏环境资源犯罪案件8件9人，向法院提起公诉9件13人。发挥"两法衔接"机制的作用，建议行政执法部门向公安机关移送拒不支付劳动报酬、非法占用农用地、销售不符合安全标准食品犯罪的案件11件，公安机关已全部立案侦查。加强审判监督，适应以审判为中心的诉讼制度改革，建立健全非法证据排除机制，确保不枉不纵打击犯罪。依法对审判自由裁量权的法律监督，提出书面量刑建议898份。依法审查刑事判决书，2017年提请抗诉2件2人，针对个别案件在刑事判决中涉及赃款处理、简易程序的适用等方面存在的问题向审判机关发出《检察建议书》5份。开展检察长列席法院审判委员会会议活动，加强对审判活动监督。

强化刑事执行监督。开展对社区服刑人员脱管、漏管情况的检察活动，督促相关部门将漏管的10人重新纳入社区矫正管理。办理羁押必要性审查案件53件，建议相关办案部门变更强制措施53人，全部被采纳。针对监管场所及相关部门监管活动中的违法或不当情形共向有关执法单位发出《监所检察建议书》16份，相关问题都得到及时整改，取得法律监督效果。对不依法及时将罪犯交付监狱执行和违法留所服刑的问题常抓不懈，先后三次进行督促和纠正。加强对强制医疗执行的监督，定期到开平市第三人民医院进行巡回检察，对发现的问题及时进行纠正。按照上级院的要求，将"监所检察科"更名为"刑事执行检察科"，强化了刑事执行监督的职能。

强化民事行政检察监督。主动适应检察业务改革的新要求，推进民事执行监督专项活动，受理民事执行监督案件22件，发出执行监督检察建议15份，均被采纳。对不符合监督条件的申请监督案件，及时做好息诉工作，引导当事人依法理性表达诉求，2017年息诉案件27件。促成2件民事执行监督案件的当事人达成和解。发挥派驻镇（街道）检察室的作用，加强民事行政检察部门与派驻镇（街道）检察室的衔接，收集行政违法监督线索，开展公益诉讼工作，发出督促履职检察建议20份，发出公益诉讼诉前程序检察建议10份，提起公益诉讼案件1件，这是民事诉讼法和行政诉讼法修改后该院办理的首宗公益诉讼案件。

强化未成年人刑事检察工作。2017年受理提请批准逮捕未成年人犯罪案件31件58人，经审查批准逮捕40人，不批准逮捕18人；受理移送审查起诉未成年人犯罪案件45件91人，经审查向法院提起公诉41人，不起诉17人。积极与公安、法院、司法行政部门进行沟通，在逮捕必要性审查、法律援助、分案起诉制度上达成共识；与市义工联签订委托服务协议书，在附条件不起诉监督考察、心理疏导等环节引入专业社工服务，构筑联动共建、资源共享的未成年人司法保护格局。在开展未成年人刑事检察工作的同时，促进当事人双方的刑事和解工作。联合开平市教育局启动“法治进校园”巡讲活动，该院有3名干警被聘任为法制副校长，开展校园法制讲座32场，受教育师生共计约58500人。与市义工联、东河中学、市机电学校分别签订协议，建成一个社区型、二个学校型观护教育基地。

【化解社会矛盾】 做好维护中共十九大、“一带一路”高峰论坛、省第十二次党代会和其他重点敏感时期的社会稳定工作，根据检察工作实际，制订工作方案，采取排查筛选、清理积案、领导包案、节假日值班等措施，确保各个防护期的社会稳定与安全。作为市综治委成员单位，该院做好联系点的工作，制订创建综治联系点工作方案，强化联系指导。落实检察官以案释法制度，注重息访息诉，耐心释法说理，结合办案，做好检察环节的防范和化解社会矛盾工作，引导群众依法理性表达诉求，2017年共受理来信来访160件，全部依法办理并做好答复工作。开展“国家司法救助工作推进年”活动，办理国家司法救助案件3件，向两名申请司法救助的刑事被害人发放国家司法救助金共32054.3元，缓解了申请救助人的经济和生活困难。

【推进“阳光检务”】 市检察院以“互联网+检察”新思维强化“阳光检务”，扩宽信息公开渠道，主动接受社会监督。2017年发布案件信息2907条、公开法律文书683份、发布重要案件信息25条。在新媒体“开平检察”新浪官方微博、腾讯官方微信公众号、今日头条新闻客户端等“两微一端”和门户网站定期发布或推送检察工作信息，在党报、党刊、电视台等新闻媒体宣传检察工作，定期举办“检察开放日”活动，推动检务公开常态化，接受外部监督。

【派驻镇（街道）检察室建设】 按照上级检察院“指向监督主业、突出基层热点、兼顾全面发展”的工作思路，将派驻镇（街道）检察室工作纳入业务工作考评体系，推动工作重心向基层检察监督主业回归。该院检察室收集职务犯罪、刑事立案监督、侦查活动违法、行政违法监督、公益诉讼案件线索，依法督促侦查机关和行政机关正确履职。倾听群众法律诉求，接待群众来信来访33件，协助相关部门化解矛盾纠纷。加强与党委组织部门沟通合作，服务监督村（社区）“两委”换届选举工作，选举前开展多种形式法规宣传、选前教育和涉选矛盾的排查与化解；选举中抓好对选举法律、法规实施情况的监督，打击涉“村霸”和宗族恶势力的违法犯罪活动，打击破坏选举、妨碍村民依法行使民主权利的违法犯罪行为；选举后开展8期预防职务犯罪教育讲座，对新一届村（社区）“两委”干部进行全员法制培训和警示教育，提高他们依法履职和依法管理基层组织的能力。该院派驻镇（街道）检察室积极协助当地政府妥善处置辖区内2起涉嫌贿选事件。

【检察队伍建设】 稳妥推进司法责任制改革，将所有检察人员按照司法责任制的要求进行定岗、分类管理，明确员额检察官、检察辅助人员和司法行政人员岗位职责，保证检察官依法依规上岗履职，组建以员额制检察官为中心的新型办案组织，入额院领导回归办案一线，以独任检察官身份办理案件，检察长亲自办理案件数为所在业务岗检察官办理数的5%，副检察长为30%。该院组织全体检察人员学习宣传贯彻习近平新时代中国特色社会主义思想和党的十九大精神，贯彻新时代党的建设新要求，推进“两学一做”学习教育常态化制度化，层层压实“一岗双责”。制订完善了党组工作规则和议事决策规则，组织召开党员领导干部民主生活会和机关党支部专题组织生活会，换届选举了新一届机关党支部。先后改建了体能训练室、新建了党员活动室和荣誉室、更新该院“全国职工书屋”的书籍、购进电子书借阅机。该院被开平市委组织部和市直机关工委评定为“开平市直机关党建工作示范点”。多次组织干警参加业务竞赛、岗位练兵、实务培训等活动，提升检察干警的思想政治素质和业务水平。2017年，该院被开平市委政法委、法学会评为2017年度调研工作先进集体，办理的一宗污染环境案被评为广东省检察机关“侦查监督优秀案例”，干警撰写的两篇论文分别被评为首届广东省检察机关刑事执行检察业务研讨论文“三等奖”和广东省法学会检察学研究会第十一届年会“优秀论文奖”，驻开平市看守所检察室被评定为第五届广东省检察机关派驻监管场所二级规范化检察室，办公室被继续保留广东省“青年文明号”称号、被命名为开平市“巾帼文明岗”，案管中心被评定为江门市“青年文明号”。　　（谢葆兰　黄润燕）

附：开平市人民检察院领导班子名录

检　察　长： 王雪勇

副检察长： 梁咏红（女）

伦杰文

戚德宝

余耀华（2017.9—）

党组书记： 王雪勇

党组副书记： 梁咏红（女）

罗立明

党组成员： 伦杰文

吕诗耀

戚德宝

张兆存

余耀华（2017.7—）

法　院

【简况】 开平市人民法院设19个内设机构。分别是：政工科、办公室、行政装备科、立案庭、审判管理办公室、刑庭、民事审判一庭、民事审判二庭、民事审判三庭、民事审判四庭、行政审判庭、执行局、书记员管理办公室、司法警察大队、水口法庭、苍城法庭、马冈法庭、赤坎法庭、赤水法庭。在编干警118人，政府雇员14人。

【案件受理】 2017年，市法院共受理各类案件9788件，同比上升19.05%；审结8216件，同比上升18.38%；法定审限内结案率为97.51%，解决标的金额22.86亿元。

【刑事审判】 2017年，市法院共受理各类刑事案件772件，审结744件，判处罪犯927人，其中对388人判处缓刑；审理未成年人犯罪案件24件30人，缓刑适用率达41.86%。审结故意伤害、“两抢一盗”等涉人身财产安全案件192件、涉毒案件164件170人，依法审理梁百韶等18人涉及投注额高达2945万元的开设赌场案、多起具有恶劣社会影响的电信诈骗案和开平市发改局原副局长邓毅斌受贿案等一批要案。

【民商事审判】 2017年，市法院共受理各类民商事案件4893件，审结4080件，解决标的金额13.98亿元。妥善审结新外滩、海伦堡、唐宁郡等影响较大系列房地产纠纷案件173件；在全江门地区首次推行离婚证明书制度，共发出离婚证明书92份；办结全市首起业委会起诉维权实现自主管理权案件，依法解决云顶华庭小区业委会与物业公司的物业服务合同纠纷；妥善处理立权制衣等涉众型劳动争议案件212件；加强与仲裁委在处理劳资纠纷领域的工作协调，先后召开两次联席会议，就构建授权委托互认、敏感案件通报、裁审业务对接等工作机制达成共识，统一裁审尺度。

【执行工作】 2017年，市法院共受理执行案件4121件，执结3390件，执行到位标的8.87亿元。通过指挥中心系统快速办理事项委托执行90余宗，节约人力资源300多人次，并建立执行专项备勤预约制度和为每起案件设立专用执行账户。开展“攻坚2017”惩治“老赖”集中统一执行行动，集中执结涉及工人工资、民间借贷等有财产可供执行的典型案件262件，现场发放执行款251万元；全面铺开“互联网+”执行拍卖模式，全年网拍成交132宗，总金额超过

1.67亿元，最高溢价率高达295%，其中严格落实悔拍惩戒制度，依法没收六名“悔拍”买受人70.13万元保证金。

【司法为民】 8月，市法院立案大厅正式改名为“诉讼服务中心”，立案服务“线上线下”同步推进。为有效前移矛盾化解工作，与市司法局、江门市保险行业协会和市总工会分别设立法律援助处驻人民法院工作站、交通事故损害赔偿纠纷联调中心和劳动争议诉调对接工作室。为推进巡回审判定点化服务，解决基层群众的诉讼难题，在龙胜镇设立了全市首个驻镇巡回审判点；与市旅游局协商共建，在立园景区设立了江门市首个旅游巡回审判点，对涉旅纠纷实行快调速审快判。

【司法改革】 构建“引导分流、诉调对接、简案速裁、繁案精审”的工作体系，被江门中院定为全市繁简分流示范法院；量化法官绩效考核指标，明确落实院领导、刑事审判团队、民商事审判团队和执行裁决团队办案基数；推进审判委员会运行机制改革，明确“疑难、复杂、重大”的案件讨论标准；出台《专业法官会议工作规则》，设立刑事、民商事、执行、立案四个专业法官会议，为办理重大疑难案件的法官提供咨询意见，为审委会提供案件质量评析意见。

【联络监督】 做好代表委员联络工作，院领导班子先后到该市多个市直部门、镇街走访调研，通报法院工作情况和征求意见；向人大汇报法院履行职能和重大案件审判执行情况，配合市人大常委会开展未成年人刑事审判工作专项调研；邀请人大代表、政协委员到院视察工作、参加新闻发布会、参与重大案件执行见证等，提高法院工作透明度。接受检察机关法律监督，支持、配合检察机关履行监督职责，审判委员会讨论重大、敏感案件依法邀请检察长列席会议。

【普法宣传】 开展送法下基层，院领导班子到赤坎、龙镇、百合等多个镇街开展走访调研，为“赤坎古镇”等多个重大发展项目提供法律服务；派出法官到长师中学等多所中小学举办专题法律讲座，配合学校做好青少年法制教育工作；联合市住建局、建设商会举办“全市房地产行业普法宣讲座谈会”；联合市有关部门举办“12·4”国家宪法日大型户外普法活动，院领导带领10多名法官在东汇城广场为群众提供免费法律咨询服务。

【信息化建设】 推行办公自动化应用，全面启用内部事务管理系统，公务用车、请休假、设备维修等事项申请和审批全部通过网上办理，基本实现无纸化办公；推动电子签章代替传统盖章，实现了带章文书的在线打印；档案数字化项目进展顺利，是年已对2010年至2015年2750万余页诉讼档案进行数字化扫描和处理。将信息化建设与人民法庭建设有效融合，先后投入120万元对原科技法庭进行硬件升级改造，并在赤水法庭、马冈法庭和市看守所增设四个科技法庭。 （戴艳红）

附：市人民法院领导班子名录
党组书记、院长：曹富荣
党组副书记、副院长：麦喜权
党组成员、副院长：邝玖瑜
党组成员、副院长：梁颖文
党组成员、政工科科长：杨建华
党组成员、纪检组组长：
　　司徒国巨（—2017.4）
党组成员、执行局局长：陈彩虹

司法行政

【简况】 开平市司法局内设7个职能股（室），包括政工办、办公室、基层工作管理股、法制宣传教育股（与市普法办公室合署）、法律援助处、公证律师管理股、社区矫正工作股。直接管理公证处、公职律师事务所两个事业单位，与镇区共同管理15个基层司法所。主要职能为普法宣传教育、基层司法行政、人民调解、安置帮教、社区矫正、基层法律服务、法律援助、公证律师管理、公职律师、公证业务等。2017年，市司法局贯彻学习党的十九大精神，以习近平总书记新时代中国特色社会主义思想为指导，发挥司法行政在维护社会和谐稳定、服务经济社会发展和保障改善民生、推进全面依法治国中的职能作用。

【公证工作】 围绕“服务、沟通、公证、监督”的工作总基调，开展70周岁以上老人免费办理遗嘱公证专项服务活动，采取“不限号”和“预约办证”并行的应对措施，应对2017秋季城区公办小学、初中统一招生入学办证高峰，统筹满足群众办证需求。科学调配公证处人员保障赤坎古镇项目顺利开展，在开平市公证处专门设置“预约办理赤坎被征收房屋公证”绿色通道，派出资深公证员周末、节假日在赤坎镇驻点照常办公。为国土部门张贴征地公告工作办理保全证据公证和青苗清点保全证据公证，拓展公证业务在征地拆迁、重点工程建设等政府工作的职能作用。推进“网上办证”“阳光办证”模式，落实公证质量监管制度，执行“五不准”职业规范，严把公证质量关。2017年，办结各类公证业务事项18169件，国内公证8552件，涉外公证9617件，

【普法宣传】 推进该市“法治镇街”“民主法治村（社区）”创建工作。召开法治建设“三级同创”工作推进会，组织各镇（街道）开展创建活动。按期完成金山法治文化公园建设任务。联合团市委共建青少年法治教育基地建设，制定青少年法治教育基地方案。加强以案释法平台建设，联合公安局、检察院、法院部门开设《法治开平》专题节目，指导新纪元律师事务所开设《帅哥说法》网络普法栏目并播出20期，点击量超过120万人次。2017年，共开展各类普法宣传活动81场，印发各类法律知识宣传手册5.2万份，解答咨询2000多人次，到学校、企事业单位上法制课89次，受教育人数13600多人，派发资料8500多份；在《学习》月刊发表文章24篇。

【法律援助】 贯彻落实《广东省法律援助条例》，完成法律援助服务大厅的标准化建设工作，顺利通过省司法厅对法律援助服务窗口标准化建设检查验收。组成局机关、基层司法所法律工作人员，法律援助志愿者和社会律师的法律援助专业力量，确保每天都有一名法援律师、一名社会律师和一名法律工作者同时值班，使来访群众得到全面、专业、及时的解释和服务。加强法律援助基层基础建设，与开平市看守所共同打造法律援助处驻看守所工作站，与开平法院联合建立法律援助处驻法院工作站，构建司法救济与法律援助“一站式对接”的工作机制。2017年，共指派法律援助案件260宗，其中民事案件94宗，刑事法律援助案件166宗，接待群众来访3431人次，来电353人次，代书89份。

【律师工作】 参与推行公职律师、法律顾问制度工作，完成全市党政机关、事业单位的公职律师、法律顾问、法律工作者的情况统计工作。发挥公职律师专才，为该市赤坎镇公墓地块征地工作、新美大道征地工作、环城公路北环一期及北环东延线二期工程项目征地工作、塘口镇征地工作、中山至开平高速公路（含小榄支线）工程（开平段）建设项目征地拆迁等项目提供法律咨询和决策建议。2017年，开平市共有律师事务所7家，社会专职律师39人，担任政府、企业法律顾问单位累计295家，刑事辩护及代理213件，民事诉讼代理906件，经济诉讼代理387件，行政诉讼代理24件，非诉讼法律事务349件，调解案件84件，仲裁案件26件，解答法律咨询717人次，代写法律文书25份。制定出台《开平市村（社区）法律顾问参与调解矛盾纠纷案件补贴实施办法》《开平市一村（社区）一法律顾问工作部门联席会议制度》以及《开平市一村（社区）一法律顾问工作表彰奖励实施方案》。2017年8月，组织召开开平市一村（社区）一法律顾问工作会议暨专题培训，表彰15名村（社区）法律顾问和

15个村（居）的一批先进个人和集体。2017年，71名律师为该市269个村（社区）提供服务4529次，出具专业法律意见33条，提供法律咨询2468次，开展法治宣传1110次，调处纠纷14起，参与法律援助案件7起，提供其他法律服务事项897件。

【人民调解】 完成2017年村（社区）“两委”换届后人民调解委员会成员的调整，对新一届人民调解员及调解组织进行登记造册、建立台账，调整和充实人民调解委员会的成员名单、交接等工作同步进行及落实。组织指导全市镇村两级人民调解员进行业务培训。落实“以案定补”人民调解工作激励机制，制定出台《开平市人民调解“以案定补”管理办法（试行）》，提高人民调解工作的质量和水平。2017年，该市有调解委员会318个，调解员1192人。受理调解纠纷966宗，成功调处966宗。开平市司法局局塘口司法所所长谢羡恒被司法部授予全国模范人民调解员荣誉称号。

【安置帮教和社区矫正】 在开平市司法局机关办公大楼内设置专门区域建成“开平市社区矫正中心”并投入使用。创新社区矫正管理方式，加强与江门市朝阳社会工作服务中心的联系，开展对社区服刑人员的法制教育、心理辅导、社区服务乃至重点人员跟踪，逐步建立以司法行政工作者为核心、社会工作者为辅助、志愿者为补充的“三位一体”的社矫工作新格局，2017年共举办8场大型的集中教育活动。制定印发《开平市司法局社区矫正工作人员绩效考核办法》，落实社区矫正工作激励机制。举办2017年开平市社区矫正工作人员综合能力提升培训班，提高该市社区矫正工作人员的综合能力。2017年，该市共接收社区服刑人员296名，解矫198名，发出书面警告45人次，是年在册356名。开展社区矫正工作以来该市累计接受矫正 2037人，解除矫正1681人。

（林静雯）

附：市司法局领导班子名录

党组书记、局长： 许耀新

党组成员、副局长： 孙小剑

副局长： 武胜利

党组成员： 谭振威

陈伟文

党组成员、纪检组组长： 梁杰辉

政工办主任： 谭振威

军　事

中国人民解放军开平人民武装部

【简况】 2017年，开平市人武部以中共十九大精神和习近平强军思想为统揽，贯彻江门军分区党委和开平市委、市政府的指示精神，按照“思想引领强动力，凝神聚气强定力，投身改革强能力，正风塑形强效力”的工作思路，突出抓好以政治建军、练兵备战、国防动员为主业的各项工作，完成了各项工作任务，全面建设实现既定目标。2017年，市人武部被省军区评为先进武装部，至2017年已连续35年评为征兵工作全优单位。长沙街道办事处武装部被军分区评为“标兵武装部”，月山镇武装部、三埠街道办事处武装部、赤坎镇武装部被军分区评为“先进武装部”。

【政治思想工作】 贯彻落实习主席关于“兴起热潮、走在前列”“学懂弄通做实”的指示要求，中共十九大召开后，组织干部职工收看大会直播。会后印发报告原文，第二天开始每天交班后利用20分钟时间，采取原文通读、领导领读等形式集体学习；购买报告、党章单行本和《辅导读本》，分别召开党委会、支部大会和党小组会组织集体研读和讨论交流。组织学习《人民日报》10篇、《解放军报》11篇评论文章，参加全军宣讲团和军委国防动员部、省军区的授课辅导，部领导围绕新时代、不忘初心等内容进行辅导授课，制作“一张图看懂十九大报告”板报和灯箱，利用微信推送习主席最新讲话和报告解读等热点资料，围绕军队“浴火重生”“重塑再造”“主业主抓”等巨变开展讨论交流，帮助大家读懂“本意”、理解“新意”。组织干部职工和部分专武干部参观周文雍陈铁军烈士纪念馆，观看《刑场上的婚礼》剪辑版电影，组织重温入党誓词；组织大家谈驻地变化、话改革成就、言强军故事，领略“一带一路”、打虎拍蝇、精准扶贫、改革强军等大手笔，领悟国产航母下水、高铁走出国门、C919试飞等大盛况，增强政治认同、情感认同。

【机关工作训练】 正规工作秩序。学习军委喝酒“11条禁令”和省军区严管部队“24条措施”等文件规定，落实形势分析、警示教育、学习案件通报等规定要求，抓实值班执勤、车辆派遣、上下班等管理制度，强化正规意识，落实条令要求，抓好点滴养成。10月中旬，采取现场办公形式，对机关各办公室进行重新翻修和统一设置，对办文办件程序进行规范，使管理和秩序更加正规。持续转改风气。党内生活抓“实”，学思笃行新党章和“两准则三条例”5部法规。持续肃清郭徐流毒，常态落实上党课、过党日、交党费等组织生活制度。正风肃纪抓“小”，第一时间传达违纪违法通报，形成一切按制度来、按规矩办的常态风气。日常管理抓“严”，强化“部长管科长、科长管科室、干部管职工”的链条式管理模式。严格隐患排查。上半年以迎接军委安全工作大检查为牵引，落实“五个一遍”，即：枪支弹药数质量逐箱核一遍；基层武装部逐个查一遍；私存枪支弹药情况逐人排一遍；民兵仓库、保密室安防设施逐项过一遍；重要目标防范暴恐袭击应急处置预案逐个练一遍。下半年以迎接宣贯十九大为契机，扎实开展“百日安全活动”，重点突出人员、车辆、枪弹、煤气和保密，抓好安全保稳定。

【民兵预备役训练】 抓战备秩序。细化更新抢险救灾、支援保障、应急处突等各类方案，抓好国防潜力数据调查保鲜，狠抓节假日、重要敏感时期的战备教育和战备值班，推进战备值班系统综合整治，更新视频监控系统和地方应急信息终端等设备，完善“三室两库”建设，规范配备应急战备器材。抓力量建设。开展3波专业训练：4月24—28日组织65名民兵轻舟分队队员集训，11月15—18日组织95多名民兵森林防火分队队员集训，12月上旬分三期组织全市300多名民兵营（连）长集训，学法规、教方法，练业务、强技能，全面提高“三时”能力。8月23日台风“天鸽”袭击该市，该部迅速集结125名应急队员整装备勤，晚上20时冒着大雨紧急出动，第一时间清理树枝、泥土5吨多，及时畅通道路13公里；8月26日台风“帕卡”再次袭扰，该部及时奔赴江门市区支援救灾。

【征兵工作】 加大征兵宣传力度，协调地方党委政府提高退役士兵优抚保障力度，确保每年征兵任务的圆满完成。强化“时间提前、工作提速、兵员提质”思路，紧盯“五率”考评，坚守廉洁底线，圆满完成新兵征集任务，其中大学生占总数的51%，比上年提高了6个百分点。大学以上文化程度占总数的50%，超额完成江门市规定的任务比例。

【双拥工作】 利用春节、“八一”时机开展“军人在伍争光、军属在家荣光”拥军活动，为军人军属办实事、解难题和提供法律援助，牵头协调驻军参与地方创森巩文、禁毒宣讲、创建幸福和谐侨乡等活动，协调地方理顺职工编制认定和养老保险问题。

【国防教育】 制作强军目标宣传标语、灯箱、文化长廊和教育专栏。部党委贯彻主业主抓、大事大抓的总基调，抓好习主席系列重要讲话精神的学习，先后多次组织干部职工、专武干部及民兵预备役人员对习主席强军兴军重大决策部署进行集中学习讨论。

【协助维护社会治安】 2017年，该市武警中队和民兵预备役人员共出动200人次参加地方社会维稳行动。

【公益活动】 2017年，该部组织干部职工和民兵预备役人员参加义务劳动2000多人次、植树1000多株、义务献血80多人次、18000多毫升。 （李吉峰）

附：开平人武部领导班子名录

部　　长： 欧阳广炜（—2017.7）
副 部 长： 韩朝超（2017.5—）
　　　　　　黄　超（兼军事科科长，—2016.7）
政　　委： 蔡　凌（—2016.7）
　　　　　　郭海平（2017.7—）
政工科长： 田峥嵘（—2017.7）
　　　　　　李吉峰（2017.10—）
军事科长： 肖登成（2017.7—）
后勤科长： 赵会龙（—2017.11）

武警开平中队

【简况】 开平市武警中队隶属江门市支队建制领导（1993年3月开平撤县改市称为开平市中队），主要担负开平市看守所外围武装警戒和处置突发事件等任务。2017年中队被武警广东省总队评为“基层建设先进中队”。

【组织建设】 2017年，中队按照“高起点筹划、高标准推进、高质量落实”的要求，开展各项学习教育活动以及“两学一做”学习教育活动。围绕“提高党支部依法决策”“加强遂行多样化任务能力建设”“破解部队安全发展难题”等8个课题，提高中队党支部“三个能力”建设。通过大抓“两学一做”学习教育活动，改进支部班子成员的工作作风，提高班子成员的理性思维层次和实际工作能力。中队党支部在扭转部队风气上下功夫。坚持抓教育预防，进一步浓厚“以廉为荣、以贪为耻”的氛围：进一步规范重点事务办理，严格办事程序，妥善处理官兵关注的事务。

【政治思想工作】 围绕培养“永远做党和人民忠诚卫士”要求，立足“广东两个前沿”实际，突出学习习近平新时代中国特色社会主义理论体系这个根本，打好拒腐防变主动仗，确保官兵政治信念坚定和思想道德纯洁，坚持把学习贯彻中共十九大和习主席系列讲话精神作为重大政治任务，突出理论武装和解决问题，官兵思想观念和政治觉悟有进步，制度机制建设有加强，一些具体问题得到解决，推进部队建设科学发展：着眼官兵思想实际，抓好经常性思想教育工作，开展“维护核心、听从指挥”主题教育活动，打牢部队思想根基。紧贴中心任务和官兵思想实际，抓好遂行任务中的政治工作，为圆满完成执勤处突和反恐维稳等各项任务提供了强大精神动力，结合支队开展“深知兵、真爱兵”活动，加强政治环境建设，做好“一人一事”的经常性思想工作，抓好“四反”“个别人”帮教转化、心理疏导等工作。结合开展“传承雷锋精神、弘扬时代新风”活动，参与开平市义务植树等活动，参与开平市“创建平安开平”等军民共建活动。军政关系、军民关系密切和谐。

【军事训练】 2017年，中队按照《军事训练与考核大纲》要求，抓好官兵基础训练，提高遂行多样化任务能力。坚持依法治训、按纲施训；坚持联战联训、实战实训。致力于抓好部队基础技能、体能科目训练，努力提高单兵执勤（作战）能力，使官兵掌握能打仗、打胜仗的过硬本领，确保部队能够“召之即来、来之能战、成之必胜”。抓好“五小练兵”、专勤专训和勤训轮换，促进了军事训练提升参加武警江门市支队组织的应急班比武、勤训轮换、“卫士17”演习等各项比武科目，加强对擒敌术基本动作、五公里武装越野等课目的训练，官兵体能、军事技能得到进一步提高，确保了以执勤处突为中心的各项任务圆满完成。4月在支队组织的勤训轮换取得较好的成绩。

【执勤战备工作】 坚持把“两个确保”作为开展工作的出发点和落脚点，依据执勤是武警部队的中心工作，中队着重提高官兵体能、擒敌和处置情况的能力，提高官兵的执勤能力。中队严格按照上级部署，以高标准实现“两个确保”为目标，以经常性执勤和管理为重点，突出整治固定目标执勤和经常性管理中存在的各种安全隐患；以任务需求为牵引，加强实战化训练和演练，不断提高官兵维稳处突能力素质。2017年，武警开平中队各类勤务出色完成。充分发挥“三个载体”作用，与目标单位共同治理执勤隐患，确保固定勤务万无一失。中队精心组织各类临时勤务，完成多起跨市武装押解勤务。2017年，武警开平中队战备工作正规有序。按照“执勤安全有保证、处突反恐有把握、防卫作战有准备”的目标，中队加大落实战备教育的力度，抓好敏感时期的敌社情教育和对《处置突发事件规定》《战备工作规定》的学习，树立“上一线、打头阵”的思想。中队执行战备制度规定，有针对性地进行一些模仿性对抗性的训练和方案演练，严格战备管理，保持良好的战备状态。

【拥军爱民】 2017年，武警开平中队组织官兵与开平市文化馆、开平市图书馆、东河中学、开平市第三人民医院等单位，开展“军民共建”活动。4月，武警开平中队分别参加了开平市委在陈铁军周文雍烈士陵园、梁金山烈士陵园举行的公祭革命烈士活动年来，多次参加学雷锋活动。

（黄兴源）

附：武警开平中队领导班子名录

中队长：陈龙平

指导员：张延平

2017年3月7日，开平市人民检察院预防犯罪教育基地暨派驻水口检察室揭牌
（市检察院 提供）

经济

开平年鉴

（2018）

KAI PING NIAN JIAN

经济监督管理

发展和改革

【职能】 开平市发展和改革局是市政府主管全市国民经济和社会发展工作的职能部门，主要有拟订和组织实施全市国民经济和社会发展规划、加强经济运行监测分析、推进重大项目建设、指导和协调经济体制改革、市场价格监督检查等职能。

【规划编制】 2017年，编制完成《2016年国民经济和社会发展计划执行情况与2017年计划草案的报告》，并经市第十六届人民代表大会第二次会议通过。完成《开平市2017年1—8月国民经济和社会发展计划执行情况报告》，并经市第十六届人大常委会第七次会议上通过。制订开平市固定资产投资计划分解方案，做好经济运行分析。

【国民经济发展】 2017年，全市实现生产总值341.57亿元，同比增长7.9%。规模以上工业增加值120.38亿元，同比增长9.5%；固定资产投资298.55亿元，同比增长17%。实现社会消费品零售总额191.83亿元，同比增长10.19%；旅游总收入约76亿元，同比增长20.7%。地方一般公共预算收入23.33亿元，同比增长8.63%。金融运行稳定，各项人民币存款余额和贷款余额分别达到576.07亿元和313.89亿元，较年初分别增长9.69%和17.93%。

【固定资产投资】 2017年，全市固定资产投资总额298.55亿元，比上年增长17%，增长速度在江门四市三区中排第三。其中：房地产完成投资43.24亿元，增长38.1%。全社会投资中，第一产业完成投资4.85亿元，比上年增长-7%；第二产业完成投资149.01亿元，比上年增长18.1%；第三产业完成投资144.69亿元，比上年增长17%。

【项目立项】 2017年，该市共办理项目立项194项，总投资173.51亿元，其中：政府性投资项目101项，总投资47.86亿元；非政府性资金投资项目93项，总投资125.65亿元。

【重点项目建设】 2017年，该市列入广东省重点建设项目有4项，总投资101亿元，年度投资12.55亿元，2017年累计完成投资14.68亿元，完成年度投资计划的116.90%。列入江门市重点建设项目有53项，总投资281.33亿元，年度投资45.45亿元，2017年累计完成投资52.40亿元，完成年度投资计划的115.30%，完成率在江门四市三区中排名第二。本级重点建设项目共71项，总投资309.74亿元，年度计划投资55.13亿元，2017年累计完成投资63.17亿元，完成年度计划的114.60%。

【体制改革】 2017年，落实“三去一降一补”“六新六去”政策，推动供给侧结构性改革。联合市有关部门研究制定了供给侧结构性改革2017年度去产能、去库存、去杠杆、降成本、补短板等工作方案，落实年度工作任务和责任分工。做好行政审批委托制改革工作，制定了工作方案和“五项制度”，2017年共办理4宗江门市发改局委托事项业务。推进水、电、气等重点价格改革，简化用水分类改革，制定开平市农业水价综合改革实施方案。调整翠山湖污水处理费征收标准，配合省稳妥放开竞争性环节电力价格的各项措施。开展企事业单位公务用车改革工作，对企事业单位改革单位备案资料进行审核，并由市车改办归集备案。深入开展市盐业体制改革工作，拟定《开平市盐业体制改革实施方案》，8月30日市人民政府正式印发。推进市社会信用体系建设工作，市信用网于5月10日完成升级上线工作，行政许可、行政处罚“双公示”平台顺利运行。

【产业发展】 2017年，该市在江门五个市（区）中率先按时间节点完成辖区内所有油管安全隐患整改验收工作。做好钢铁行业落后产能清查和地条钢清查，完成59家相关企业的清查工作。印发了《开平市翠山湖产业转移工业园片区热电联产专项规划（2016—2020年）》，经专家评审论证，完成《国家电投开平翠山湖热电冷联产燃气项目社会稳定风险评估报告》。印发了《开平市翠山湖产业转移工业园区集聚地热网规划》。《开平翠山湖热电联产项目热网工程可研报告》顺利通过专家评审。加快推进新能源汽车推广应用，全市共有17个充电设施完成申报补贴92.4万元。该市拥有纯电动公交汽车103辆，2017年建成充电站1个，充电桩8个，全面完成建设任务。该市6家企业成功申领到粮棉进口关税配额约3.1万吨，其中：小麦约1.5万吨、玉米约1.2万吨、棉花约0.4万吨。

【价格管理】 2017年，该市围绕“关注民生”重点，把保持物价总水平基本稳定作为首要目标，坚持价格监督管理与价格服务两手抓，规范市场价格行为，维护群众的合法权益。贯彻落实国家、省关于推进供给侧结构性改革的部署和江门市“民营经济12条”关于降低企业用气成本的要求，全市工业类管道天然气最高销售限价自8月1日（抄表）起由每立方米4.50元调整为4.10元。围绕价格监测和“三项建设”的要求，对农副产品价格、劳动力市场价格、食盐价格进行了预警监测。审核批复了市体育中心体育馆、翠山湖新区体育公园足球场、苍江健身广场足球场的对外开放收费标准和碧桂园学校（小学）收费标准。充分发挥“12358”作用，促进社会和谐建设，该市价格举报中心共受理各类价格举报、咨询147件，办结率100％。该市价格认证中心共受理完成各类价格认定案件298宗，涉案金额2946.47万元。价格认定数量比去年增加61宗，增长率25.74%；价格认定标的金额比去年增加1196.57万元，增长率68.38%。　（幸江曼）

附：市发改局领导班子名录

局　　长： 张健东
党组副书记： 邓毅斌（—2017.5）
副 局 长： 张新源（—2017.10）
谭惠琴（女）
吴健斌（—2017.7，挂职江门市发改局）
张子汉
何素娴（女，2017.12—）
纪检组组长： 邓剑彬

审计工作

【简况】 2017年，市审计局全面完成年度工作计划，包括完成了年度预算审计，审计报告获市人大常委会全票通过；完成了审计项目33项（统计大项目，不含子项目），为年度计划任务的100%，其中预算审计4项，领导干部经济责任审计12项，国家和省重大政策措施落实情况跟踪审计1项，专项审计16项，参加江门异地交叉审计共完成6个项目。完成市政府交办的对政府投资小型建设工程项目的审计调查5项。

【审计成果】 2017年，市审计局提交审计报告和专项审计调查报告39篇，向被审计对象单位提出了95条工作建议，被采纳审计建议95条；协助市委市政府完成93项审计整改督办任务，消除了一批隐患，促进了一系列制度的完善和落实；协助配合市纪委、财政局、农业局等部门完成审计调查或作出结论5个，派出人员配合支持纪委、检察院和其他部门完成项目8项，回答部门疑难咨询问题6个；有效维护了国有资金的安全，查出和纠正问题82个，涉及资金7663万元；有2项审计项目获江门审计系统优秀项目评选一等奖。

【预算执行审计】 2017年，市审计局围绕市财政贯彻落实经济发展、保障和改善民生的各项政策，开展市本级财政预算管理情况审计，延伸抽查了开平市龙腾物业管理有限公司的小微企业创业创新示范基地扶持资金申报项目等，并对台开恩旅游联盟产业发展资金250万元和部分专项资金进行延伸审计，纠正问题，帮助落实规范的制度建设。

【经济责任审计】 2017年，市审计局经济责任审计逐步走向全覆盖审计，逐渐实现审计监督“关口前移”，实行经济责任审计与财政预算执行审计相结合，经济责任审计与专项资金审计相结合的工作方法，审计重点涵盖财务收支的查错纠弊，关注领导干部的经济决策、管理和评价，党风廉政建设第一责任人职责的落实情况等方面。全年完成12项经济责任审计，关注领导决策、管理问题21个、23个财务管理问题和3个工程项目审计发现问题。通过这些关注审计，有利于促进领导干部全面贯彻落实各项重大决策部署，提高资金使用效益，为党委管理、监督和选拔任用干部提供高质量的参考依据，为政府强化依法行政观念、严肃财经纪律、提高行政效率提供准确的情况。

【重大投资项目审计】 2017年组织实施了上级审计机关下达的国家和省重大政策措施落实情况跟踪审计共8大专项审计，主要包括2016年供给侧结构性改革推进情况、2016年安居工程政策推进落实情况、简政放权政策落实及“放管服”改革推进情况、重大建设项目建设进展情况、创新驱动发展战略落实情况、珠江西岸先进装备制造业政策落实情况、经济运行风险防范情况、广东自贸试验区和“一带一路”建设情况等情况，并延伸了32个单位，向市和上级审计机关提供有参考价值线索1条，为项目的资金安全和建设进度发挥了作用。

【其他专项审计】 2017年，市审计局根据上级审计机关的部署，科学制定审计项目计划，其中专项审计项目覆盖范围广，重点关注民生领域财政资金的管理和使用情况，共完成16项专项审计项目（主要包括市政府投资小型建设工程专项审计调查、开平市2016年城区道路维修资金、开平市2016年路灯灯饰维护经费专项审计、开平市花身蚕水库防汛路建设项目专项资金审计、国家农业综合开发高标准农田建设项目专项资金审计、开平市2016年体育彩票公益金管理和使用情况的专项资金审计等等），向市和上级审计机关提供参考建议18条。

【内部审计】 为加强内审内控的指导工作，了解开平市内审协会有关单位内部审计工作现状，根据经济管理发展的特点和审计发现的问题，召开全市审计内部审计会议，与全市各镇财政所长、财务人员和市直相关部门主管会计进行面对面的业务沟通，探讨目前部门预算执行情况、专项资金管理情况等和内部审计工作中存在的有关问题，帮助和指导相关单位健全制度和依法规范账户。

【审计整改】 2017年，市审计局完成上级督办整改问题37项，市本级93项，市被审计单位未受问责。通过加强审计整改工作，促进全面履行审计监督职能、维护审计权威；有关单位的防范功能得到加强，公有资金、资产、资源得到有效维护。

【信息化建设】 为适合审计发展新形势和掌握先进的审计手段，市审计局重视抓计算机知识培训，多次组织全体审计人员集中学习AO系统的审计技术，在全局范围内开展计算机审计技术培训。

【农村审计中心】 开平市农村审计中心，正股级，公益一类。核定事业编制8名，其中主任1名，副主任1名。人员经费按财政补助一类拨付。业务由市审计局统一领导和安排。主要任务：加强对农村集体经济审计工作的指导，保证国家涉农经济政策和有关农村财政、财务制度的实施，保护农村集体经济和农民的合法权益，促进该市农村集体经济健康发展。

【内部审计协会】 开平市内部审计协会是该市内部审计有关单位和内部审计人员自愿组成的地方性、民间性、行业性、自主性、自律性、非营利性社会团体法人组织。内部审计协会的宗旨是：管理、宣传、服务、交流。对内部审计行业实行自律性管理，开展业务交流与理论研究活动，提高内部审计工作水平。开平市内部审计协会接受业务主管单位开平市审计局的监督管理。（梁晓丽）

附：市审计局领导班子名录

党组书记、局长：黎仲穗

党组成员、纪检组组长：关健雄

党组成员、副局长：孙灵芝（女）

党组成员、副局长：梁英彩（女）

党组成员、副局长：梁国桓

统计工作

【简况】 2017年，开平市统计局以提高统计数据质量为宗旨，以“善作为、重实效、谋新篇”为工作主线，完成各项统计工作和专项调查任务，为该市经济社会科学发展提供统计保障。

2017年，全市实现地区生产总值341.57亿元（当年价），比上年增长7.9%。其中：第一产业增加值31.64亿元，增长4.3%；第二产业增加值167.80亿元，增长9.0%；第三产业增加值142.13亿元，增长7.2%。第一、二、三产业增加值的比重为9.26:49.13:41.61。人均地区生产总值4.81万元，增长8.04%。

【统计教育培训】 2017年，开展相关统计专业和专项调查培训900多人次。开展2017年统计从业人员继续教育培训的报名发动及培训工作，该市共60人参加统计从业人员继续教育培训。

【统计基础建设】 该局从加强统计机构及队伍建设、健全统计工作制度、保证统计工作经费、加强统计调研指导等方面入手，持续加强统计基层基础建设。是年4月，该市通过江门市统计局组织开展的镇街统计机构规范化建设“回头看”复检。

【四大工程】 以“企业一套表”为核心，加强四大工程（指加快建设基本单位名录库、数据采集处理软件系统、联网直报系统、企业一套表制度）建设，推动统计工作的规范统一、改革创新和公开透明，提高统计数据的真实性。

【专项调查】 完成城乡住户收支及生活状况调查、主要畜禽监测抽样调查、县级粮食产量抽样调查、限额以下批发零售贸易调查、住宿餐饮业抽样调查、规模以下工业企业抽样调查、企业景气调查、企业用工抽样调查、组织工作满意度抽样调查、群众安全感抽样调查等专项调查，做好有关资料上报工作。

【统计执法】 加强统计法制化建设，推进“依法统计、依法治统”。加强统计执法监督检查力度，不定期对镇街统计机构和企业进行抽查，根据需要发送统计法律事务告知书，对存在问题及时指出、责令改正。配合上级统计部门，对该市的各项统计执法工作检查进行协调安排，对上级在检查中发现的问题做好跟踪监督。

【统计服务】 每年发布《开平市国民经济和社会发展统计公报》；2003年起，每年编辑出版《21世纪开平》统计年鉴（2014年起改称《开平统计年鉴》）；每月收集开平市、江门各市（区）和珠三角部分地区主要经济指标，编印

《开平统计月报》；2017年，共编印季刊《开平统计》4期。

【第三次全国农业普查】 是年1月1日，开平市第三次全国农业普查进入现场登记和数据采集阶段。市农普办牵头，各镇（街道）、管委会协调配合，共组织动员普查员、普查指导员和各级普查机构的工作人员2025人，对该市16个镇（街道）、管委会，共257个普查区、2012个普查小区，涉及11.3万农村住户、44万人，进行逐户逐项询问和登记。入户登记工作于3月底全面完成。数据审核阶段，加强数据质量审核，严把进度、质量、数据关，在规定的时间节点完成数据处理、汇总、上报工作。5月5日，配合广东省第三次全国农业普查办公室事后质量抽查组开展事后质量抽查工作，对马冈镇荣塘普查区第一小区进行了全面重新访户，顺利通过省事后质量抽查。截至2017年年底，该市农普工作重心向数据分析、发布、编印、工作总结及资料开发利用等工作转移。

【人民生活】 全年城镇居民人均可支配收入26493.14元，比上年增7.7%；农村居民人均可支配收入17675.04元，比上年增长8.3%。住户储蓄存款余额398.02亿元，比年初增长5.66%。

2017年开平市主要经济指标统计表

表1：

指标名称	计量单位	2016年	指标名称	计量单位	2016年
户籍总人口	人	688292	各项贷款余额	万元	3138878
其中：男	人	343793	粮食总产量（折粮）	吨	230140
女	人	344499	稻谷总产量	吨	211798
其中：非农业人口	人	236490	规模以上工业增加值	万元	1203807
生产总值	亿元	341.57	固定资产完成投资总额	万元	2985515
其中：第一产业	亿元	31.64	商品房销售面积	平方米	1244770
第二产业	亿元	167.80	汽车拥有量	万辆	10.54
第三产业	亿元	142.13	社会消费品零售总额	亿元	191.83
地方财政一般预算收入	万元	233348	进出口总值	万美元	151.6
地方财政一般预算支出	万元	364704	其中：外贸出口总值	万美元	126.6
金融机构存款余额	万元	5760682	进口总值	万美元	25
住户存款余额	万元	3980191	实际吸收外资	万美元	3503

（李月湖）

附：市统计局领导班子名录

党组书记、局　　长：刘　飞（—2017.11）
党组成员、副 局 长：梁炳麟　　胡健华
党组成员、纪检组组长：谢　军（—2017.8）
党组成员、总 统 计 师：谢雪芳

国土资源管理

【简况】 2017年，市国土资源局围绕市委市政

府“善作为、求实效、谋新篇”工作主线，以“工作落实年”为抓手，落实耕地保护制度和节约集约用地制度，全面推进不动产统一登记，完成永久基本农田划定和土地利用总体规划调整完善工作，加强土地供应，推进“三旧”改造，强化土地执法监察。

【土地规划】 9月19日，省政府审批同意该市土地利用总体规划调整完善调整方案，是广东省第二批、江门市第一批通过省级审批的县级市，是年完成成果备案，重点保障了赤坎古镇项目、翠山湖园区、开平大道两侧、深茂站场综合开发区、潭江新城等重点发展平台用地需求。

【耕地保护】 圆满完成了年度耕地保有量和基本农田保护任务，会同市财政局下拨了2015年、2016年省级基本农田经济补偿资金合1213.55万元至各镇（街道）。完成永久基本农田划定工作，按上级要求做好永久基本农田“落地块、明责任、设标志、建表册、入图库”等工作。

【垦造水田】 结合“十三五”土地整治规划、市历年耕地占补承诺以及未来几年耕地占补情况，制定了《开平市垦造水田专项行动实施方案》，完成垦造水田项目立项37个，总面积11357.12亩，确定实施项目2个，建设规模合计845亩，2个项目均已完成土地统筹和工程各项招投标工作。

【建设用地】 完成用地报批共9个批次和2个独立选址项目，总面积5159.99亩。其中，赤坎古镇项目用地报批取得新突破，在省国土资源厅和江门市国土资源局的支持下，顺利向佛山市南海区借用500亩水田指标，实现耕地占补平衡，完成用地报批面积1420.78亩，有效解决了项目第一期建设的用地需求。征地工作顺利推进，基本完成深茂铁路（开平段）、高恩高速（开平段）、环城公路东环段和北环东延线等交通大会战项目征地工作，完成长沙杜溪村委会、开平大道两侧1280亩的征地工作；推进水口镇红进村委会、开平大道西侧、赤坎新镇区、深茂铁路站场周边发展用地、中开高速（开平段）等项目征地工作。

完成土地供应共49宗，总面积9074.21亩。其中经营性用地、工业用地出让30宗，面积1265.45亩，包括鸿福堂二期、力蒲卫浴、弘和健康产业等重点项目。“三旧”改造工作稳步推进，全市新增实施改造面积286.41亩，完成改造面积170.81亩，完成2017年度“三旧”改造任务。推进“发电厂”地块、“氮肥厂”地块和三埠区凤阳路16号地块等重点项目改造，有效改变该市旧城风貌。

【不动产登记】 不动产登记数据顺利接入省不动产信息平台并做到数据汇交，不动产登记实现提速增效，制定绿色通道审批管理制度，个人住房登记查询业务接入“侨都之窗”自助终端服务平台，实现24小时异地自助查询服务，全面缩减审批时限，首次登记、变更登记、转移登记等一般登记由原30个工作日缩减至20个工作日，抵押权登记由原30个工作日缩减至10个工作日。2017年，已颁发不动产权证书44000本，出具不动产登记证明33000宗，市不动产登记中心获评市优秀事业单位。

【测绘管理】 全面推进数字开平和“一村一镇一地图”项目建设，于12月26日顺利通过验收并成果发布，有效提升城市管理和服务水平。

【矿产资源管理】 要求矿山企业按规范做好相应软硬件建设，建立、健全安全卫生机构、人员和责任制，特殊作业人员必须有相关经验及持证上岗。对矿山企业进行定期和不定期检查，针对检查中发现的各种安全隐患，依法下达整改通知书，要求限期整改。做好汛期地质灾害监测预防工作，做好强台风“天鸽”“帕卡”的防御工作，落实领导带班和24小时值班制度，实现地质灾害零伤亡事故。重点做好大沙镇西湾村委会高田村地质灾害隐患点治理，逐步消除全市地质灾害隐患点。该市申报

2017年地质灾害防治高标准“十有县”顺利通过国土资源部验收。

【国土资源执法监察】 开展2016年度卫片执法检查工作，核查需拆除违法建（构）筑物并进行复耕复绿的14宗，面积42亩，督促属地镇（街道）已全面完成违法用地拆除整改工作，开平市土地执法监察考核获省政府通报表扬。按照法定程序和期限办理信访案件，采取有效措施解决处理群众信访问题，重点做好十九大特别防护期维稳安保工作，健全了信访信息汇集分析机制，落实突发事件处理应急预案，配合属地镇（街）化解涉土矛盾纠纷，全市未发生涉土涉矿群体事件。（李继明）

附：市国土资源局领导班子名录

局　　长： 梁　毅

副 局 长： 麦振广（2017.10—）

劳海源（—2017.6）

执法监察大队长： 梁杰钊（2017.9—）

纪检组组长： 余向阳

市场监督管理

【简况】 2017年，开平市市场监督管理局在江门市2016—2017年度政府质量工作考核中获评A级，较2016年晋升了一个等次，打假工作被评为“优秀”，水口镇顺利通过“江门市2016年打假警示区域”考核验收。政务信息工作在开平市直机关考核单位、江门工商和市场监管系统中排名第一，成功创建“开平市直机关党建工作示范点”，在2017年度市直机关绩效考核中被评为“良好单位”，获得了开平市“无偿献血突出贡献单位鼓励奖”。探索实施跨部门联合抽查机制，实现了抽查事项、抽查部门“两个全覆盖”，牵头开展全市市场监管体系建设，“两建”工作顺利通过江门“两建”检查组考核督查。重点开展“查无”、打假、打传、安全生产、禽流感防控以及水嘴产品质量提升等系列整治行动，全市没有发生重大的、区域性的市场违法行为。（陈静仪）

【工商登记注册】 2017年，全市共有内资（非私营）企业1215家，其中：国有企业86家，注册资金50390.98万元；集体企业415家，注册资金42091.88万元；公司656家，注册资本625317.72万元；其他企业58家，注册资金63671.42万元。共有私营企业5257家，注册资本1419889.02万元；个体工商户32253户，资金数额104919.29万元；外商投资企业619家。（周秀玲）

【商事制度改革】 2017年，持续深化商事制度改革，按照部署推进“多证合一”、简易注销、银政直通车、企业开办环节一站式准入服务、全程电子化登记等上级规定的改革要求。推进“多证合一”登记制度改革。由2017年2月15日起，开平市“九证合一”登记改革将从原先在新设立企业中实施全面扩展到变更、注销业务；自2017年3月1日起，全面铺开企业“十五证合一”和个体工商户“五证整合”的登记制度改革。开展“银政直通车”服务工作。通过工商（市场监管）部门与商业银行合作，充分发挥商业银行网点、人员、设备等优势，由商业银行免费代为办理商事登记各项业务，向商事主体提供商事登记代办服务。落实名称、住所、简易注销等登记工作改革。放宽企业名称登记条件，允许“住改商”“一址多照”“一照多址”，探索住所申报承诺制，推行简易注销登记制度改革。2017年共有94家企业、33家个体户申请简易注销。推进全程电子化和电子营业执照工作，2017年起个体工商户、企业办理工商登记业务可进入“广东省全程电子化工商登记管理系统”进行网上申请，实现全程网上办理；继续加大向新设立企业免费发放电子营业执照的力度，全市已发出电子执照711张。2017年全市共新发展市场主体6974家，其中新发展企业1131家，新发展企业户数同比增长30.18%；新增注册资本（金）27.09亿元，同比增长19.42%，其中新增企业注册资本（金）达29.27亿元，同比增长

22.42%；全市市场经济主体户数达39065家，同比增长9.6%，注册资本（金）达236.57亿元，同比增长28.61%。（周秀玲）

【企业监督管理】 抓好企业年度报告公示工作。2017年，全市应年报的个体工商户28014户，年报率91.24%，应年报的企业5571家，年报率91.83%，应年报的农民专业合作社333户，年报率99.70%。未按规定办理年报被列入异常的共2910户，其中企业455家，个体户2454户，农民专业合作社1户。

开展年报抽查、即时信息抽查2次，抽查各类市场主体376户，其中企业361家，农民专业合作社15户。企业情况正常221家，公示信息隐瞒真实情况、弄虚作假的93家，未按规定报送年报信息的6户，未按规定公示应当公示的信息22户，未按规定公示即时信息的0户，通过登记的住所（经营场所）无法联系的18户，不予配合情节严重的15户，已注销1户，列入经营异常143户。

加强查无工作。2017年，共检查市场主体8466户次，引导和规范办理证照786户，立案查处无照经营行为100宗，向相关部门发送通报函件28份，通报违法线索226条，遏制无照经营泛滥的势头。

做好非公党建工作。全市共成立13个个私协会办事处党支部，建立非公企业党组织177家，拥有党员2028名，其中成立党委3个，党总支部1个，党支部145个，联合党支部28个，单独组建党支部的企业111家，联合组建的企业754家。

牵头推进全市"双随机一公开"制度。2017年，开平市"双随机一公开"抽查事项清单及检查人员库已初步建立并向社会公示，截至12月底，全市共收集各行政执法部门抽查事项清单146项，执法检查人员402名。全市共25个市场监管部门使用"双随机一公开"抽查系统，共开展抽查任务1333个，涉及事项146项，实现了抽查事项全覆盖。其中，开平市市场监管局开展部门独立抽查11次，涉及抽查事项21项，探索多事项综合抽查，2017年9月，市场监管局牵头联合公安局、文广新局率先开展跨部门联合抽查，共检查网吧4家，检查内容涉及23项，抽查结果均已通过"信用江门网"向社会公示。开平市公安局、人力资源和社会保障局、交通运输局、农业局、科工商务局、安全生产监督管理局、食品药品监督管理局、教育局、文化广电新闻出版局、市场监督管理局、气象局、发展和改革局和住房和城乡建设局等13个行业主管部门已牵头开展跨部门联合抽查。（陈晓玲）

【两建工作】 制定《开平市2017年社会信用体系建设工作任务分工方案（征求意见稿）》和《2017年开平市市场监管体系建设重点工作》，统筹协调"两建"成员部门共同推进社会信用体系和市场监管体系各项工作顺利开展。2017年，开平市信用网完成升级上线工作，实现行政许可、行政处罚"双公示"平台顺利运行。10月30日，组织召开全市"两建"工作会议，总结2017年社会信用体系和市场监管体系建设情况，部署2018年"两建"工作。（陈晓玲）

【商品交易市场监管】 全市共有各类商品交易市场49个，市场工商登记率100%。牵头制定《开平市2017年巩固文明市场行动实施方案》，组织属地镇街和11个职能部门召开巩固文明市场行动联席工作会议，协调推进集贸市场综合整治行动。联合卫生、城管、食药监、消防、科工商务局等部门组成市文明市场整治行动督查组，对城区集贸市场进行了5次"创文再出发"督查，共查找反馈问题意见520条，制发简报6期。组织6家民营市场开办者（管理者）到幸福市场进行参观学习，相互交流创建文明集市的有效方法。制定《开平市市场监督管理系统2017年全国文明城市测评体系责任分工表》和《开平市市场监督管理局2017年集贸市场环境整治工作方案》，整治市场经营秩序，打造宽松平等的准入环境、公平竞争的市场环境、安全放心的消费环境。

把好家禽经营主体准入关，自2017年10月

9日起，活禽经营限制区内集贸市场、集贸市场外一律停止核发活禽经营项目的营业执照，对原已登记活禽、光禽经营项目的经营者，依法督促引导其办理营业执照经营范围变更登记或注销手续；提交资料齐全的，依法当场办理核准发照，共受理变更登记申请36户，注销7户。每月落实活禽经营市场“1110” 休市制度，做好全市禽流感防控工作。

加强春耕、夏播、秋收等重点农时和化肥集散地、城乡接合部等重点区域，以及复合（混）肥、掺混肥、有机肥等重点农用肥等监管。根据全省水溶肥料质量检测数据对本辖区流通领域的不合格水溶肥料商品进行全面清查。对A、B类不合格肥料商品品种认真排查，先后转发农资监测通报5期，做好监测结果后续处理工作。共检查肥料经营企业（户）170家次，查处农资案件4宗，案值1.31万元，抽检化肥商品质量检测38批次。

依托网格化监管和专项检查，全面掌握成品油经营者信息和基本经营情况，建立健全加油站（点）档案台账，全市共有加油站总数57座，油库1个。2017年共检查加油站267家次，立案查处成品油违法案件4宗，案值9.52万元，罚没金额11.19万元，没收红油40.56吨。

做好开平碉楼文化旅游区创建国家5A级旅游景区、我国首个“文化和自然遗产日”广东分会场系列活动暨开平碉楼与村落申遗成功十周年纪念活动及国家全域旅游示范区第一批验收活动等市场监管工作。以汽车站、旅游景区、分会场商业街道等旅游服务行业比较集中的区域为重点，重点查处无照经营、超范围经营的违法经营行为，规范旅游服务行业的主体资格，突出对旅游商品质量检查，共检查旅游景点65个次，检查经营户232户次，引导办照3户，引导规范亮照16户，查处无照经营6户，在景区、主要商业街道等区域悬挂倡导诚信经营的横幅20多条，发出守法诚信经营倡议书180余份，召开景区经营者座谈会2次，召开景区法律培训班1期，维护旅游市场良好经营秩序。

8月9日，开平市市场监督管理局旅游工商分局在赤坎市场监督管理所揭牌成立，暂时实行“两套牌子，一套人马”的运行模式，重点负责赤坎古镇及碉楼景区的监管。（陈晓霞）

【合同管理】 开展公用事业类、旅游业和房地产重点消费领域格式条款专项整治行动，重点规范整治经营者利用通信行业合同、旅游类合同、房地产类合同中的典型不公平格式条款，免除自身责任、加重消费者责任、排除消费者权利的违法违规行为。共检查经营合同121份，约谈企业19次，发出责令整改通知书11份，立案查处排除消费者权利的违法案件4宗，结案4宗。

做好动产抵押登记工作，为企业发展注入强劲动力，共办理动产抵押登记12件，主债权金额31990.03万元，办理动产抵押变更登记3件，主债权金额11386.43万元，注销登记10件，主债权金额51432.91万元。

抓好“守合同、重信用”企业公示活动。开平市共有国家级“守合同重信用”企业5家，共公示广东省“守合同重信用”企业共125家，其中省级以上内资企业112家，外资企业13家，分别新增公示企业19家和4家。（陈晓霞）

【网络市场监管】 根据国家工商总局的统一部署，先后组织开展2017网络市场监管专项行动、非法网站整治专项行动和“双十一”等网络消费购物节的重点时段监管，实行网上网下双线核查，严厉打击各类网络违法行为。2017年，立案查处网络违法案件28宗。

强化平台应用，完善监管数据。以全市登记成立的38581个实体经济户口为基础，运用工商总局网监平台在线搜索引擎、开展搜索监测，坚持边建库、边核查，做好数据录入和复核工作。2017年网上检查网络经营主体71161户次，新增网络经营主体414户，新增网站496个，移除无效网站35个、注销网络经营主体28户，已基本完善辖区网络经营主体数据库。强化红盾电子标识申领，规范网络经营主体，是年已审核入库的网络经营主体798户、网站1058个，发放“红盾电子标识”124个，已激活“红盾电子标识”104个，提升了“以网管网”的效能。

2017年，共受理各类网络消费投诉举报197宗，其中“12345”政府热线转来107宗，外地工商（市场监管）部门转来39宗，上级工商部门转办的8宗。其中，移送其他工商部门（市场监管部门）处理2宗，移送其他行政部门处理4宗，通过诉转案60宗。（段洁静）

【商标管理】 全面推进“三书一卡”（商标注册建议书、商标、商标策略提示书、商标法律告知书以及商标服务跟踪联系卡）服务，指导经营户及时申请商标，走自主品牌发展之路。2017年共新增注册商标663件，同比增长率10%，全市共有注册商标7254件。新增甘力木业“甘力”、澳斯曼卫浴“AOSMAN”广东省著名商标2件。帮助开平市甘力木业有限公司、开平市澳斯曼洁具有限公司申请广东省著名商标奖励，帮助广东华艺卫浴实业有限公司、广东顶尖管业科技有限公司申请涉外商标奖励。开展地理标志证明商标的申请工作，指导“马冈鹅”“大沙天露茶”地理标志证明商标申请工作；指导大沙镇农业综合服务中心对他人申请注册的“大沙唛”商标提出了异议申请，保护具地区特色农产品品牌；指导水口镇府、水口水暖卫浴行业协会，申请注册“水口卫浴”集体商标。协助旅游业加快品牌发展，指导赤坎古镇相关商标的申请注册事项，并就赤坎古镇商标战略发展提出了建议。1月，协助江门市工商局、江门市电视台到开平市拍摄江门商标品牌建设成果宣传片，对开平市企业的商标品牌建设情况进行宣传报道，广东希恩卫浴实业有限公司和广东华艺卫浴实业有限公司作为企业代表接受了采访。3月，组织开平市各镇（街）分管经济的领导和农办主任、开平市社团组织、协会，以及企业代表共200多人参加了在开平市举办的江门市“1+6”园区商标法律知识讲座。深入开展保护注册商标专用权专项行动，共查处商标违法案件16宗。（甄冰冰）

【广告管理】 依法对开平侨乡报社发出《广告发布登记通知书》，实现开平市符合广告发布登记条件媒体单位登记零的突破。抓紧抓实广告业统计工作，全市共有广告经营单位95户。以广告协会为纽带，召开广告监管联席会议和公益广告整治提升专项工作会议，发动广告经营单位配合做好公益广告的宣传。做好日常广告监测，指定监测人员对辖区内报纸、期刊、广播、电视、网络等媒介发布的广告进行定期和不定期监测，共监测各类广告1698条次。依托广东省工商局网络市场监管综合信息平台，做好违法互联网广告线索的核查与复核工作，共核查互联网金融广告线索206条次。开展虚假违法广告整治工作，共召开行政指导会议2次，约谈9家单位，发出行政指导书15份，查处广告违法案件15宗。（甄冰冰）

【产品质量监督】 加强生产许可证获证企业证后监管，开展了电线电缆、人造板产品、缺陷汽车产品召回情况监督等系列质量专项监督检查工作。根据产品质量监督抽查后处理规范，对产品质量国家专项抽查、省专项监督抽查、市定期监督检验的共计19批次不合格产品生产企业进行后处理工作，监督企业依法依标生产。开展生产许可证获证企业监督检查行动，共出动检查人员130多人次，检查获证企业22家，发现各类质量相关问题20多项，发出整改通知书9份。

开展首届开平市水暖卫浴产品质量优秀奖评选，表彰在近年国家、省产品质量监督抽查检验中连续3次以上（含3次）检验合格的水暖卫浴产品，广东希恩卫浴实业有限公司、广东彩洲卫浴实业有限公司、广东华艺卫浴实业有限公司、开平市洁士卫浴实业有限公司、开平市澳斯曼洁具有限公司、开平金牌洁具有限公司共6家企业7个产品获奖。

加强流通领域商品质量监管。开展流通领域服装、装饰装修材料、交通工具及配件，家用电器、儿童用品及燃气具等6类重点商品专项整治工作，共调查发现并上报不合格商品上级供货商线索17条，确定服装等6类商品定点监管对象81户。加强缺陷商品处置工作，指引相关经营者自查所经营的商品是否有与上级公布的缺陷商品名单中同商标同规格型号的商品，经查，未发现销售缺陷商品违法行为。配合上级部门、联合其他部门对该市流通领域商品质量进行抽查检验，2017年共抽检电线电缆4个批次，不合格1批次；电动自行车10个批次，不合格3批次；车用汽油、柴油30个批次，全部合格；立案查处销售不合格商品案件3宗。

（黄淑瑜　黄艳平）

【名牌战略】 推动企业参与“广东省名牌”申报工作，广东华艺卫浴实业有限公司1个工业产品和广东和益隆金属制品有限公司1个工业产品被评为2017年度广东省名牌产品。开平金牌洁具有限公司、广东华艺卫浴实业有限公司、广东希恩卫浴实业有限公司和广东彩洲卫浴实业有限公司共4个工业产品通过了广东省名牌复审。协助开平电视台对2016年获得广东省名牌产品的澳斯曼卫浴有限公司进行采访报道，宣传创“广东省名牌”的积极意义。（黄淑瑜）

【食品安全监督】 对全市25家获得食品相关产品生产许可证的企业，开展食品相关产品质量专项监督抽查工作，共抽查了18家食品相关产品生产企业，抽检样品40批次，产品质量全部合格。开展食品相关产品生产企业监督检查行动，共出动检查执法人员80多人次，检查各类食品相关产品生产企业16家，发出整改意见书6份，立案查处无证生产企业1家；加强食品广告监管，共查处食品广告违法案件2宗；打击食品商标侵权违法行为，共查处食品商标违法案件5宗。开展产品符合性声明和建立诚信自律机制工作，编写产品符合性声明和企业质量信用报告，已有10家企业承诺向社会公开自我声明和企业质量信用报告，并提交纸质盖章版备案。（黄淑瑜）

【计量标准化】 开展集贸市场与基层医疗卫生单位计量器具强制检定工作，对全市41个集贸市场的2944台计量器具；16个基层医疗卫生单位的553台计量器具进行了免费检定，免收检定费用25.77万元。

深入各燃气公司及用气小区开展燃气表计量检查，督促液化石油气充装站严格按照规定进行充装，对检验检测机构开展资质认定技术检查，并对全市加油机进行拉网式的专项计量监督检查。共检查加油站63家、加油机328台，已做出诚信计量公开承诺的加油站63家，查处计量违法案件1宗。

加强计量知识宣传推广，多形式开展“5·20”世界计量日宣传活动；10月24日在开平市质量技术监督检测所举办了以“强化检验检测，助力质量提升，服务军民融合”为主题的检验检测机构开放日活动；9月14日联合江门市质监局举办了一期计量行政监督管理培训班；组织辖区内企业参加江门市质监局举办的测量管理体系培训学习班，引导企业申办测量管理体系认证。

推进技术标准战略。2017年设立了开平市标准化专家库，并首次组织专家按照《开平市实施技术标准战略专项资金管理办法》对申报2016年度开平市实施技术标准战略专项资金资助项目进行符合性审核，共对4家单位8个项目发放了总额为23.5万元的资金资助。发动开平市齐裕胶粘制品有限公司参与制定国家标准GB/T 3332《胶粘带动态剪切强度的试验方法》1份及行业标准2份，发动海鸿电气有限公司参与制定了国家GB 32825《三相干式立体卷铁心配电变压器技术参数和要求》1份及团体标准1份，发动广东和益隆金属制品有限公司参与制定了广东省地方标准DB44/ T 1876《轮扣式钢管脚手架安全技术规程》1份，组织和引导企业加强技术标准的研制，促进自主创新与技术标准的融合，抢占产业的制高点。指导广东希恩卫浴实业有限公司等3家企业成功创建“标准化良好行为企业”，是年开平市有AAAA级（最高级）“标准化良好行为企业”2家，AAA级“标准化良好行为企业”1家。（张朝晖　张焜鑫）

【特种设备安全监察】 2017年年底，开平辖区在用特种设备总计6170台（套），其中锅炉256台，压力容器2363台，压力管道77套，电梯2062台，起重机械756台，场（厂）内专用机动车辆646台，大型游乐设施10台，设备数量较上年同比增加了1005台，增长幅度达19.46%。

根据江门市人民政府行政审批委托制改革要求，于7月顺利承接江门市质监局行政许可9类事项的下放工作，全年共办理特种设备各类业务1075单。

做好特种设备监察职能下放到所工作，通过“三封信一个电话”方式为待检企业提前一月提供“温馨提示”催检服务，督促企业落实安全生产主体责任，累计发出催检通知565份；指导东汇城、中油汽运公司开平加气站、景万石油气等单位开展应急救援演练。创新监管方式，引入“综合执法”“双随机”“智慧电梯”“分栋自行管理电梯”等新模式，强化特种设备日常监管，共检查使用单位194家、发出整改指令书101份，开展叉车等特种设备专项检查7次，立案查处特种设备类案件40宗，配合完成高污染燃料锅炉整治125台，全年未发生特种设备安全事故。创新电梯监管体制，开展在用电梯抽检，是江门地区首个开展电梯抽检的县市，共抽检电梯360台。创新电梯维保单位监管，主动约谈梯量较少、投诉较多的维保单位13家，5家维保单位自愿退出开平市场。

（邓　欣）

【行政执法与打假治劣】 开展民生重点领域专项执法办案工作，严查商标、不正当竞争、计量、特种设备、生产许可、产品质量等各类违法行为，开展“五一”专项检查行动和“黑油点”检查，组织开展数码电子、移动器材、小家电、侵权汽车摩托车及配件专项整治、“国门利剑2017”“质检利剑”；打击成品油走私“春雷2017”；高校及其周边复印店专项治理；叉车专项整治行动；中秋国庆专项；服装专项等行动，全局共查处各类经济违法案件351宗。

以群众关注的热点、难点和市场反映的问题为重点，保持打假高压态势，顺利通过“江门市2016年打假警示区域”考核督查组考核验收，2017年落实打假工作责任制获评“优秀”。2017年，健全了开平市打击制售假冒伪劣商品违法行为工作联席会议制度；针对打假重点产品实施重点打击；结合元旦、春节、“五一”、中秋、“十一”等节假日开展节假日打假专项行动；加强执法联动，强化对生产、流通、销售等环节的全过程打假。经统计，全市累计出动执法人员12015人次，检查企业（经营单位）43507家，查处假冒伪劣违法案件131起，综合执法35次，刑事拘留15人，逮捕6人，取保4人。

（肖艳霞）

【打击传销、变相传销行为】 建立完善《开平市打击传销工作机制》，市政府专门核拨10万元专项经费用于全市打传工作。强化专项打击，全年共出动执法人员318人次，共检查场所122个；强化辖区内6间直销企业网点的监管，并获赠“关心企业送法上门”锦旗；强化网络传销监管，做好“善心汇”非法传销组织查处工作。该市基本上达到“完成、巩固创建无传销城市工作，没有出现传销反弹”的要求。

（肖艳霞）

【消费者权益保护】 2017年，共受理线下消费者申诉587件，其中：通过“12315”“12345”受理407件、消委会受理96件、监管所受理84件。受理事项中，调解成功416件，为消费者挽回经济损失167.2万元，办结率达100%。推进消费维权专项行动，2017年，立案查处虚假宣传案件22件，商品质量案件42件，侵害消费者权益案件15件，维护公平竞争的消费环境。

通过日常监督、结合诚信商圈建设、创文等活动对开平市现有的38个“消费维权服务站”站点进行检查指导。引导商家签订《诚信承诺书》，助力开平市第三条“诚信示范街”——大润发商城“诚信示范街”创建成功。举办景区经营者、汽车和手机行业消费维权培训班，向经营者宣讲《消费者权益保护法》《产品质量法》以及经营者首问制度，营造安全放心的消费环境。

（黄艳平）

【市场监管法治化建设】 2017年，全系统办结各类违法案件351宗，没收侵权衣帽服饰、电动车、卫浴产品和不合格肥料等违法商品一大批。开平市市场监管局作为复议被申请人的案件共12宗，诉讼案件1宗，经过复议机关和法院的审查后均作出了维持具体行政行为的决定或判决，维持了“复议零撤销、诉讼零败诉”的执法成绩。在开平市行政执法评查工作中，行政许可、行政处罚案卷经过评查组的评查最终分别取得了90分和98分的优异成绩，在被抽查的行政执法单位中总分成绩排名第一。

夯实学法用法基础，2017年，针对广告、特种设备、计量、商标、农资、合同监管以及消费维权等重点领域开展业务培训15场次，领导干部参加省、市局及地方政府组织的培训8场次，组织网络学法考试6场次，参加培训人员累计1200多人次，营造了“领导带头学法、干部职工自觉学法”的全员学法氛围。开展普法宣传，利用“3·15”国际消费者权益保护日、“4·26”世界知识产权日、“12·4”全国法治宣传日等法治纪念日，采用微信、微博、门户网站等新兴媒介，针对打击制假售假、消费维权、商标维权、打击传销、特种设备安全、诚信计量等重点领域开展法治宣传教育。（关嘉倩）

【廉政工作】 坚持年初专题研究布置党风廉政建设工作任务，层级签订责任书35份。制定《机关党建工作安排》《创建党建工作示范点工作方案》《“两学一做”学习教育常态化制度化实施方案》，修订完善《党组议事规则》《党组工作规则》等制度，从制度层面上约束和规范党员领导干部思想、工作、生活。推进“两学一做”学习教育常态化制度化，学习贯彻党的十九大精神、习近平新时代中国特色社会主义思想以及习近平重要讲话精神、重要批示精神。2017年，创新“走出去讲党课”3期，党组书记讲党课2次，党总支书记讲党课3次，专家讲授党课2次，“主题党日+”活动24期，参观学习5次。

定期开展谈话提醒，对提任和职务调整的中层干部开展任前廉政谈话。深入推进治理“为官不为”，加大对违反“八项规定”、为官不为、不作为、乱作为等“慵懒散”作风以及上下班纪律检查力度，开展党员领导干部“八小时以外”活动监督管理。在全系统范围内推选出想干事、能干事、敢担当、善作为的先进典型，用身边人、身边事教育广大党员干部。组织副科级以上领导干部家属，参加“廉内助”教育培训班，促进党风廉政建设。

（梁绮芬）

【队伍建设】 制定年度干部教育学习计划，围绕改革重点任务、市场监管难点、新兴领域，通过专题讲座、案例分析、小组讨论、跟班学习、网络教育和外出培训等，共举办各类业务培训班47场次，培训人员777人次。做好干部提拔工作，按程序完成了8名干部的提拔任用。

以“党建+”为推手，完善班子成员党建工作联系点制度和落实党建责任清单“月推进、季督查、半年通报、年终考评”的工作机制。利用“主题党日+”活动，深入镇（街）、企业、协会等“送法下乡”，加大对企业服务的范围和监管的职责的宣传。在“发挥作用合格”上，得到企业、群众的好评，并获赠4面锦旗和2封感谢信。顺利通过“市直机关党建工作示范点”验收并挂牌成立。

丰富机关文化活动载体，举办庆“七一”系列纪念活动，组建健步走、足球、羽毛球等兴趣小组活动，引导党员干部找到组织归属感、认同感。通过开展台风清障行动、最美楼道服务、牛皮癣清理等党员义工服务，增强党员的奉献意识、责任意识和服务意识。改造党廉教育室，为广大党员干部提供学习和交流的场所。（梁绮芬）

【个私协会】 2017年，共发展会员19127户，其中个体工商户18969户，私营企业158户。成立基层党支部13个，党员49名。通过政府信息平台、协会微信群、微信公众号等信息渠道，共发出信息量达10多条次。服务会员，为会员代办年报等业务2万多户。

开展政治思想学习教育，召开党支部会议8次，现场参观3次，深入学习中共十九大会议精神。同时召开了2次理事会议和14次会长办公会议及1次办事处主任会议。开展考察学习活动，组织协会会员开展考察学习培训等活动，5月中旬组织了部分会员代表及部分理事到内蒙古、山西省等地进行商机考察与学习。

开展慈善公益活动，利用协会微信公众号向会员广泛宣传，并通过理事、委员及组长再向会员宣传发动，募集资金共3万多元。开展关爱弱势群体活动，组织理事、会员深入到敬老院探望老人，同时到困难会员家中开展送温暖献爱心活动，共计发放慰问金达16万元，发放特困会员补助金12400元。

完成换届选举工作。12月15日，顺利召开了开平市个体劳动者协会第十一次、私营企业协会第八次会员代表大会。近200名来自全市各行业的个体工商户和私营企业会员代表参加了会议，会议通过选举产生了新一届理事会及领导班子共53人。（梁金缨）

2017年开平市驰名、著名商标名录

表2：

广东省著名商标

序号	注册商标	单位名称	类别	核定商品	认定时间
1	嘉士利	广东嘉士利食品集团有限公司	30	饼干	1998年
2	味事达	开平味事达调味品有限公司	30	酱油	2003年
3	龙心	广东龙心医疗器械有限公司	5	医用针	2003年
4	海鸿升	开平海鸿变压器有限公司	9	变压器	2004年
5	久远	广东建成机械设备有限公司	6	液化气汽车槽车	2005年
6	广中皇	开平广中皇食品有限公司	29	腐乳	2005年
7	HONGKEE	广东雄业卫浴有限公司	11	水龙头	2006年
8	彼迪	广东彼迪药业有限公司	5	人用药	2007年
9	S.W	开平市三威微电机有限公司	7	分马力电机	2008年
10	图形	开平市平丰纺织有限公司	24	纺织物、布、纺织的弹性布料	2008年
11	黑凤	开平市合民养殖发展有限公司	31	活家禽	2010年
12	开兰+图形+拼音	广东开兰面粉有限公司	30	面粉	2010年
13	CAIZHOU	广东彩洲卫浴实业有限公司	11	水龙头，浴室装置，淋浴器	2014年
14	华艺	广东华艺卫浴实业有限公司	11	水龙头，水管龙头，龙头	2015年
15	GOLD	开平金牌洁具有限公司	11	坐便器，坐浴浴盆，小便池	2015年
16	CAE	广东希恩卫浴实业有限公司	11	水龙头	2016年
17	AOSMAN	开平市澳斯曼洁具有限公司	11	坐浴澡盆、浴室装置，坐便器	2017年
18	甘力	开平市甘力木业有限公司	19	胶合板	2017年

中国驰名商标

续表2：

序号	注册商标	单位名称	类别	核定商品	认定时间
1	味事达	开平味事达调味品有限公司	30	酱油	2008年
2	朝阳	广东朝阳卫浴有限公司	11	水管龙头	2009年
3	嘉士利	广东嘉士利食品集团有限公司	30	饼干	2009年
4	海鸿升	开平海鸿变压器有限公司	9	变压器	2010年
5	华艺	广东华艺卫浴实业有限公司	11	水管龙头	2013年
6	雅乐士	广东花王涂料有限公司	2	油漆	2016年

2017年开平市列入广东名牌产品一览表

表3：

序号	企业名称	产品名称	商标名称
1	广东华艺卫浴实业有限公司	陶瓷阀芯水龙头	HUAYI华艺卫浴
2	海鸿电气有限公司	变压器（110千伏安及以下油浸式）	海鸿升
3	广东希恩卫浴实业有限公司	陶瓷阀芯水龙头	CAE
4	广东龙心医疗器械有限公司	一次性使用无菌注射器及输液器	龙心
5	广东彩洲卫浴实业有限公司	陶瓷阀芯水龙头	彩洲
6	开平金牌洁具有限公司	卫生陶瓷	GOLD（图形）
7	广东花王涂料有限公司	水性木器涂料	花王
8	开平市澳斯曼洁具有限公司	卫浴家具	AOSMAN
9	广东华艺卫浴实业有限公司	恒温水龙头	HUAYI华艺卫浴
10	广东和益隆金属制品有限公司	脚手架租赁安装服务	

2017年开平市个体工商户发展情况表

表4：

行业代码	项目	数量
	户数（户）	32253
	从业人员（人）	68700
	资金数额（万元）	104919.29
按行业分类（户）		
A	农、林、牧、渔业	298
B	采矿业	2
C	制造业	5318
D	电力、燃气及水的生产和供应业	20
E	建筑业	527
F	批发和零售业	17813
G	交通运输、仓储和邮政业	212
H	住宿和餐饮业	3624
I	信息传输、软件和信息技术服务业	83
J	金融业	1
K	房地产业	226
L	租赁和商务服务业	627
M	科学研究和技术服务业	108
N	水利、环境和公共设施管理业	13
O	居民服务、修理和其他服务业	3149
P	教育	68
Q	卫生、社会工作	22
R	文化、体育和娱乐业	141
	其他	1

2017年开平市私营企业发展情况表

表5：

行业代码	项目	数量
	户数（户）	5257
	从业人员（人）	47325
	注册资本（出资金额）（万元）	1419889.02
按行业分类（户）		
A	农、林、牧、渔业	227
B	采矿业	5
C	制造业	1995
D	电力、燃气及水的生产和供应业	21
E	建筑业	258
F	批发和零售业	1493
G	交通运输、仓储和邮政业	134
H	住宿和餐饮业	38
I	信息传输、软件和信息技术服务业	139
J	金融业	17
K	房地产业	195
L	租赁和商务服务业	435
M	科学研究和技术服务业	143
N	水利、环境和公共设施管理业	35
O	居民服务、修理和其他服务业	68
P	教育	5
Q	卫生和社会工作	4
R	文化、体育和娱乐业	45
	其他	0

2017年开平市内资（非私营）企业发展情况表

表6：

行业代码	项目	数量
	户数（户）	1215
	从业人员（人）	32699
	注册资本（金）（万元）	781462.00
按行业分类（户）		
A	农、林、牧、渔业	40
B	采矿业	1
C	制造业	86
D	电力、燃气及水的生产和供应业	56
E	建筑业	35
F	批发和零售业	410
G	交通运输、仓储和邮政业	70
H	住宿和餐饮业	15
I	信息传输、软件和信息技术服务业	46
J	金融业	195
K	房地产业	89
L	租赁和商务服务业	84
M	科学研究和技术服务业	29
N	水利、环境和公共设施管理业	24
O	居民服务、修理和其他服务业	23
P	教育	2
Q	卫生和社会工作	0
R	文化、体育和娱乐业	9
	其他	1

2017年开平市农民专业合作社发展情况表

表7：

行业代码	项目	数量
	户数（户）	340
	从业人员（人）	4593
	出资总额（万元）	47473.99
按业务范围分（户）		
A	农业生产资料的购买	42
B	农产品销售	77
C	农产品加工	4
D	农产品运输	0
E	农产品贮藏	0
F	与农业生产经营有关的技术、信息等服务	138
G	种植业	48
H	养殖业	7
I	其他	24

附：市市场监管局领导班子名录

党组书记、局长：甄雪英

党组成员、副局长：伦宏锐　冯贵庆　关海锋

党组成员、总工程师：吴协和

党组成员：张灿思　张晓冉

食品药品监督管理

【简况】 2017年，市食品药品监督管理局以贯彻落实开平市委市政府“工作落实年”为契机，抓好食品药品安全监管，推动全面深化改

革，共办理食品、药械、保健品及餐饮行政审批事项共3589件，全市没有重大食品安全事件发生。

【食品安全综合协调】 以市政府办公室名义印发了《开平市开展家禽“集中屠宰、冷链配送、生鲜上市”工作实施方案》，推进家禽“集中屠宰、冷链配送、生鲜上市”工作，建成绿皇家禽批发市场和市场物业两个家禽集中屠宰点，高标准对限制区内15家农贸市场家禽经营档口进行改造，完善市场销售储存条件，对市场的环境设施进行了全面优化升级。组织召开2017年全市食品安全工作会议，逐级签订《2017年开平市食品安全工作目标责任书》，落实各成员单位食品安全监管责任。部署开展了春节、国庆、中秋节前食品安全联合检查，落实重大食品安全信息报送工作，组织各成员单位协调处理各类食品安全问题。

【餐饮服务食品安全监管】 该局多次联合人大、教育等部门加强学校及其周边食品安全检查，推进学校食堂“明厨亮灶”建设工作，全市148间学校食堂和52间大型餐馆及大型企业食堂已100%实施“明厨亮灶”建设。以“申请人承诺制”审批试点工作为契机，优化和简化小餐饮企业的审批程序，缩短审批时限，提高食品经营许可的审批效率，由事前审批逐步向事中事后监管转变。是年该局共发放符合“申请人承诺制”条件的“食品经营许可证”882张。

【食品市场安全监管】 组织开展食用农产品快筛快检工作。该局在2016年建成14家快检室的基础上，是年新增建设4家快检室。2017年共快检食用农产品33742批次，呈阳性反应的208批次，不合格率6‰，监督销毁问题食用农产品284.95公斤。开展禽流感防控工作，强化督查，分片包干，开展约谈，规范经营行为，建立防控工作机制，督促严格落实“1110”制度。2017年出动执法人员275人次，检查家禽经营市场437家次，张贴禽流感疫情防控海报122张，派发宣传单张598张。

【食品生产安全监管】 全市共有124家食品生产企业，2017年该局对食品生产企业进行全覆盖检查。开展食品生产加工小作坊的综合整治，以“扶持一批、整治一批、关停一批”为工作思路，针对食品生产加工小作坊存在的从业人员素质不高、生产条件差等共性问题，该局制定了小作坊所需的台账，根据不同类型小作坊的特点制作了小作坊的布局图和工艺流程图，便于小作坊负责人对照进行整改。对一些占据市场份额较大的烧腊小作坊业主进行约谈，现场指导小作坊进行整改，引导、鼓励食品小作坊升级改造或者转产转业。2017年在河粉、食用植物油、豆腐、糕点等小作坊行业发放了食品生产加工小作坊登记证，全市共发出小作坊登记证32张。

【药品医疗器械监管】 突出重点，实现飞行检查常态化，完善药品医疗器械供应质量保障体系。药品方面，以储运需冷藏的药品、中药饮片、专管药品等高风险品种和疫苗、终止妊娠药品、辅助生殖药品为重点，加强城乡接合部、农村等边远监管薄弱地区药品流通渠道的风险防控，重点打击非法异地设仓、未索证索票、无随货同行发票（单）、伪造数据等行为，督促企业按规定销售处方药。检查中发现3家药品零售企业不能提供相应的购进票据，无法实现药品追溯等问题，该局按程序上报相关证明材料，提请江门局撤销其GSP认证证书。医疗器械方面，结合日常检查，重点开展元旦春节前医疗器械安全大检查、H7N9禽流感防控药械质量专项检查、使用“超声刀”产品专项检查、角膜塑形镜专项排查、互联网医疗器械经营监督检查工作、无菌和植入性医疗器械经营和使用环节的监督检查、天然乳胶橡胶避孕套类产品专项检查等。2017年，以飞行检查为主要方式，组织检查药品零售企业260家次，医疗器械经营企业188家次，医疗器械生产企业4家次，医疗机构71家次，共发出《当场行政处罚决定书》100张，约谈企业6家次。

【保健食品监管】 依据《开平市“两品一械”

经营企业信用分类管理实施方案》和《开平市“两品一械”经营企业安全信用等级评定办法》的规定，对该市215家保健食品经营企业安全信用等级进行了评定，其中A级（优秀企业）69家，B级（规范企业）144家，C级（基本规范企业）2家。联合科工商务局、市场监管局、长沙街道办、长沙街道南岛社区居委会在开平市苍江健身广场门口开展保健食品科普宣传进社区活动。活动当天共发放保健食品宣传资料300余份，接受群众咨询50多人次。组织开展2017年保健食品非法会议营销专项治理行动，联合公安、市场监管、卫生计生等部门，分别对三埠街道新昌穗香街和新昌市场周边地区的保健食品专营门店进行了专项检查。

【化妆品监管】 开展化妆品安全治理示范区建设工作，以在东兴大道广场南路2号至东兴大道人和西路1号（北起广场南路路口，南至人民东路路口）作为“一街”，其周边地区侨园路、祥龙中路选定为“多点”，市级示范区建设对象共有12家。

【行政执法】 该局结合“清网行动”，先后联合公安、工商及相关执法部门开展执法行动15次，对市区农贸市场肉类及其制品、辖区内冻品经营单位进行联合整治，打击制假售假、走私等违法行为。加大队伍培训和承检机构监管力度，落实食品检验量“每千人3批次”工作。2017年共抽检食品生产经营单位及个体532家次，完成食品安全监督抽检任务989批次，不合格52批次；完成药品监督性抽样99批次，不合格2批次。2017年共出动监督检查人员2312人次，检查单位1534间次，立案查处案件81宗，结案81宗，作出罚没款60.0255万元。加大食品药品“两法衔接”力度，共向公安部门移送涉嫌食品药品犯罪案件18宗。2017年该局协助广西公安在龙胜镇捣毁一重大假药制作窝点，该案件获江门市食药监系统优秀案例称号。

【法律法规培训及宣传】 2017年，该局发挥领导干部学法带头作用，举办了26期专题法律大讲堂。开展普法进企业、进乡镇、进社区、进学校活动。该局与健芝源食品有限公司联合打造“江门市科普教育基地（食品药品安全类）”，带动全市餐饮企业“齐参与”开展守法经营、文明用餐活动。将全市乡镇划分三个片区，分区域对全市食品药品安全协管员进行了培训。该局创建“你送我检”的蔬菜便民服务点，到市区群众散步消遣的苍江广场进行“零距离”的保健品知识讲解。该局联合教育局多次到开平市开侨中学，世界谭氏中学开展“食品安全进校园”活动。在谭宏秩小学开展了“食品安全三字经”进校园活动，生动的食品安全小品表演，起到了“教育一个学生，影响一个家庭，辐射整个社会”的效果。借力食品安全周活动、“3·15”消费者权益保护日，现场给广大群众展示农残抽检，讲解相关农残知识，联合市普法办和电视台，拍摄了第7期《法治开平》——《舌尖上的安全》，受邀参加开平电视台《潭江论坛》节目，发挥微信、微博的作用，开展法律法规宣传活动。

【唐嘉培获省食品安全标准知识竞赛“优秀选手”】 唐嘉培参加2017年广东省食品安全标准知识竞赛，荣获“优秀选手”称号。（丁晓萍）

附：市食品药品监督管理局领导班子名录

局　　长： 庞信明
副 局 长： 梁健宇
潘康杰
吴尧新
阮汝洪（卫计局副局长兼）
纪检组组长： 司徒小娟

安全生产监督管理

【简况】 开平市安全生产监督管理局（以下简称市安监局）直接监管（许可）的行业领域包括：非煤矿山、烟花爆竹、危险化学品及职业卫生，共有企业642家；综合监督管理的生产经营企业有2110多家。

2017年，市安监局采取“提升企业安全生产能力、提升监管效能、落实企业主体责任、加强安全文化建设”策略，是年该市工矿商贸领域发生了2起生产安全事故，无较大以上事故发生；市安监局主管的非煤矿山、危险化学品、烟花爆竹三大行业保持“零生产安全事故”。

【矿山安全生产监管】 2017年，全市已投入运营非煤矿山企业有2家，有2家非煤矿山企业正在建设中。加强对已营运企业的安全监管，开展非煤矿山防汛度汛、非煤矿山安全生产专项整治、矿山排土场安全生产专项检查、特别防护期大检查等多个隐患排查治理行动；加强对在建中非煤矿山企业的安全巡查，督促企业落实安全生产“三同时”工作，将安全设施与主体工程同时设计、同时施工、同时投入生产和使用。是年共督查、巡查非煤矿山企业23家次，发出整改指令书4份，整治安全隐患27处。

【工厂企业安全生产监管】 开展岁末年初大检查、节后复产检查、清明节前检查、汛期安全生产大检查、特别防护期安全生产大检查（从3月份持续到10月底）等多项全市性大检查行动和粉尘防爆、有限空间、防机械伤害、涉氨制冷、冶金有色、输油管道等多个专项治理行动，深化事故隐患的治理工作。是年共检查、复查生产经营建设单位7000家次，排查整治各类安全隐患问题1900多项，依法立案查处安全生产非法违法行为立案39宗，查处事故企业2家，处理事故责任人2人，并在网上公开。

开展安全生产标准化“回头看”。督导已取证企业建立安全生产标准化管理长效机制，持续开展安全生产标准化管理。“回头看”行动共检查企业60家，期满换证24家，新办证7家，整改安全隐患287处。

加强安全生产诚信体系建设。开展安全生产不良记录“黑名单”排查、公布工作，是年，开平市有2家逾期拒不执行行政执法指令的企业被江门市安监局纳入“黑名单”管理。

加强安全文化建设。采取电视动员讲话、宣传车巡游宣传、公开咨询日、警示教育、送法上门、安全文化进企业、开展应急演练、户外广告、手机语音宣传、气象信息平台发布安全生产宣传广告、电视电台公益宣传、政务微博发布、各类媒体报道等多种形式，营造安全氛围。共举办了安全咨询活动160多场次、安全培训270多场次，发放安全宣传资料超19万份，该市有700多家企业开展宣教培训活动，有260多家企业开展了应急演练活动，参与各类宣传教育活动的人数超23万人次。

【危险化学品生产、储存、使用安全监管】 制定了《开平市危险化学品安全综合治理实施方案》《开展危险化学品安全综合治理具体落实措施》，全面摸排危险化学品风险点危险源、重大危险源，加强危险化学品风险点危险源、重大危险源、生产储存专区的风险管控，按照风险等级，对全市12家危险化学品生产企业、33家经营企业、62家成品油经营企业（其中加油站61家，油库1家）开展差异化监督检查。是年共督查危险化学品企业163家次，发出整改指令书53份，现场处理措施决定书6份，责令停产停业整顿1家，治理安全隐患387处；共完成10家危险化学品经营企业、29家加油站的安全生产许可，完成3家危险化学品建设项目的安全条件审查和3家危险化学品企业的安全设施审查。

【烟花爆竹企业监管】 该市有烟花爆竹企业53家（批发1家，零售52家）。开展了春节期间烟花爆竹专项检查、清明节前烟花爆竹专项检查、烟花爆竹生产经营旺季安全生产检查，共督查烟花爆竹经营企业（含批发）84家次，发出整改指令书2份，治理安全隐患9处。严格安全生产许可，按照《烟花爆竹经营许可实施办法》和《广东省安全生产监督管理局烟花爆竹经营许可实施细则》的规定，完成了30家烟花爆竹零售点的许可审批工作。

【职业卫生监督检查】 抓好职业病危害专项整

治和职业卫生基础建设，推进职业病防范工作。2017年，共检查企业1317家次，发现职业病危害隐患2605项次（其中，责令当场整改2110项次，限期整改495项次），警告16家；累计完成职业病危害项目申报企业481、完成职业病防护设施“三同时”项目16项、完成职业病危害现状评价数29家、589家企业共25431人次参加了体检、5家企业申请为职业卫生管理示范企业、453家次企业参加职业卫生培训，全市48家职业病危害重点行业企业的申报率、警示标识与告知卡设置率、劳动防护用品发放及使用率、职业卫生基础建设达标率、主要负责人培训率均为100%。

【其他事项监督检查】 制订《开平市安全生产工作责任书》，由市政府与镇街、部门，镇街、部门与村居、所辖单位签订安全生产责任书，形成部门、镇街、村居（企业）三级目标管理体系，使安全生产监管工作“纵向到底、横向到边”，确保了安全生产工作事事有人抓，处处有人管。

投入45万元，通过政府购买安全技术服务的方式，聘请专家向企业提供安全生产和职业卫生技术服务，帮助企业查找隐患、解决存在问题；安排专家举办了安全生产、职业卫生培训班25期，培训的全市企业负责人、安全管理人员超2100人。

举办安全监管业务培训班15期，组织市镇两级安全监管人员530多人次，集中参加培训，提升全市安监人员的监管监察能力。

附：市安全生产监督管理局领导班子名录

局　　长： 付　雷
副 局 长： 余朝阳
杨　飘
纪检组组长： 何晓敏（女）
总 工 程 师： 孙焕铭

国资国企监督管理

【简况】 开平市资产管理委员会办公室（简称：市资产办）主要职责是根据市政府授权，依照有关法律、法规，以及市政府有关定履行出资人职责；根据国家，省有关国有资产管理的法律法规和政策，起草开平市公有企业资产管理的规章制度并组织实施，依照有关规定对公有企业资产进行监督管理等。2017年，在完善国资监管机制、深化国企改革、促进国企做优做强以及加强党的建设工作等方面，抓好落实，实现了国资监管水平和效率的稳步提升。

【公有企业绩效考核管理】 2017年，根据强化国有资本运营需要，改进完善市直资产经营公司的考核办法，完善绩效薪金计算方式，对企业绩效薪金总额和个人绩效薪金上限根据综合考核结果分别确定；细化完善党建工作考核，督促企业在抓好生产经营的同时，也要抓好党建工作的落实。继续扩大市属公有企业绩效考核范围，2017年下达考核任务的市属托管企业31家，比上年增加了7家。注重抓好考核方案的优化，2017年各项经济考核指标完成或超额完成了目标任务。其中：上缴资产占用费14446万元，完成年度考核任务7582万元的190.5%；实现营业收入17164万元，完成年度任务17164万元的100%；实现对外投资收益18310万元，完成年度考核任务16337万元的112.1%；实现净利润18373万元，完成年度任务15766万元的116.5%；上缴税金32501万元，完成年度任务30729万元的105.8%。实现资本积累119059万元，完成年度任务107091万元的111.2%，比2016年度国有资本积累实现数109283万元增长9%。

【完善国资管理体制】 贯彻国务院关于改革和完善国有资产管理体制精神，落实2015年省委第七巡视组对该市国资管理工作提出的要求，推进该市国资监管电子平台建设。该项目于

2016年开始立项建设，2017年着重做好平台的试运行测试和系统功能完善优化。经过数月的试运行测试和不断的性能优化后，项目已通过验收，正在试运行中，第一批纳入监管4家市直企业及下属子公司。平台系统通过资产管理、财务数据等模块，实现对国有企业资产状况、经营状况、财务资金、预算决算、投资融资等情况的动态信息收集与分析，加强对企业资金、资产、资源的实时在线监管，有效地防控企业营运风险；优化完善国资网站，设置专栏分类及时公开国企的“基本信息”“经济运行情况”“重组与资本营运”“经营业绩考核”“监事会动态”等信息，多方位接受监督，推进国资系统的廉政建设。

【深化公有企业改革】 为实现国有资本保值增值和不断增强国有经济竞争力的目标，2017年，该办继续深化国资国企改革，注重优化国有资源布局，主要推进出清重组国有“僵尸企业”、国有企业公务用车制度改革、机动车考验场“事转企”改革和国有企业公司制改革。“僵尸企业”出清工作，是按照省及江门市国资委关于供给侧改革部署出清重组国有“僵尸企业”。2016年至2017年，通过加强统筹协调和分类指导，按照“一企一策”做实处置方案，采取产权转让、资产重组、委托平台集中托管等方式，稳妥地推进处置国有“僵尸企业”工作。已按要求完成出清重组“僵尸企业”27户的任务，配合做好去产能工作，逐步消化历史问题，优化国资结构和布局；国有企业公务用车制度改革，是贯彻落实中央八项规定精神和厉行节约反对浪费要求的重要举措，市全面推进公务用车制度改革的重要任务，2017年，纳入改革范围的国有企业共46家。是年，已基本完成国有企业的车改任务；机动车考验场“事转企”改革是根据《中共中央国务院关于分类推进事业单位改革的指导意见》要求，对市公安局属下市机动车驾驶员考验场进行“事改企”改制。经过多次协调和研究，拟定可行的改制方案。是年已由市交通集团公司属下企业出资设立“开平市合安机动车驾驶员考场服务有限公司”承接市机动车驾驶员考验场的经营业务、资产及在职人员，实现“事改企”的平稳过渡；国有企业公司制改革，是为进一步深化国有企业改革发展，完善现代企业制度，健全公司法人治理结构，开展市直国有企业公司制改革。通过与市场监督管理局沟通，了解公司制改革相关程序，组织市直国有企业召开专题会议布置工作。2017年末，市直四大公司（一级企业）已初步制定了公司制改革方案以及新的公司章程。

【推进民生工程和城建项目】 2017年，根据市委市政府的工作部署，结合国资整合发展要求和资源优势，继续加大国有资本对公共民生、基础设施等领域投入，推进公交系统项目建设、城区肉菜市场升级改造和投资合作油气站项目等多项重点项目和任务。公交系统项目建设，主要统筹协调市交通集团公司大力推进ERP系统建设，提升公共交通调度能力和信息化水平。推进公共汽车总公司投资200多万元，开展了荻海站、义祠站纯电动公交车充电设施工程建设，共新建充电桩23个，保障新能源汽车日常运营。投入2400万元采购20辆纯电汽车投入运营，提高新能源汽车的比例，减少废气污染；城区肉菜市场升级改造项目，协调市场物业公司投入1260万元推进幸福市场、开华市场及水口市场等重点市场的升级改造。是年，三个市场的升级改造工程已经全部完成并投入使用；投资合作油气站项目，按照市政府与中石化广东石油分公司签订的《战略合作框架协议》，由市公共汽车总公司与中石化共同出资成立合资公司，在该市辖区内投资建设新规划加油站及燃气、电能等新能源项目，是年，簕冲油站布点申请已获省经信委批复，油站供地等工作正加紧推进。　　（冯丽芳　周春山）

附：市资产管理委员会办公室领导班子名录

市直国企工委书记、主　任：谭贤富

市直国企工委委员、副主任：司徒卫争

王伟雄

李启钿（2017.11—）

市场物业管理

【简况】 2017年，市场物业管理公司设有办公室、人事组织部、审计监察部、财务会计部、工程维修部、物业管理服务部、发展与改革部、安全保卫部及机关服务中心等9个部室（中心），属下基层管理站有新昌、东星、银海、开华、幸福、百汇、水口、振华农产品批发市场及步行街9个物业站。有干部职工173人，负责对全市13个肉菜市场（含合作市场）的管理。

【干部职工管理】 以公司2014年1月重新修改并实施后的管理制度文件为依据，以公司的审计监察部门为主体，开展劳动纪律检查和效能监察，对公司的管理、工程建设（维修）、财务管理等方面实行全方位的监察。建立激励和约束机制，对中层干部进行严格考核，每年签订经营和安全责任书，将考核结果与绩效浮动工资挂钩。建立党风廉政建设责任制，要求被考核单位制订相应的制度和规定。2017年，结合实际情况对财务管理制度和工程维修建设领导小组管理制度进行了补充和重新修订；是年共处理政府热线（“12345”）和信访维稳中心转来的投诉和表扬事项 23件，其中收到一份是公司成立以来首次由市信访中心发来的办结满意表扬信。

【食品准入市场管理】 成立了流通环节产品质量和食品安全专项整治工作领导小组。实行食品准入机制，在属下的幸福、银海、东郊、百汇、新昌、开华、振华农产品批发市场及水口等肉菜市场设置食品检测室，各配备检测员2人，每天对进入市场的蔬菜、水果等食品进行抽检，实时公示；对不符合质量安全标准的农产品或存在其他安全隐患的产品，责令停止销售、强制退市，并送交执法部门处理。各市场食品经营店铺基本建立了进货索证索票制度，协助和配合有关职能部门抓好市场食品安全的监管。落实清洁消毒、休市（“1110”）制度，做好市场准入“两证”关和签订责任书。是年，配合上级部门开展实行家禽“集中屠宰、冷链配送、生鲜上市”制度，共投入10万元购置农残检测材料及相关设备；各市场共抽检蔬菜及其他食品样品近8600项，蔬菜农药残留抽检达标水平普遍达到98%以上。其中退场7批次，数量合计180多公斤。要求各猪肉档实行挂钩制度，与定点屠宰企业签订准入协议，100%建立进货索票索证制度。

【舆论宣传监督】 2017年，该公司投入40多万元，在市场内设置广播、LED显示屏、宣传栏、标语横额及印发宣传单张，宣传创文再出发行动、“两学一做”“习近平总书记对广东工作的重要指示精神”和市委十三届全会精神等系列宣传报道，营造齐抓共管，共同参与的良好舆论工作氛围。各市场业户基本建立了经营台账，大部分市场与业户签订质量安全承诺保证书，加大对安全生产工作的宣传力度。

【市场招投标管理】 从2010年起，按照国家的相关法律法规，对租赁工作进行逐步完善规范管理，以公司规定的招投标制度取代原来的租赁费递增方式。

【精神文明建设】 夏季，开展向基层一线员工送清凉饮料活动； 中秋节及国庆节期间举办了“贺中秋、迎国庆”职工茶话会；邀请离退休干部的党员干部召开座谈会，聆听他们对公司发展的好建议；组织干部职工参加开平市“慈善公益活动月”捐款活动，共捐款1.2万多元；投入近1万元参与赤坎镇的精准帮扶活动，慰问困难群众共13户（次）。是年，公司获得了开平市纳税先进单位、安全考核达标单位等荣誉称号；幸福市场被评为广东省2016—2017年度诚信文明市场。 （赖永中）

附：市场物业管理公司领导班子名录

党委书记、总经理：周伍仪

党委副书记、纪委书记、副总经理：

陈志华（—2017.12）

党委委员、副总经理：黄世洪　周卫文

朱达文　张伟源

党委委员、工程维修部主任：吴伟宁

党委委员、人事组织部主任：司徒洁梅

工业资产管理

【国企党建】 2017年，工业资产经营公司（简称工业资产）结合“两学一做”学习教育、党员“主题党日”、“纪律教育月”、“两代表一委员”接访活动、“三会一课”、“民主生活会”的开展，持续在党员党性教育、活动载体创新、党员队伍理顺、宣传阵地建设等方面下功夫，配合市委组织部及上级党委开展改制企业失联党员寻找工作，完善有关党员属地党籍迁移流程；研究部署国企党建平台标准化建设，促进基层党建设施的不断完善；持续补短板强弱项，促进中共十九大精神、习近平总书记系列重要讲话精神与国企党建相互融合，国企党建形成了“全面红”的局面。

【资产经营管理】 工业资产以“保证国有资产保值增值”为目标，对开平市资产管理委员会授权经营范围的工业企业履行“投资、管理、监督、服务”四大职能，做好授权营运公有企业资产经营绩效考核管理。2017年绩效考核的9项指标中（包括折旧、资产负债率、资本积累率、营业收入、资产占用费、应收账款回收率、上缴税金、安全、三项费用）均达到预期目标。在企业户数不断减少的情况下，经过公司努力，完成资产占用费考核指标任务。2017年上缴税金8271.94万元、实现营业收入1133.65万元。2017年上缴税金中，罗赛洛公司达4843.59万元，依利安达公司达2635.84万元。

【国汇工业园】 按照政府工作要求，为更好地进行招商和统一管理，经工业资产和翠山湖管委会协商，已委托翠山湖管委会对国汇工业园进行管理和招商。2017年国汇工业园入园企业26家，厂房出租面积88601平方米，另外出租大堂首层550平方米、副楼饭堂1690平方米、部分主楼宿舍出租面积1900平方米，全园区共出租面积92741平方米。开平市国汇投资公司于2017年12月经市资产办批复同意转让。

【国企改革】 为有效推进开德利公司改制工作开展，该公司配合上级安排和部署，深入企业了解经营情况、收集数据分析，制定了改制方案，有效处理改制前相关人员上访、投诉，至2016年年底，已顺利完成了改制立项、职工安置、财务审计、清产核资等工作。

【企业发展】 2017年，结合项目融资、高新企业参股、土地和厂房收储等形式，与银行、相关职能部门衔接，盘活低效资产，释放国资企业发展活力。如全力推进“国汇豪庭”三旧改造项目建设，全面实现国有资本多元化发展；配合开平市委、市政府做好“外接内融”的对应措施，助力水口镇“产业提升、城市提质”高规格启动潭江新城——水口片区建设工作，促进有关土地整合、配套设施建设等工作顺利开展，同时坚持以平台促发展的理念，依托现代物流园、卫浴产业园、农贸商贸城等的打造，推进工业园区平台建设，以平台促发展、以园兴企、以转型呈亮点；加强辖属企业“金山文旅”公司运营能力，坚持以本土资源为依托，以全域旅游为统领，发掘优质旅游资源，优化旅游项目的布局，结合选点、考察、土地整合收储等工作的开展，打造全域旅游“助推器”。

【解决遗留问题】 与市人社局、总工会等部门及时沟通协调，做好改制企业职工低保、帮扶工作；通过协调相关部门，协助解决改制企业有关房屋产权等历史遗留问题；根据上级部门的有关部署和要求，协助妥善解决市国有企业幼教退休教师待遇问题，并代收代支相关教师生活补贴资金；设立专人专岗，协助改制企业有关人员做好社保办理等相关工作，并要求在

5个工作日内给予回复；对工交系统退休老干部给予关怀，深入调研、开展座谈，解决老干部退休生活所需。（谢向阳）

附：工业资产公司领导班子名录

党委书记、董事长、总经理： 罗永逵

党委副书记、副总经理： 龚润贤（—2017.10）

党委委员、副总经理： 张颖琳

张灼威

关天峰

祁锦雄

张向宁（2017.6—）

党委委员： 张俊雄

开平海关

【进出口管理】 2017年，开平海关将“把好国门”作为第一要务，制定《开平海关反恐防范责任清单》，涉及18项制度和措施，明确关、科两级领导责任，年内在快件监管现场和货运监管现场联合查验部门和经营单位举办反恐应急演练。开展监管场所危险化学品安全综合治理暨涉及危险化学品仓储业务监管场所专项整治工作，开展知识产权保护“龙腾”专项行动，打击“洋垃圾”等危害生态安全的走私行为，加强香港回归庆典期间通关监管环节安全保卫工作，对现场安保设施进行检查，加强机检、查验环节管理。规范监管设备的保用。以空间地理信息采集及摄像头编码更新为契机，重新梳理码头视频监控摄像头，完成摄像头的编码、拍照、定位及更换工作。2017年共审核报关单数19658份，共监管进出口货物44.24万吨，货值10.18亿美元。监管进出口船舶736艘，进出口车辆2456辆。共监管进口快件物品553批61.9万件，价值18940.9万元，征收税款1040.9万元。

【依法治税】 2017年，开平海关综合治税创近3年新高。深入税源企业调研，对接全国通关一体化工作，推广电子支付、自报自缴模式，提高通关效率，推进国际贸易“单一窗口”改革，召开政策宣讲会、企业调研，指导企业利用好海关改革带来的便利。加强关区主要税源商品价格情况分析监控，提升对进出口商品价格的事前、事中、事后管理力度，防范低瞒漏报价格、归类和原产地风险，提升价格管理水平。加强后续稽核查，强化内销征税工作，加大对遗留合同的清理力度，规范跨境电商和快件物品的监管。是年，税款入库14950万元，增加5648万元，增长60.7%。

【打击走私】 开展打击走私“国门利剑2017”联合专项行动，坚持“专项+联合”，加强对开阳和佛开高速公路运输走私货物的监控力度，密切与地方打私办的联系配合，沟通公安、工商、烟草等打私部门，互通反走私综合治理信息交流。2017年，共办理案件34宗、案值15300.85万元，涉税1257.77万元，罚没入库119.64万元、补税83.98万元。

【监管工作】 落实中央、海关总署“压缩通关时间1/3”的目标，2017年，该关出口平均通关时间为0.12小时，进口平均通关时间为8.17小时，同比压缩28.49%和55.34%，均达到总署压缩三分之一的要求，通关效率在关区排行第二。针对开平口岸的交通区位特点，坚持每天延时工作，确保船舶当天清关出境；坚持落实预约服务，确保货期急的企业货物及时办理海关手续，为进出口企业赢得时间和节省成本费用。推进“双随机、一公开”，落实总署党组关于“两个随机”的工作要求，执行“查验随机派单”制度。规范货运和快件监管场所的管理，加强快件现场安全准入风险防控，加强对进境车辆的检查。加强与江门海关监管、风险、审单部门沟通联系，协调解决监管中存在的问题。

【支持外贸进出口】 2017年，开平市进出口总值151.6亿元人民币，同比增长3.1%。于10月扭转负增长的局面。牵头搭建了促外贸稳增长的政企高层交流平台，开展地方政府、口岸联

检单位、行业协会和企业高层管理人员的对话，解决问题、对碰需求、共谋发展。领导班子多次走访开平市委书记庞正华，通报外贸总体情况，从海关的角度提出外贸稳增长的思路和措施。加强进出口监测预警和统计分析，提升预测分析时效性准确性，为地方政府科学决策提供参考。召开政策宣讲会5场、“加贸业务微大厅”微信群、深入企业调研、运用新媒体等直接面对面方式，让企业掌握海关改革措施、新的政策规定，引导企业用好用足各项优惠政策，特别是6月下旬召开的全市外贸政策宣讲会，对全国海关启动通关一体化宣传，规模大、参会人员多。支持促进新业态健康发展。开展“卡车航班”进口模式，成功打通了“江门—香港”进出境空运物流直通通道，为企业节约物流成本；加强政策指引，引导企业经营业务向跨境电商方向发展，面对面向来自世界各地的电商客户宣讲海关政策和促进跨境电子商务的措施。 5月3日，航天数联公司向该关送来一块“热情服务、廉明高效”牌匾。根据地方政府和中国航天国际控股有限公司走访江门海关领导提出的跨境电商业务、半导体物料进口及设备维修、冷链物流，加紧推进澳大利亚活牛进口等项目业务，加强与政府部门联系交流，提前介入，关注相关项目的进展，推动项目落地见效。（徐韵致）

附：开平海关领导班子名录

关　长：源孔灵（—2017.9）
吴锦添（2017.9—）

副关长：杨太瑞（—2017.4）
王志诚（—2017.11）
梁振坤（—2017.11）
吴雄杰（2017.11—）
张文焕（2017.4—）

出入境检验检疫

【简况】 2017年，开平出入境检验检疫局围绕“抓质量、保安全、促发展、强质检”工作方针，在广东局新一届党组领导和地方党政关心支持下，服务大局，主动作为，各项工作取得成效。

【检验检疫综合改革】 深化以“风险管理+企业分类+合格评定”“提前检验，事中事后监管”等为主要内容的进出口食品差别化监督体系，实现从检验放行模式到监管放行模式的转变，大幅提高通关效率，降低企业进出口成本约800万元，辖区特色食品球形巧克力和蛋制品出口量持续增长，货值和重量分别占广东省同类产品的11%和70%。出口和进口食品的批次、重量和货值均有大幅增长，同比分别增长24.8%、 36.0%、 28.8%和 110.5%、 74.4%、94.5。

提高通关便利化，优化营商环境。无纸化申报达100%；全力推动标准版“单一窗口”使用，使用率达11%；多举措压缩通关时长，施检、签证、放行时长得到大幅压缩。参与并实施江门市“十五证合一”登记制度改革，直接为42家企业办理检验检疫报检企业备案和原产地申领企业备案。落实好减免企业费用的政策规定，为企业减负增效。

【开展“质量月”活动】 按照“质量月”工作计划，开展了多项专题宣传活动，对企业进行《质量发展纲要》宣贯；举办原产地政策宣贯会；召开“运用国外技术性贸易措施、促进行业转型升级”座谈会；开展“实验室开放日”活动；组织开展《食品安全法》等法律法规的宣贯培训，强化企业作为产品质量第一责任人的意识，形成质量共治氛围。

【疫情防控和质量安全】 通过政务公告栏、发放宣传单张等形式，向口岸出入境人员宣传中东呼吸综合征、埃博拉出血热等传染病的防治知识；组织开展口岸疫情防控技术培训、突发公共卫生事件应急处置演练；安排专业人员加强对船员体温监测和症状排查；动态调整口岸防控措施，构筑了口岸传染病防控安全屏障。

加强进口动植物产品、机电设备、化工原

料等大宗敏感商品的现场查验，落实有关规章制度，加强单证审查、现场核查、抽样检测、检验记录等工作；建立完整的企业质量档案，强化后续监管。

对开平口岸进出口危险化学品及其包装检验监管工作进行了自查和整改，指导3家经营进出口危险化学品的企业正确粘贴危险公示标签，建立应急处置机制；发放大量宣传手册，让有关人员学习掌握各类危险物品的储存、运输、安全防护和救援知识。

【服务企业】 结合自身职能，年初出台了《助推开平质量提升 力促外贸稳定发展十举措》，确定服务地方经济发展工作主线和主要举措。完善单一窗口申报和一机双屏双控现场监管模式，并联通关，提升通关效能。扶持进口澳洲活牛屠宰项目建设，该项目已通过环评正稳步推进中。在进口肉类指定口岸项目的谋划、申报过程中向地方政府和企业提供政策、技术和信息支持。

在2015年成功帮扶创建全国首个县级省级水暖卫浴产品出口质量安全示范区的基础上，继续指导帮助行业构建了宣传和销售平台；加强标杆企业的培育，一家企业获得总局颁发的“中国出口质量安全示范企业”牌匾；利用作为人大代表、政协委员和党代表的角色，参政议政，建言献策，提出建设国家级质量安全示范区的建议并写入市政府2017年工作报告；实施出口食品竞争力提升工程，对食品企业精准帮扶。该工作被市政府《开平信息》专题刊登。

大力推进“三同”工程，辖区有15家出口食品企业进入认监委“三同”信息服务平台；采取“一厂一企一策”，精准定向帮扶。一家蛋品公司获得欧盟注册资格，这是广东省首家获得欧盟注册资格的蛋制品生产企业；推进“互联网+政务服务”，提高原产地证签证便利化水平。2017年该局签发各类原产地证书10243份，签证金额6亿美元，同比分别增长12.52%和12.21%，为开平企业带来关税减免3273万美元，同比增长4.43%。加大培训和技术指导，帮助企业应对国外技术性贸易壁垒及贸易纠纷。建设开放共享检测平台，让企业共享该局实验室资源，提高产品自检率，降低产品检测成本，提升质量水平，为开平相关产业的转型升级、壮大发展培养和储备一批高端技术人才，打造中小企业创新“孵化器”。

【加强自身建设】 创新自选动作，打造侨乡国检讲堂“一平台”，擦亮义工志愿者服务队“一名片”，与海关、边检进行共建党建、共推工作、共促发展，联合打造国门党建品牌；以文化长廊再提升、党建示范点再提升、文明建设再提升为抓手，持续深入促党建。推进“两学一做”学习教育活动常态化制度化，党员干部争做“合格”党员；坚持全面从严治党，压实主体责任，落实两个责任。

【加强综合实验室建设】 作为广东检验检疫技术中心开平分中心，牵头组织开平食药监局等职能部门联手打造检测联盟，实验室软硬件及检测能力得到较大提升，为执法把关及服务地方经济发展提供了技术支撑和保障。（潘　源）

附：开平出入境检验检疫局领导班子名录

局长、党组书记： 陶理清

副　　局　　长： 沈柱坚

刘育斌

边防检查

【简况】 中华人民共和国开平边防检查站是经国务院批准设立在广东省开平市的出入境边防检查机关，至是年已经40年，始终以服务为中心、坚持顺畅通关、坚持严密管控，完成了以边检执勤为中心的各项边防保卫任务，部队和口岸实现了连续20年无事故、25年无案件。

2017年，该站党委团结带领全体官兵，以习近平新时代中国特色社会主义思想为指导，围绕“两个稳定”目标，按照“一年打基础、两年上台阶、三年出成效”的整体思路，部队建设取得了新发展。

【组织建设】 落实领导干部双重组织生活制度，每月统一组织一次党日活动，落实党委理论中心组学习制度，提升组织生活实效；以纠治“四个主义”为抓手，持续强化作风建设；党委成员基层现场办公6次，开展集体调研5次，注重理论和实践相结合。举办党支部正副书记和党员培训班各1期，提高了党员官兵理论水平和实操能力。加强党委对基层科队的指导帮扶，党建基础更加稳固扎实；贯彻党支部书记准入制，对基层党支部进行优化配备，组织能力素质考评、党支部互动交流等活动；定期调阅检查支部会议记录，提高党支部程序意识和分析解决问题的能力，发挥战斗堡垒作用发挥。推进“两学一做”学习教育常态化制度化，邀请驻地党校专家授课2次、党委正副书记讲党课3次、纪委书记讲党纪1次。在重大安保活动期间，依托党员执勤先锋岗、党员示范窗口等载体，开展党员公开承诺践诺活动；与周文雍陈铁军烈士纪念馆搭建党建平台，开展参观见学、警地共讲等活动，扩大了党建辐射力。该站政治处被上级评为先进政治机关，2名同志分别被上级评为“优秀党务工作者”“优秀共产党员”。

【队伍建设】 将“学原文、悟原理、话忠诚”活动作为学习贯彻中共十九大精神的有力抓手，党委专题部署4次、学习交流3次、集体讨论1次，兴起学习热潮；通过举行升旗仪式、集体签名宣誓、“一战到底”知识竞赛等形式，引导官兵坚定维护核心、自觉看齐追随；坚持政治工作随警作战，安排政治干部到执勤一线，把思想政治工作推进到最前线；全面深化“深知兵、真爱兵”活动，扎实做好“一人一事”思想工作。总结和挖掘先进典型，形成比学习、比工作、比奉献和学先进、赶先进、当先进的浓厚氛围；1名战士勇救受伤群众的事迹在中国边防警察报上刊发，1人参加上级“党的十九大精神进新训单位”宣讲，5人分别在专项安保、抗击台风等重大活动中荣获上级表彰。持续深化“育花、育人、育魂”工程，每月开展“五好干部”“四有军人”评选，激发部队士气。每周开设“侨乡边检微讲堂”，每季度举行朗读分享会，每半年开展主官“荐书、赠书、看书”活动，营造了重视学习、崇尚学习、坚持学习的浓厚氛围。坚持每季度为官兵过集体生日、观看主旋律电影，引导官兵养成健康的生活情趣。建成多功能娱乐室、健身房和五人制足球场等，提升官兵的幸福感和满意度。

【执法执勤】 严格落实船舶驻点勤务，结合30%船舶与夜晚出入境的情况，坚持24小时通关服务，确保船舶随到随检，为企业节约了运营成本；完善“小前台、大后台”勤务机制，形成共同巡查、联合执勤的工作合力。边检工作全年保持“零差错、零投诉”。推进岗位技能练兵活动，坚持“日学、周测、月考”常态化练兵方法，提升官兵岗位业务能力，政工岗位练兵考试成绩多次在同类单位排名第一。建立勤务工作“日监测、周讲评、月总结”制度，每日安排人员实时监测前台验放质量，坚持每周交班会通报视频巡查和督导检查情况，每月召开业务研讨会并讲评勤务工作，确保了执法执勤安全和规范。推动立体化边境管控体系建设，完成三埠港执勤现场、口岸限定区、泊位、执法办案场所视频监控升级改造；建成集值班备勤、查验登记、快速反应于一体的卡口勤务室。牵头协调海事、公安等部门开展海上联合执法、限定区域安全演练4次，圆满完成全国两会、香港回归20周年、金砖会晤、中共十九大等专项安保任务。

【形象作为】 开展“8·19”边检服务品牌推介活动、“六一”主题警营开放日，全面展示边检工作特色；遭遇超强台风“天鸽”“帕卡”袭击后，在开展自救同时，出动警力连续5天投入开平市抢险救灾工作；与驻地建立联防联巡警务协作机制，参加驻地重大活动的安保维稳。为驻地8所学校6000多名学生开展义务军训，长期结对资助数名贫困学生，协调地方对特困家庭实施精准扶贫。

【纪检监督】 党委一班人带头学习部队党风廉政建设相关要求，落实一岗双责、领导干部报告个人重大事项等制度。结合纪律教育学习月、警示教育和集中排查整改活动，通过观看《警钟》系列警示教育片、撰写心得体会、召开干部家属廉政座谈会等形式，确保人人受教育、监督无死角。落实大项工作纪委及时介入、全程监督机制，坚决防止部队内部发生案件事故和违纪违法等问题。建设廉政清风园，以潜移默化、润物无声的方式筑牢官兵思想防线。落实从严治警要求，推进制度化运作，强化重要部位、敏感节点、选人用人、评功评奖、基建工程、物资采购等方面的管理和监督，形成反腐倡廉新常态。落实中央军委禁酒令、从严治警"九条铁规"，与官兵签订《严禁酒驾醉驾责任书》，制定《开平站党员干部八小时外监督管理十项措施》，对官兵全方位监督。执行责任追究机制，采取不定时、不定点的督察和网上巡查，特别是对枪弹、涉酒、车辆、保密等重点环节，督促及时消除问题隐患。建立行政值班领导周督导制度，推行岗位责任清单，对党委会、首长办公会、交班会交办的事项，逐一明确责任人，站纪委注重督导检查和跟踪问效，逐一挂账销号，推动工作落实。（孙小涛）

附：开平边检站领导班子名录

站长：郭静波

政治委员：马健富

副站长：吴继勇

马小勇

副政治委员：王　刚

司令部参谋长：黄　英

政治处主任：喻　毅

后勤处处长：刘晓峰

财政·税务

财 政

【简况】 2017年，开平市财政局围绕财政中心工作和各项绩效考评任务，适应经济发展新常态，科学应对复杂严峻的宏观经济形势，履行职责，完成工作任务。

【财政收入支出】 2017年，全市地方一般公共预算收入实现233316万元，完成经市第十六届人大常委会第十次会议审议通过调整预算（下同）的103.47%，比上年（可比口径，下同）增收18527万元，增长8.63%。全市一般公共预算支出实现364704万元，完成调整预算的96.96%，比上年增支23253万元，增长6.81%（以上快报数在决算编制中可能还会有所调整）。

【深化部门预算改革】 2017年，进一步完善政府全口径预决算。细化一般公共预算、政府性基金预算、国有资本经营预算和社会保险基金预算的编制；2017年市直各部门预决算和“三公”经费公开力度加大，内容详细，除涉密信息外，部门预算公开到支出功能分类的项级科目、支出经济分类款级科目；编制2018—2020年部门中期财政规划。会同各预算部门，科学预判未来三年财政收支情况，合理确定财政收支政策和重大项目资金安排；实施支出经济分类科目改革，提升预算管理规范性；开展2018年项目预算绩效评价，全市筛选50万元以上共51个预算项目参加绩效评价，涉及申报金额4.39亿元，经第三方专家评审核定金额为1.93亿元，核减2.46亿元，核减率达到56.17%，节约了财政资金。是年还选择了2个民生项目开展试点绩效跟踪管理，初步建立绩效运行跟踪监控机制。

【国库管理】 加强财政账户管理，开展各镇（街）存量财政专户清理整顿工作；完成全省财政资金实时在线联网监督系统建设，从1月起按要求上传各级财政资金的指标及支付信息数据，完善预算执行动态监控系统建设；做好该市权责发生制政府财务报告试点有关工作，编制开平市本级2016年政府财务报告；完成市直财政资金集中支付代理银行重新招标工作，中标银行除农业银行外还增加了农信社和建设银行。引入代理银行考评奖励机制，促进该市国库集中支付工作上新台阶。

【非税收入管理】 制订《开平市供给侧结构性改革降成本行动计划（2016—2018年）》。按照“简政放权”原则，贯彻执行上级财政部门减免部分涉企行政事业性收费政策，调整更新该市行政事业性收费目录清单，通过非税收入管理系统对各单位执收情况进行实时监督。是年为企业减免行事收费达1.35亿元。

【财会管理】 严把“三公经费”支出关，年初编制部门预算时严格按照上年实绩“只减不增”。在执行过程中严格按预算数审批，严禁单位随意调整。制定《关于开展整治潜入地下公款吃喝工作的方案》，印发给各镇（街道）及市直各有关单位贯彻落实。要求各部门按照该方案进行专项整治部署、开展自查自纠。

【财政监督检查】 组织专门力量，分别开展了财政预决算公开、省级财政专项资金、一般性转移支付资金、救灾复产资金、债券资金、骗取中央和省的专项转移支付资金、会计信息质量检查等多项监督检查，对单位存在的不规范问题责令整改。

【落实各项民生支出】 2017年投入民生资金295463万元，比2016年增长18.57%，重点推动基本公共服务均等化改革进程，全年投入公共服务均等化投入资金204383万元，比2016年增长6.20%，占一般公共预算支出56.04%。

坚持教育优先发展。共投入106267万元，落实城乡义务教育、各类扶贫助学政策，改善义务教育薄弱学校基本办学条件，推进学前教育发展、基础教育课程改革、现代职业教育质量提升工程、“强师工程”等改革社会保障体系完善。

社会保障体系不断完善。安排资金80553万元，推进社会保险、低保、老年人、残疾人等工作，落实就业创业政策。

公共卫生服务不断优化。落实资金57128万元，提高城乡居民医疗保险、基本公共卫生服务人均财政补助等标准，支持公立医院和基层医疗卫生改革，完善公共卫生服务体系，开展“医联体”管理，推进“互联网+分级诊疗”。

文化体育事业繁荣发展。共拨付资金9480万元，完善文化体育基础设施，推进该市人均公共文化短板指标分步提升。

加强“三农”投入。共统筹资金25059万元，支持高标准农田、农田水利、农业综合开发等基础生产设施建设，改善农村环境，保障村级组织运转经费。

【会计管理】 开展内控机制建设工作，组织各单位编制2016年度行政事业单位内部控制报告，全市共有71个行政事业单位提交内部控制报告，涉及下属汇总单位共有263个。配合上级部门顺利完成2017年专业技术资格初级考试工作，开平市初级职称考试报名人数262人，其中61人通过考试；完成2017年全国专业技术资格中级考试报名工作，中级职称考试报名人数为203人。

【财政队伍建设】 该局学习贯彻中共十九大精神，党组书记带头上党课、邀请专家讲学、组织收看专题教育片、参加网上考学测试，并组织党员干部前往周文雍陈铁军烈士陵园重温入党誓词。加强与高校的交流培训学习，与广东财经大学共建了研究生校外实践示范基地，是年接收财税学院6名研究生到该局开展实习。加强干部队伍建设，该局是年提拔科级优秀干部1名，提拔股级干部9名，交流轮岗12名，新招录公务员3名，推荐2名干部到市纪委派驻机构工作。组织开展财务核算、支农政策、资产核查、预算管理、财政项目预算绩效目标申报等业务培训班。做好党支部、妇女委员会、工会等群团组织的换届选举工作。开展工会活动，先后组织关心下一代活动、参加江门市财政系统乒乓球赛、羽毛球交流活动等一系列文体活动。

【深化政府采购改革】 2017年，完成政府采购金额28873万元，节约资金1058万元，资金节约率为3.66%。

根据广东省、江门市2016年《政府集中采购目录及限额标准》，经开平市政府同意，适当调整开平市政府集中采购目录及采购限额标准。

【国有资产管理】 以2016年12月31日为资产清查工作基准日，开展了资产清查工作。制定了《2016年开平市政府资产报告试点工作方案》，成立了资产清查工作领导小组及其办公室，组织全市相关单位的资产清查经办人员参加工作会议，督促各单位保质保量地完成该市政府资产报告。（周焕俊）

附：市财政局领导班子名录

党组书记、局　长： 张伟赞

党组成员、副局长： 张瑞球

李仲慈

施璟亮（挂职时间2017.7—）
吴金才（2017.8—）
周翠杏（女）

党组成员、江门市公共资源交易中心开平分中心主任： 梁国庆（—2017.7）
方永立（2017.8—）

纪检组组长： 岑蔚文（—2017.11）

总会计师： 冯树芬

国家税务

【简况】 2017年，开平市国家税务局围绕“为国聚财、为民收税”的税收工作宗旨，坚持“依法征收、应收尽收、坚决不收过头税、坚决制止和防止越权减免税”的组织收入原则，全年累计组织工商税收收入301877万元，同比增收68411万元，剔除海关代征部分，累计组织国内税收收入289964万元，同比增收63915万元；其中，实现市本级收入66309万元，同比增收15600万元，按计划完成各级收入预期目标。是年，办理出口货物退增值税120200万元。

【依法治税】 落实《税务行政审批事项公开目录》，及时发布并动态管理本级审批事项，实现税务行政许可审批“零逾期”；推行行政执法公示、执法全过程记录、重大执法决定审核三项制度落地，强化“事前、事中、事后”三个环节的全方位监督；定期开展重大税务案件案卷评查，对5宗案件进行集体审议，发挥重大案件审理委员会作用。深入开展打击发票违法犯罪活动，加大虚假发票“买方市场”整治力度，落实税收“黑名单”和联合惩戒制度，提升稽查执法能力。择优聘任一名法律顾问，发挥法律顾问在推进依法行政中的参谋助手作用。

【税收征管】 继续强化国税、地税征管互助，在全市推广“国税采集信息、地税采用核定结果、共同出具定额通知书、统一对外定额公示”个体共管户的定期定额管理新模式，实现“进户核查数、定额差异率”双减的目标。探索并形成国税、地税、财政、建设、城管等部门共同参与房地产开发企业一体化工作格局，完善了从房地产项目规划、筹建、在建、预售、现楼销售等全过程的监控链条，加强对房地产开发企业的税源管理。深化广东省电子税务局的上线应用，推进实名制办税，扩大电子（网络）发票系统使用面，落实出口退（免）税无纸化管理，持续提升征管信息化水平。

【纳税服务】 通过国税、地税联合开展纳税人满意度调查、在江门区域内率先举办纳税人“世界咖啡馆”等活动，推进问需问计工作。建立健全纳税人需求联合响应、纳税人权益保护（试行）等工作制度，完善拓展预约办税功能，推出普通发票线上申领、线下自助领取或邮寄配送上门服务，通过共建共用电子税务局，推进联合办税从“线下”向“线上”延伸，提升服务质效。优化纳税信用评价及结果的运用，拓展银税互动项目的覆盖范畴，助力企业发展。

【从严治党】 制订从严治党主体和监督责任清单，成立机关党委及机关纪委，提升管党工作合力。以党组中心组理论学习为中心，带动各支部开展各种考学活动，推进“两学一做”学习教育常态化制度化。坚持把好干部选拔任用关、“三重一大”重大事项决策关、税收管理权和执法权运行监督关，落实“一案双查”“一书一卡”制度，贯彻执行谈话提醒工作制度，注重抓早抓小、防微杜渐。在江门市范围率先推进国税、地税、企业三方共建，全面铺开“四个五”党建品牌创建、“四个之家”建设以及党建示范点创建工作。2017年，该局获开平市委组织部和市直机关工委评为“开平市直机关党建工作示范点”。

【队伍建设】 以数字管人为突破口，强化电子化督导与绩效考核相结合，促进干部工作状态、工作能力提升；以教育培训为载体，搭建国地税联合培训、网络等良好平台，开展各项政策业务培训，组织开展干部知识更新培训、“岗位大练兵 业务大比武”活动以及干部挂职锻炼，深化人才储备和培养。以文化为引领，通过“选、树、学”活动，发挥精神文化激励效应；组织干部职工参加各类爱心捐款捐助和志愿活动；贯彻扶贫济困倡议，通过建立健全结对帮扶工作机制，定期跟踪落实成效，确保扶贫目标落到实处。（梁惠英）

附：市国家税务领导班子名录

党组书记、局　　长： 刘润辉

党组成员、副 局 长： 谭东强（—2017.9）
周美强
吴健华
马赐鸿（—2017.2）
吴新强（2017.8—）

党组成员、纪检组组长： 刘俊平（2017.8—）

地方税务

【简况】 开平市地方税务局内设6个职能股（室），1个直属行政单位稽查局及7个基层税务分局，干部职工190人，负责该市地方税收征管及社保费的征收工作。2017年，组织各项税费收入30.35亿元。

【税收管理和社保费征收】 2017年，开平市地方税务局累计组织税费收入333508万元，按可比口径（剔除营改增因素，下同）增长14.71%，可比增收42757万元，按入库口径增长1.83%，增收6013万元。其中：中央库收入50564万元，可比增长18.96%，可比增收8058万元；省级库收入30132万元，可比增长27.76%，可比增收6547万元；市库收入96718万元，可比增长15.43%，可比增收12926万元。费类收入方面，累计实际收入156087万元，同比增长9.95%，增收14123万元。其中：社保费收入140264万元，同比增长12.36%，增收15435万元。

【依法治税】 是年对396户企业开展风险管理，提醒纳税人自查补缴税费2964万元。搭建“上级风控部门本级数据采集分析组事后评估分局”三层架构风险管理体系。及时对企业注销、土地增值税清算、自然人股权转让、风险评估等事项开展涉税风险解读和分析，全年核查疑点数据464户，查补税费807.29万元。

是年，该局按照《国家税务局地方税务局合作工作规范（3.0版）》要求，坚持统分结合的原则，完成了国地税合作阶段性工作任务，34个县级基本合作事项，9个创新合作事项基本能序时推进，取得预期成效。优化工作流程，开创性地在水口对近5500户定期定额个体工商户推行联合定额新模式，国税人员人均工作量约减少20%、地税人员人均工作量约减少70%；节约了人力资源40%；整体节约工作时间近3000小时。建立非住宅性房屋租金评估模型，通过国税局、地税局联合开展数据调查、采集，拟定模型需求方案，交第三方公司评估计价，国税局、地税局根据模型核定增值税、房产税计税标准，达到夯实税源信息基础，降低执法风险的目的。

持续优化整合税务稽查资源，搭建合作交流平台，拓宽合作领域，聚焦打击税收违法犯罪活动的主责主业，通过国税地税案源信息传递、同步立案检查、统一联合执法、稽查成果共享，推进联合稽查工作深入开展。截至11月份，共同确定联合进户稽查对象14户。其中，同步分别立案7户，开展督导自查12户。联合稽查查补收入114.86万元。其中联合办结案件2户，查补税款、滞纳金及罚款合计109.33万元；督导自查查补收入93.62万元。

【税收信息化】 为确保全面提升征管数据质量的处理率、数据完整率及标准性，对金三的征管基础数据质量13项的“法人身份证号码不正常”“证照号码存在无效字符”“工商营业执照号码重复登记”和“组织机构代码重复登记”等数据进行清理和问题处理。截至10月，数据清理4.39万条，数据问题处理率为91%。

联合市国税局、市场监督管理局在该市范

围内全面清理“僵尸企业”和非正常纳税户。通过数据信息交换比对、查询金三系统等方式，对长期停业未经营、非正常户开展专项清理行动，共清理企业385户。

【税收宣传】 在全国第26个税宣月期间，联合市国税局等多个政府部门开展宣传活动。“税收体验日”活动：邀请来自不同行业的纳税人体验“互联网+税务”，进入税务工作间观摩税收执法环节的系统操作演示，了解税收业务流程；“互联网家税校”活动：依托开平市东河初级中学cctalk平台，向随迁子弟及其家长讲解纳税人权益和社保费征缴知识。学生及家长安坐家中即可用手机或电脑收看“税法在线课堂”，授课画面同步在移动端或pc端播放，通过语音、文字对话框实现教学双方实时互动；“五四”开平青年文化节税收宣传活动：通过现场实名认证、体验电子税务局，税收志愿服务队解读政策，接受不动产交易、小微企业税收优惠、社保咨询，问答抽奖等形式，提升纳税人的获得感和满意度。开展了建筑安装和房地产业纳税人专场辅导、2016年度企业所得税汇算清缴相关政策的专题培训、巾帼送税法、大企业税收服务和管理政策辅导会等一系列活动。

【规范化建设】 组建专门法制团队集中负责全市催缴和税费强制执行事项，实现了税收执法监督日常化、推进税务行政处罚规范化、防范税收执法风险最大化。是年清理欠税2165万元，欠税金额变动率降低1.95%。其中，通过税收强制执行程序清欠594万元，修正基层税务分局重大税收执法行为的法律文书共215份。

把握三项制度执行方向，聚焦税收执法突出问题，在国税、地税共性执法程序、标准、规范等方面探索形成共性规定，共同促进联合推行执法过程全记录制度和重大执法决定法制审核制度落地生效。是年，依法向5户企业送达税务稽查文书，使用执法记录仪清楚记录当事人和稽查人员文书送达和签收现场情况。

通过督导自查、征稽联动、联合稽查、警税协作、说理执法等多措并举，开展税收违法案件查处工作，查补入库总额（含督导自查入库金额）合计902.10万元。全面推行“全程说理式”执法，在1户偷税案件中推广应用说理式执法，当事人主动清缴稽查查补收入2.25万元。截至11月，应用说理式执法文书顺利执行税款、滞纳金及罚款入库合计69.95万元。

【队伍建设】 执行《党政领导干部选拔任用工作条例》，是年提任14名股级干部、1名副主任科员、1名主任科员，其中女干部8名。对62名同志进行了轮岗，其中股级以上干部9人，协税员13人。

定期开展主题党日、团日活动，带领青年干部学习党的基本理论知识、重温入党誓词、纪念先烈，组建青年干部志愿服务队，开展税法宣传、帮扶贫困、爱心编织等志愿服务活动，选拔35岁以下的年轻干部参加岗位大练兵。安排新录用公务员从办税服务厅等前沿岗位做起，根据工作需要将一批专业的年轻化人才配置进机关股室，使能干事的年轻干部迅速成才。

对重点事项建立“一事一人一清单”督办落实责任制，通过清单流转，统筹督办进度、强化痕迹管理，确保工作任务分解到岗、落实到人、完成到位。将督办落实情况与部门、个人的绩效考核直接挂钩，促进管事制后各岗位的工作效能升级。

【纳税服务】 响应开平市委市政府加快现代建筑产业发展的要求，辅导1户符合条件的高新技术建筑企业享受税收优惠790万元，对23户建筑小微企业减免税收27万元。

梳理房屋税收减免政策，开辟绿色通道，做好赤坎古镇开发改造房屋征收工作，仅是年5—7月受理税收减免申请120户，减免税收126万元；对水口工业区、苍城工业区和翠山湖工业区等企业集中地，提供有针对性的服务项目，企业走访率100%。

持续推进“多证合一”商事改革，截至10月底，通过“多证合一”“两证整合”登记制度采集的税务登记新增和变更信息约3677户次。持续推进简并申报缴税、同城通办、无纸化办税以及免填单服务等措施，推进国地税一窗式、电子税务一网式办税，国地税“一窗联办”事项超240项，网上办税率达96%。在江门地区首开微信直播纳税人学堂，打造纳税人“世界咖啡馆”，实施“一企一策”，“量体裁衣”服务大企业。（关立敏）

附：市地方税务局领导班子名录

党组书记、局长：焦广雄
党组成员、副局长：张　鸿
党组成员、副局长：龚汝活
党组成员、副局长：甄坚卓
党组成员、纪检组组长：梁荣佐
党组成员、总经济师：周文岳
党组成员、主任科员：孙仁好
副局长：李玉珍（挂职）

金 融

中国人民银行开平市支行

【简况】 2017年，中国人民银行开平市支行（以下简称：人行开平支行）学习贯彻中共十九大、中央经济工作会议精神和习近平新时代中国特色社会主义思想，按照上级人民银行工作会议的精神和决策部署，落实稳健中性的货币政策，维护辖区金融稳定，守住不发生系统性金融风险的底线；推进各项金融改革工作，执行各项外汇管理政策，提高金融服务管理水平。

【贯彻货币政策】 加大对“三农”的信贷支持，发放支农再贷款1.4亿元。传达2017年上级货币政策指导意见，引导金融机构尤其是法人金融机构在宏观审慎政策框架内结合供给侧结构改革的要求，合理把握信贷重点和方向，确保信贷规模和社会融资规模合理增长。完成对开平农信社票据兑付后续监测现场检查、非现场审核、存款准备金制度执行情况的现场检查等工作。完成辖区金融机构涉农导向评估工作，鼓励和促进金融机构加大对三农的支持力度。落实好精准扶贫的有关工作任务，报送扶贫工作落实情况，推广小额扶贫信贷，加大财政贴息和风险补偿力度，支持贫困户脱贫致富。做好货币政策实施效应的监测和效果评价工作。反馈货币政策执行过程中出现的新问题和新情况，提升货币政策的执行力。加强对房地产金融的监测工作，结合各项房地产调控措施，督促金融机构执行差别化住房信贷政策，做好房地产市场监测分析，及时反馈房地产市场运行中出现的问题。

召开了经济金融形势分析会，促进经济金融信息有效对接。是年人行开平支行主要负责人参加财税季度分析会议，增强银行与政府部门及经济部门之间的沟通和联系。

截至2017年12月底止，辖区本外币各项存款余额596.42亿元，较年初增加49.18亿元，增长8.99%；各项贷款余额315.31亿元，较年初增加45.76亿元，增长16.98%。全市涉外收入172728万美元，同比增长8.16%，涉外支出41254万美元，同比减少1.94%，涉外收支顺差131474万美元，同比增长11.77%；银行结汇收入116128万美元，同比增长2.32%，售汇支出22129万美元，同比减少7.25%，结售汇顺差93999万美元，同比增长4.87%；跨境人民币结算23.17亿元人民币，同比减少4.76%。

【维护金融稳定】 继续推进“两综合、两管理、一保护”工作。做好开业管理工作，做好开平长江村镇银行开业管理、业务指导、营业场所检查验收等工作。加强金融消费权益保护，完善保护机制建设。完成上年度金融消费者权益保护的数据信息分析和情况通报，促进各成员单位进一步重视金融消费权益保护工作；对中国建设银行股份有限公司开平支行实施金融消费权益保护监督检查，提出了相关监管意见；与开平市人民法院、江门金融消费权益保护联合会签订金融纠纷诉调对接工作机制三协议，探索建立有效化解金融纠纷的新形式；处理好金融消费者投诉，保护消费者的合法权益。鼓励各金融机构以多种形式开展金融消费权益保护宣传工作。

加强对地方法人金融机构风险监测，结合

开展地方法人金融机构稳健性调查的要求，关注辖区农信社的资产质量变化情况和流动性风险状况，按时上报农信社改革进展情况监测报告。做好农行“三农金融事业部”改革试点情况的监测，每季度按时上报监测报告和报表，做好差别化存款准备率监测工作，强化差别化存款准备金政策的正向激励作用，提升“三农”金融服务水平。落实金融机构重大事项和重要信息报告制度，密切关注辖区金融动态。做好存款保险业务的落实工作，做好对开平农信社和开平长江村镇银行存款保险业务现场评级工作，对存款保险科目进行审查核实，督促相关机构做好保费的上划工作，做好辖区投保机构存款保险标识准备情况的监督检查工作。做好对非银行金融机构的风险监测，定期完成对民间借贷、房地产贷款、政府融资平台贷款、小额贷款公司、担保机构等融资性中介机构的日常监测工作。

根据相关考评制度和要求，完成对辖区相关单位上年度社会治安综合治理的考核和通报，促进了平安、和谐金融生态环境的建设。做好“平安细胞”创建的有关工作。加强辖区综治信息沟通，促进安全工作信息共享。建立信息沟通渠道，利用网络构建成员单位信息沟通平台，确保综治信息的及时传达。做好平安金融创建情况检查验收的相关工作。加强宣传，充分利用各种形式和宣传工具开展宣传。

根据开平市反假货币联席会议制度的要求，做好上年度反假工作情况的考核和资料上报工作。落实反假货币工作综合治理工作要求。加强银警联动机制，配合公安机关查获发现假币线索案件，提升反假货币工作水平。组织辖区银行机构客户代表召开现金服务质量座谈会。组织做好对辖区无现金概念不当宣传调查、新的不宜流通人民币纸币行业标准宣传等工作。对辖区银行机构人民币收付业务和反假货币业务开展现场检查，完成对9个银行的24个营业网点的现场检查。

【推进社会信用环境建设】 做好征信数据的管理工作，加强监测，督促金融机构做好信息报送工作，确保信贷数据录入的及时性、完整性和准确性。做好信用报告的查询工作。

【提升金融服务水平】 做好人民币银行结算账户日常管理，截至12月底，人行开平支行共受理银行结算账户业务4436户。继续做好银行账户的实名制管理工作，督促各商业银行严格按账户实名制办理相关业务。

做好各项常规业务的统计上报，按时完成各银行类金融机构存贷款数据统计、地方法人金融机构贷款投向统计、大金融数据等的统计。继续做好制度性调查问卷工作，对新增的四家景气调查企业做好宣传发动，组织辖区景气调查企业召开了座谈会。做好地方法人金融机构“两权”抵押贷款专项统计数据的排查上报工作。每月做好住房公积金存贷款报表、大学生村干部统计表、小额贷款公司、担保公司、民间借贷数据等的统计和报送工作。

优化城乡支付环境建设，提升金融服务水平。结合辖区实际情况，指导、督促涉农金融机构全面落实布点工作任务。

以“零差错、零风险”为目标，强化制度落实，严把资金出入关，预算拨款、退库业务会计主管严格把关，准确办理各级预算收入的收纳、划分、支拨、留解，及时与代理财政国库集中支付的商业银行进行资金清算，确保国库资金安全、完整。人行开平支行主动与财政、税务等征收机关协商，做好国家各项财税改革政策在该市的贯彻落实工作。优化出口退税流程，提高退税资金到账速度，推进电子退税模式。人行开平支行主动与当地税务机关进行协商，在不违反国库制度、确保国库资金安全的基础上，精简企业办理出口退税申请附送的资料种类及数量，从而使税务机关对企业出口退税申请的审批过程中更加简便，提高了退税速度，最迟两个工作日以内将退库资金到达企业账户。

人行开平支行继续以“智慧校园”为突破口，组织相关金融机构大力推进金融IC卡在公共服务领域的应用。

在“3·15”国际消费者权益日、金融知

识宣传月期间，人行开平支行以多种形式组织辖区银行机构开展以“权利·责任·风险”为主题的宣传活动。加强征信宣传教育，开展信用记录关爱日宣传等活动，围绕征信知识介绍、个人信用报告解读、公众普遍关注的征信热点问题等内容进行了宣传。做好反假宣传，结合“反假货币宣传月”“反假货币小超人”网络知识有奖问答等主题活动的要求，组织金融机构利用互联网、微信公众号、扫二维码等载体开展多角度宣传，联合市金融局开展人民币反假和打击非法集资宣传。做好支付结算宣传工作，协调、指导辖区各银行机构通过多种形式面向客户和社会公众宣传央行支付系统的功能、特点、优势，深入开展支付结算、国债及非现金支付工具和安全用卡知识等宣传。

【维护外汇市场稳定和安全】 人行开平支行利用约见谈话、风险提示、现场核查等方式，指导辖区企业按实需购付汇，督促辖区企业及时收结汇。继续加强对贸易偏离度较大的企业特别是“流出”企业的调控。加强非现场核查工作力度，确保大额跨境资金交易的合规性。完成对中国银行股份有限公司开平人行开平支行跨境人民币业务现场监督检查工作。

继续优化实施银行考核机制，对辖区内7家外汇指定银行执行外汇管理规定情况进行了考核。加强对国际收支数据现场和非现场核查工作。做好辖区外商投资企业存量权益登记工作，加强宣传、沟通和跟踪，完成了辖区外商投资企业存量权益登记工作，对多年未参检企业进行了清理。

人行开平支行加强与银行的联系，发挥各自长处，推广全口径跨境融资业务。（赖　毅）

附：中国人民银行开平市支行领导班子名录

党组书记、行长： 唐文飞（—2017.4.10）

黄玉芳（女，2017.4.10—）

党组成员、副行长： 曹德就

许慧燕（女）

党组成员、纪检组组长： 梁伟雄

副主任科员： 邝海珠（女）

银行业监督管理

【简况】 中国银行业监督管理委员会自2003年4月28日起正式履行职责。2003年12月27日第十届全国人民代表大会常务委员会第六次会议通过《中华人民共和国银行业监督管理法》，并于2004年2月1日起施行。2004年7月5日，中国银行业监督管理委员会广东监管局批复设立中国银行业监督管理委员会江门监管分局开平办事处（以下简称开平银监办），开平银监办于2004年7月28日正式挂牌，并开始履行其职责。

【主要职责】 贯彻执行国家有关金融工作的方针政策和法律、法规；根据广东银监局或江门银监分局的授权，负责管辖范围内有关银行业金融机构的监管，重点是对农村信用合作联社和邮政储蓄机构的非现场监管和现场检查，配合上级监管机构实施对辖区内农信社和农信联社的监管，开展对辖区内农信社和农信联社的非现场监管和现场检查工作；配合上级监管机构和当地党政防范和化解金融风险。根据银监分局委托，参与当地经济金融活动，加强与当地党委、政府、金融机构的工作联系，促进和支持地方经济健康发展；关注当地金融机构日常业务经营情况，做好信息报送工作；监测当地金融风险状况，落实重大事项报告制度，收集辖区有关金融风险的信息并向上级机构报告，向上级机构报告金融机构运营情况；完成广东银监局或江门银监分局交办的其他工作任务。2017年，开平银监办配置工作人员2人。

【银行业金融机构】 2017年．开平市银行业金融机构有12个，机构营业网点138个，自助银行26个，从业人员1738人（详见下表）。

开平市银行业金融机构（网点）人员情况表

（截至2017年12月）

表8：

机构类别	人 员	机 构	自助银行
工行	134	10	3
农行	257	19	10
中行	194	13	4
建行	161	12	7
交行	14	1	1
农发行	15	1	0
广发行	41	2	0
民生行	8	2	0
光大行	4	1	1
邮储行	214	20	0
农信社	672	56	0
开平长江村镇银行	24	1	0
合 计	1738	138	26

【提升银行业服务实体经济质效】 引导辖区银行业金融机构加强形势研判，主动调整发展策略。支持地方供给侧结构性改革工作部署，督导辖区银行业金融机构以落实信贷结构调整为目标，提升金融资源配置效率；持续督促辖区银行业金融机构根据地方住房政策、库存规模、地区去库存难度的差异等，采取差别化信贷政策，优先发放首套房和改善型居民住房贷款；鼓励银行业金融机构对于发展前景良好、生产经营正常、仍具备清偿能力、但由于阶段性原因出现困难的企业，在有效管控风险的前提下通过调整贷款期限、还款方式等贷款重组措施，研究落实增贷、稳贷、减贷等措施，继续给予信贷支持；督导辖区银行业金融机构严格执行小微企业收费优惠政策，该减免的费用一律减免；为“三农”发展提供有效金融支持。

加大对小微企业金融服务支持力度。鼓励银行创新小微企业金融产品。辖区银行业金融机构积极与政府相关部门合作，开发符合小微企业资金需求特点的流动资金贷款产品，如建设银行开平市支行推出了“邑科贷”“政信贷”等产品，邮储银行开平市支行开办了科技贷、知识产权质押贷款、新三板贷款等业务，更好地解决小微企业融资难的问题。规范银行服务收费。持续督促辖区银行业金融机构落实服务价格相关政策规定，严格执行小微企业收费优惠政策。

落实普惠金融工作要求。加大涉农贷款投放力度，有效支持了“三农”发展。落实普惠金融“村村通”工作，服务覆盖率达100%。开展“金融知识进万家”宣传服务月活动，引导辖区银行业金融机构加大金融知识宣传力度，通过营业网点宣传和送金融知识进校园、厂区、社区等方式开展各种特色宣传教育活动。

五、督促辖区银行业金融机构持续提升“三农”金融服务水平。一是推动“政银保”贷款进一步深化。督促开平市农村信用合作联社继续做好“政银保”贷款试点的工作，加大对开平市农业龙头企业、家庭农场等农业经营主体的信贷支持力度。二是提升“三农”金融服务专业化程度。督促开平市农村信用合作联社成立“三农服务中心”，以加快支农贷款审批流程，提高审贷工作效率。

【守住不发生系统性区域性风险底线】 一是着力推动辖区银行业金融机构依法合规经营。一方面开展“三违反”“三套利”“四不当”等各类风险专项排查治理。根据《中国银监会办公厅关于开展银行业“违法、违规、违章”行为专项治理工作的通知》要求，督促辖区银行业金融机构开展三违反全面自查。二是加强防范案件风险。面对依然严峻的案件风险形势，持续加大案防工作督导力度，落实案防责任，加强多方联动，确保了开平辖区银行业金融机构年内无大案要案发生。

【鼓励和支持银行机构深化改革】

重点引导农合机构转型发展。一是推动开平市农村信用合作联社改革取得进展。根据省政府关于辖区农合机构改革部署，指导各农合机构抓住契机，完善内控管理、提升公司治理水平、全面披露风险、消化历史包袱，并在准入环节鼎力支持。

推动科技和金融结合。一是设置专营机构扶持科技型小微企业。目前开平辖区有1家科技网点，为科技型小微企业提供专门服务，设置专门的授信审批和贷款发放业务流程，开辟信贷绿色通道，提高业务效率。二是优化渠道建设。开平市农村信用合作联社推动网上申贷业务等，进一步丰富了企业融资渠道，落实科技和金融结合促进双创的工作要求。

支持金融业务和产品创新。一是继续推进银税合作业务发展，积极做好与政府有关部门的沟通联络以及与未开展银税合作业务的银行业金融机构宣传推广工作，达到“支持小微企业发展，促进大众创业、万众创新”。二是为企业提供低成本的融资服务。如工商银行开平市支行大力推广“网贷通”降低企业贷款成本，减轻财务压力。（谢武儒）

附：开平银监办领导班子名录

主　任：谢武儒（2014.5—）

副主任：苏志雄（2013.12—）

中国工商银行股份有限公司开平支行

【简况】 2017年，中国工商银行股份有限公司开平支行各项存款时点余额62.88亿元，比年初净增-6760万元、各项存款日均余额60.65亿元，日均净增3.09亿元；各项贷款余额29.18亿元，比年初净增1.45亿元，各项资产不良率0.91%；全年实现安全营运无案件。是年，该行在职员工130多人，内设办公室、市场信贷部，下辖10个营业网点，遍布开平市区和水口镇，另设有自助银行6个，及网上银行、手机银行、电话银行、融e购等电子银行渠道。

【支持地方经济发展】 2017年，该行累计对开平市中小企业发放表内外各类融资13.6亿元，其中对水暖卫浴行业、建筑行业及食品行业企业投放近5亿元。此外，该行共对翠山湖入园企业7户共新增发放贷款3620万元，贷款余额比年初净增750万元。加大个人住房贷款、个人经营贷款、消费贷款以及分期付款等小额贷款业务发展力度，全年共发放各类个人贷款共8.5亿元。

【便民措施】 全面推进电子银行渠道建设，对ATM设备进行了全面升级，推进网点WiFi信号全覆盖，线上线下相结合，除了推出扫码取现新业务外，还为客户提供预约取现、网点排号、摇一摇、资金自动归集，以及手机充值、缴纳水电费、交通罚款、特色理财等各类特色服务，致力于通过全流程综合金融服务平台为客户提供全方位、多样化的移动金融服务。配合电子印鉴系统、指纹识别认证系统等投产应用，推进关键核算环节的改革。加强业务技能练兵，提升柜面服务效率。

【队伍建设】 实行竞争上岗制度，加强考核评价，落实全员通过行内外相关专业资格考试，全面提升人员队伍的专业素质。倡导“共创共健共享”的企业文化，关心、关爱员工成长，组织开展业务技能比赛、登山活动。

【内控管理】 加强依法合规思想教育，加强内控案防制度建设，依托科技技术力量加大内控管理力度，形成人防、物防、技防相结合的立体内控管理体系。（李秀芳）

附：中国工商银行股份有限公司开平支行领导班子名录

行　长：李毅旭

副行长：余文富
张杰文

中国农业银行股份有限公司开平支行

【简况】 中国农业银行股份有限公司开平市支行（以下简称“农行开平市支行”）被农总行和广东省农行列为“强县强行”，至2017年末，全行在职员工244人，下辖18个营业网点，其中分布在三埠街道办事处6个、长沙街道办事处5个、水口镇3个，月山镇、苍城镇、马冈镇和赤坎镇各1个，在龙胜镇、沙塘镇、塘口镇等地设有离行式自助银行10个，全辖84台自动柜员机、超级柜台50台、现金超柜26台。

【业务发展】 2017年，是农行开平市支行实施“县域领军”战略的决胜年，在坚持党建引领、加快创新增效、强化队伍建设下，各项业务实现了快速增长。至2017年末，各项存款余额117.0亿元，贷款余额47.9亿元，分别比年初增长9.60亿元、5.98亿元，存款和贷款市场占有率继续保持国有四大行首位。

【支持地方经济发展】 2017年，农行开平市支行重点支持旅游产业、三农产业和中小微企业发展。主要向赤坎古镇建设和碉楼旅游发放贷款3.8亿元，支持了开平特色旅游发展；发放“政银保”贷款、妇女创业小额担保贷款、惠农e贷、农户小额等涉农贷款1.1亿元，支持了开平新型农业经营主体发展；全年投放中小微企业贷款18.9亿元，其中以“小微企业金融服务信贷工厂”模式向水暖卫浴企业发放6000万元。

【优质服务】 2017年，农行开平市支行推进“机器解放人”建设，全年投放超级柜台、现金超柜、大堂式柜员机共61台，率先推出刷脸取款服务，让市民感受“智能银行”的便捷服务。全年办理财政直接支付、授权支付、行政和罚没收费共18万笔，金额37亿元。参与创文活动，先后开展青年文明号开放周、青年志愿者环保公益、青年文明号信用服务、反假币宣传、金融知识普及、爱心捐助、无偿献血等公益活动，辖内支行营业部获得2016—2017年度广东省青年文明号。

【风险合规】 2017年，农行开平市支行实现了各生产系统的安全稳定运行，内控管理工作实现无经济案件、无刑事案件、无责任性事故的“三无”目标，连续十年保持内控评价一类行水平。推进“三线一网格”管理模式，构建“党建-党廉-案防”三位一体管理体系。开展对账检查、加配钞检查、夯实“双基”排查、超柜检查、印章和重要空白凭证等专项排查，开展了消防安全、节假安全生产、安全评估等常规检查，确保安全生产。

【企业文化】 2017年，农行开平市支行以党建促队伍建设，举办了中层干部资格选拔工作，打造“虎狼之师”优秀团队。抓好“六件实事”，推进机器解放人、压高转岗、集中加钞、优化劳动组合、周六无高低等工作，为基层网点和员工减压减负。打造家园文化，举办挥春送福、厨艺比赛、六一亲子、书法培训、开笔礼、读书会、青年联谊会、野炊、荣休纪念、员工生日会、周三运动日等活动，增强了队伍凝聚力。2017年，被农总行授予“中国农业银行五一劳动奖状”和“中国农业银行三农业务先进集体”、广东省农行授予“县域支行综合考评优秀支行”等称号。 （许松波）

附：中国农业银行股份有限公司开平市支行领导班子名录

行　　长：高永业（—2017.7.24）
刘海健（2017.7.24—）
纪委书记：陈文强
副 行 长：梁鸿卫
黎国荣
李慧慧（—2017.4.26）
梁健忠（2017.4.26—）

中国银行股份有限公司江门开平支行

【简况】 中国银行开平支行辖下13家营业网点，遍布市区和水口、赤坎、月山等重点乡镇。开平中行以专业优质的宗旨，服务群众金融需求和地方经济建设。2017年，共有赤坎支行、人和东路支行、祥获路支行等三家网点迁址及重新装修开业，其中赤坎支行成为赤坎古镇开发项目中首家迁出旧城镇的金融机构。

【业务经营】 2017年，开平中行业务范围包括：各类外币和人民币存款、贷款、国际结算、投资、信托、银行卡、中间业务（理财产品、保险、基金、保管箱等）、咨询等业务。在统一经营国家和银行的外汇资金、办理贸易和非贸易结算、组织和筹集本外汇资金、支持外贸出口创汇、“三资”企业、民型企业经济以及其他行政领域合作的发展方面发挥作用。

【业务发展】 2017年，开平中行以建设区域“最好银行”为目标，加快网点综合转型和电子银行硬件设施的投入，完善网点服务渠道建设，负债业务基础性地位不断增强，各项存款稳步增长，至2017年末，各项存款规模达70.4亿元，其中抓住赤坎特色小镇发展机遇，协助开平市赤坎镇人民政府征地拆迁补偿资金发放，并争揽项目资金总入账率对公65%、对私34.10%，共夺金融同业占比第一佳绩；2017年，保持外汇存款规模和国际结算业务领跑同业，国际结算业务量8.44亿美元，跨境人民币结算业务量10.72亿元，市场占有率分别达到56.20%、50.62%，占开平金融市场“半壁江山”；中间业务产品多元化，基金、保险、日积月累及其他理财主打产品为客户群众提供金融增值服务；2017年，各类个人投资贷款、住房贷款、大额分期、家装分期、购车易等小额贷款业务得到发展，全年个人资产授信累计5.47亿元。

【支持地方经济发展】 支持开平翠山湖产业转移、中小微企业、“三农”和开平市赤坎古镇旅游开发等重点项目，扶持政府重点产业园区转移以及旅游开发、市政基建工程项目，加大对中小微企业政策扶持与拉动，为开平纺织、水暖卫浴、房地产、旅游等大型企业提供公司授信、零售贷款、结算、贸易融资业务等多种金融服务。响应开平市委、市政府加强民型企业经济发展战略，推出“中银-水暖融易贷”“水暖卫浴通宝”“税款通宝”“科技通宝”“教育通宝”“医疗通宝”等拳头产品以及各类个人经营贷款、“易达钱”等小额分期付贷款，实现水口水暖卫浴中小企批发性贷款投放。

2017年，开平中行发放公司授信贷款3.93亿元，中小企贷款投放1.46亿元；票据业务2.26亿元，汇总人民币贷款余额14.58亿元，资产总额汇总人民币72.35亿元。

【便民措施】 全辖13家网点推出智能服务柜台业务，客户免排队即可在自助终端实现多样化金融服务需求，全辖网点设置“温暖角”，提供相关便民物品供客户使用，推广网上银行及电子渠道业务，为个人和企业搭建安全便捷的账户管理、资金汇划及投资服务通道，提升财务管理效率与价值增值；年内ATM自动柜员机、“95566”服务平台、商户终端得到发展，POS机和商户通遍布城乡，网络覆盖面和服务范围全面提升；拓宽自助服务渠道，增加开平大型企业工厂的自助设备投入和代发薪合作业务，2017年19家离行式及依附式自助银行投入使用。

【内控合规】 相继开展“案例警示教育年”活动，上好“三堂课”合规主题教育、渠道条线内控案防专项治理风险排查、2017反洗钱宣传月活动；坚持基层机构负责人内控日制度，案防工作突出重点、关口前移、查防并举的措施，加强员工职业道德教育、规章制度学习、风险排查工作，提高员工的风险防范意识。针对金融行业特性，坚持加强职务犯罪预防和反洗钱、反商业贿赂的执行落实，杜绝金融案件隐患根源，将内控建设和风险控制延伸到每个业务领域、产品条线和流程，实现内控工作“可防可控”。

【队伍建设】 2017年末，开平中行在职员工共192人。全行业务员持“三证”（“三证”即岗位资格、技能操作、专业资格）认证人员达100%，国家AFP金融理财师、国际信用证专家、个人客户经理、账户经理、公司客户经理等营销队伍人员倾斜业务一线；关注员工“民生”工程，“职工之家”球类、骑行、摄影、瑜伽等康体活动持续开展。2017年大合唱表演《光荣与梦想》，代表开平金融系统参加江门市金融系统“平安金融月”创建成果汇演取得圆满成功。

【防控知识普及】 配合地方银监开展“消费者权益保护”活动、社会综治暨“平安金融”创建工作、2017年“全民国家安全教育日活动”“防范和处置非法集资宣传月”活动、“加强信息保护和支付安全 防范电信网络欺诈”宣传月活动、2017年反假货币工作暨宣传活动，履行地方银行社会责任，深入开展对金融诈骗、ATM安全等违法犯罪活动的宣传、布控和堵截，持续实现无金融事件、无安全事故，实现“平安中行”创建目标。 （龚宝珍）

附：中国银行股份有限公司江门开平支行领导班子名录

行　　长： 邝卫山
副 行 长： 陈晓敏
吴敏毅
黄家联（—2017.1）
中级经理： 邱家航（2017.1—）
梁锡凡

中国建设银行股份有限公司开平支行

【简况】 中国建设银行开平支行树立“以客户为中心”的服务理念，推进网点综合化建设，全面实施网点大零售战略，促进网点服务全面提升，推进金融创新，服务广大市民、企业，为客户提供方便、安全、快捷的金融产品与服务。

【业务发展】 2017年，开平建行以“五个立行”为中心，全面落实“三综合”工作要求和“一体两翼”工作策略，抓好大资产、大负债业务，做足风险防范，各项业务继续保持较快发展，风险得到有效控制。到是年末，开平建行一般性纯存款时点余额为83.59亿元，比年初新增1.86亿元，增幅2.22%；各项贷款余额43.20亿元，比年初新增9.77亿元，增幅22.62%。

【支持地方经济发展】 先后与开平市科工商务局、开平市税务局等政府职能部门搭建了“助保贷”业务平台、“银税互动税易贷”服务平台，与开平市市场监督管理局搭建“开平市商事登记和金融服务平台”、与开平四家孵化基地签订银企战略合作协议，推出“云税贷”全流程线上自助贷款业务。大力发展普惠金融业务，截至2017年12月末，给予小微企业小微快贷额度1.15亿元，企业可以随时在网上支用。全年累计发放公司贷款达12亿元。

【优质服务】 2017年，开平建行把服务与管理相整合，在服务中强化管理，在管理中提升服务。深入推进“服务立行”的经营方针，深入开展“服务100、满意100”活动，打造整洁、舒适和温馨的网点物理环境，让客户有良好的服务体验。提高网点的服务质量和水平，树立“优质服务 客户满意”的建行品牌。

【内控管理】 推进“抓整改 强内控 零违规”专项活动，落实推进“三线”专题教育、“案防警示教育月”、“强教育、抓合规、促发展” 警示教育和员工行为排查。化解风险，抓好信贷业务常态化管理，控制资产质量，建立常态化风险排查机制、前中后台沟通机制，做实信贷风险大排查，加快不良贷款处置工作，有效化解风险隐患。

通过统筹检查活动，强化对制度执行情况的监督检查，加大通报和问责力度。细化内部问责制度，通过过程问责和结果问责，确保问责的及时性、合理性。

【企业文化】 开展“温暖工程”，做好关心关爱员工10件事，解决员工困难和问题。开展员工关爱活动，如组织员工家访和对困难员工慰问。发挥工会、团组织的作用，定期举办各类有益身心的活动，增强员工凝聚力。加大对后备人才的培养，在各部门、各网点实施后备人才管理制度，以网点负责人、营运主管、客户经理为核心，通过党建与人才的“双向培养”，在基层网点培养更多的适应业务发展和岗位需要的后备优秀人才和党员力量，形成人才梯队机制。　（梁丽婷）

附：中国建设银行开平支行领导班子名录

行　长： 曾锐波

副行长： 张超鹏

杨　凡（2017.8—）

周彩霞

张勇稳

梁晓艺（—2017.5）

广发银行股份有限公司开平支行

【简况】 广发银行股份有限公司开平支行（以下简称“广发银行开平支行”），以创新为驱动，以服务为宗旨，将“创新、包容、奋进”的企业文化贯彻于经营管理的过程之中，朝着实现“功能完备、业务多元、特色鲜明、同业一流”的战略愿景迈进。 2016年，中国人寿集团成为广发银行股份有限公司单一最大股东，广发银行开平支行成为世界500强排名54位的中央企业中国人寿集团下属企业机构。

【业务发展】 广发银行开平支行开展的业务包括：存贷款、国际结算、信用卡、社保卡、理财、基金、保险、证券投资基金托管资格等。2017年，广发银行与中国人寿全面开展业务协同加快资源整合，创新推出了“鑫福卡”“国寿—广发捷算通联名卡”“车险分期”等一系列公司、零售业务银保客户专属产品。其中“鑫福卡”是该行与中国人寿共同推出的“联名借记卡”，打通了保险、银行的基础服务功能；中国人寿携手广发银行正式推出“国寿—广发捷算通联名卡”，融合“银行+保险+基金”基因，为各类企业提供包括账户安全保险、银行业务办理、智能财资管理等功能在内的创新金融服务。2017年末，开平支行本外币存款余额6.69亿元；本外币贷款余额4.40亿元，比年初增加1.28万元，增幅41.03%，其中按揭贷款新增1.65亿元。

【支持地方经济发展】 针对地方中小企业特点，量身打造标准化融资方案，在客户准入标准、审批流程上进行了全面创新，具有更客观、高效、灵活的特点。2017该行共发放贷款约4.1亿元，其中：支持企事业单位的流动资金贷款950万元；为10家小微企业提供信贷支持，贷款发放总额约1300万元。

【工商e线通】 是年，广发银行推出“工商e线通”创新产品“广发银行工商注册联名卡”，集“营业执照”及银行卡于一身，方便企业办理工商注册，登上了中央电视台CCTV1《新闻联播》的《改革在哪里，以人民为中心的发展力》专题节目。广发银行与广东省工商行政管理局、澳门贸易投资促进会合理推广“粤澳上市登记银政通”服务，方便澳门企业到内地注册公司，引进外资到内地创业，助力推动粤澳经贸合作与发展。广发银行开平支行有设置专门窗口对接，为投资者提供工商登记、银行开户等一站式服务。

【队伍建设】 建立岗位竞聘选拔机制，做到能者居之。持续开展员工业务知识培训，每季度对柜员进行技能考核，每周举办员工业务技能培训测试，建立以“按贡献度分配，工资与费用不重复，追求增量”原则为主体的分配制度，实行员工工资与贡献度挂钩，多措并举以优化员工队伍结构。坚持“以人为本”的管理理念，实施“员工补充医疗保险保障计划”，为全行员工、员工子女及退休人员提供了“覆盖面广、保障终身、多层关怀”的补充医疗福利体系；通过开展派书、爬山、健步跑等有益身心的活动，增强团队的凝聚力和战斗力。

【内控管理】 建立内控合规建设的长效机制。采取多种形式开展合规文化宣传，每周召开合规晨会，加强员工的合规知识培训；每季度召开一次“风险专题会议”，落实差错问责制，对经办人及负责人进行处罚，务求提高员工的职业操守。按规定设置反洗钱岗位，执行大额、可疑交易及时报告制，对于系统不能直接提取的大额交易及时进行补入，及时处理可疑预警。建立重大风险预警机制和突发事件应急处理机制，明确风险预警标准，对可能发生的重大风险或突发事件，遵守总行《安全保卫突发事件应急预案》《业务连续性总体应急预案》等应急预案的规范处置程序，确保突发事件及时妥善处理。为确保经营环境的安全、强化各项案防措施，每年与各经营单位签订《消防安全管理责任书》《社会治安综合治理责任书》《三防一保目标管理责任书》，要求网点定期进行防火、防抢、防盗等应急演练。2017年较好地守住风险底线。（关夏衍）

附：广发银行股份有限公司开平支行领导班子名录

行　长：任向民（—2017.8）
　　　　黄锦昌（2017.8—）
副行长：陈智晓
　　　　罗振宇（2017.9—）

中国农业发展银行开平市支行

【简况】 中国农业发展银行开平市支行（以下简称农发行开平市支行）在职员工15人；内设办公室、会计结算部、信贷业务部。2017年各项贷款余额合计为47.2519亿元，比2016年增加16.0491亿元；完成上级行下达的净增任务137%。全年不良贷款余额为零；实现利润8647万元，增盈4856万元，增幅147%。其中：全年各项贷款应收利息为21606万元，实收利息为21606万元，收息率达100%。

【重视政策性粮油业务的发展和管理】 做好地方储备粮油轮换、增储资金供应和政策性粮油收购资金供应管理工作。2017年全年共发放政策性粮油收购资金共5530.7万元，其中：县级储备粮贷款1584.7万元；地方储备粮轮换贷款3946万元。确保了该市地方储备粮油轮换工作提前、按质、按量完成任务。

【抓好贷款投放工作】 该行做好项目营销工作，加大信贷投放力度，助力地方经济社会发展。在中长期项目贷款投放上，与政府相关部门以及承贷主体进行沟通，严格按照贷款审批有关规定，逐一落实每个项目各项贷前条件，全年累计发放贷款17.81亿元，支持开平市地方经济建设发展。重点支持项目4个：开平市新路达公路工程有限公司，发放金额3.25亿元；开平市翠山湖建设发展有限公司，发放金额7亿元；开平市启元物业管理有限公司，发放金额7亿元；粮油类贷款，发放金额5530.7万元。

【打好存款营销业务战】 该行主要营销方向为财政性存款及企业自有资金存款，其中营销地方政府土地出让金收入7亿元，存入到开平市土地储备中心在该行开设的存款账户。第四季度，该行累计吸收存款10.77亿元，超额完成市分行下达的存款任务。

【加强党风廉政教育】 2017年，该行收看江门市分行组织的专题法律知识讲座4次，到法院、监狱等廉政教育基地参观3次，要求全体员工完成心得体会，提高思想觉悟；定期开展党风廉政集中学习活动，学习贯彻中纪委十八届七次全会精神、上级行文件等学习材料，签订廉洁从业合规履职承诺书，筑牢拒腐防变的思想堤坝。

【落实“两学一做”学习教育常态化】 该行有针对性地制定2017年度中心组学习计划、党课学习计划，把学党规党章、学系列讲话精神作为学习重点，并就支行开展“两学一做”提出了具体要求，运用“三会一课”制度落实“两学一做”学习教育常态化。2017年，该行开展中心组学习12次，党课集中学习5次，举办形式多样的党日主题活动。 （周奕能）

附：中国农业发展银行开平市支行领导班子名录

行　长： 梁起隆

副行长： 关宇舟

李德森（2017.4—）

开平市农村信用合作联社

【简况】 2017年，开平市农村信用合作联社（以下简称“开平联社”）有56个营业网点，遍布开平各个乡镇街道；有674名员工服务在农村金融第一线；157台自助设备投入使用。是年，开平联社持续加大业务创新力度，成立开平市首个农村青年创业金融服务站，利用以线上线下服务相结合的方式，解决农村创业青年融资难题。成功打造“鲜特汇”收银台·生活云平台，与市财政局、市青少宫、广东七酷贸易有限公司等单位签订战略合作协议，打造线上跨界金融服务体系。

【深化改革】 2017年，开平联社成立全面推进农商行组建工作领导小组，负责对农商行组建工作的统筹领导、整体推进、检查督导、考核问责；领导小组下设改制办公室，负责日常事务工作。开平联社制定了农商行改制时间进程表，按照筹建准备、筹建和申请开业等阶段工作要求，细分工作环节和实施时间，推进农商行改制工作。

【存、贷款业务】 作为扎根本土、服务开平地方经济的地方性金融企业，开平联社坚持“规模、效益和质量协调发展”的经营理念，始终坚持立足“三农”、中小微企业、县域经济的市场定位，发挥农村金融主力军作用，为城乡居民提供金融服务，筹集和融通城乡资金，加大对新农村建设和县域经济的金融支持。截至2017年末，开平联社各项存款余额178.84亿元，比年初增加18.02亿元，增长11.2%，占辖区市场份额31.05%；各项贷款余额111.59亿元，比年初增加2.7亿元，增幅2.48%，占辖区市场份额35.55%。存贷款市场份额均位居全市各金融机构之首。

【支持新农村建设】 坚持立足“三农”服务，持续加大对涉农贷款投放力度，截至2017年末，开平联社涉农贷款余额97.13亿元，涉农贷款占各项贷款（除贴现）余额94.96%，比年初增加0.4亿元，增幅0.42%，比各项贷款（除贴现）增速高0.03个百分点。开平联社获得开平市市直财政资金国库集中支付业务代理服务银行资格，为开平市各级党政机关、事业单位提供直接支付、授权支付、统发工资，代发财政补贴等金融服务。创新开办住宅专项维修资金代管业务，发挥开平联社的人缘地缘优势，为辖区居民提供金融服务。

【支持中小企业】 发挥乡镇网点多、服务面广的优势，加强对小微企业金融服务。截至2017年末，开平联社小微企业贷款余额69.05亿元，比年初增加1.86亿元，增速2.77%，高于各项贷款增速（含贴现）0.29个百分点；小微企业户数3049户，比上年同期增加3户；小企业贷款申请通过率99.23%，高于去年同期0.06个百分点，实现了小微企业贷款增速、户数、申贷获得率“三个不低于”。

【压降不良贷款】 加大不良贷款的清收处置力度，压降不良贷款，截至2017年末，压降不良贷款本金合计2.4亿元。主要采取以下的方法压降不良贷款：严格监测新增不良，对贷款户进行风险划分，对高风险客户实行名单制重点跟进，专人建立台账实施密切督促处理，抑制新增不良。针对存量各户不良贷款的具体情况，灵活运用贷款重组、债权转让、财力赔付、核销、诉讼清收等多种方式压降不良贷款。创新处置不良手段，开平联社于2017年10月入驻阿里资产交易网络平台，通过该平台大幅提升抵债资产的处置效率。

【内控管理】 强化案件治理工作，层级签订反赌博承诺书、案防责任书等，落实案件防控责任，建立联防机制。强化制度建设，优化管理流程和堵塞风险漏洞，截至2017年末，开平联社新增印发各项管理制度和体系文件100项，修订126项，废止102项；现有制度基本内容376项、流程体系文件426项，形成了全覆盖的具可操作性的规章制度体系。完善合规风险管理机制，加强员工行为监督和约束，开平联社严格执行《违规行为积分管理办法》，并随着业务的扩展和内控管理的需要，不断对违规行为积分标准进行调整。2017年，开平联社登记正向奖励事件3例，奖励积分44分。登记违规事件227例，登记违规积分709分。强化审计整体效能，加大重点领域和关键环节审计力度，排除风险隐患，促进各项业务健康发展。

【队伍建设】 结合年度工作计划、业务发展需要及员工培训需求，分条线制定年度教育培训计划，建立员工学习常态化机制，利用在线学习平台资源，充实业务条线题库，指导协助培训主办部门通过学习平台进行培训考试，以考促学的方式提升干部员工的综合素质、业务技能和服务水平。推进持证上岗工作，截至2017年末，开平联社累计组织596人参加持证上岗考试，提升员工整体业务素质。强化工会活动。2017年，开平联社举办了年度总结表彰暨企业文化会演、摄影比赛、羽毛球比赛、足球比赛、业务技能比赛等一系列企业文化主题活动，发挥企业文化的导向、激励和凝聚作用。做好人才培养工作。2017年，开平联社通过公开招聘及专业人才引进充实员工队伍力量，公开向社会招聘录用了应届毕业生22名，专才引进2名，其中本学学历的23名，博士研究生1名。通过定向选拔及提名考察，提拔中层干部9名；公开竞聘聘任业务经理6名、网点经理17人、（高级）会计主管66人、综合岗18人；公开竞标选拔直属社负责人4人。

【防控知识普及】 发挥机构点多面广、联系城乡的优势，开展防范和打击非法集资、电信网络新型违法犯罪宣传活动。在辖内选择了人流量大、电信诈骗犯罪风险高发地区域所在的营业网点，设立28个“电信网络新型违法犯罪定点监测站”，在日常的监测中开展各类诈骗知识的宣传和下发各类风险提示。2017年度，开展5次专项问卷调查，收回3727份有效调查问卷，形成4份分析专题报告。 2017年开展了“3·15金融消费者权益保护”“普及金融知识万里行”等宣传活动，开展的主题活动63次，活动总受众人数约10万人次，发放宣传材料9.9万余份。（方馨慧）

附：开平市农村信用合作联社领导班子名录

理事长： 杨仕晋（2017.10—）
石学周（—2017.10）
主　任： 梁新全
监事长： 伍达明（2017.7—）
张健雄（—2017.7）
副主任： 卢基花（女）
法　佳（女）
陈中宁（2017.7—）
廖海球（—2017.7）

农业·林业

农　业

【简况】 2017年，开平市粮食作物播种面积4.59万公顷，比上年增长1.3%。其中：水稻种植面积3.98万公顷，比上年下降0.82%。生猪出栏量54.21万头，比上年减少2.71%；家禽出栏量3181万只，比上年减少16.50%；水产品产量5.4万吨，比上年增长3.45%。共有省级农业龙头企业7家，江门市级农业龙头企业15家，县级农业龙头企业30家；新型农民专业合作组织339个。共有“三品一标”认证农产品77个。全市有效灌溉面积达到26.67万公顷，占耕地面积94%，灌溉水利用率达到65%。

【种植业】 2017年，开平市农作物播种面积6.87万公顷，粮食收获面积4.53万公顷、总产22.34万吨。水稻全年收获面积4.01万公顷、总产20.45万吨。全年蔬菜收获面积15300公顷，总产29.8万吨；全年水果总产3.85万吨。

【畜牧业】 2017年，开平市畜牧业肉类总产量7.62万吨，比上年减少5.69%；生猪出栏量54.21万头，比上年减少2.71%；家禽出栏量3181万只，比上年减少16.50%；禽蛋全年总产量1.45万吨，比上年下降2.65%。

【渔业】 2017年，开平市淡水渔业养殖面积8333公顷，其中精养池塘面积约4733公顷。2017年水产品总产量5.4万吨，其中淡水养殖产量4.9万吨，同比增长约1.9%。

【高标准农田建设】 2017年，全面完成2015年度高标准基本农田建设任务，整治农田面积2927公顷，项目共计受益人口约1.4万人；建设面积1853公顷、总投资4197.8万元的2016年度高标准基本农田建设项目于2017年12月开工。

【农业“政银保”合作贷款】 农业“政银保”合作贷款是指由政府提供财政资金作为扶持专项资金，银行向符合条件的农业经营主体提供贷款，保险公司为贷款农业经营主体提供保证保险服务。截至2017年12月31日，累计发放89笔贷款共1.6亿元。

【现代种业长廊】 2017年，开平市以国家现代农业示范区核心区为龙头，以X561县道为轴心，发挥周边现代种业企业的辐射带动作用，建设核心面积约10万亩的现代农业种业长廊。种业长廊累计引进粮食品种52个，引进热带特色果树品种23个，引进花卉品种45个，引进特色蔬菜新品种56个，引进水肥一体化、立体设施栽培、工人光照种植、遥感监控系统等农业新技术12项。招商引资入园种业企业25家，总经营额超20亿元，业务涵盖水稻、玉米、花卉、蔬菜、南药、水产品等种子种苗繁育、栽培领域。

【强农惠农政策】 至2017年12月31日，耕地地力保护补贴面积登记工作由于开平市开展土地确权工作而暂停布置；政策性水稻保险实现全覆盖，2017年完成水稻参保面积3.9万公顷，财政保费补贴总额1172万元，其中镇级58.6万元、县级263.8万元，免收农户负担保费234.4万元，为全市水稻生产提供2.34亿元灾害风险保障。

【农业面源污染治理】 农业面源污染是指化肥、农药的过量和不科学使用引起的水体、土壤等生态环境污染，是世界共同关注的严重环境问题。利用世界银行贷款实施农业面源污染治理是全国首创，广东省在惠州、江门二市6个县（市、区）开展试点实施，其中，2017年开平市世界银行贷款农业面源污染治理项目总投资892.72万元，参加农户7010户，参与水稻面积1870公顷。项目区全年减少化肥施用量200吨，减少农药用量11200公斤。

【农业产业化】 2017年，开平市新增开平市级农业龙头企业4家，新成立农民专业合作社13家，新认定开平市级家庭农场7家。

【农业机械化】 2017年开平市农机总动力38.5万千瓦。拖拉机拥有量9000台，同比增长3%，其中：大中型拖拉机235台，手扶拖拉机、微耕机等8768台；联合收割机拥有量760台，同比增加30台，增长4%。插秧机拥有量540台，同比增加55台，增长11%。全市拥有12家烘干中心共46台烘干机，烘干能力418吨。2015年水稻机耕面积41333公顷，机耕率99.6%；水稻机收面积4万公顷，机割率99.2%；水稻机插面积16666公顷，机插率48%；2016年，水水稻综合机械化率84.31%，农作物综合机械化率64.2%，走在全省前列。

【畜禽养殖专项整治】 截至2017年5月20日，开平市全面完成拆除或关停列入禁养区清退范围的养殖场1664家，其中，拆除1325家，关停339家。截至2017年6月30日，经15个镇（街）两轮的全面调查摸底、汇总上报，开平市非禁养区（含限养区和适养区）3226家养殖场（其中规模化养殖场849家）全部完成申报登记手续，配套完善相关环保设施设备。截至2017年12月31日，有583家养殖场通过镇自行验收，并报开平市畜禽养殖专项整治工作办公室，开平市农村生态环境，特别是重要饮用水源地生态环境得到改善。

【脱贫攻坚】 2017年，开平市扶贫户市扶贫户880户3143人、17条重点帮扶老区村已全部落实帮扶措施，有效促进贫困人口实现稳定脱贫和帮扶老区村改善生产生活条件。市县两级累计投入扶贫资金5965.46万元（江门市级帮扶资金4766.25万元、开平市级帮扶资金1199.21万元），其中帮扶到户1912.31万元、帮扶到村4053.15万元。截至2017年12月31日，全市扶贫户有352户1257人达到脱贫标准，实现40%的减贫目标，超额完成江门市30%的预定年度脱贫目标任务；重点帮扶老区村通过项目扶持方式，逐步解决行路难、饮水难等实际问题；开平市226条村委会通过落实基本公共服务均等化补助和资源激励型财政补贴，村集体收入达到18万元以上。

【农村“三资”管理】 2017年，开平市从加强组织领导、落实各项经费保障、做好培训宣传和加强建章立制等四个方面统筹推进规范农村集体“三资”管理工作。通过开发网络软件，配套软硬件设备及网络资源，建立农村集体资产管理交易平台和农村财务监管平台，形成了“三资两平台”的农村集体“三资”监管模式。截至2017年12月31日，开平市进入平台成功交易的集体资产4061宗，交易资产标底总价为11.89亿元，实际成交总价为15.94亿元，实际成交总价比标底总价提高4.05亿元，增值率为34%。

【农村土地承包经营权确权登记】 2017年，开平市农村土地承包经营权确权工作全面铺开，至2017年12月31日，该市应确权承包农户数为117580户，已完成一轮张榜公示承包农户数为108423户，完成率为92.21%；已完成二轮张榜公示承包农户数为108423户，完成率为92.21%；全市已颁发证书108163本，完成率为91.99%。

【农资打假】 2017年，开平市开展了6次农资打假专项整治行动，以化肥、农药、农机、兽药、饲料和种子经营门市为重点进行检查，对全市范围内的农资经营单位进行全方位、拉网式检查。共出动执法人员1242人次，检查农资生产经营单位599户次；抽查水稻、蔬菜种子、农药等产品监督抽检31批次。其中农资批发经营单位23家次，种子农药肥料经营门店255户次，饲料生产企业74家次，兽药经营企业131家次，农机经营单位21家次，种养企业95家次。共发现线索11宗，调解农资纠纷9宗，经核实，责令整改单位（个人）7家，立案查处案件3宗，其中农药2宗、兽药1宗、罚款共2万多元，查扣假冒伪劣农资40多公斤，挽回经济损失8万多元。

【国家农产品质量安全县】 2017年，开平市创建国家农产品质量安全县，开平市农业局成立了农产品质量监管和科教信息股；15个镇（街道）设立农产品质量安全监管公共服务站，每个镇街聘请2名工作人员专职负责农产品抽样检测工作，每年经费10万元，由市、镇两级财政分担各负责50%。完成了开平市村级食品质量安全协管员队伍的组建工作，每个村级组织配备不少于1名食品质量安全协管员，全市共聘任村级协管员270名，工作经费标准为每人每月不少于300元。投入财政资金500多万元对市农检站进行软硬件的升级改造。投入资金240万元用于完善镇级农产品质量安全检测体系建设，对镇级检测室实行“四个统一”，即：建设风格统一、仪器设备统一、实验室操作台样式和颜色统一、门牌标识统一。全市15个镇（街）检测室2017年检测农产品样本达72000个。2017年，开平市种植业产品抽检样本6451份，合格率99.77%；水产品检测样本56个，合格率100%；畜产品共抽检猪尿样本9442份，合格率100%。

【动物疫病防控】 2017年，开平市落实各项动物疫病防控措施，全市没有发生重大动物疫病情况。全年共组织发放禽流感疫苗1739.25万毫升，猪口蹄疫疫苗79.41万毫升，猪合成肽苗7.25万毫升，猪瘟疫苗132.51万头份，猪高致病性蓝耳病疫苗25.92万头份，牛A型口蹄疫疫苗0.7万毫升，牛、羊O型口蹄疫11.2万毫升。共免疫家禽4283.138万只、免疫生猪80.085万头、牛17553头、羊26181只，免疫密度达100%。

【一事一议】 2017年，开平市实施村级公益事业建设“一事一议”财政奖补项目共75个，总投资3018.75万元，其中，农民筹资筹劳2012.5万元，申请财政奖补资金1006.25万元，截至2017年12月31日有55个项目完成施工，占项目总数的73.33%。

【渔业资源保护】 自1989年至2016年，开平市已连续28年累计向潭江人工放流鱼苗超过5500万尾。2017年，两次在潭江河开展人工增殖放流活动，放流品种有鲤鱼、鲮鱼、草鱼、鲢鱼、甲鱼等，放流鱼苗330多万尾，潭江渔业资源得到休养生息。 （司徒重诗）

附：市农业局领导班子名录

党组书记、局　长：张天锡

党组成员、副局长：邝潮基

谢沃豪

吴万和（—2017.8）

周稳叠（—2017.6）

张新源（2017.10—）

伍伟鹏

冯艳欢

罗尧旺

高向东（2017.11—）

林　业

【简况】 2017年，市林业局坚持“生态优先、民生优先”的发展战略，开展国家森林城市和公园城市创建工作，加强森林资源保护管理，完成市委、市政府下达该局的各项考核工作任务。是年，该市绿化工作和湿地公园试点建设经验在全省推广。全国绿化委员会、国家林业局授予江门市（含开平市）“国家森林城市”称号。市林业局被评为2017年市直机关绩效考核“良好单位”，并以“扎实推进公园城市建设为侨乡发展创造更多生态财富”项目获2017年度市直机关管理创新二等奖。是年，该市造林3666.67公顷（5.5万亩），其中含866.67公顷（1.3万亩）退化林分修复，种下各种树木约289.9万株，完成4120公顷（6.18万亩）新造林和中幼林龄抚育任务，其中新造林抚育458.53公顷(6878亩)，中幼林抚育3666.67公顷(5.5万亩)。

【林业产业结构】 是年，开平市林业总产值295320万元。其中第一产业35810万元；第二产业产值141095万元，其中木材加工和木、竹、藤等制品制造87619万元(含木材加工442万元，人造板制造87177万元)，木、竹、藤家具制造9308万元，木、竹、苇浆造纸和纸制品44168元；第三产业产值118415万元，其中林业旅游与休闲服务116800万元，林业专业技术服务60万元，林业公共管理及其他组织服务1555万元。

【公园城市建设】 新建改建33个村居公园，新增2个森林公园，建成2个镇级公园。

【创建国家森林城市】 江门市（含开平市）于2017年10月10日被全国绿化委员会、国家林业局授予“国家森林城市”称号。其中，广东开平孔雀湖国家湿地公园建设是开平市“创森”工作的重点项目之一。湿地公园于2016年12月30日被国家林业局批复同意列入国家湿地公园试点名单，由开平市林业局组织编制的《广东开平孔雀湖国家湿地公园试点建设实施方案》通过开平市政府审批并上报广东省林业厅，2017年按照总体规划和实施方案进行建设，成立湿地公园管理机构，落实办公场所，建立公园规章制度，完成园内主干道、标界立桩、标界、停车场建设及湿地修复工程，编制详细规划。

【义务植树】 市四套班子领导率市直机关单位干部到大沙河水库周边林地开展义务植树示范活动，发动引导社会力量参与种绿、护绿活动。全市共组织约43.96万人次参加义务植树活动，为侨乡添绿约131.88万株，面积424.93公顷（6374亩）。

【饮用水源水库周边生态环境保护】 市林业局把饮用水源水库第一重山商品林调整和生态公益林面积扩大工作一同推进，牵头编制《开平市扩大省级生态公益林面积实施方案》并通过开平市政府审批，成立开平市生态公益林面积扩大工作领导小组，组成五个工作督导组，加快工作进展。2017年调整面积10553.33公顷（15.83万亩），超额完成广东省下达10333.33公顷（15.5万亩）的任务，保护水库周边林业生态环境。为巩固该市饮用水源临水面第一重山生态林建设成效，开平市林业局对大沙河水库等水库周边生态林管护实行片区专人管护，严格控制水库集雨区内林木采伐，严禁大沙河水库集雨区林地炼山，加强对水库周边造林生产活动和生态重要区位内的林地林木管理，确保水库周边林业生态安全。

【山界林权调处】 2017年依法调处苍城镇联和村委会上、下古村历史争议，金鸡镇游东村委会新安村和榕树塘村等2宗争议，依法维护群众合法权益，确保林区和谐稳定。

【四大重点林业生态工程建设】

生态景观林带工程（即江罗高速开平段，属开平市民生实事）建设12千米。

森林碳汇工程　对2015—2016年新营造的458.53公顷（6878亩）碳汇林进行抚育，提高造林成效。

森林围城进城工程（即森林公园，属江门市政府工作清单任务和江门市民生实事）　新建苍城镇更鼓楼水库森林公园、百合镇上洞森林公园2个镇级森林公园。

乡村绿化美化工程（属江门市政府工作清单任务） 建成28条美丽幸福生态村，其中省级示范村3条，其他生态村25条。

【国有林场改革】 广东省林业厅于2017年5月批复原则同意《江门市国有林场改革方案（含开平市）》。按照广东省林业厅的批复精神和开平市府办的要求，市林业局对第二次《方案》进行修改，并征求开平市编办、开平市财政局、开平市人社局意见修改完善后，形成第三次（修改稿）《方案》，由开平市政府上报江门市林业和园林局并印发，开平市编办印发了东山、镇海林场机构编制方案。

【防山火】 落实森林防火行政首长负责制，做好“领导责任、宣传教育、值班调度、火源管理、基础建设、检查督导、应急措施”等七方面的工作，参加“2017年江门市森林火灾应急预案联合演练”，提高了预防和扑救森林火灾的综合能力。2017年该市发生三起森林火警，过火面积13.67公顷（205亩），受害率0.1‰，其中有林地6.67公顷（100亩），无人员伤亡。

【防治森林病虫害】 对林业有害生物防治检疫常抓不懈，重点做好薇甘菊、松材线虫病疫情监测、普查除治工作，确保开平市病虫害成灾率为零。

【防止乱砍滥伐】 执行林木采伐审批会审制度，规范采伐审批程序。建立伐前公示制度，公开接受群众监督，提升森林经营管理水平。2017年发布林木采伐公示信息224条；森林采伐消耗量为22.32万立方米，控制在江门市下达的25.8063万立方米指标限额内。

【生态公益林保护】 创新生态管理护林模式，与森林防火工作相结合，本着综合素质高、年富力强、方便管理的原则在开平市范围内聘请90名护林人员，对全市18000公顷（27万亩）生态公益林实行专人专区管护，完善护林员考核、奖惩等管理机制，由开平市财政统一发放工资，稳定护林队伍，提升管护水平。

【野生动物和珍稀植物保护】 开展“2017利剑行动”“森网2017”行动、“缉枪治爆”“禁种铲毒”“红线行动”及“图斑核查”等一系列专项行动，联合开平海关、开平市公安局、开平市市场监督管理局、开平市食品药品监督管理局、开平市检验检疫局及开平市打私办等部门在市范围内开展打击走私象牙等野生动植物及其制品，收缴了夜鹭、黑水鸡、蛇类等野生动物一批，深入整肃了该市的野生动物市场秩序，遏制了破坏野生动物资源违法犯罪行为。办理涉林案件32宗（刑事案件立案17宗，破案13宗；受理林业行政案件15宗，查处13宗）；处理违法犯罪人员30人次。

【林业普法】 利用市林业局“两微”（微信、微博）平台，政务网站等网络资源，开展林业普法宣传。对林区重点部位的巡查走访，主要由东山森林派出所联合市林业局防火办（森林消防专业队）、国有林场、有关镇（街）农业服务中心等部门，利用消防车加强流动宣传广播，走家进户开展林业法律法规知识宣传，筑牢保护森林和野生动植物资源的全民防线。

（吴雪华）

附：市林业局领导班子名录

局　长（党组书记）： 张伟杰

副局长（党组成员）： 卢炳忠（兼党总支书记）
冯岸良（兼工会主席）
吴平行

党组成员： 关少君（开平市公安局森林分局局长）
李雪清（女，纪检组组长，党支部书记）
黄健俊（总工程师）
陈永平（—2017.9）

主要林场简介

大沙林场

【简况】 大沙林场属江门市直属国有林场，主要职责是贯彻执行国家、省、市有关林业的方针政策，培育、保护和合理利用森林资源；承担建设国家木材战略储备基地任务；负责林场内森林防火、林业有害生物防治、林木良种生产、林业科技实验示范工作；负责林场内林业公路和护林站等基础设施建设；负责组织实施林场内森林公园总体规划；在确保公益目标的前提下，适度开展生产经营活动。

2017年，该林场内设办公室、生产经营股、资源管护股、计划财务股等4个股室，下设13个工区。林场拥有林地经营总面积5486.7公顷，其中省级生态公益林1538.1公顷，江门市级生态公益林559.4公顷，商品用材林3929.5公顷。林场拥有房屋建筑面积16118.11平方米，其中位于开平市区的出租物业11808.91平方米，场部出租物业4309.2平方米。是年，林场人员编制33人，现有总人数119人，其中：在职18人、退休101人。

【林业工作】 2017年，该场完成业洞工区1200亩采伐迹地的更新还林工作，完成率100%。是年受台风“天鸽”影响，所种林木被吹倒90%，重新补植套种；完成业洞工区、河洞工区、茶坑工区桉树林抚育追肥5300亩，完成率100%；完成中央财政补助抚育任务8000亩，省级碳汇林抚育4930亩。

水库第一重山商品林调整为生态公益林工作进展顺利。根据江门市林业和园林局、江门市财政局《关于印发〈市属国有林场饮用水源水库第一重山商品林调整为生态公益林实施方案〉的通知》（江林业园林〔2015〕218号）精神，该场水库第一重山商品林调整为生态公益林总面积8391亩，分两年调整完毕，其中2015年调整5269亩，2017年调整3122亩。

2015年调整的5269亩于2016年完成更新还林工作。2017年调整的3122亩，是年3月已全部赎回，更新还林工程的立项、预算审核和招投标等工作正在进行中，已完成招投标工作。

为贯彻落实省委、省政府关于新一轮绿化广东大行动的决策部署，准确掌握该场森林资源状况，是年开展森林资源二类调查工作。该场森林资源二类调查总面积8.2万亩，项目总投资8.2万元，已办理政府采购立项，并与江门市林业科学研究所签订了《森林资源规划设计调查合同书》，是年年底全面完成外业调查任务。

该场组织干部职工学习《广东省森林防火条例》和《安全生产条例》，传达省市有关森林防火和安全生产文件精神。落实领导带班制和森林防火安全责任制，实行一岗双责。做好森林火灾扑救的准备。加强巡山护林和野外火源管理工作。定期进行安全生产大检查，发现安全隐患，及时进行整改。投入资金5.6万元为全体干部职工和民工购买了团体意外保险。是年，该场无发生森林火灾和安全生产事故

是年，该场加大野生动植物宣教设施建设力度，构建比较完善的科普宣教体系，开展各种宣教活动。

【林场管理】 逐步提高干部职工的福利待遇，2017年，林场在职人员18人，年人均工资7万元。退休人员101人，年人均退休金3万元。

2017年，该林场开展“两学一做”教育活动，以“学习贯彻习近平总书记重要批示精神”和“贯彻落实党的十九大精神”为契机，加强理论知识、业务知识学习。是年，该林场梳理了原有的规章制度，建立健全了一整套涵盖议事决策、廉政建设、行政人事管理、财务管理、车辆管理等方面共34个制度规定。在党建工作方面，7月底完成党支部换届选举工作，落实党风廉政建设责任，贯彻中央八项规定精神，层层签订党风廉政建设责任书，执行廉政谈话制度，做到重大决策、重要人事任免、重要项目安排、大额资金使用等“三重一大”事项由集

体讨论决定。

【基础设施建设】 是年，该林场完成榄坑工区1.5千米林区公路改扩建及水泥硬底化工程，该项目建设主体为大沙镇府，该林场负责自筹资金部分。投入资金40多万元修缮加固职工宿舍楼，改善干部职工的生活环境，该项目预计2018年春节前完成；投入资金10多万元建设门卫值班室，安装防护栏，保障干部职工人身和财产安全，该项目预计2018年上半年完成；投入资金10万元维修林区公路，该项目已完成50%。 （周雄杰）

附：江门市大沙林场领导班子名录

场　长：殷秀芳

副场长：邓伟明

李锦红

镇海林场

【森林生态建设】 2017年，镇海林场生态林面积4.4万亩，占林地总面积的83%。护林防火方面，执行林区巡查制度，设立9个管护站，加强林区监控；抓好节假日森林防火值班，落实值班执勤制度。保护野生动植物，严禁任何单位或者个人非法捕猎动物或者破坏林场内的生态环境。开展科普宣传教育，向公众普及野生动植物保护意识。

【饮用水源环境保护】 把好林场大门关口，杜绝禽畜、禽畜粪便和建筑材料进入场内，在主要路口和每个鱼塘养殖户竖有警示牌，每周安排人员对全场进行巡查，确保镇海水库集雨区域的水源环境。根据上级部门要求，设立了河长，建立了河长责任制，保护河流环境。

【园林绿化养护与造林抚育】 2017年，林场将原从事园林绿化的职工逐步调回林场，从事林业生产和森林生态资源保护工作，充实管护站人员，留下部分职工继续做好市政府、国土局等几个绿化养护点。继续参与网上公开招标的绿化工程项目工作。

【党建工作和建章立制】 2017年，林场加强党建工作，扎实开展“两学一做”， 推进学习教育常态化制度化，支部建设上了新台阶。

【国有林场改革进展】 根据国家、省、市国有林场改革的文件精神，在上级部门的关心支持下，该林场改革方案得到批复，林场更名为开平市镇海林场，公益二类事业单位、副科级，人员经费由财政按公益二类拨付。2022年前过渡为公益一类事业单位、正科级，下设四个股室，为办公室、生产股、森林资源股、森防科技股，核定事业编制26名。 （陈燕玲）

附：镇海林场领导班子名录

场　长：梁称利

副场长：劳联威　　龙友深

东山林场

【造林工程】 2017年，东山林场争取到上级补助专项资金，完成石古龙工区007小班207.5亩、014小班142.5亩等350亩林相改造工作，已通过相关部门的验收、结算；自筹资金完成场部工区茶山385亩桉树抚育；贯彻落实省委、省政府《关于全面推进新一轮绿化大广东的决定》，按照开平市委、市政府印发《开平市生态林扩面工作方案》的工作部署，该林场完成16081.5亩用材林调整为县级生态林。

【基础设施建设】 是年上级补助资金，建设牛皮山工区东山林场护林站（85平方米）的建设项目。项目公开招投标，已完成主体工程的建设工作；对场部工区2.025千米的林区公路实行硬底化，项目招标中。利用中央贫困林场补助资金，完成林场宿舍楼的危旧房改造，改善林场生活条件。受台风“天鸽”的影响，林区道路被冲毁，该场及时对林区主干防火道路进行维修，保障林场营林生产和护林防火工作的正常进行。

【森林防火工作】 将林场旧仓库改建成为防火物资放置仓库。加强对扑火机具的检查维护，做好扑火应急准备工作。 接收林业局防火物资一批（有抽水机、杀虫机等）及购买防火物品一批，为防火提供后勤保障。层层落实防火责任制，林场领导与林业局签订了《森林防火责任书》、林业局与护林员签订《东山林场护林员护林防火管护责任书》。开展森林防火宣传工作，年初该林场宣传、贯彻《安全生产法》，张贴标语300多条、护林防火警示牌80多块、宣传画报等。每月召开护林员会议，支部成员下工区讲安全、督生产，强化防火意识，落实防火责任制。加强林区巡逻，抓好森林扑火队技能培训，每年组织扑火队员参加由市举办的扑火知识培训和防火演练。是年，该林场林区无山火发生。

【安全生产】 根据汛前防汛安全检查和水库水电站安全度汛工作要求，该林场不定期地对汶塘水库开展安全检查工作。由于安全隐患严重，林场请示上报主管部门批准，对汶塘电站实施了发电关闭；对水电站坝基、输水涵管、溢洪道和防汛抢险物资储备情况，加强现场监测、补足防汛物料，对汶塘水库放水至安全线，确保汛期安全。落实防汛责任，签订防汛安全责任书。开展安全生产隐患检查、排查、专项安全整治等活动工作，抓好雷暴雨天气的巡查监控。做好场部、各工区、物业的安全管理工作，由林场企业管理股定期进行安全检查，购买灭火器一批，为防火安全提供保障。贯彻落实河长制。根据上级的文件精神，各河长按上级的工作布置做好树立标志牌、定期检查河道环境。

【国有林场改革】 根据《开平市人民政府办公室关于印发开平市镇海林场改革实施方案和开平市东山林场改革实施方案的通知》（开府办〔2017〕62号）和开平市机构编制委员会《关于印发开平市东山林场机构编制方案的通知》（开机编〔2017〕42号）精神，开平市国营东山林场更名为开平市东山林场，为市林业局管理的公益二类事业单位，正科级。内设办公室、生产股、森林资源管理股、森防科技股，核定事业编制27名（原来58名）。该场已完成国有林场改革工作。2022年前过渡为公益一类。

【党建工作】 开展“两学一做”活动，学习习近平总书记的十九大报告精神和系列讲话。该林场制定了学习方案，建立党支部成员个人学习台账和学习记录本。按“三会一课”制度，每月10日为“党日+活动”，召开党支部专题民主组织生活会。党支部书记在“七一”带头讲党课，党员参加上级部门举办的“两学一做”参观教育、网上考学。开好民主生活会，自觉开展批评和自我批评，发挥战斗堡垒作用。

（黄汝胤）

附：东山林场领导班子名录

场　长： 梁树坤

副场长： 何振诚

陈田英

水务·气象

水务水电

【水务工作】 2017年，开平市完成水务投资12084.48万元，其中中央补助资金2351.47万元，省补助资金696.2万元，江门补助资金555.39万元，开平本级资金8481.42万元。完成工程量：土方51.22万立方米、石方8593立方米、砼方3923立方米。完成江堤加固0.8千米，渠道整治70.557千米，小型病险水库除险加固工程5宗。实施的项目主要包括：全面推行河长制、迳头污水处理厂二期项目、新一轮生活污水处理设施整市捆绑PPP项目、开平市中央财政小型农田水利重点县建设（2014—2016年）扫尾工作、新出现5宗小型病险水库除险加固工程扫尾工作、交流渡水闸重建工程前期工作、中小河流治理（开平水大沙蕉园至夹水段）前期工作、农村改水工程、度汛抢险项目、冬修水利建设项目、三防能力建设、水资源保护项目、水质监测等。

【荣誉】 2017年4月，开平市水务局被广东省防汛防旱防风总指挥部评为2016年度防汛防旱防风防冻先进集体。

【全面推行河长制】 从2017年3月开始，开平市委、市政府先后召开了市长办公会议、市委市政府联席会议及多次专题会议、全面推行河长制工作领导会议、全面推行河长制动员大会，贯彻落实上级关于全面推行河长制的会议精神，部署全面推行河长制的工作。2017年6月30日出台《开平市全面推行河长制工作方案》；在机构设置上，开平市本级成立了河长制工作领导小组，由开平市委书记庞正华担任组长，同时设立河长制工作领导小组办公室，由开平市水务局局长兼任办公室主任，下设河长制工作股，核定行政编制4人（新增2人）。该市15个镇（街）参照基层三防机构设置模式，全部成立了全面推行河长制工作领导小组和河长制办公室，该市267个村（居）委会全面出台村（居）级全面推行河长制实施方案并成立河长制办公室。在财政经费方面，2017年度开平市财政预算专项拨款219万元用于推行河长制工作；在体系建设方面，开平市已全面实行县、镇双总河长制，各级总河长由各级党政主要领导担任，该市共有市级河长13名、镇级河长150名、村级河长260名，162名河道警长，501名河道巡查保洁员。同时设置了13名开平市级河长助理，形成“党政齐抓、上下共管”和“横向到边、纵向到底”的工作格局。

2017年7月中下旬，市河长办牵头协调，全市各级统一行动，开展河道管理范围内水浮莲专项整治等专项行动，完成治理面积1.15万亩，打响河长制治水第一战。该市未出现超10平方米连片水浮莲，高标准通过江门市督查组的验收。

【小型农田水利重点县建设项目（2014—2016年）】 2014年10月，根据广东省水利厅、广东省财政厅批复文件“粤水农水〔2014〕36号”，开平市获得第六批中央财政小型农田水利重点县建设项目。三个年度的项目初设批复整治渠道总长152.73千米，其中渠道三面衬砌防渗长133.94千米，渠道清淤18.79千米，新建、重建渠系建筑物69座，内河清淤整治17千米。概算总投资为7587.5万元，其中中央财政补助3600万元，省级财政补助2400万元，余下为县级财政配套。2016年度建设项目施工招标于2016年3月29日在江门市公共资源交易中心公开招标。至2017年底，2014—2016年度建设项目基本完成，并进入验收资料整编阶段。

【农村河道（渠道）清淤整治】 2014年12月，开平市政府印发《开平市农村河道（渠道）清淤整治实施方案》（开府办〔2014〕64号），分三年（2014—2016年）开展开平市农村河道（渠道）清淤整治工作，计划整治河道（渠道）146宗，总长度400.47千米，估算总投资3048.32万元。至2017年6月，已全部完成2014—2016年度建设任务，全市共完成157宗、总长320.98千米的农村（河道）渠道清淤，完成工程投资2635.68万元。

【11宗小（2）型病险水库除险加固工程】 2017年12月29日，开平市的白水塘、狗田、较椅山、措施坑、黄泥塘、福寿塘、禾镰坑、马子坑、猫儿坑、响水尾、老鼠尾共11宗小(2)型病险水库除险加固工程通过竣工验收。完成坝体培厚加固11座，重建溢洪道3座、加固溢洪道1座，重建涵管4座、维修涵管7座，新建及重建管理用房7处、维修管理用房3处，修整防汛公路12.19千米等。完成的主要工程量：土方开挖回填11.64万立方米、混凝土5598立方米、石方4861.29立方米，钢筋99吨、闸门4扇、启闭机4台、灌浆479米。完成工程总投资13266570.95元。

【新出现的小型病险水库除险加固工程】 开平市新出现的苏坑、石堆、崩塌、西坑、石井口5宗小型病险水库除险加固工程全部完成，并通过合同工程完工验收。

【潭江河流治理工程】 2017年8月，广东省水利厅批复开平市潭江河流治理工程（开平段）初步设计，批复加固堤防长度16.871千米（其中金山堤整治9.615千米，水口泮村堤及址山水支堤回水段整治4.841千米，石海堤整治2.415千米），潭江干堤沿岸重建13座穿堤水闸，重建穿堤涵管12座，新建穿堤涵管10座。工程概算总投资1.86亿元。已完成PPP投资运营商和监理单位的公开招标工作，施工图设计工作正在进行中，计划于2018年10月开工建设。

【交流渡水闸重建工程】 交流渡水闸位于开平市中部，潭江镇海水支流泥海河出口处，是泥海河的出口控制闸。交流渡水闸由一闸、二闸组成，水闸上游集雨面积64.6平方千米，设计闸孔净宽30米，设计最大过闸流量为301.72立方米/秒。交流渡水闸捍卫着塘口、赤坎两镇2533.33公顷耕地、4.4万人和世界文化遗产“开平碉楼与村落”的防洪安全。江门市水务局批复工程施工图设计，正在进行招标最高限价送审和拆迁补偿工作。

【城镇及农村饮水安全水质检测】 开平市水务局委托开平市疾病预防控制中心对开平市生活饮用水、集中式供水水质进行监测，及时监控饮用水情况，以保障饮用水安全。至2017年底，已完成全年报送检测数据共284份。通过网上购买服务，确定华测检测认证集团股份有限公司对城区三间水厂（南楼水厂、振华水厂和龙山水厂）进行106项水质检测，分上、下半年报送检测报告共6份，已完成全水质检测共6份，合格率100%。

【农村改水工程】 2017年，开平市新增农村改水工程12宗，改水受益人口4.96万人，农村自来水普及率97.71%（一次改水），工程预算总投资530.89万元（含管材实物折款及资金），其中开平市财政补助238.50万元（管材实物折款及资金），镇、村及企业预算自筹292.37万元。沙塘、塘口等镇9宗农村改水工程已竣工并投入使用；龙胜镇自来水厂引水主管网、苍城城西村委会、苍城楼田村委会那廊村改水工程正在进行管材安装施工。

【城镇供水建设】 至2017年底，开平市大沙河水库供水枢纽续建工程第四期输水管道工程，位置由交流渡旧桥至南楼水厂，铺设DN1200供水管，全长2300米，全线共划分为镇海水水边段、跨镇海水倒虹吸段、沿第三期输水管线并列段，输水管道均采用埋设布置，总投资1393万元，已完成合同工程完工验收。

【城镇污水处理系统建设】 开平市迳头污水处理厂一期工程于2005年动工建设，2007年投入运营，设计规模为5万吨/日，投资约4500万元，项目以BOT模式实施，特许经营期为20年（到2025年止）。污水处理厂运营至是年，各项运营指标正常，处理效果良好，2017年实际处理规模约为5.1万吨/日。计划进行提标改造，项目投资约3570万元，将污水厂出水一级B排放标准提高到一级A排放标准。项目参照BOT模式实施，项目可行性研究报告、实施方案等已通过开平市政府、开平市常委会批准。迳头污水处理厂二期工程，设计规模为2.5万吨/日，投资约6086万元，以PPP模式实施。项目于2017年1月开工建设，6月完成通水调试，8月完成主体工程建设并通过环保验收，10月正式商业运行，并已竣工验收，运行状况良好，出水标准符合设计和环保要求。

完成镇级生活污水处理厂配套管网工程建设项目。其中，苍城镇项目完成管网安装532米，并完成完工验收；大沙镇项目完成管网安装800米；赤坎镇项目完成管网安装980米以及和泵站主体工程；水口镇项目计划安装管网1000米，已完成安装管网900米。

开展开平市新一轮生活污水处理设施整市捆绑PPP项目建设工作。开平市新一轮生活污水处理设施整市捆绑PPP项目包括城区新美污水处理厂、9个镇级生活污水处理厂及355个农村污水处理设施，计划投资50233万元，总规模5.2万立方米/天，配套污水收集管网总长度约50千米。2017年2月8日由江门市水务局委托广东省政府采购中心完成社会资本方采购工作，中标资本方为中国能源建设股份有限公司&江门融浩水业股份有限公司&深圳前海班弗汇富基金管理有限公司（联合体）。中标资本方成立中能建（开平）环保科技有限公司，负责项目组织实施，6月20日正式签署合同，各镇级生活污水处理厂已完成可行性研究报告和初步设计工作；全市355个农村污水处理设施已完成选址、调研等工作；整体项目已完成立项备案。

【水库移民工作】 继续贯彻落实《国务院关于完善大中型水库移民后期扶持政策的意见》（国发〔2006〕17号），2017年共有262条自然村4827户19780人的水库移民列入大中型水库移民后期扶持计划，广东省下达开平市后期扶持资金共1195.14万元，直补到人262条自然村4827户19780人，后期扶持直补到人补助资金已全部发放完毕。2017年下达结余资金796.76万元，用于大中型水库移民生产经营扶持计划项目，涉及4791户19635人受益，生产经营扶持资金已经全部发放完毕。2017年争取上级主管部门支持解决：一、结存资金201.018万元，完成路面硬化、环境整治、文化室等一大批工程项目；二、市级统筹资金88.57万元，用于桥涵、机耕道等项目；三、库区基金40万元，用于路面硬化、改水改厕项目；四、2017年小型水库项目计划103.306万元，用于文化室、路面硬化、其他工程等。

【水资源管理】 落实开平市实行最严格水资源管理制度相关工作，完成开平市2016年实行最严格水资源管理制度自查报告及工作测评复核材料的上报工作；完成迎接省最严格水资源管理制度考核组对江门市2016年度实行最严格水资源管理制度考核中大沙河水库和镇海水库现场点的检查工作；完成江门市最严格水资源管理制度考核组对开平市2016年度实行最严格水资源管理制度的考核工作，顺利通过上级对开平市2016年度的工作考核，被评定为“优秀”等次；2017年共办理取水许可申请书33份，核发“取水许可证”33套；开展新桥水纳污能力的核定、水资源综合规划相关资料的收集及工作；完成《开平市水资源综合规划（征求意见稿）》、开平依利安达电子有限公司取水工程水资源论证后评估、开平市水资源实时监控综合管理信息系统（一期）运行维护、开平市大中型水库蓝藻水华风险预警监测技术、开平市水功能区水质监测、新桥水水功能区纳污能力核定和分阶段限排总量控制方案等项目的实施工作。

【“三防”工作】 2017年，全市平均降雨量1854.4毫米，比多年同期偏少5%；降雨量最多月份在7月，降雨485.6毫米；全市各站点降雨量最多的是狮山水库2469毫米，最少的是长沙镇1170毫米；全年在西太平洋及南海海面上共有25个热带气旋生成，其中直接影响开平市的有2个，受到第13号台风“天鸽”和14号台风“帕卡”的影响，造成该市直接经济损失达9.36亿元，主要集中在农林水、工业、交通、供电等行业；其中：农业损失3.28亿元，林业损失3.02亿元，工业损失1.96亿元，交通、市政、园林、供电、电信等损失0.835亿元，水利0.266亿元。潭江长沙水位站全年未现超警戒水位（珠基高程2.0米），最高水位出现在2017年8月23日18时35分为1.95米，最低水位出现在2017年2月9日8时35分为-1.24米。

“三防”水利部门落实各项防汛工作，落实以行政首长负责制为核心的岗位责任制，根据人员变动情况及时健全完善三防组织机构；落实每宗防洪工程的防汛行政责任人和技术责任人，重新逐宗签订《水利工程防汛安全责任书》，通过媒体向社会公布，督促各责任人切实履行职责；进一步完善各类防汛应急预案，为防汛抢险提供科学决策依据；水库工程全部按省定标准储备防汛物料，为安全度汛提供了物料保证。2017年，市三防指挥部发出与防汛防风相关的内部明电174份、信息577条，其中发出《开平市防风防汛全民动员令》2次，启动防风Ⅰ级应急响应2次、Ⅱ级应急响应2次、Ⅲ级应急响应2次、Ⅳ级应急响应3次，电视台播放滚动台风信息3次，最大限度减少了灾害损失。为加强三防知识宣传，开展三防业务的培训与演练，先后举办一系列的宣传、培训、演练。其中，市三防指挥部分别于5月25日、6月22日、23日举办全市镇级、村级三防工作的培训班。4月27日，市民兵轻舟分队在潭江河段开展防汛应急演练，提升民兵轻舟分队应急应战的抢险救灾能力。是年，该市实现了无一水库工程出险、无一防汛安全责任事故发生。

【水行政执法及水法规宣传】 2017年，市水政监察大队重点围绕打击非法河道采砂，除了定期和不定期的巡查，并多次联合邻近市的水政监察大队对交界区域进行执法检查，加强和公安、海事、航道、渔业等相关部门的联合检查，发现水事违法行为采取整改措施处置。全年立案查处涉河湖案件3宗、发出限期整改通知书14份、责令停止违法水事行为6宗、整治围库筑塘1宗、采取强制措施清除涉嫌违法采砂点1处、暂扣违法采砂作业工具2台次。

2017年是第25届“世界水日”、第30届“中国水周”。开平市水务局深入到大沙河水库周边的大沙、龙胜等镇进行水法律法规宣传，悬挂横额、张贴宣传海报、发放宣传单张和纪念品、设立现场咨询点等，宣传水法律法规，倡导保护和节约水资源。加强对水浮莲治理、河长制等信息宣传，通过电台、电视、网络等媒体向社会宣传绿色发展、水浮莲治理、河长制、政策法规。

【水利体制建设】 开平市通过《开平市镇海水（苍城—河口）行洪控制线规划报告》和《开平市新昌水（三埠迳头祖头村—河口段）行洪控制线规划报告》，对保障开平市镇海水、新昌水防洪安全和保护水生态环境，以及两岸人民群众生命财产的安全，统筹协调河道工程建设与防洪安全之间的关系，为今后一段时期河道工程建设、防洪安全保障和城镇规划工作提供了重要依据。

2017年2月，开平市政府成立由庞正华担任组长、黄国忠担任常务副组长，开平市府办、水务、编办、发改、民政、财政、人社、国土、林业、农业等单位负责人和各镇（街）镇长（主任）组成的工作领导小组，负责统筹协调、组织实施深化小型水利工程管理体制改革各方面工作。全面开展开平市深化小型水利工程管理体制改革工作，计划实行清单化和分区化管理，完成小型水利工程体制改革的数量为1495宗权属调查和权属登记审批工作，其中小型水库139宗，山塘113宗，中小河流及堤防111宗，中小型水闸185宗，小型灌区198宗，农村饮水工程124宗，小型水电站33宗，小型泵站481宗，小型引水工程111宗。

【水利水电工程质量监督】 2017年，开平市水利水电工程质量监督站无新增受监工程，参加竣工验收的工程13宗，列席合同工程完工验收的工程9宗。在受监工程的建设过程中，依据现行国家有关法律法规和技术标准，开展水利工程建设质量监督工作，督促受监工程的参建单位完善质量管理体系和规范质量行为，履行监督职责。（何泓杰）

附：市水务局领导班子名录

局　　长：张拓天（2017.1—）

副 局 长：谭练宏

陈永康

黄清洲

纪检组组长：司徒美杏（女）

总工程师：余立峰

主要水库简介

大沙河水库

位于开平市西北部，属潭江支流镇海水开平水上游大沙河。1958年11月28日动土兴建，1960年2月建成发挥效益。水库集雨面积217平方千米，总库容2.58亿立方米，正常库容1.568亿立方米，是一宗以灌溉为主，结合防洪、发电、供水、养鱼等综合利用的大（2）型水库。

在开平市相关职能部门的支持指导下，大沙河水库联合相关部门多次组织打击非法捕鱼专项行动，同时大沙河水库渔政组加强对库区常态化巡查管理，全年缴获捕鱼网具8324公斤，打击了非法捕鱼行为。加大鱼苗流放的力度，流放鱼苗148万尾，投入资金48万元。加强水资源保护，清理水库集雨区5条进水入库支流（蟠龙、沃江、富食、元岗岭、蕉园）流入水库的水浮莲达约766亩，对5条入库支流建设拦截工程。加强后续长效治理，购买水质保护清洁船一艘，提高库区水面水浮物清洁效率，保护水库饮用水资源的质量，水质检验结果维持在III类以内。

2017年，完成主要工程建设：开平市大沙河水库金较剪副坝加固工程，该工程于2017年7月1日开工，8月29日完工，完成工程总投资24.98万元。大沙河水库渠道树木清理工程，该工程于2017年8月24日开工，9月6日完工，完成工程总投资3万元。大沙河水库防汛公路水毁修复工程，该工程于2017年8月27日开工，11月10日完工，完成工程总投资25万元。大沙河洞厚水库渠道水毁修复工程，该工程于2017年9月1日开工，2017年9月30日完工，完成工程总投资4万元。大沙河水库飞天仔渠段塌方修复工程，该工程于2017年8月29日开工，9月28日完工，完成工程总投资7万元。大沙河灌区苟山段塌方修复工程，该工程于2017年9月1日开工，2017年9月30日完工，完成工程总投资4万元。大沙河水库李村桥下渠段塌方修复工程，该工程于2017年11月11日开工，12月15日完工，完成工程总投资5.69万元。

加强单位目标管理考核，建立健全岗位责任制，开展水库环境综合整治，改善干部职工的生活环境和工作条件。在2017年大中型水库量化管理目标考核，评比分数达到优秀。

（吴坚伟）

附：大沙河水库领导班子名录

主　任：岑锦湖

副主任：张月嫦

谭国辉

镇海水库

镇海水库位于开平市苍城镇以北10千米的潭江一级支流镇海水上游，1958年动工兴建，1960年建成发挥效益。水库集雨面积128平方千米，总库容1.096亿立方米，正常库容0.767亿立方米，是一座以灌溉为主，结合防洪、供水、发电、养鱼等综合利用的大（2）型水库工程。

2017年，水库管理处遵照政府部门有关河长制工作部署，完成上级河长办下达的各项任务。设有水库专管员，不定期对水域巡查，清理水面杂物，保持水体清净。制作和设置镇海水库、花身蚕水库、五个小型水库共11个河长制公示牌。7月，开始对渠道、山塘、小型水库、镇海水库从生的水浮莲进行清理，至9月清理水浮莲185亩。投入22万资金投放滤食性鱼苗，降低水体富营养化程度，镇海水库和花身蚕水库共投放鳙鱼12334公斤，163000尾；鳊鱼1038公斤，40000尾。2017年11月，镇海水库水质在线自动监测站运行，该站是广东省水资源监控能力项目建设其中在江门设立的四个监测站之一。在公安部门配合下，打击非法捕鱼，2017年缴获船只21艘、渔网5760公斤、艇尾机17台、电鱼机3台等大量捕鱼工具。

按质按量推进水利工程建设，2017年完成的主要工程建设项目有:为确保泄洪闸正常泄洪消能，投资9万元更换镇海水库泄洪闸闸门和止水胶，工程于3月开工，6月完工；完善镇海灌区排洪闸、分水闸配电工程；塘浪泄洪闸第一放水涵重建；新海水闸交通桥加固；花身蚕水库变压器基础修复；镇海渠月山天湖段放水涵塌方修复。利用8月第13号强台风“天鸽”抢险救灾财政补助资金21万元完成的水毁工程项目有：佛子坳渠段塌方清理及排水沟加固、渠道涵闸塌方滑坡修复、下丽渠段滑坡修复加固。（肖观德）

附：镇海水库领导班子名录

主　任：胡杏衡

副主任：梁锦强

温海军

周灼权

狮山水库

狮山水库位于开平市西南部，潭江支流白沙水上游，水库于1958年动工兴建，1960年春建成发挥工程效益。水库集雨面积36.1平方千米，总库容4851万立方米，正常库容3126万立方米，灌溉赤水、蚬冈两镇约3.92万亩农田，捍卫人口2.8万人，捍卫防涝面积2.5万亩，是一宗以灌溉为主，结合防洪、发电、供水养殖等综合利用的中型水库。水库主要工程建筑物有主坝1座、副坝1座、泄洪闸1座、输水涵管2座、坝后电站1座，装机容量575千瓦/3台。

狮山水库加强水资源管理工作，打击非法捕鱼行为，投放5万元优质鱼苗，提高水质，水库水质长期保持二类。

贯彻落实《开平市畜禽养殖禁养区限养区和适养区专项整治三年行动工作方案》开府办〔2016〕60号文件精神，完成了水库辖区内的畜禽养殖禁养区养殖场的清拆工作，控制养殖污染。

防御201713号强台风“天鸽”，做好防风救灾工作，确保各项水利工程正常运行。

投入15万元清理水库和东、西主干渠的水浮莲，改善水质。全面推行河长制，履行河长职责。按要求完成河长制公示牌的安装。

按质按量完成南蛇村前段加固、西干渠黄沙顶渠段滑坡修复等水利工程建设。（黄瑞章）

附：狮山水库领导班子名录

副主任：谭绍波

黄瑞章

周光峰

立新水库

立新水库位于开平市西北部，1958年5月建成。水库集雨面积23.9平方千米，总库容

1349万立方米，正常库容837万立方米，水库灌溉面积1000公顷，捍卫下游人口6.43万人，防洪面积933.33公顷，是一座以灌溉为主，结合防洪、发电、水产养殖等综合利用的中型水库。水库主要工程建筑物有主坝1座、副坝2座、泄洪道1座、输水涵管2座、坝后电站1座，装机容量160千瓦。下辖管理小娘潭水库。

2017年，立新水库根据市水务局制订的大中型水库量化管理目标考核准则，结合立新水库的实际，参照水利工程管理规范要求，建立健全了水库全岗位责任制，对水库整体管理及人员结构调整优化，提高员工工作积极性。2017年大中型水库量化考核管理目标考核评比评为优秀等次。

2017年度受双台风“天鸽”和“帕卡”袭击，水库库区变压器及高压线路遭受雷击，高渠黄榄树涵闸水毁，黄骐坑、江咀山塌方滑坡，渠道树木倒毁较多，库区绿化树大部分被打断。该水库及时安排人员抢修，如期修复水毁工程并通过验收，未造成较大的经济损失及其他问题。

是年完成变压器更新改造和加装隔离开关、库区齐洞河及长坑水台猪场清理水浮莲250亩、高渠5宗放水涵整治工程、高渠崩鹤洞至猪山段清淤、乌水渠棹山段修复等灌渠重点渠段的加固修复工程，维护灌渠的行水畅通和行洪安全。健全建立河长制工作机制，设立河长制办公室，做好库区灌区的河道管理。渔业管理方面继续提高水库渔政巡查力度，打击非法捕鱼行为，投放20万元优质鱼苗，保持水库鱼类生态链，净化水质，同时带来水库经济收入，维持良性经济循环。（梁柏壮）

附：立新水库领导班子名录

主　任：梁兆辉

副主任：梁柏壮

党支委：余毅成

气象事业

【简况】 开平市气象局为科技型、基础性社会公益事业单位。2017年，全局在职干部职工29人，其中研究生2人，本科学历21人，大专学历6人；高级工程师1人，工程师12人。内设正股级机构5个：气象灾害防御管理办公室（重大气象灾害应急指挥部办公室）、办公室（人力资源股）、站网管理股、预报股、发展改革与财务股；正股级直属单位3个：气象公共服务中心、气象公共安全技术支持中心、机关服务中心；地方气象事业机构1个：开平市突发事件预警信息发布中心。

【荣誉】 该局被评为2017年度开平市安全生产考核优秀单位，2017年度江门全市气象部门综合考评优秀单位。

【气候】 2017年，开平市平均气温23.0℃，比常年偏高0.4℃，年最高气温37.2℃（8月21日），年最低气温6.3℃（12月18日）。年总降雨量1734.8毫米，较常年偏少7.3%，年最大日雨量112.8毫米（7月3日）。年总日照时数1519.4小时，较常年同期偏少14.7%。

年平均气温正常，但部分月份气温异常，其中1月、6月和9月分别偏高2.2℃、2.2℃和1.2℃；全年共出现16天高温，分别是6月1天、7月4天、8月7天、9月4天，其中8月21日最高气温37.2℃为全年最高气温。年内降水分布不均匀，其中3月和7月显著偏多，为常年同期的1.7倍和2.0倍，其中2月和12月显著偏少，分别比常年同期偏少53.8%和98.3%；全年共出现5天暴雨，1天大暴雨，其中7月3日112.8毫米为是年最大日雨量。

全年共受4个热带气旋影响，分别是1702号台风“苗柏”、1713号台风“天鸽”、1714号台风“帕卡”和1720号台风“卡努”。其中，1713号强台风“天鸽”造成该市15个镇（街道）不同程度受灾，全市直接经济总损失

8.2649亿元，其中水利设施直接经济损失0.0452亿元；全市3.326万亩农作物受灾，其中沙塘镇、三埠街道、水口镇、长沙街道农作物受灾较重；全市受灾人口2549人，转移人口2549人，未发现有人员失踪或死亡，全市倒塌房屋18间。1714号台风“帕卡”造成该市15个镇（街道）不同程度受灾，全市直接经济总损失0.8994亿元，其中水利设施直接经济损失0.0112亿元；全市1.357万亩农作物受灾，其中马冈镇、三埠街道、苍城镇农作物受灾较重；该市受灾人口2476人，转移人口2476人，未发现有人员失踪或死亡。

【气象设施建设】 2017年，开平市共有国家级自动站1个、区域自动站38个，配置回南天监测站、城市地温监测站、气溶胶质量浓度观测站和蓝天观测仪等设备；年内新增加气溶胶3D可视化激光雷达站，用于观测垂直方向和水平方向的气溶胶分布情况。该市有195套大喇叭和57套小喇叭，构成覆盖所有行政村、部分自然村的预警广播网络和各镇街探测网；设有LCD气象信息显示屏87套和城市广场户外大型显示屏1个，提高气象预警信息发布的覆盖面。

【天气预报和预测】 2017年开平市气象台制作发布《重大气象信息快报》42期、《重大气象信息专报》43期。

2017年，开平市气象台天气预报准确率：24小时晴雨预报准确率为83.5%、灰霾天气预报准确率为95.9%、日最高气温预报平均误差为1.15℃、日最低气温预报平均绝对误差为0.85℃、暴雨预报准确率为60.93%、灰霾天气预报准确率为95.9%。

【灾害性天气预报】 2017年，全年发布各类突发气象灾害预警信号129次，包括台风类预警信号14次、暴雨类预警信号48次、雷雨大风类预警信号30次、高温类预警信号14次、灰霾类预警信号1次、大雾类预警信号4次、冰雹类预警信号1次、寒冷类预警信号7次、森林火险类预警信号10次。7月3日2时7分因发布暴雨红色预警信号，开平市全市中小学、幼儿园、托儿所和教育培训机构停课1天；8月22日16时因发布台风黄色预警信号，8月23日开平市全市普通高中高三级学生、托儿所及教育培训机构停课1天；8月26日16时57分发布台风黄色预警信号，8月27日全市中小学、托幼机构、社会力量办学机构停课1天。

根据《开平市气象灾害应急预案》（2014年修订版）规定，8月22日11时10分该市因台风“天鸽”启动了气象灾害（台风）Ⅲ级应急响应，其间于22日20时10分升级为Ⅱ级，23日9时11分升级为Ⅰ级，至24日9时17分结束应急响应；8月26日10时30分该市因台风“帕卡”启动了气象灾害（台风）Ⅲ级应急响应，其间于26日18时20分升级为Ⅱ级，27日7时30分升级为Ⅰ级，至27日16时45分结束应急响应；10月14日15时40分因台风“卡努”启动气象灾害（台风）Ⅳ级应急响应，14日21时40分升级为Ⅲ级，16日10时30分结束应急响应。

【专题天气预报】 2017年春运期间，每日发送《春运气象服务专报》至市春运领导小组办公室，共计发送41期专报。开平市气象局与市国土资源局联合发布地质灾害气象风险预警预报13次。做好“2017年春节音乐焰火晚会”、开平市中考、高考等重大活动的专题天气预测及天气保障工作。

【防雷减灾工作】 加强对雷电灾害防御工作的组织管理，做好雷电监测、预报预警、雷电灾害调查鉴定和防雷科普宣传，划分雷电易发区域及其防范等级并及时向社会公布。

【气象为农服务】 2017年，该气象台制作发布《气象为农服务专报》62期，制作发布“田园气象站”短信104条。

【气象信息服务】 2017年，该气象台向开平市公众发布各类预警短信129条，接收人次约214万人次；向开平市各相关政府单位、决策组织结构等发布决策短信503条，接收人次约98.6万人次。

是年接受开平广播电视台新闻记者采访12次，提供气象新闻稿件12篇；年内召开新闻发布会1次。

是年在“开平天气”新浪、腾讯官方微博，“开平天气”官方微信向公众提供各类天气预报、预警信息。

该气象局在全市各镇（街道）、部分机关、事业、企业单位安装气象信息电子显示屏57块；在各行政村安装农村气象大、小喇叭252个；基本解决了气象信息传递“最后一公里”问题。

【扶贫工作】 贯彻落实开平市委、市政府的精准扶贫工作部署，市气象局对沙塘联光福冈村帮扶对象劳灼毛的D级危房进行重建，该局于2017年1月11日将第二笔垫付资金2万元划到劳灼毛的账户，1月20日，新房建设完工，贫困户劳灼毛一家搬入新居。该局出资15000元为其新房安装了雷电防护设施，成为开平市农村防雷标准化示范工程之一。该局干部职工捐款为帮扶对象、先天残疾人张惠琼购买一辆三轮电动车，解决其运输生活用水的困难。

【气象科研】 该局王成的科研论文《开平单站降水的多尺度振荡特征》发表于《广东气象》第39卷第5期；《开平市旅游气象条件分析与研究》的科研项目于2017年11月被江门市气象局立项。

（刘艳辉）

附：市气象局领导班子名录

党组书记、局　长： 王妍文

党组成员、副局长： 余江华（女）

安　宁

党组成员、气象灾害防御管理办公室主任：

吴善材

工商业·信息化

经贸科技与信息化

【简况】 2017年，开平市科工商务局学习贯彻中共十九大精神，以“四个坚持、三个支撑、两个走在前列”为统领，围绕“兴业惠民，治吏简政”总要求，紧密围绕“产业提升、城市提质、工作提效”的工作主线，加快该市经济社会发展，开创工作新局面。是年，开平市实现规模以上工业增加值120.38亿元，累计完成社会消费品零售总额191.83亿元，实现外贸总值151.6亿元。

【小微双创】 2017年，开平市规模以上小微企业实现营业收入368.83亿元，新增从业人数8928人，完成年度任务111.6%。是年，该市小微企业技术合同成交额492万元，完成年度任务123%，专利授权数321件，完成年度任务123.46%。 (张创胜)

【诚信绿卡骨干企业】 2017年7月，广东嘉士利食品集团有限公司（AAA级）、开平威技电器有限公司（AAA级）、广东泰宝聚合物有限公司（AAA级）、开平味事达调味品有限公司（AA级）、开平依利安达电子有限公司（A级）5家企业被授予2016年度“江门市诚信绿卡骨干企业”称号。 (张创胜)

【企业上市/挂牌】 2017年4月，开平市出台实施《关于进一步推动开平市企业改制上市的实施意见》《关于对我市企业在全国中小企业股份转让系统、天津股权交易所和香港H股上市给予奖励的实施意见》等政策，鼓励和引导该市优质企业利用资本市场做大做强，推动实体经济持续健康发展。 (张创胜)

【经贸活动】 为帮助企业拓展国内外市场，发动开平市企业参加国内、外的展览会、洽谈会，开平市科工商务局组织该市华艺、希恩、伟祥、威技等26家优质企业参加第121届“广交会”。是年，组织发动该市企业参加第十四届中国国际中小企业博览会、第122届“广交会”和2017年中国国际厨房博览会。(张创胜)

【规模以上工业增加值】 2017年，开平市累计完成规模以上工业增加值120.38亿元，同比增长9.5%。 (周春宜)

【珠江西岸产业带建设指标】 2017年，开平市装备制造业增加值47.28亿元，同比增长11.52%；工作母机类增加值3.46亿元，同比增长12.46%；装备制造业投资61.22亿元，同比增长23.2%。 (周春宜)

【新增工业项目用地准入管理办法】 2017年10月25日，开平市人民政府办公室出台《关于印发开平市新增工业项目用地准入管理办法的通知》，该办法自2017年12月1日起施行，有效期五年。2013年12月11日印发的《开平市人民政府办公室关于印发开平市工业集中区工业项目用地准入管理办法的通知》同时废止。

(周春宜)

【医药健康产业“十三五”规划】 2017年8月2日，开平市人民政府办公室出台《关于印发开

平市医药健康产业发展“十三五”规划的通知》。（周春宜）

【3家企业参加珠江西岸先进装备制造业投资贸易洽谈会】 2017年8月28日，第三届珠江西岸先进装备制造业投资贸易洽谈会在佛山顺德开幕，开平市海鸿电气、科仕特精密机械、永丰智威电气等3家企业参加了展会。（周春宜）

【工业技术改造】 2017年，开平市完成工业技改投资47.46亿元。是年，共为该市企业办理技改项目备案43个，为企业办理技改项目备案变更16次。（吴筱芳）

【申报广东省技术改造事后奖补政策】 2017年，共有9家规模以上工业企业申报广东省技术改造事后奖补政策，实际核算奖补资金1976.01万元，其中省级资金1505.79万元，县级资金470.22万元。（吴筱芳）

【获批省级工业与信息化专项资金】 广东华艺卫浴实业有限公司获批2017年省级工业和信息化专项资金（支持企业转型升级）企业技术中心专题资金189万元。开平市海霖金属制品有限公司获批2017年省级工业与信息化专项资金（工业机器人开发创新推广应用）项目资金49.5万元。（吴筱芳）

【华艺卫浴公司定为省级工业设计中心】 广东华艺卫浴公司的设计中心被广东省经济和信息化委确定为省级工业设计中心。（吴筱芳）

【彼迪药业被定为广东省省级企业技术中心】 彼迪药业被广东省经信委确定为省级企业技术中心。（吴筱芳）

【网上办事大厅】 2017年，开平市完成“邑门式”公共服务系统部署工作，并接入省和江门市统一身份认证平台，完成网上办事大厅开平分厅的微信公众号的申请和认证工作，做好与网上办事大厅系统、部门业务系统和短信平台的接口工作，该市网上办事大厅“三率一数”基本达标。

【电子政务】 2017年，开平市市政府组成部门和直属部门共56个，已实现全部安装使用办公自动化（OA）系统。

【“农村信息直通车”工作】 2017年6月23日，开平市在开平市金山创客空间四楼农村电商综合培训中心举行“农村信息直通车”工程工作会议暨信息员培训班。

【盈光机电科技有限公司被确定为2017年省两化融合管理体系贯标试点企业】 开平市盈光机电科技有限公司被确定为2017年广东省两化融合管理体系贯标试点企业。

【嘉士利食品集团有限公司获颁发人工智能+、工业机器人示范企业牌匾】 10月27日，江门市经信局和江门市企业联合会举办“深化制造业与互联网融合——人工智能应用推广对接会”。该市广东嘉士利食品集团有限公司获得大会颁发的人工智能+、工业机器人示范企业牌匾，表彰其为推动江门制造向江门智造发展作出的贡献。

【节能降耗】 2017年，开平市能源消费总量167.43万吨标准煤，单位GDP能耗同比下降5.14%，累计完成“十三五”进度比例54.05%。单位工业增加值能耗同比下降8.68%。17家重点用能企业累计完成节能量10091.93吨标准煤，完成江门市下达的重点用能企业年度能源消费总量控制目标任务。

（梁健玲）

【无线电监测管理】 2017年6月，完成深茂铁路江门段开平沿途各镇移动通信基站建设项目选址工作任务。（关瑞婵）

【市无线电监测站获江门市无线电监测技术观摩演练比赛一等奖】 2017年9月，开平市无线

电监测站参加江门市无线电监测技术观摩演练比赛并获一等奖。 （关瑞婵）

【科技成果奖励】 2017年，开平市海鸿电气有限公司、广东嘉士利食品集团有限公司、开平市齐裕胶粘制品科技有限公司、开平牵牛生化制药有限公司申报广东省科学技术奖，海鸿电气有限公司获三等奖。 （黄艳华）

【高新技术企业】 2017年，开平市新增认定46家高新技术企业，全市累计达80家。25家高新技术企业培育入库。 （黄艳华）

【科技创新平台建设】 2017年，开平市9家企业通过省级工程技术研究中心认定；116家企业申报市级工程技术研究开发中心，已有99家获批。广东嘉士利食品集团有限公司被认定为江门市新型研发机构。开平市卫浴谷卫浴产业基地运营管理公司（纳成广泰）被认定为“江门市科技企业孵化器试点”。 （黄艳华）

【专利工作】 2017年，全市每万人发明专利申请量15.26件，每万人发明专利授权量0.66件，PCT专利申请量21件，每万人发明专利拥有量4.25件。 （黄艳华）

【科技政策宣讲会】 2017年，开平市科工商务局组织多场科技创新扶持政策宣讲会，为企业讲解了高新技术企业申报、研发费用税前扣除等政策措施的具体内容、实施办法和申请流程。 （黄艳华）

【科普活动】 2017年，开平市科工商务局结合“全国科普日”、文化科技卫生“三下乡”、“大手拉小手——科普报告希望行活动”、科普进校园系列活动，开展科普宣传活动，受众群体约1万人次。

截至2017年底，开平市共建各级科普示范基地（学校、镇、社区、村）等63个，其中国家级2个，省级9个，江门市级19个，开平市级33个；省级科普惠农服务站2个；农村科普带头人10人，其中国家级2人、省级2人、江门市级6人；全市镇级（含村级）的科技示范基地300多个，各种农业示范基地面积10万多亩，科技示范户1800户，社区科普示范家庭1500户。 （叶伟汉）

【防震减灾】 2017年，开平市科工商务局强化地震监测预报、震灾预防和应急救援等三大体系建设。地震监测预报：根据监测设备的相关数据，印制了287期震情汇报，并将影响该市的地震震情上报上级部门和通报有关单位；震灾预防：2017年9月26日，结合江门地震局的演练计划，组织了该市地震应急通讯演练；9月7日，举办防震减灾助理员培训班；结合“5·12”防灾减灾日宣传活动，开展防震减灾知识“进校园、进社区、进农村”活动，联合开平市教育局开展校园逃生演练；并为新建江门机场赤水预选场址提供了参考意见。应急救援：建设“三网一员”网络，在全市269个社区（村）分别设一名专职防震减灾助理员；联合有关部门，组建各行业地震应急救援队伍。

（叶伟汉）

【招商引资】 2017年，全年共引进1000万元以上招商项目44个，投资总额64.345亿元。其中，投资额3000万元以上项目40个。全年引进超亿元项目13个，其中5亿元以上项目4个，分别是：投资12亿元的江门圣邦物流交易中心冷链项目、投资11亿元的深圳任达集团项目、投资6亿元的广东弘和健康产业集团公司项目、投资5.5亿元的华美节能科技集团有限公司项目；优质项目有：投资3.465亿元的鸿福堂（开平）保健食品有限公司二期项目、投资3亿元的金威宝香港国际健康产业集团有限公司项目、投资3亿元的开平依利安达电子有限公司汽车板与通讯板扩产（增资扩产）项目等。 （吴伟中）

【装备制造业】 2017年，开平市引进装备制造业超亿元项目11个（其中超10亿元1个、工作母机3个），共投资44.11亿元，完成江门下达的装备制造业新引入项目任务。 （吴伟中）

【利用外资】 2017年，开平市新批设立外商直接投资企业22家，增资项目10个；全年合同外资4943万美元，同比下降42.54%；实际吸收外资3503万美元，同比增长171.97%。新批合同外资超1000万美元的项目2个，港澳依然是主要投资来源地区，其次是北美国家。是年，外商投资主要行业是通用设备制造业。全年实际吸收外资主要来源是2016年新批项目联新（开平）高性能纤维第三有限公司和2017年增资项目开平百汇模具科技有限公司，其中，联新（开平）高性能纤维第三有限公司入资金额1800万美元。是年，开平市进出口企业的贸易方式是加工贸易和一般贸易，近年一般贸易已成外向型企业的主要贸易方式。据统计，2017年开平市一般贸易进出口额在全市进出口总额的比重超60%。 （方莉莉）

【商业】 2017年，开平市消费市场呈现低开高走的态势，累计完成社会消费品零售总额191.83亿元，同比增长10.19%。其中批发业19.7亿元，增长18.26%，零售业151.85亿元，增长9.64%，住宿业1.45亿元，增长12.54%，餐饮业19.43亿元，增长7.04%。从行业看，各行业均实现正增长。其中，占指标权重较大的是零售业，带动该市社会消费品零售总额的增长，实现全年增长10%的目标任务。而高速增长的汽车销售业则出现冲高回落，销售普遍疲软。

10月31日起，开平市中心城区实施“集中屠宰、冷链配送、生鲜上市”。限制区域范围内的农贸市场、商场超市、餐饮服务单位和个体经营户等各类经营场所，一律取消活禽经营交易，全部采用定点宰杀好的家禽，统一实行“集中屠宰、冷链配送、生鲜上市”。

（孙 丹）

【外贸进出口】 据海关统计，2017年，开平市完成外贸进出口总值151.6亿元，同比增长3.1%；其中，出口126.6亿元，同比增长3.6%，进口25亿元，同比增长0.8%。

（刘永强）

【口岸协调管理】 2017年，开平市科工商务局协调跟进进口肉类指定口岸申报和申请三埠港为进口粮食指定口岸的可行性调研，推进江门港开平市新港区（口岸）码头建设项目工程前期工作开展。 （关艳晖）

【通关便利化建设】 开平市科工商务局推进“单一窗口”建设，促进口岸信息互换、监管互认、执法互助，以优化口岸管理和服务机制。开平口岸自2017年8月31日开通国际贸易“单一窗口”标准版报关报检系统以来，是年已有14家进出口企业熟悉使用“单一窗口”报关报检，至2017年12月31日止，报关报检共成功申报12359例；2017年12月14日成功开通使用了“单一窗口”标准版运输工具申报系统，至2017年12月31日止共验放申报船舶33航次。2017年开平口岸进出口通关时间同比分别压缩55.34%和28.49%，达到海关总署压缩三分之一的目标，通关效率在江门关区排行第二。 （关艳晖）

【口岸查验配套费免除】 2017年开平口岸免除海关查验没有问题企业的吊装、移位、仓储费用等口岸查验配套服务费11.86万元。

（关艳晖）

【共建文明口岸】 协调组织开展“三八”妇女节环保义工活动，组队参加江门市“口岸杯”5人足球赛和健步走大赛活动，丰富共建文明口岸活动内涵。 （关艳晖）

【口岸安全生产和管理】 2017年，协调加强对口岸现场的安全管理和特别防护期安全生产检查，进行统一行动的安全大检查3次，口岸经营公司自查自纠及接受其他职能部门检查等10多次。协同开展口岸现场应急处置演练，包括“吊机失电”“防台防洪”“消防应急演练”等三次大型演习200多人次。 （关艳晖）

【对外货运】 2017年，开平三埠港口岸（三埠港货运码头装卸点）进出口货物共537553000千克，同比下降19.22%，其中进口138884000千克，同比下降31.22%；出口398669000千克，同比下降13.99%；进出口集装箱有43395标准箱，同比下降9.07%。（关艳晖）

【内贸集装箱业务】 2017年，开平市内贸货物吞吐量2246190000千克，同比增长12.39%；内贸集装箱吞吐量100099标箱，同比增长14.90%；内贸散货吞吐量1850000千克，同比增长-83.47%。（关艳晖）

附：市科工商务局领导班子名录

局长、党组书记： 梁卫民（2017.1—2）

吴天恩（2017.2—10）

梁国庆（2017.10—）

副局长、党组副书记： 谭灼坤（2017.1—）

副局长、党组成员：

余秀珍（女，2017.1—9）

区长风（2017.1—）

梁伟杰（2017.1—）

徐祥希（2017.1—9）

副局长： 何春花（女，2017.1—）

党组成员、总工程师： 叶朝锐（2017.1—）

党组成员、纪检组组长：

张小杰（2017.1—9）

党组成员、二轻联社主任：

颜剑超（2017.1—）

党组成员、中小企业局局长：

张娉婷（女，2017.1—）

电　力

【简况】 广东电网江门开平供电局设7个职能部门，二级机构设1个配电运维中心，直接管辖15个镇区级供电所。是年底，在岗职工总数581人，平均年龄42.07岁，其中技能等级类：高级技师11人，技师119人、占22.3%，高级工388人，占66.44%，中级工13人、占2.23%；专业技术资格类：高级职称28人、占4.79%，中级职称134人、占22.95%，初级职称105人、占17.98%。2017年，该局供电客户44.20万户。

资产方面，截至2017年12月31日，共有公用10千伏馈线214回，线路长度2481千米，环网率为97.15%，可转供电率91.94%，典型接线率达到87.20%，0.4千伏线路5419千米。公用配电变压器2745台，容量约87.58万千伏安。开平电网点多、线长、面广，是西电东送和大电源上网的重要通道。

是年，开平供电局贯彻中共十九大精神，以习近平新时代中国特色社会主义思想为指导，坚持抓领先、补短板、强基础，2017年获得江门供电局组织绩效考核B+级，综合标杆评价14项指标总评分116.33分，达到国内一流水平。是年获得省级荣誉15项，地市级荣誉21项。

【企业管理】 以综合标杆和星级班站所建设为抓手，将精益理念融入工作。2017年有9个班所获评“准四星”标杆，4个班所获评三星标杆。按照“一单位一精益”要求建制立库，4个获市级优秀奖，1个获省级二等奖。落实现场改善成果745项，其中1项获省级优秀奖，4项获市级二等奖。收集合理化建议900条，其中1条获省级优秀奖，2条获市级二等奖，3条获市级三等奖。推进集抄供电所自主运维模式，利用体验式、过关式方式提升供电所网格经理集抄运维技能，12月自动抄表结算率达到99.63%。塘口所率先在江门实现抄表成功率100%，成为全区集抄自主运维工作示范供电所。优化绩效考核方案，推行供电所季度考核和“工分计酬”，强化责任传递与考核，提高基层积极性。开平供电局践行“四个统一”，业务能力不断增强。在统一规划方面，整合储备中低压项目394个，同比减少52.64%；平均造价125.08万元，同比提高109.94%。在统一建设方面，优化两个业主项目部建设，将非生产类及营销类项目纳入业主项目部管理，合理统筹各类施工力量，全年完成投资4.05亿元。联合施工82次，整合项目136项，减少停电1.47万小时户。全年完成29.26万户的集抄建设任务，实现低压集抄全覆盖。在统一运维方面，成立配网自动化班，建立配网自动化设备、通信设备专业化运维，实现自动化设备在线率96.5%，开关可遥控率32.9%。在统一服务方面，打造“网格化+专业化”的服务新模式，划分营销网格86个，落实网格责任，获得省公司和江门局肯定。2017年，开平供电局进一步优化流程和平台，引导员工参与职工创新，项目数量全区第一，5个获省级职创成果奖，新增发明专利2个、实用新型专利9个。

【安全生产】 全面实现了“两个确保，三个杜绝，三个不发生，两个控制”的安全生产目标。全年保持安全生产零事故，没有发生四级及以上电力安全和设备事故事件，电网连续安全运行超18年，五级事件首次归零。百万工时工伤意外率1.33人次/百万工时。利用停电机会从各供电所抽调2—4人组成联合专业队自主消缺10次，累计更换残旧硅胶设备335套、悬瓶4000片，安装过电压保护器350套，消缺练兵两不误，设备消缺率100%。力推公路局清理国、省道沿线超高桉树5万余棵，出台《防外力破坏实施细则》建立违章建筑和违章施工黑点台账并联合政府处理23处。通过全面使用“135可视化平台”，应用微信群及时了解现场及人员的到位情况，全年督查现场1220处，发现违章44起，均完成整改。配备了云梯车、急抢修车、吊车等应急装备，完善抢修复电机制，全年发布应急预警1次、应急响应14次，成功应对“天鸽”“帕卡”等台风的袭击。联合市三防办开展社会突发保供电演练。

【电力供应】 开平供电累计完成供电量31.30亿千瓦时，同比提升4.13%。当年电费回收率99.99%。综合线损率2.59%，10kV及以下有损线损率2.89%，同比减少0.18个百分点。城市居民端电压合格率、农村居民端电压合格率均为100%。客户平均停电时间9.33小时/户。开平供电局坚持“六步法”，实施多专业审核停电计划的综合停电管理。在常态化开展带电作业基础上，开展发电车供电23次，2017年减少停电17条次，减少停电1.095小时。顺利完成包括中共十九大等26项重大保供电任务，推行保供电模块化实施。

【营销服务】 践行“以客为尊、和谐共赢”的服务理念，以减少客户投诉为抓手，推行优质服务，第三方客户满意度91分，同比提高4分，全区第一。基于低压台区“专业化+网格化”和“互联网+”的有力支撑，开平供电局实施低压业扩“一次妥”、中压业扩“一站式”工作模式，低压用电客户往返营业厅次数由3次减少为0次；低压业扩报装从受理报装到接火送电平均耗时由26天减少为4天，超时比例由76%降低到0.2%；中压业扩配套项目平均用时83.5天，建设周期同比缩短了36%。落实业扩投资界面延伸工作，为客户节约建设资金5152万元。2017年提前管控解决了低电压和频繁停电问题，深入分析近年来客户诉求，解决重过载配变50台、低电压台区34个，提升客户用电体验。推广客户经理便民服务卡，定期举办“客户经理服务日”“社会责任周”等活动，全年完成8万户的电子渠道推广，发放便民服务卡15万张、供电服务宣传海报5000份，实现客服工单一次转办解决率98.12%，同比提高0.56个百分点。以加强线损管理为突破口，全面加强营销基础管理，建立线损工作评价模型，规范过程管理，有效降低了线损异常率。线路、台区异常率同比分别下降3.77%和4.19%。

【电网建设】 以“目标+问题”为导向，不断提升电网质量。创新模式（2+2+N）组建规划团队，采用“三同”“三审”提高可研质量，是省公司抽查2017年两批可研均获满分的唯一县区局。全年完成10千伏线路自动化改造58条，安装自动化开关310台，馈线组自动化覆盖率达26.2%。解决110千伏祥龙站扩建工程等2项遗留问题，完成江门湾琴（苍城）输变等2项属地青赔工作，落实开平站扩建等5项主网前期任务。提前策划、组织“10千伏百合线边岭二站公用台区新建工程”获得上半年省公司样板工程台架类第一名，“10千伏罗岗线罗岗开发区公用#2、#3台区新建工程”获得省公司三优工程称号，工程设计获得网公司基建工程优秀设计奖。有效落实闲置物资产生利用工作，年度共利库金额约335万元，实现急救包周转率571.85%。

【从严治党】 以宣讲团下基层巡回宣讲、集中研讨等多种方式实现全覆盖，掀起学习贯彻党的十九大精神热潮。“两学一做”学习教育常态化制度化，突出党内政治生活的政治教育功能，在抗击强台风“天鸽”等急难险重中检验了学习教育成效。树立“好书记”典型，1人荣获江门局“十大好书记”称号。重点围绕解决业务难题背后的思想、作风问题来促业务提升，力促党建与业务有机融合。开展班组文化建设，沙塘所被评为省公司第二批班组文化示范点。开展讲好江电故事系列活动，深入挖掘身边经典故事40个，赤水所陈伟念获得江门局首届“江电工匠”荣誉称号。探索建立了基于业务、岗位廉洁风险防控工作常态化机制，风险管控日趋完善，全年无发生违纪违规案件，信访实现零投诉。以党委委员、职能部门业务自我监督为抓手，紧扣业务重点和关键环节，系统推进了业务监督检查工作，分管领域监督观念由原“纪委负责”向“自我监督与纪委再监督相结合”大转变。从严动真落实监督执纪，抓好了项目建设资金等2个专项审查、5次明察暗访和综合、营销、工程3个业务领域监督检查，跟踪落实中央、南网巡视组发现问题整改工作。（覃　彬）

附：开平供电局领导班子名录

党委副书记、局　长：谢武超
党委书记、　副局长：周强兴
党委委员、副调研员：吴路力（—2017.8）
党委委员、纪委书记：麦伟添
党委委员、副局长、工会主席：赵德扬
党委委员、副局长：胡文建
党委委员、副局长：王利国（2017.2—）

粮食商业

【简况】 开平市粮食局主要职能是贯彻执行国家粮食工作的各项方针、政策和法规，组织协调和督促检查地方储备粮油任务的落实，以及负责辖区内的军需民用、市场供应。管辖开平市国有粮食企业2家，分别是开平市粮食局直属库、开平市开粮粮油调剂服务中心。

【粮食流通】 2017年，全市纳入粮食流通统计范围的粮食经营企业有22家。其中国有粮食经营企业2家，占总数的9.1%；非国有粮食经营企业20家，占总数的90.9%。是年粮食总收入1155022吨（折原粮，下同），其中国有粮食经营企业收入为102088吨，占总收入的8.3%；粮食总支出1030878吨，其中国有粮食经营企业支出为117211吨，占总支出的11.4%。2017年面粉年生产量82282吨，大米18325吨，饲料产量959371吨。

【粮油储存】 2017年，市粮食局开展了春、秋两季的粮油库存储存安全普查，共检查了市粮食局直属粮库、开粮粮油调剂服务中心两家国有储粮单位的各类存粮及地方储备食用植物油，共12个库点，61座仓库，26个油罐，各级存粮106153吨，食用植物油513吨。经普查鉴定，该市库存粮油账实相符、质量稳定、储存安全，均达到了“一符四无”（一符即账物相符，四无即无虫、无鼠雀、无霉变、无事故）粮仓和油罐的标准，“一符四无”率占总库存的100%，保持了该市“一符四无”粮仓传统的光荣称号。

【粮食收购】 为保证开平市各级储备粮轮换收购任务的完成，市粮食局在粮食收购入库前夕，做好粮食行情调查，广泛组织粮源，确保各项储备粮任务的落实。据统计，2017年全市粮食经营企业收购稻谷71585吨，其中国有粮食经营企业收购24567吨，占总收购量的34.3%。

【依法管粮】 按照《粮食流通管理条例》《粮食流通监督检查暂行办法》等法律法规的要求，市粮食局全面推进粮油市场监督检查工作的开展，履行粮食流通监督管理职能，维护正常的粮食流通秩序。是年，全市按照法规办理粮食收购许可证16个（国有企业3个、民营或个体13个）；经省、市有关部门培训考试，获监督检查行政执法资格的11人。是年该市开展粮食流通监督检查活动11次，出动人员42人次，对56家粮食加工、经营、转化企业的粮食收购、库存、质量、流通统计制度等进行监督检查。　　（司徒若慧　周　亮　杨松烽）

附：市粮食局领导班子名录

局　　长：甄文威（2017.1—）

副 局 长：李润添

　　　　　岑蔚文（2017.11—）

纪检组组长：谢春明

供销社商业

【简况】 2017年，开平市供销合作联社（以下简称市供销社）核定编制15人，在编12人。内设4个股室：办公室、综合业务股、财务审计股、人事股。下属6个基层中心社有限公司（中心社），16个基层供销社；三家直属公司（凯达农资连锁总店、物资回收公司、烟花爆竹批发部）；托管市物资集团等8个企业；农产品社区经营旗舰店1家，农产品社区连锁经营店2家。全系统共有专业合作社40家，农村综合服务社（或称为农服务中心）20家，行业协会1个。是年，市供销社全系统商品购进总额9.27亿元，同比增长10.09%；商品销售总额9.4亿元，同比增长8.7%。

【供销中心社】 2017年，该系统水口供销中心社、长沙供销社、赤坎供销中心社、金鸡供销中心社、苍城供销中心社、马冈供销中心社等6个供销中心社，举办各类农民培训52期，6300人次，发放农业技术信息、资料8700多份，向合作社社员发放化肥870份共6042公斤；全年共组建2000多亩的农产品种植示范基地。新建2000立方米稻谷烘干中心1个，3亩育秧大棚1个，15亩叶菜种植大棚1个，蚬冈供销为农服务中心1家。修缮农产品种植示范基地培训中心1个。完善基层供销中心社建设2家。

【凯达农资连锁总店】 市供销社凯达农资连锁总店（原开平市凯达实业发展公司），拥有仓库面积5000多平方米，水运码头1个，设备齐全。下设农资配送中心1个，发展连锁经营网点160个。镇村网点覆盖率达80%，连锁配送率达60%，辐射粤西及邻近市县。该总店配合市供销社推行统一标识，统一进货、统一配送、统一价格、统一管理等“五统一”，构建完善便捷的农资经营服务网络，开展产品经销、代销，减少流通环节。是年，全市系统在总店网络的带动下，共组织供应各种肥料8000多吨；销售农膜农具、农机类250万元。

【烟花爆竹批发部】 2017年，全市完善推进烟花爆竹连锁经营服务网络，紧抓新仓库配套工程建设。抓好员工持证上岗，加强春节、清明、中秋期间的经营安全，加大市场安全经营检查力度，对全市的非法烟花爆竹储存点和非法经营者进行整顿，维护了烟花爆竹市场正常经营秩序。烟花爆竹销售额同比增长5%。

【物资回收公司】 开平市物资回收公司属下设有再生资源购销部1个。加强对城区长沙东乐、新昌簕冲、振华流冲美废品回收“三条街”的经营业务指导管理和全市废旧回收行业市场秩序管理。是年，完成全市废旧金属加盟户的合同签订工作，加盟户收缴完成率达到95%。再生资源销售总额5836万元，同比增长10%。

【托管单位】 市供销社托管单位有原市物资集团公司、开平市物资局进口汽车配件经销公司、开平市物资局金属回收公司、开平市机电设备公司、开平市物资局化工建材公司、开平市侨建工程住宅公司、开平市侨建房地产发展公司和开平市物资局金属材料公司等8家企业，其中：金属回收公司、机电设备公司分别承接江门市物资股份有限公司的报废汽车回收拆解和二手车交易经营业务；化工建材公司经营化学危险品业务。是年，汽车拆解中心共报废处理黄标车1300多辆。

【农民专业合作社】 2017年，由市供销社系统领办或参办的专业合作社有40家，其中：种植合作社24家，养殖合作社1家，农机合作社3家，农资合作社12家。40家合作社社员共有1800多人，带动农户社员8000多户。合作社自办种植示范基地12个，面积约240公顷。种植主要品种有：国内优质高产马铃薯、玉米、辣椒、本地冬瓜、大青冬瓜、各种蔬菜。以合作社基地示范带动种植，带动农户5000多户次，带动种植面积约3000多亩，助农增收约1000多万元。是年，农民专业合作社销售额2.38亿元，同比增长33.2%。

【农村综合服务社】 农村综合服务社，也称为农服务中心。2017年，共完善7家综合服务社，13家村级综合消费服务社，新建1家农村综合服务社。

【行业协会】 按照有关要求，注销了农业生产资料流通、烟花爆竹销售、农副产品流通经纪人3个协会，是年运行的协会有再生资源行业协会。

再生资源行业协会　成立于2005年7月。至2017年，共有再生资源网点153个，团体会员3个，个体会员150个。是年，该行业协会增强服务功能，强化行业自律，反映行业诉求，推动行业诚信建设。协会以物资回收公司为龙头，以“专业市场+流动收购人员”的模式规范完善3条收购街。（梁巧云）

附：市供销合作联社领导班子名录

主　　任： 黎伟桥

副 主 任： 谭健民

纪检组组长： 谭艳嫦

烟草专卖

【简况】 2017年，开平市烟草专卖局、广东烟草江门市有限公司开平市分公司〈以下简称市烟草专卖局（分公司）〉，围绕年度目标任务，贯彻落实“强素质、夯基础、善履责、求实效”根本要求，以实现“四个要效益”为导向，推动各项工作，完成全年目标任务。是年销售卷烟3.66万箱，实现税利25715万元。

【卷烟营销】 市烟草专卖局（分公司）围绕现代零售终端建设工作重点，推动零售客户积极参与形象店建设。2017年已签约现代零售终端的零售户630户，占有效客户比例21.26%；已安装使用扫码数据回传的零售终端590户，数据上传率达98.04%；已建成形象店15户。做好精准分拣、精准配送、仓储管理，累计送货量达3.66万箱，送货户数13.27万户次，送货里程12.39万千米，分拣准确率100%，配送准确率100%，客户满意度为100%，实现卷烟物流配送工作客户零投诉。把关卷烟入库验收、在库养护、出库标准及异常烟管理四大环节，做好卷烟移库运输，合理控制库存，实现卷烟破损率为零，霉变率为零，提高卷烟仓储保管质量。全年累计销售卷烟3.66万箱，其中省产烟2.19万箱，占销售总量的59.77%，省外烟1.47万箱，占销售总量的40.23%，实现税利25715万元，超额完成年度卷烟销售工作目标。

【专卖打假】 以打击涉烟违法行为，切实维护卷烟市场稳定为工作主线，全年共立案查处涉烟违法案件811宗，其中，无证运输走私烟省标网络案件1宗。查获违法卷烟964.10万支，总案值约504.41万元。与台山海关缉私分局签署合作备忘录，共查获无证运输卷烟案件4宗。

许可证管理：2017年，开平市辖区持证户3088户，其中停业1户，共办理烟草专卖行政许可业务1684户次，其中新办零售许可证440户、变更14户、延续801户、补办3户、歇业312户、审批注销114户，清理无证户10户，引导办证2户。

深化卷烟打假打私协作机制，做好普法宣传工作。2017年参与大型联合执法专项行动3次、座谈会1次、督查工作会议1次，联合市场监督管理局开展“查无清无”专项行动10次。举办“3·15”“12·4”法制宣传活动，向卷烟零售户和社会群众发放烟草专卖法律法规宣传单张，通过电台媒体播放卷烟打假打私宣传广告，在墟镇街道制作墙体打假广告，扩大宣传。

【精神文明建设】 2017年，开展员工岗位培训13次，部门培训63次，组织全体员工参加网络学习，每人完成80课时的学习任务。组织6人参加技能鉴定考试，其中1人通过专卖管理员高级技能鉴定，2人通过烟草制品购销员中级技能鉴定。组织20人参加无偿献血活动；137人次参加13次义工活动，活动总时长为26.5小时，包括清扫街道、绿色植树、灭蚊除害、救济扶贫、灾后复产、交通疏导。工会组织员工开展文体活动，如运动会、登山活动、摄影活动等。开展1个管理创新项目及1个QC课题，征集合理化建议38条，采纳21条，获得江门市烟草专卖局（公司）“合理化建议履职一等奖”及精益改善团队和先进个人奖励。开展“扶贫解困送温暖”活动，帮扶苍城镇潭碧村和下湾村10户贫困户。（敖宝娣）

附：市烟草专卖局（分公司）领导班子名录

局长（经理）：谭力更

副局长：关夏敏（—2017.11）

副局长（副经理）：司徒子安

盐　业

【机构政策】 广东省盐业集团江门有限公司开平分公司（广东省江门市盐务局开平分局）〔以下简称盐业公司（盐务局）〕，负责对开平的原盐、碘盐产品实行统筹、规划、监督、供应、调运。主要职能是贯彻落实国家、省、市有关盐业的法规和政策，肩负着开平市69多万人口食盐供应的社会责任。履行食盐专营政策，落实国家储备盐规定，确保合格碘盐供应，维护盐业市场正常秩序。按照国家食盐专营政策的规定，实行“食盐定点生产许可证”和“食盐定点批发企业许可证”的管理制度。至2017年底，在盐业公司辖销区内设置食盐服务网点共27个。

【销售情况】 2017年，盐业公司盐产品总销量27909吨，其中食品加工用盐24088吨，工业用盐144吨，小包装食用盐3677吨；碘盐出仓合格率为100%，配送及时率为100%，碘盐覆盖率为98.7%。

【食盐打假】 坚持依法治盐，整顿和规范食盐市场秩序，强化市场监管，查处食盐制假、贩假、贩私等涉盐违法行为，净化食盐市场。2017年，盐务局联同开平市打假办、市场管理监督局和食药监局等职能部门，出动车辆218车次，出动执法人员2393人次，检查各类档口3789家次，其中茶楼食肆1130家次，超市740家次，企业工厂550家次，其他档口1369家次；全年查处盐业违法案件14宗，全部为跨区盐销售，案件都由当事人无法提供法律法规要求的相关资料而责令下架和下发责令改正通知书处理。

【食盐宣传】 2017年，盐务局在“3·15”消费者权益日、“5·15”防治碘缺乏病日、开平市举办的食品安全宣传周和不定期深入学校、社区、农贸市场和超市等宣传，派发宣传单张32600多份，张贴宣传海报860份，张贴宣传标语86条，出动宣传车24车次，设立宣传栏2个，在各交通要道、农贸市场、市区中心桥梁、大超市贴悬挂横幅共23条。是年宣传共接收市民盐业咨询1760多人次，向群众讲解正确食用碘盐的方法和真假碘盐的鉴别方法。开平市电视台对宣传活动进行了播报，告诉市民消除碘缺乏病的有效途径是食用合格碘盐，推广有利于预防高血压和心脑血管疾病的低钠盐。

【重大举措】 推进盐业公司终端网络和货架建设工作，提高市场终端掌控能力，建立“以市场为导向，以客户为中心，以效益为目标”的市场营销机制，盐业公司管辖区域（开平市）人口近70万，农贸市场26个，食品加工用盐企业49家，食盐经销商27家，超市54家，工业用盐企业28家，食盐直达客户129家，零售终端2105家。建立和完善客户档案管理和客户经理巡查访销制度等资料，为客户提供全方位、组合式、个性化服务。

【仓储安全】 做好2017年的食盐应急、安全仓储工作，是年开展安全检查工作12次，检查人员48人次，召开专题会议3次，落实各个时期仓储安全工作要求，进行消防安全演练和安全意识学习4次，组织员工对消防器材实操练习。

【文明建设】 为做好2017年广东省文明城市创建工作，根据开平市精神文明建设办公室通知要求，不定期组织员工参与文明创建活动，召开专题会议4次，开展道德讲堂建设、文明风尚传播、文明有礼培育、优质服务和优美环境建设等创建工作。

【体制改革】 根据《国务院关于印发盐业体制改革方案的通知》（国发〔2016〕25号文件），2017年1月1日起，正式实施盐业体制改革，在保持食盐专营体制下，取消食盐产销区域限制，改革食盐定价机制，完善食盐监管机制。2017年6月，江门市政府、开平市政府根据《广东省盐业体制改革实施方案》等文件要求，陆续出台了《江门市食盐监管体制改革实施方案》《开平市食盐监管体制改革实施方案》，按照实施方案要求撤销广东省江门市盐务局开平分局（开平盐务局），剥离广东省盐业集团江门有限公司开平分公司（开平盐业公司）承担的盐业行政管理和执法职能。将开平盐务局承担的食盐质量安全管理与监督职能移交开平市食品药品监督部门负责。明确从2018年1月1日起开平盐业公司不再加挂开平盐务局牌子，实行政企分开、市场化运营。

（李国武）

附：广东省盐业集团江门有限公司开平分公司（广东省江门市盐务局开平分局）领导班子名录

经　理（局　长）：吴兆群（—2017.12）

副经理（副局长）：赵文瀚（2017.3—）

中国电信开平分公司

【简况】 2017年，开平分公司落实以产能、份额为导向的经营策略，持续扩大用户规模和收入规模，促进企业价值的稳步增长。是年，实现全业务收入、移动入网率同比增长43%，宽带入网率同比增长18%，光渗透率完成98%以上。

【加强党建工作】 开展“两学一做”专题教育活动、党风廉政建设、党建和精神文明建设、党建创新等各项工作。根据巡视整改工作要求，按照党章和“四同步、四对接”规范设置基层党组织，完成党委换届及7个党支部选举，选举产生开平分公司纪律检查委员会，完善了基层党组织机构；抓党风廉政建设，开展机关部室“整风运动”，各职能部室、支撑班组针对存在问题整改。坚定全员“坚决打赢格局之战”的信念，全力以赴投入百团大会战。深入开展“匠心企业”示范点建设。各支部立项开展生产课题研究，发挥党员先进模范作用，以党建解决企业运营难题。深入开展中共十九大精神“大学习、大宣传、大落实”活动，推动企业改革发展。

【移动、宽带全面发展】 响应政府“提速降费”要求，针对群众对流量需求大的诉求，出台不限量优惠方案，结合“翼支付”红包补贴，使用电信红包套餐的用户逢周五在昌大昌、华润、大润发、千惠、七酷等连锁超市、便利店购物享受满20元减10元优惠，平时随机减。经过3年宽带光纤化努力，开平全市宽带光纤渗透率已达98%以上，平均上网速率已达80M以上。乡镇实现了村村通，17年完成了80条红旗行政村（宽带用户占比60%以上），其中龙胜镇“棠安村”实现全江门第一个红旗村，成为省整村信息化推进标杆示范单位。

【基础网络建设】 加强网络建设，重点布局LTE800网络，完成LTE800基站的建设，平均覆盖率达96.10%，重点区域打造深度覆盖和差异化优势，确保网络稳定性和可靠性，已具备支撑800M LTE、VoLTE、NB-IOT业务试商用的基础网络能力。加强精品网建设，完成组建龙头、曙光等6个核心城域网骨干汇接，业务直接通往广州、深圳宽带IP骨干数据出口。继续补点光网，实现光网全覆盖，提升投入效能。完成退铜网络简化，实现程控交换端局下电退网，建成全光纤宽带网络，光纤到户（FTTH）光端口达23万个。

【综合管理】 以“双600”业务发展为导向，实行正向激励体系，调整业务计件奖励项目及额度，优化绩效奖金分配方案，落实增量激励到网格个人，全面提升一线人员的积极性。组织开展以网格、班组为单位的工会小组活动，年内组织了家有考生慰问、三八女工活动、五一拔河比赛、六一亲子游园活动、家有儿女员工子女暑期乒乓球培训班等工会活动，组队参加江门公司组织的员工气排球和羽毛球团体比赛。完成受台风破坏的“天翼俱乐部”羽毛球馆的修复建设，建成爱心妈妈小屋。分公司领导首度上线开平电台民声热线节目。江门日报社开平站出版的开平碉楼与村落申遗成功10周年纪念特刊里面刊录了开平电信专稿——《开平电信这十年，从2G到4G，从铜线到光纤，变的是速度，不变的是真情》，该文回顾了开平电信十年发展的光辉历程。

【精神文明建设】 开平分公司被评为江门市“匠心企业”示范点。综合维护班QC小组荣获2017年广东省南粤之星优秀质量管理小组银奖称号，并获中国电信广东公司2017年度优秀QC小组三等奖。大客网格被评为江门分公司2017年度先进集体。大沙网格被评为江门分公司2017年度宽带业务发展优秀网格。曙光营业厅荣获江门分公司2017年度手机城连锁化运营标杆称号。大客网络张洁莲荣获江门分公司年度劳动模范称号。　（张艳娟）

附：中国电信股份有限公司开平分公司领导班子名录

总 经 理： 辛有根

副总经理： 吴永强　　赵日华
麦振荣

中国移动广东公司开平分公司

【简况】 中国移动广东公司开平分公司是中国移动广东公司江门分公司属下的县级分公司，开平地区主导移动通信网络运营商。公司主营移动通信业务，网络覆盖开平市所有城镇、乡村，全市2G信号覆盖率达到99.95%，4G信号覆盖率达到97%，高速公路、三星级以上酒店、电梯和地下车库覆盖率高达100%，基本实现了无缝覆盖。

【4G通信网络建设】 开平移动分公司在开平市全区完成建设511个LTE基站，4G信号完全覆盖了市区98%、水口重点城区97%、乡镇镇墟94%、农村区域89%，基本上实现了LTE的连续覆盖。重点开展深茂铁路、中开高速、江罗高速、行政村的LTE建设工作。深茂铁路计划建设43个LTE基站，中开高速基站建设10个LTE基站，江罗高速开平段计划建设7个基站，以上基站建设完成后，基本可以解决新规划路段的LTE覆盖，截至2017年年末，已完成江罗高速开平段7个基站的建设。

【业务运营】 2017年有员工172人，公司下设四部门六中心，4个自营“沟通100”服务厅。至2017年末，开平移动分公司的主动通信客户数为62.90万户，新增通信占比为57.74%，市场占有率为70%；开平移动分公司社会渠道销售服务网点330多个，社会渠道占有率71.80%。

【家庭宽带业务】 通过合理规划和布局，家庭宽带工程建设完成覆盖用户超20万户。

【4G业务发展】 加大力度进行4G业务拓展，其中以拓展4G客户为主，通过集中营销及开展促销活动，2017年末，4G到达数43.3万户，占比总客户数64.72%。

【优质服务】 该公司找出资费满意度、促销优惠满意度、电子渠道（网站）满意度等客户服务短板，将服务管理工作细节化。为了缓解客户在高峰期排队办业务的压力，推进电子渠道建设，拓展业务受理渠道，逐渐完善和固化电子充值业务模式，并借力于社会渠道和电子渠道，延伸服营厅各项业务的受理渠道。前台充分借助网站和自助终端，重点宣传与引导客户在网上营业厅和自助端办理相关业务，培养客户的自助使用习惯，让客户享受更方便快捷的自助化电子服务。每月定期进行服营厅实地检测，记录各厅的服务亮点与不足，形成针对性、操作性强的改善方案，加大执行监督力度。

【精神文明建设】 先后获得“广东省文明单位”“广东移动模范职工小家”“江门市标兵文明单位”“开平市标兵文明单位”“开平市精神文明建设先进单位”“开平市模范纳税单位”“开平市基层工作先进集体”“开平市经济建设先进集体”“江门公司先进党支部”“省公司先进党支部”“江门市五四红旗团（总）支部”等荣誉称号，工会获中华全国总工会授予“全国模范职工小家”荣誉称号，中国移动“工人先锋号”称号、“2017年开平市义工服务贡献奖”“出行无违法，最美驾驶人”公益活动支持贡献奖。 （谭华山）

附：中国移动通信集团广东有限公司开平分公司领导班子名录

总 经 理：袁雪寒

副总经理：吴志勇

中国联通开平分公司

【简况】 该分公司内设综合室、集团客户中心、建维维护中心，下辖3个营服中心、6个营业厅，员工人数50多人。2017年，该分公司抓党建、促发展、控成本、转机制，推动党建、业务“两促进”，把企业文化建设融入生产经营各方面，统一思想、凝心聚力。围绕经营发展，推动基础业务经营模式转型，加快实现创新业务规模效益发展。2017年，开平联通固网用户超1.5万户、移动用户达10万户，全年累计实现业务总收入5000万元。

【通信网络】 打造超卓网络，4G新开通基站45个，全网达到213个，市区县城、高速公路、重要场所实现良好覆盖，网络能力显著提升。新增高速宽带端口1万多个，累计端口达到6.5万个，50M及以上高速端口规模达到5.6万个，占比86%。FTTH光纤到户总端口：5.2万个，FTTH光纤用户数1万多户。全面完成宽带地址资源清查工作，提升宽带服务能力。

【业务拓展】 2017年响应广东省政府提出的“开展新数字家庭行动、推动4K电视网络应用与产业发展”行动，启动了“千兆到家”计划，持续打造新一代信息基础设施，加快网络提速降费和产品迭代升级，率先将千兆网络引入开平万千家庭；首先实现手机流量不限量，新推出冰激凌套餐、王卡、130套餐、“沃+副卡”产品，全面提升产品流量资源，上线未拍照用户停机功能全面落实实名制工作，视频卡、日租卡资费优化升级；10月1日起全面取消手机国内长途和漫游费。 （关艳娟）

附：中国联通开平分公司领导班子名录

总 经 理：陈永鹏（—2017.8）

陈锦星（2017.8—）

副总经理：黄钊华

交通·邮政

交通行政管理

【简况】 2017年，全市公路通车总里程达1777.05千米，其中境内高速公路41.80千米，一级公路144.97千米，二级公路144.49千米，三级公路250.94千米，四级公路690.96千米，等外公路503.89千米，公路密度107.19千米/百平方千米，有大、中、小公路桥梁382座12065延米。全市营运客、货车辆4700多辆，其中跨省客运车辆13辆（不含外地车辆），市际和县际客运车辆193辆，农村客运车辆76辆，公共汽车268辆，出租小汽车179辆。全市道路客运企业3家、出租汽车企业3家，汽车客运站16个，其中一级客运站场1个，二级客运站场1个，三级站场1个，四级站场1个，五级站场3个，简易站场2个，招呼站7个。全市汽车驾驶培训学校6家，摩托车驾驶培训学校3家。全市危险品运输企业8家，危运车辆162辆。全市汽车、摩托车维修业户483家，其中一、二类汽车维修业户42家，三类汽车维修业户237家，一二类摩托车维修业户204家。全市普通货运企业215家。全市航运通航里程104千米。全市水路运输企业2家，水路运输服务业已备案1家，经营航线有港澳航线和内河航线，营业性运输船舶3艘（其中航行港澳线船舶1艘）、总载重吨1476吨，净载重吨1657.5吨，功率944.25千瓦。全市已领取港口经营许可证的港口经营企业11家，其中从事危险货物港口作业资质的3家。全市生产经营性泊位17个，泊位总1042.2米，年通过能力散杂货767.47万吨、集装箱10.5万TEU次。

【基础设施建设】 2017年，全市交通基建项目完成投资19.28亿元，其中开平市本级项目完成投资约7.7亿元，完成年度投资计划120%。高恩高速、中开高速开平段项目已进入路基桥涵施工阶段，开平段已完成项目施工交地任务。开春高速、开阳高速改扩建工程已完成前期工作，开平段正在全面开展征地拆迁工作。深茂铁路开平段工程施工以及轨道铺设已完成，定于2018年6月前通车。深茂铁路开平站配套及道路工程已开工建设。开平市环城公路各项目施工建设取得了阶段性成果，其中东环段全年完成投资2.69亿元，完成年度投资计划103%，正在进行东环金山大桥施工及路基桥涵施工。西环段完成投资2.88亿元，完成年度投资计划的160%，正在进行西环三埠大桥施工及路基桥涵施工。北环东延线一期工程完成投资8500万元，完成年度投资计划的106%，正在进行水口河红花大桥施工和路基桥涵施工。北环东延线二期和北环一期工程已经启动，已开工建设。台开快速路、赤坎大道、美堂大道等项目加快推进。完成省道路面改造11千米，县道大圣线苍城至马冈段改造工程、县道马稔线白沙桥项目已开工建设。完成春社线一桥、龙田桥等乡镇危桥改建工程。完成新农村公路硬底化建设11千米。新购置纯电动公交车64辆，建成充电桩23支，新开通了2条公交线路。全年累计查处超限超载违章车辆294辆，责令卸载货物6500多吨，打击了超限超载运输经营者，保护了公路桥梁安全畅通。

【公路管理养护】 2017年，该市省养公路里程182.90千米，其中国道45.89千米，省道137.01千米，该市省养公路养护好路率为国道

97.64%，省道95.96%，好路况里程176.28千米。全市地养公路里程599.58千米，其中县道145.03千米，乡道422.45千米，村道32.11千米，全市地养公路养护好路率为县道91.04%，乡道91.83%，村道96.06%，好路况里程550.79千米。完成大圣线、横东线、交四线、城蟠线等地方公路破碎板维修工程施工。完成乡道义二线、县道横东线、乡道金石线、乡道赤三线等地方公路安全生命防护工程施工。强台风“天鸽”、“帕卡”袭击该市期间，组织人力和设备投入抢险救灾工作，按时完成全市约600千米地方公路的保畅通工作任务。

【运输行业】 完成2017年春运工作任务，全市道路运输共发送旅客65.94万人次，其中省内发送旅客61.60万人次，省外发送旅客4.33万人次，无旅客滞留现象发生。推进公共交通建设，落实公共交通专项规划修编，新购置20辆纯电动公交车，配套建设23个电动公交车充电桩，新开通2条公交线路。做好2015年度石油价格改革财政补贴资金清算及2016年燃油补贴统计工作，清算发放补贴资金1500多万元。完成一、二类汽车维修企业的质量信誉考核工作，办理三类汽车、二类摩托车维修业户新开业39宗，普通货运业户新开业8宗。审批通过2家驾培企业的经营申请，新增教练车辆66辆，缓解学车难问题。加强出租车行业服务监管，引导网络预约出租汽车发展，维护出租车行业稳定。加强港航行政管理，累计征收货物港务费约100多万元。全市完成水路货运量22.31万吨，水路货物周转量4064.24万吨公里，分别同比下降0.20%和下降0.30%。全市完成港口货物吞吐量1074.41万吨，同比增长5.00%，其中完成外贸货物吞吐量52.04万吨，同比下降1.00%，内贸货物吞吐量1022.37万吨，同比增长4.00%，完成集装箱吞吐量10.95万TEU，同比下降5.00%。

【交通综合执法】 根据市委、市政府的工作部署和要求，交通运输部门联合公安等部门在全市范围内开展新一轮的治理超限超载专项行动，全年查处超限超载违章车辆297辆，责令卸载货物6500吨，打击了车辆超限超载违章行为。全年依法查处各类道路违章案件33宗，其中查处违法包车客运2宗，非法营运18宗，非法危险品运输7宗，非法机动车维修经营3宗，驾驶员机动车培训违法案件2宗，维护了道路运输市场秩序的稳定。消除路政违法行为240宗，集中清理违法广告牌3000多平方米，劝导违法当事人自行清理各类违法建筑物、构筑物700多平方米。

【安全生产】 加强交通运输行业的安全生产监管，结合“平安工地”“安全生产特别防护期”“安全生产月”等活动，定期和不定期开展安全生产检查行动，对全市客运站场、客运企业、危运企业、港口码头、交通建设工程等进行安全生产督查，重点抓好元旦、春节、清明、“五一”、中秋、国庆等节假日的安全隐患排查，督促企业落实安全生产主体责任和各项规章制度，防范安全生产事故发生。严格落实值班制度，完成十九大特别防护期行业安全维稳工作。全年累计抽查“两客一危”车辆共约1200辆次，客、危运从业人员约2500人次。加大对客运站场“三不进站、六不出站”检查，累计检查客运站场340多次、进出站客运车辆3400多辆，保障了交通运输行业的和谐稳定。

【精神文明建设】 加强交通运输行业精神文明建设，开展党员义工服务、青年志愿者服务和无偿献血等活动，组织欢庆“三八”“五一”“五四”“七一”等集体文娱活动。交通代表团参加市第十二届运动会暨第二届老年人运动会，获得“体育道德风尚奖”“市直组团体第四名”（并列同分第三名）、“老年人组团体总分第一名”。该局被评为“2017年办理政协提案先进单位”。该局驻市行政服务中心办事窗口被评为“2017满意服务窗口”、2017年开平市“巾帼文明岗”，展现了交通队伍良好形象。

（彭华溢）

附：市交通运输局领导班子名录
党组书记、局长：何俊贤
党组副书记：杨惠炽
党组成员、副局长：查海岩
谭　悦
周崇俭
党组成员、纪检组组长：梁坚红
党组成员、综合行政执法局局长：
谢伟林（2017.9—）

公路建设与管理

【简况】 2017年，江门市开平公路局管养线路182.9千米，其中国道2条45.887千米（G240保台线、G325广南线）；省道5条137.013千米。管养桥梁63座，其中：大桥8座，中桥15座，小桥40座。该局设江门市开平公路局养护中心（江门市开平公路应急养护中心），副科级、公益一类事业单位，下设百合、水口、蚬冈公路养护站。2017年，该局获“先进县级公路局”称号。

【工程建设】 2017年，该局先后完成S367冲恩线台山冲蒌至恩平恩城段路面大修工程赤水段交工验收、水口公路养护站业务用房工程联合验收、四小桥改建工程竣工验收。工程建设方面，协助市局监管PPP项目三项：S274稔广线开平葫畔至杜溪段12.79千米路面改造工程、G325线改造（养护）示范路工程开平段42.408千米（配套设施项目）、S273高铜线开平红花至台山板岗段5.79千米路面改造工程开平段。是年，三个工程进入正常施工阶段。为改善G325线水口至市区城镇路段交通状况，该局落实改造沿线平交路口及中央分隔带开口16处。

【公路养护】 是年，该局实行日常养护制度，优良好路率达98.42%，其中国道好路率达100%，省道97.9%。全年主要完成公路养护工程量：修复路面坑槽3151.39平方米，全路域灌缝94956米，完成管养线路的涵洞调查，重新对涵洞进行GPS定位。完成中小修工程包括G325广南线水口大桥引道段护栏重建工程、S274台山开平交界接线工程、S367冲恩线水仔口桥、和安桥无缝伸缩更换工程、饮用水源防护工程、S275合山桥事故导流槽和应急缓冲池工程、S274长沙实验中学正门路段改造工程。公路绿化方面，完成S273高铜线以及S367冲恩线公路绿化复绿工程约34公里。通过政府交易平台对G325、S274、S275的公路树进行砍伐招标。救灾复产方面，第13号强台风“天鸽”、第14号台风“帕卡”对公路、站房、绿化、高边坡造成重大破坏，该局累计投入人员约4200人次（连续作业35天），灾后复产资金总投入约200万元。创新培训方面，局分别于5、6、7月组织养护骨干开展养护作业工艺培训，提高灌缝使用寿命，解决坑槽边缘渗水易造成旧病害反复破坏的难题。

【路政管理】 2017年，该局路政管理股落实公路巡查及记录制度，全市全年累计巡查22544公里，出动路政执法人员1497人次。行政审批方面，共开出责令改正通知书97份，处理交通事故损坏公路路产的车辆案件61宗，收取公路路产赔偿费近19.86万元；办理完结路政许可28宗，收取占用公路路产补偿费1.35万元。完善标志标线、路牌升级改造，全年共翻新、补缺完成设置人行横道牌、导向牌、桥名牌、限载限速牌、路政宣传牌等标志164块、修复157块；翻新及补种示警桩共计7766支，其中水泥护柱5050根、示警桩2716根；标线3094.28平方米，修复中间普通金属护栏共48米。联合交警部门、属地镇府对沿线公路的危险路口进行隐患排查，封闭G325线百汇路口、110中间花圃路口、冲澄桥中间花圃路口、G325线振华路段、S274线沙塘、龙胜路段中间花圃路口。

【安全管理】 落实安全生产责任制，落实一岗双职制度，每月不少于一次安全大检查。3月，组织中心职工及道班组养护人员开展消防演练

活动；11月，举办消防安全知识讲座，普及消防安全知识，提高火灾防范意识。（钟泳茹）

附：市公路局领导班子名录

党组书记、局　　长：梁柏明

党组成员、副 局 长：胡夏雄　　徐自力

司徒艺沛

党组成员、总工程师：司徒海涛

交通集团运输工作

【简况】 2017年，开平市交通集团公司有员工655人，主营业务包括公路建设、旅客运输、站场经营、车辆检测、物业管理“五大板块”，集团属下全资企业有：开平市交通建设总公司、开平市公路实业开发公司、开平市梁开工程建设有限公司、开平市公共汽车总公司、开平市运输总公司、开平市奔顺汽车修理厂、开平市大众汽车出租有限公司、开平市义祠客运有限公司、开平市恒量汽车检测站、开平市恒量机动车检测有限公司、开平市恒宇摩托车检测站有限公司、开平市新路达公路工程有限公司、开平市环城公路建设有限公司；控股企业有：开平市义祠客运有限公司（占51%股权）；参股企业有：广东开阳高速公路有限公司（占25%股权）、国汇投资有限公司（占25%股权）。2017年实现税利1.056亿元，净资产比2002年增长了1043%。

【公共交通】 交通集团公司属下从事公共交通的企业有公共汽车总公司、大众出租汽车公司。公共汽车总公司主要负责市区及部分乡镇公共交通，至2017年底，有公交线路62条（其中常规线路20条，定制线路42条），268辆公交车，含是年投入1240万元增换20辆新能源纯电公交车，已有纯电公交车103辆，新能源公交车占70.9%。2017年投入210多万元完成义祠公交总站改造和新建荻海公交站充电基础以及23个充电桩建设。在线路开发方面，新开通碧桂园至银海市场619路和凯龙湾至荻海站620路公交线路，优化整合了东部片区612、615和618路3条公交线路。大众汽车出租有限公司主营出租车业务，截至2017年12月底，拥有53台出租车，其中53台双燃料出租车，驾驶员102名。2017年加大力度拓展汽车租赁业务，继2016年投入25辆商务车后又新投入租赁车辆5辆用于开展汽车租赁业务，并成功竞得了2018年至2019年开平市市直公务用车租赁服务资格。

【道路运输】 运输总公司是交通集团公司属下从事道路运输的企业。运输总公司主要负责乡镇及跨县、市客运，2017年有7个车队、101台营运车辆、14条专线。其中市际班线6条：开平—广州东站、开平—广州汽车客运站、开平—广州滘口、开平—广州芳村、开平—珠海拱北、开平—珠海上冲；县际班线3条：开平—沙湖、开平—台山、开平—江门；农村客运专线5条：开平—马冈大布、开平—大沙夹水、开平—龙胜白村、开平—苍城大罗村、开平—沙塘丽洞。

【站场经营】 义祠客运有限公司是交通集团公司属下从事站场经营的企业。义祠客运有限公司属下有义祠客运总站（一级汽车客运站场），以及水口客运站、大沙客运站、翠山湖客运站等站场。义祠客运总站有线路100条，其中包括跨省线路46条，省内线路45条，乡镇线路9条；水口客运站开通线路96条，其中包括跨省线路44条，省内线路51条，乡镇线路1条；大沙客运站开通线路4条，其中包括乡镇线路1条，省内线路3条。2017年义祠客运总站新引进广西田阳、重庆彭水2条线路；水口客运站新引进广西田阳、怀集诗洞2条线路；翠山湖客运站于2017年9月1日起与茂名交投集团公司达成合作协议，引进其公司茂名、信宜、高州、化州、电白、广州、深圳、东莞等19条线路80多班次进行配客业务，扩大了客运线路网络的覆盖面。交通集团公司自2000年以来，将每年的八月份定为“优质服务月”，义祠客运有限公司以“优质服务月”为契机，开展多项便民利民活动，开通了微信营销平台，推出微信购票、微信退票、电子二维码检票等服务功能，新增设5台自助售、取票一体机，2017年义祠客运微信平台售票量为14万张，约占总售票量的12%，成为旅客自助购票的主要渠道，促进客运业务开展。

【春运工作】 每年春运，集团公司和属下各有关企业都成立春运领导机构，召开动员大会，制定工作方案，全力做好春运服务，确保安全有序完成春运任务。2017年春运，义祠客运总站共发长途班车15879班，运送长途旅客125263人次，受非法营运、网约车、私家车的影响，客源较去年同期下降6%。公共汽车总公司共发班车7.8万班次，运送旅客234.9万人次；运输总公司共发班车2.3万班次，运送旅客36.62万人次。春运期间无重大责任交通事故和治安事件发生。

【道路建设】 交通集团公司属下从事道路建设的企业有开平市新路达公路工程有限公司和开平市环城公路建设有限公司。

开平市新路达公路工程有限公司 成立于2009年2月，原名称“开平市新路达道路养护有限公司”。2016年5月，公司变更为“开平市新路达公路工程有限公司”，经营范围包括“承接公路工程、市政工程、园林绿化工程，工程管理服务，交通设备生产、销售，广告代理，物业管理”。

环城公路 是开平市“十二五”规划的市重点项目之一，自2011年上半年开展项目调研，至2012年初完成项目建议书编制，基本确定了环城公路的建设规模和线位论证。2012年4月经市资产办批准由开平市交通管理总站出资100万元成立“开平市环城公路建设有限公司”，为环城公路的项目法人。2015年9月经市政府同意，将开平市环城公路建设有限公司的出资人由开平市交通管理总站变更为开平市交通建设总公司（开平市交通集团公司属下企业）。环城公路建设沿袭了开平市“四纵两横”、“开平大道”公路建设管理模式，即由市政府成立指挥部，下设办公室再设置各工作组，实行层级管理。项目建设资金主要由企业融资及自筹安排，实行专户管理，由财务管理组负责监督项目建设资金专款专用，监督承包人的资金使用。

环城公路按一级公路线形指标设计，设计时速80千米/时。按远景八车道规划近期六车道实施，路面宽度48米，是年按双向六车道沥青混凝土路面建设。该项目路线设计长度27千米，其中桥长约4千米。分东、南、西、北四段分别立项，计划用6—8年时间分三期建设。其中：（1）南环段以开平市新水线（X552）市区改线工程立项建设，起点位于稔广线获海小巴站途经中源制衣厂跨越台城河，终点到达新水线勒冲加油站侧，全程4.2千米，已于2016年春节前建成通车；（2）西环段以省道稔广线开平市区改线工程立项建设，起点位于稔广线杜冈加油站东侧途经G325国道八一平交从开侨中学西侧跨越镇海水，经祥龙体育馆再跨过潭江到三埠冲间，终点与南环起点相接，全长6.04千米，投资估算为12.7亿元；是年完成投资约5.7亿元，计划于2018年底通车；（3）东环段直接以东环路段立项建设，起点接南环终点，经三埠石海跨越潭江后接切片厂北面规划路向东延伸至富琳厂接金山大道，终点至金山大道与G325平交路口处，全长7.38千米，投资估算10.2亿元；是年完成投资6.4亿元，计划于2018年底通车；（4）北环段经梁金山公园连接东西环，是年还进行项目建议书编制阶段，具体实施时间需根据国道325改线和市资金安排而定。（5）2015年9月为解决G325水口镇过境路段交通瓶颈问题，开始增加了北环东延线项目，按环城公路建设标准建设；工程路线起点为东环终点，路线大致呈东西走向，经沙冈工业园，终点接水口镇红花村，与省道S273（养护桩号K96+850）顺接，项目路线全长7.4千米，分北环一期、北环东延线一期和二期实施，工程总造价约人民币6.1亿元。北环一期及东延线二期于2017年底开工建设，施工工期两年，东延线一期于2016年8月开工，是年已完成近9000万元投资，完成合同工程45%左右，计划于2019年春节前后建成通车。

深茂铁路开平站场及配套道路工程 深圳至茂名铁路江门段到茂名段线路全长265千米，总投资290.4亿元，其中江门段里程共109.42千米，开平市内的里程为23.93千米。根据江门市人民政府市长办公会议纪要〔2014〕9号及江门市财政局、江门市发展和改革局江建〔2015〕5号文件关于“深茂铁路江六段资本金由江门市本级统一筹措，偿还责任由市本级承担20%，其余由沿线市、区（包括新会区、台山市、开平市和恩平市）按里程比例负责分担”的原则，开平市应分担的出资比例为17.5%（约3.3亿人民币）。2017年4月24日开平市政府印发开府函〔2017〕23号文件，确定市交通集团属下的开平市环城公路建设有限公司代持深茂铁路江门（开平）段的股权并作为支出责任单位。

2016年9月26日开平市人民政府总第519期工作会议纪要明确要求，深茂铁路开平站站前大道及周边道路工程的建设模式采用政府委托代建模式，项目业主为开平市环城公路建设有限公司。2017年11月，该工程项目开工建设，预计工期10个月（其中道路工期8个月），要求在2018年6月底铁路开通同时完成进站道路建设，总投资1.6亿元。2017年完成征地拆迁及50%左右的土方工程，完成投资约5000万元。

开平大道 是开平市城区连接开阳高速公路梁金山出口的重要道路，全长7.31千米，双向六车道，概算造价1.79亿元，工程于2005年9月动工，2009年2月28日正式通车。2011年9月26日顺利通过竣工验收，项目综合评价等级为优良；2013年12月13日通过了广东省水利厅对开平大道的水土保持设施验收项目。

良园路升级改造工程 良园路升级改造工程路线南起于G325国道义祠平交，北至金山大道，全长约1.8千米。道路等级为城市次干路，双向四车道，设计速度为30千米/时，红线宽度为50米，项目投资4446万元。本工程于2016年11月开工建设，于2017年3月全面完成路面、人行道、非机动车道、绿化及照明设施等所有建设任务。2017年6月27日通过市联合验收小组组织的联合验收。2017年7月7日良园路移交给市城市综合管理局管护。2017年9月28日良园路交通信号灯及监控移交给市公安局交通警察大队管护。

【开阳高速改扩建项目】 由交通集团参股25%的开阳高速公路于2017年6月立项进行扩建，项目估算118.84亿元，已于2017年12月29日开工建设。同时，为增加城市发展空间，协助市政府争取新增了月山互通，并委托了开阳公司代建月山互通连接线的建设事宜，缓解了市财政资金压力。

【垦造水田项目】 根据市政府安排，2017年交通集团作为垦造水田项目的实施主体，并负责建设资金的筹措。2017年完成赤水镇、马冈镇2个项目招标工作并进入施工阶段。

【汽车检测】 开平市恒量汽车检测站是交通集团公司属下从事汽车检测的企业。1994年6月经广东省交通厅、江门市交通委员会批准立项为A级站，其名称为“江门市道路运输车辆综合性能第四检测站”。2005年升级改造后，更改名称为“开平市恒量汽车检测站”。恒量汽车检测站经营业务主要对道路运输车辆技术等级划分和评定，客车装备核查，燃油消耗量复核，二级维护竣工检验委托检测。按照国家交通运输部从2016年起不再对二级维护竣工车辆强制上线检测的要求，恒量汽车检测站于2016年开始筹建车辆安全性能检测线，并在2017年2月成立“开平市恒量机动车检测有限公司”，总体投资1400万元建设恒量机动车检测线项目，新建设的机动车检测线项目占地面积约14000平方米，建筑面积约4000平方米，其中检测间面积约2750平方米，分设3吨、15吨线的汽车安全技术检测车间、摩托车安全技术检测车间、汽车废气环保检测车间、驻车制动试验坡道、路试跑道、待检停车场、受检车辆通道以及营业厅、办公区等。该项目拥有自动化程度较高的检测仪器设备设施30多台（套）。经营业务范围包括机动车安全技术检测和汽车废气环保检测。恒量机动车检测线项目于2017年10月13日全面通过工程建设项目竣工联合验收，并于11月投入运营。成为开平市第一家可实现“三检合一”的大型机动车检测业务企业。（古锦园）

附：1. 开平市交通集团公司领导班子名录

党委书记、董事长： 谭永照（—2017.6）
伍卫良（2017.8—）

党委副书记、总经理： 张坚念

党委副书记、副总经理： 张竹源

党委委员、副总经理： 陈志华（2017.11—）
周兆洪
余小仪
伍卫良（—2017.7）
蔡仕平

2. 开平市义祠客运有限公司领导班子名录

董事长： 蔡仕平（—2017.12）
余小仪（2017.12—）

经　理： 周景现

副经理： 谭锦兆（—2017.7）
徐剑鸣　谢彩红

3. 开平市公共汽车总公司领导班子名录

经　　理： 余小仪

副 经 理： 李仲良　张文华
梁卫贞　张文立

经理助理： 司徒健涛

4. 开平市新路达公路工程有限公司领导班子名录

经　　理： 周海明

副 经 理： 关伟荣

经理助理： 李伯棠

5. 开平市环城公路建设公司领导班子名录

经　　理： 梁国伟

副 经 理： 方伟新
梁和生（交通运输局）

总工程师： 袁建华（2017.8—）

6. 开平市恒量汽车检测站领导班子名录

站　　长： 张郁森

站长助理： 张健民

汽车总站运输工作

【简况】 开平汽车总站隶属于广东省江门市汽运集团有限公司，为国家二级站场，以公路客运为主，涵盖旅游运输、出租的士、快客货运和二类机动车维修等业务。开通营运线路68条，日发班车389班。近年来，相继开通了自动售票、旅客俱乐部、“五邑通．岭南通”刷卡乘车、微信购票、省联网售票、代售“拱北～香港机场”船票、“五邑通速运”等多项便民服务，先后通过了ISO9001:2000国际质量管理体系认证、“道路旅客运输企业安全生产标准化”一级验收考评、“汽车客运站安全生产标准化”和“机动车维修企业安全生产标准化”三级验收考评，并先后获得“全国交通运输客运行业优质服务示范企业”、“全国职工小家”、“广东省交通安全文明示范运输单位”、省级“职工书屋”单位等荣誉称号。

【经营情况】 完成客运量407.31万人，完成客运周转量35521.36万人千米，完成货运量0.4020万吨，完成货运周转量35.02万吨千米。

【春运工作】 成立了以总站长为组长的春运工作领导小组，领导小组成员24小时保持通讯畅通。节前联合市交通运输局、交警大队召开全体员工的春运动员会，并通过板报、张贴宣传标语、悬挂横幅等进行安全宣。科学合理安排运力，共投入春运营运客车149台，座位6004座，并预留5台车辆和10名驾驶员作为应急运力；做好票价公示宣传和牌证的使用、保管和登记工作；在客流高峰期增设售票窗口，适当延长售票时间和预售期，深入厂企推广微信购票服务，全面支持微信和支付宝支付票款，并采取窗口售票、网上购票、微信购票和通过自动售票机购票等方式缓解购票压力；抽调行政人员和车队管理人员支援一线工作，及时疏运旅客；抓好安全生产主体责任的落实，层级签订春运安全生产责任书和驾驶员春运安全行车保证书以及客运服务人员服务质量承诺保证书；推行安全告知制度，通过安全宣传栏、警示屏、宣传横幅、飞信温馨提示、播放《安全带生命带》和《乘客安全须知》视频等形式进行安全宣传；利用GPS系统、3G视频和驾驶员IC卡等科技设备加强营运客车运行动态的监控；执行省际班车、省际包车凌晨2时至5时停车落地休息制度，防止驾驶员疲劳驾驶；执行驾驶员出车前叮嘱告知制度，通过口头叮嘱、飞信叮嘱和GPS系统发送短信等渠道，告知驾驶员天气变化情况及施工、拥堵等特殊路段情况；实行站场封闭管理，确保人车分流；落实“三不进站、六不出站”和车辆出站检查制度，采用人防和技防相结合的方法查堵危险“三品”；执行车辆一、二级维护保养和“回场必检，合格放行”制度，节前对营运车辆进行全面的技术和车上安全设施排查；实行“当班厂长跟班跟岗”和“二级维护技术员跟车入场”制度，杜绝车辆失修、失保、带病行驶的现象；完善各项应急预案和现场处置措施，落实应急管理人员，配备齐全应急器材，并根据运距长短配备足够驾驶员、车上休息御寒装备，圆满完成了春运工作任务。

【直达专线】 开通了多条直达班线，投入大型高级客车运行，其中“开平至广州省站、广佛站、海珠站、南站”班线累计日发班次69班，“开平至佛山”班线日发班次12班，“开平至东莞”班线日发班次10班，“开平至深圳”班线日发班次26班，“开平至珠海拱北”班线日发班次20班，“开平至中山”班线日发班次7班，“开平至江门”班线日发班次18班，跨境直达班线“开平至香港”日发班次5班。

【新增和更新车辆】 更新营运客车6辆。

【站场配置】 开平汽车总站位于开平市长沙西郊路，拥有宇通、金旅、大金龙、中通、海格、骏马等品牌豪华高级营运客车155辆，出租的士43辆。该总站实施站场封闭管理，购置先进的安检设备对行包货物进行安检；提高科技化和智能化管理水平，采用电子IC卡进行车辆报班管理；设置语音播报系统和LED显示屏，及时快速为旅客提供信息；设置重点旅客候车室、香港直通巴服务中心；免费提供茶水、配备常用药品等贴心服务，候车大厅无线网络全覆盖；不断扩大售票网络，配备自动售票机，开设微信购票、网站购票、旅客俱乐部、微信公众平台、振华客运招呼站等。推出定制班车和联程联运业务，以及“岭南通五邑通”交通智能卡，主要使用范围是那扶、台城、东山、高龙、高山线农村客运班车，方便旅客出行。

【举办各类培训班和竞赛活动】 全年共举办新员工岗前培训、兼职教师能力提升培训、安全知识培训、维修技术培训及消防安全等各类培训班117期5324人次，其中自培95期5206人次，送培15期118人次，全员培训率为100%，培训合格率为100%。开展事故应急救援演练、举办安全生产竞赛活动和“客运服务知识和技能竞赛”活动，并以“百日五无”“一无两降三满意”“一规二优”“节能降耗”等竞赛活动为契机，推动教育培训深入开展。

【精神文明建设】 学习中共十八届六中全会及党的十九精神，开展机关党建示范点创建工作和“两学一做”教育，组织季度中心组理论学习会。2017年，总站党委被中共开平市委组织部、中共开平市直属机关工作委员会评为“机关党建工作示范点”，是入选的八个示范点当中唯一一个企业示范点。开好职代会，坚持做好探望和家访慰问工作，不断提升员工福利待遇。开展慰问驻开平海军部队活动，组织三八妇女节活动、五一拔河比赛等，开展盛夏送清凉的活动，参与开平市扶贫济困活动、创文再出发“七一”志愿服务活动、“七一”干部职工健步走活动、健走马拉松活动等。以及组织

19名员工到市献血屋进行无偿献血。对获评2016年度优秀驾驶员、优秀和积极通讯员进行表彰；组织2016年达80万千米以上安全，且无事故无违章的驾驶员开展参观学习活动。

【先进人物】 陈红梅，女，女工委副主任，2017年3月，被广东省交通运输局评为优秀女职工工作者；劳楚锋，男，驾驶员，被全国先进驾驶员中国道路运输协会、中国海员建设工会全国委员会评为全国先进驾驶员；张伟华，男，驾驶员，在第三届世界广府人恳亲大会暨2017中国侨都（江门）华人嘉年华承担大会接送嘉宾任务，由于其工作认真，责任心强，收到由美国华州西雅图广州同乡联谊会会长梁先生和副理事长彭先生联名撰写的表扬信，高度评价张伟华驾车安全平稳，态度热情有礼，沿途主动照顾年迈的嘉宾上下车，帮助嘉宾把行李送至下榻的酒店。张伟华的事迹，展示了江门汽运人的风采。（司徒小红）

附：开平汽车总站领导班子名录

总 站 长： 吴柏胜

党委书记： 陈玉玲（—2017.11）
吴柏胜（2017.12—）

工会主席： 谭林伟（—2017.8）
陈玉玲（2017.9—2017.12）
吴柏胜代（2017.12—）

副总站长： 罗长稳　陈健东
郭俊杰

海事管理

【简况】 2017年，开平海事处围绕“水上交通安全”这一中心工作，加强队伍建设，严格监管，全面履职，完成了全年各项工作任务，辖区没有发生列入统计范围的水上交通事故，辖区交通安全形势稳定。

【水上交通安全监管】 利用智慧海事平台开展电子巡航，实现智能化监管，利用互联网数据分析辖区隐患，强化辖区安全监管。开展“平安船舶”“船舶配员专项检查”“岁末年初安全生产大检查”等专项活动，打击船舶各种违法违章行为。据统计，日常巡航检查共183次，出动执法人员399人次，巡航里程4787海里，检查船舶352艘次，安检船舶69艘次，查处违法违章船舶33艘次。主动服务地方涉水重大项目建设，配合环市公路的建设工程，开展东环桥、西环桥水工现场监管工作。在开平市政府举办的春节烟火晚会和开侨中学高考活动中，开平海事处做好相关水上安全监管工作，确保烟火晚会和高考顺利进行。履行市安委会水上交通安全专责小组职责，牵头组织交通局、水务局、安监局、大沙镇政府和大沙河水库管理处等相关部门，建立联合管理机制解决大沙河水库村民渡运祭祖安全隐患问题。根据《防止大沙河水库自用船非法载客联合管理机制》要求，在清明节前组织召开会议，制定多方联合执行的疏堵机制，协调大沙河01船作为村民祭祖渡运船舶，保障群众生命财产安全，打击非法载客行为，清明祭祖期间，辖区水上交通安全无事故。

【船舶报告制、危险货物审批】 实行网上受理船舶进出港报告，网上办理危险货物申报、审批。2017年，本辖区共受理船舶进出港报告18006艘次，其中内河船舶17685艘次，沿海船舶344艘次；货物吞吐量10708255吨；危险货物审批291艘次。

【海事口岸管理】 为创建“安全畅通文明”口岸，营造“以人为本”“安全生产”的氛围，构建“平安辖区、和谐开平”，开平海事处服务三埠港口岸发展，与广东省三埠港客货运输合营有限公司开展共建“安全畅通文明”口岸活动，提供港澳航线2 4小时预约查验服务，为港口企业提供安全航行信息和提醒服务，为进出口岸船舶提供技术支持和业务指导，协助企业开展船舶安全应急演练。2017年，查验进出口岸船舶736艘次，集装箱吞吐量36846TEU，货物吞吐量383086吨。

【船舶防污管理】 加强对油船、化学品船装卸作业的现场监管，督促船岸双方严格执行船/岸检查表制度，落实安全和防污染措施，防止事故发生。定期联合开平市交通运输局、开平市港航管理所对辖区三个危险品码头（开平市中油油品销售有限公司危险品码头、广东泰宝聚合物有限公司危险品码头、罗赛洛（广东）明胶有限公司危险品码头）进行检查，重点检查危险品码头、船舶防污染设备的配备和使用以及防污染措施落实情况，要求各危险品码头企业要做好防高温、防雷电、防台风、防火、防爆、防污等防范措施，提高码头危险货物作业人员和危险品船舶船员的安全意识和责任意识，提高应急处置能力。2017年辖区没有发生船舶和码头作业污染水域事故。

【事故与应急】 2017年，辖区没有发生列入统计范围的水上交通事故。对开平船舶溢油设备库的升级改造，提高潭江水道溢油风险处置能力，降低船舶污染事故造成的损失，保护河道生态环境。开平海事处全体干部职工定期开展辖区水上突发事件应急反应演练，组织桌面推演、指定演习、双盲演练等，完善应急预案，提升应急反应能力。

【极端天气的安全防范】 在雾季、台风、洪水、雷雨大风等季节性危险天气来临前，利用政务窗口叮嘱、手机短信宣传、甚高频对讲机通知、现场巡查等办法督促相关单位、船舶落实防御措施，重点加强桥区和重点水域的巡查力度，提醒船舶切实做好安全措施，加强锚泊值班工作，航行时注意瞭望、谨慎驾驶，以保安全。是年在防御“天鸽”“帕卡”“玛娃”三次台风期间，开平海事处制定防台部署表，细化人员防台职责，开展辖区防台工作，快速、有力处理“漂流渔船”“架空电缆落水”等险情。台风期间开平海事处辖区零事故。

【风险点、危险源排查治理工作】 以现场巡航和电子巡查相结合的方式，重点对祥龙桥、荻龙桥和江南桥桥区水域等易发生船舶触碰桥梁事故的重点水域进行巡查监管。检查船舶有无按规定张贴《船舶通过桥梁水域安全须知》，督促船舶落实相关要求；结合船员履职检查工作，加强三座桥梁过往船舶的船员履职检查。对航经辖区祥龙桥、荻龙桥船舶的驾驶员开展桥梁水域安全知识考试。开平海事处执法人员对三江桥头、开平桥上游和祥龙桥上游等水域的住家船进行走访，制作《住家船检查表》，对住船人员联系方式、船舶锚泊位置、系固设备、系固方式等信息进行调查登记，向住家船发送安全提示，督促其整改相关隐患，确保安全。

【江门三埠海事处更名为江门开平海事处】 2017年9月18日，根据《交通运输部海事局关于广东海事局基层执法机构设置和人员编制调整事项的通知》（海人教〔2017〕455号），“中华人民共和国江门三埠海事处”自2017年9月18日起更名为“中华人民共和国江门开平海事处”，人员编制由9人调整为8人。

（区清霞）

附：江门开平海事处领导班子名录

处　长： 郑金良

副处长： 闫永强

邮政工作

【简况】 2017年，邮政开平市分公司适应经济发展新常态，建设“六大机制”（建设创新驱动机制、建设激励约束机制、建设工资增长机制、建设资源配置机制、建设用工优化机制、建设风险防范机制），促进“六量提升”（提升规模总量、提升运营质量、提升单位均量、提升科技含量、提升人才储量、提升服务质量），推进江门邮政“六大工程”（赢在支局工程、外拓营销工程、优质服务树品牌工程、服务基层工程、员工收入快速提升工程、关爱员工工程），打赢了全省新增金融资产700亿元的攻坚战，完成了各项目标任务。该公司全年创收7648万元，同比增幅6.8%；实现全员劳产率27.21万元，同比增幅8%。

【基础建设】 2017年，完成对祥苑、月山等两个营业网点的全面升级整治，新增和更换投入5台全新CRS，提升竞争力。树立祥苑、新昌、水口、月山四个服务标杆网点，配备了按摩椅、冰箱等。优化调整邮路作业计划，加大运能和投递能力投入，推广使用投递平台“三个一点”（增加一些自提点、智能包裹柜、信报箱）项目，提升投递效能。

【邮政代理金融】 2017年新增金融资产、余额、银保险等业务。各项金融业务项目有序开展，其中赤坎古镇项目征收款、征地款、学校代收伙食费和保教费项目等取得突破性进展。营业网点营销活动多样化，开展春节、“三八”节、母亲节、端午节、六一节、中秋等节日营销活动。2017年代理金融收入累计6265.66万元，同比增长12.53%。

【邮务工作】 2017年邮务类的函件、集邮、报刊专业稳中有升，在新媒体方面小有突破，成功开发创维、豪邦家具等，共创收2.28万元；国内快递业务稳步发展；农村电商方面完成拓点数量250个，进度100%，新开通邮乐小店累计3164户，完成了全年目标，促进商家、电商站点和客户三赢。2017年邮务类业务总收入1190.82万元，累计同比负增长5.32%。

【精神文明建设】 完成月山、水口、塘口、百合和蚬冈支局的职工小家建设，员工宿舍全部装有空调，活动室配备文体设施、空调、无线WIFI、洗衣机等，员工在就餐、住宿、洗澡、休闲、学习等方面得到提升；调整调高了员工的餐费、交通费补贴，对偏远赤水、金鸡、马冈、苍城及龙胜等支局配置跑步机等健身器材，提升满意度。完成办公楼场地和公司食堂的整治改造工作，员工生活工作环境有较大的改善。设立员工团队活动费用，提升了员工的和谐氛围。工会成立篮球、羽毛球、瑜伽等业余兴趣小组，丰富员工业余生活。该公司篮球队获得2017年江门市邮政员工男子篮球赛冠军，羽毛球队参加“中国移动”杯比赛，获得较好的成绩，机要通信获得省分公司2017年度“十优”分公司称号，谢锡炎获得省分公司2017年度“机要通信先进工作者”。陈建华获得江门市邮政分公司举行的投递工种技能比赛揽投情景模拟第一名、接收开拆第三名，同时获得“江门市邮政技术能手”称号。公司对基层员工在夏天和“双11”“双12”期间开展送清凉慰问一线员工；春节前，对劳模、老党员、困难员工、患病员工进行上门送温暖工作。

（张宝贵）

附：邮政开平市分公司领导班子名录

总　经　理： 胡志平

副 总 经 理： 杨蔚达（—2016.8）

工会副主席： 谭锡培（—2017.7）

冯卫森（2017.8—）

城乡建设·环境保护

城乡规划与管理

【简况】 2017年，该局以加快发展为第一要务，以“工作落实年”为动力，以“善作为、重实效、谋新篇”为工作主线，做好全市规划工作，为推动该市建设争取成为“先进产业基地、文化旅游名市、文明宜居新城、和谐幸福侨乡”而服务。

【城乡规划编制】 编制完成《开平市城市总体规划（2011—2020年）》成果并经省人民政府批准实施，为确定该市城市规模和发展方向，实现开平的经济和社会发展目标，合理利用城市土地，协调城市空间布局等所作的一定期限内的综合部署和具体安排提供依据；逐步编制中心城区重点开发区域的控制性详细规划，包括开平大道A地块、开平大道B地块、开平大道C地块、簕冲片区、迳头片区、新美片区、新海渠东、325国道北侧地块、龙东片区、八一片区、港口片区、深茂铁路开平站区及周边地区、开平快速干线西线局部地块等，为该片区的综合土地利用的规划管理提供了必要依据；推进“海绵城市”建设工作，《开平市中心城区海绵城市建设专项规划（2016—2020）》已完成初步成果，该规划以海绵城市建设理念引领开平市城市发展，促进生态保护、经济社会发展和文化传承，走循环经济、绿色发展之路；《开平市中心城区“三旧”改造规划（2010—2020）评估》及《开平市中心城区改造规划修编（2015—2020）》已进入编制阶段。

【建设工程规划管理】 做好城区及各镇的报建审批工作，2017年，核发“建设用地规划许可证”86宗，发证面积343万平方米；核发“建设工程规划许可证”234宗，发证面积153万平方米。做好临时建筑（构筑）物的规划审批及监管工作。

【规划服务】 加强业务教育和培训，提升工作人员服务水平和业务能力，优化办事流程，缩短审批时限。规划窗口解答咨询1814项，受理业务事项1817项，按时办结率为100%。完成了如下项目的审批工作：开平市凯旋汇项目详细规划方案、金色家园住宅小区规划方案、开平翠湖豪庭住宅小区规划方案、开平市侨园·黄金海岸二期规划方案、开平市长沙街道办事处谭氏中学南面B地块修建性详细规划、开平市三埠街道办思始雪冲口1号地块修建性详细规划、开平市长沙街道爱民村委会鳅鱼潭1—7号地块修建性详细规划（调整）、开平市长沙办事处“东汇城”南三江居委会1号地块修建性详细规划（调整）等一系列修建性详细规划设计方案。为各类建设项目提供测量服务、电子信息服务，完成测量服务类（工程验收、放线、验线及提供电子图等）328项，完成市政服务类（市政管线、市政工程以及市政配套的审批等）214项。

【规划执法】 在违章建筑查处方面，对巡查发现和群众投诉的违法建设进行依法定性118宗，全部已转交相关部门跟进处理，对违法建设定性与立案受理比例为100%。 （周艳红）

附：市城乡规划局领导班子名录
党组书记、局长：张卓雄
党组副书记：梁孟斌
党组成员、副局长、纪检组组长：刘廷标
党组成员、副局长：邝杰才
黄伟深
严新生（2017.7—）
党组成员：方森濯

城市综合管理

【简况】 开平市城市综合管理局负责市区市政公用设施管理、城市规划、城市建设、房产管理、燃气管理、环境卫生管理、城市市容监督管理有关行政、执法工作，组织城市综合管理专项执法行动；负责市区市政公用行业（含城市道路、桥梁、道路照明、户外广告、招牌、环境卫生、生活垃圾处理、燃气等）的管理；组织市区市政公用基础设施特许经营权的招标和市区城市设施重点工程建设的组织等工作。该局设办公室、市政设施管理股（行政审批服务股）、工程技术股、信访宣传股、燃气管理股、执法监察股等6个内设机构。下属单位有开平市城市建设管理监察大队、开平市市政服务中心和开平市环境卫生管理处。

【市政建设】 落实市政府工作清单任务和市督办项目的工作要求，金山公园儿童乐园水上活动区于8月12日正式对外开放，陆上活动区按计划进行建设；市固废综合处理中心一期项目按进度推进，基本完成项目环评公众参与调查（包括开平、恩平部分）、环评报告书编制及项目设计招标，并取得市政府关于项目稳定风险评估报告的批复，办理了《规划选址申请书》和开展工程初步施工图纸设计、监理单位招标等工作，中标单位已按计划进行项目开工工作；新美大道（G325国道—潭江大道）新建道路工程完成招标工作，按计划进行工程设计和进场工作；宝源桥扩建改造工程和冲澄人行便桥工程正编制可行性研究报告和设计方案；市政道路修复，全年实施了17项较大型市政工程，完成开侨幼儿园侧道路改造工程、新昌中路道路改造工程、金山公园博物馆广场改造工程、开平大桥第15跨11号空心板更换工程；市区沥青零星修补700多平方米，维修人行道600多平方米，主路约8400多平方米，小区支路1200多平方米，砌筑检查井及雨水井95个，安装下水管道约660米。

【路灯管理】 加快实施2017年路灯（灯饰）自动化监控管理系统工程，在潭江、苍江两岸安装灯饰终端30个，完善路灯三遥监控管理，市区亮灯率达90%以上。

【城市监察】 提高城监执法效率，创新执法方式，启动第四中队，重新整合一线执法力量，抽调骨干人员成立市容整治特别行动组，强化城监执法力度。以不定时突击的方式重点整治油烟扰民烧烤档、乱摆乱卖、乱搭乱建、乱拉乱挂等市民群众反映的热点难点问题和城市乱象，全年出动10360人次、2530车次，查处车载（上牌）游卖52宗，拆除违章搭建及违法建设的建筑物2635平方米，处理破坏园林绿化案件1宗，维持城市秩序，其中升平路、幸福市场周边还路于民。联合整治市场周边秩序，以幸福市场周边为突破点，协同市场监管局、市公安局、市场物业公司等部门，实行定人定岗定点整治幸福市场周边“六乱”现象。拆除福顺街围墙、整治升平路等，实施福顺街沥青铺设工程、规范停车位设置，还路于民。

【环卫管理】 增加保洁人员，延长保洁时间，加大城区清扫力度，密集式清理城区出入口和城中村等卫生死角230多宗次，全年清运处理生活垃圾8万多吨，清运城区建筑余泥1680多车，疏通下水道26000米，清掏沙井1520多座，清理化粪池410多个。治理牛皮癣方面，环卫处除了出动3辆高压清刷车，还聘请7辆广告清刷车在城区清刷小广告，全年清刷小广告约100万张。落实河长制工作，根据该市河长制责任分工，环卫处在城区河段负责打捞水浮莲工作，清理水浮莲和其他漂浮物1320多吨。协助大气扬尘治理行动，使用喷雾降尘车和洒水车，增加市区主次市政道路洒水次数，由原来的每天2次调整为每天洒水、抑尘各4次；组织街道大清洗行动，洒水车每天早晚各一次清洗主次街道，规范垃圾清运车辆运输过程，加强垃圾填埋场的规范作业管理，协助做好扬尘治理工作。

【广告管理】 定期派出执法人员对市区的户外广告进行日常检查，对于残旧破损或是过期没续期的户外广告（包括大型户外广告和部分店面招牌），按照相关规定予以拆除；对于未经过审批的违章户外广告，则发出整改通知书令其限期申报并拍照取证；对经告知后仍不申报的，则采取相应的行政处罚并对违章广告予以拆除。2017年5月开始实施户外广告专项整治行动，拆除违章设置的小型LED广告牌约1000个，将市区内约500个竖式灯箱广告牌和残旧广告架列入拆除计划内，设置固定的大型公益广告牌20个。

【燃气管理】 督促各燃气企业加强自身安全生产管理，与各企业签订责任书，加强自身管理，落实安全目标责任，保障供气安全。联合市燃气安全专责小组成员单位，开展了燃气安全专项检查。督促和指导各燃气经营企业开展相关安全应急演练活动，加强应急队伍建设，增强应急救援能力。督促开平华润燃气有限公司落实开平市2017年重点项目工程工作任务，截至12月底，完成中压管网敷设31.56千米，新增居民4687户，工商72户，累计投资2894.8万元，供气量达2090万立方米，超额完成2017年任务计划。落实燃气安全宣传活动，利用网站、微信、微博等媒介平台，开展安全用气宣传工作。

【救灾复产】 受到双台风影响，该市部分地区受灾情况严重。根据市委市政府“救灾复产”的工作要求，市城管局投入清障行动，属下各部门调动全体人员及专业工具，对倾倒的树木进行有效处理。环卫处在出动全体人员和设备的基础上，聘请155名民工及外部车辆36辆在市区各主次干道清扫。城监大队及市政服务中心合力处理损坏危险的户外广告。从8月底到9月，清理城区200多次主次干道，清理疏通下水道和沙井口600多处，垃圾场处理清运树杈3644车次（其中外来车辆2985车次，环卫处车辆659车次）；城区路灯复亮5682盏，处理损坏的路灯线路271处，修复线路28362米；拆除损坏危险大型户外广告35个，修复23个。

【城市管理创新】 将祥龙社区清扫保洁、生活垃圾转运、购置垃圾桶、清擦乱张贴广告、乱涂写等项目统一打包推向市场（作为该市城区相关业务的试点），公开向社会招标，试验期为三年，把祥龙社区作为试点推行市容和环境卫生管理社会化、市场化、产业化后，提高了城市市容和环境卫生水平。制定《城市综合管理局网格化管理工作实施方案》，落实网格化管理工作，创新管理工作机制。 （朱金辉）

附：市城市综合管理局领导班子名录

局　　长：罗健华

副 局 长：王　敏

黄任远（2017.6—）

纪检组组长：周儒生

供　水

【简况】 开平市供水集团有限公司是一家以自来水生产、供应为主，兼营给排水、供水消防设计安装工程业务的地区性供水企业。截至2017年12月，公司资产总额45703万元。公司拥有南楼、振华、龙山3家城区水厂，沙塘、狮山2家乡镇水厂。日供水能力27.45万立方米，供水范围超30平方公里，服务人口30多万人。

【供水设施】 在供水生产工艺中，主力水厂（南楼、振华）采用了PLC自控新技术，拥有一系列先进的水质分析检验仪器和机械化、自动化的生产设备；水质分析开展了每日自检常规项目10项、每月自检常规项目42项和每半年委托检验全分析项目106项。

城区水厂均设置化验室，其中南楼水厂设置供水集团水质监测站，主要配备101-I型电热鼓风干燥箱、752型紫外可见光栅分光光度计、LRH-150B生化培养箱、DK-S26电热恒温水浴锅、AUY220型岛津电子分析天平、AFS3100原子荧光光度计、HACH2100AN浊度计、GC-2014C气相色谱仪、BH1216Ⅲ双路低本底放射性α、β测量仪等先进化验检测设备。供水调度配备了管网水压监控系统，对城区水厂供水和管网运行情况实行24小时实时监控。

2017年，公司各水厂出厂水水质综合合格率100%，106项检测项目均符合国家标准，全年实现达标供水。

【城区供水】 城区有龙山水厂、振华水厂和南楼水厂等3家水厂，设计日供水生产能力为27万立方米。龙山水厂位于梁金山龙山水库侧，使用龙山水库为原水，设计日供水能力1万立方米，主要为翠山湖新区和碧桂园一带供水。振华水厂位于红进广场，占地面积33亩，使用大沙河水库原水，设计日供水能力6万立方米。南楼水厂位于赤坎镇南楼管区，占地面积120亩，主水源为大沙河水库水，备用水源为潭江河水，设计日供水能力20万立方米。该水厂是供水主力水厂，与城区其他水厂并网供水，承担着城区和部分镇区的供水任务。

截至2017年底，公司在供水区域内共铺设供水管网1000多千米，平均日供水量约13.5万立方米，最高日供水量已突破14万立方米。城区供水管网布置东至325国道水口桥连接水口镇大福供水厂；南至迳头开发区、勒冲开发区；西到325国道八一管区连接南楼水厂；北至翠山湖新区连接龙山水厂；西北经楼冈至沙塘镇墟和新塘口镇周边；西南经赤坎镇至百合镇和蚬冈镇，供水覆盖城区及近郊乡镇。

【镇区供水】 镇区供水有狮山水厂、沙塘水厂等2家水厂，设计日供水生产能力为0.45万立方米。狮山水厂设计日供水能力0.25万立方米，主要供水区域包括赤水镇和台山市康桥温泉。沙塘水厂设计日供水能力0.2万立方米，主要供水区域包括沙塘镇墟大部分地区和沙塘镇西北部地区，沙塘镇东南部工业园和沙塘镇墟小部分地区由城区水厂负责供给。至2017年底，在市委市政府和市职能部门的支持和推动下，沙塘镇挪双水厂供水区域管网改造工作按计划推进，涉及改造区域用户逐步用上城区水厂供应的自来水。

【收费】 根据市发展和改革局《关于实施城区居民生活用水阶梯价格制度和建立价格联动机制的通知》（开发改价管〔2015〕36号），开平城区水厂供水区域的居民用户实施居民生活用水阶梯价格制度。

阶梯级别	两月水量额度（立方米）	用水价格（元/立方米）
第一阶梯	48以下（含48）	1.75
第二阶梯	49-64（含64）	2.63
第三阶梯	65以上的部分	5.25

非居民类用水价格仍按开价函〔2010〕02号批复执行。即行政事业用水2.35元/立方米，工业用水2.60元/立方米，经营服务用水3.00元/立方米，特别行业用水4.50元/立方米。

【客户服务】 开平供水集团有限公司建立了由营业所、客服营业大厅、呼叫中心组成的全方位服务体系，受理并跟进客户咨询、投诉及提供相关供水服务。

2017年，公司持续优化营销服务体系及收费环节，与多家银行合作，建设实时代缴水费和预存水费业务网络，拟将70%业务量分流到全市60多个银行网点办理，提升服务效率和用户满意度。公司对客服热线系统进行了升级，多渠道收集用户信息，实现热线平台统一派发工单，缩短业务处理时间，并生成业务处理轨迹，提升综合服务效率。

【其他业务】 供水集团公司下设有二级公司开平市供水建安工程有限公司，成立于1987年，具有江门市住房和城乡建设局颁发“消防设施工程专业承包贰级、建筑机电安装工程专业承包叁级、市政公用工程施工总承包叁级证书”和广东省建设厅颁发消防设施专项“贰级专业承包资格证”及消防设计乙级的独立核算工程公司。具备建筑工程、水消防系统、泡沫消防系统、消防气体灭火系统、防排烟消防系统、火灾自动报警系统、高低压配电自动控制、大型电气设备安装及给排水管道工程的施工能力，拥有与承担工程任务相适应的资金、人力、设备，长期承接建筑、机电设备安装、给排水及消防工程的施工安装等业务。2017年，该公司在抓好本地工程业务发展的同时，拓展异地工程业务，参与了国家财政部和住建部列为首个污水处理PPP试点项目的池州海绵城市改造多项重点工程。 （谭映虹）

附：市供水集团有限公司领导班子名录

董事长：梁　庸

总经理：杨锐清（—2017.10）

监事长：张向宁（—2017.12）

梁春亮（2017.12—）

党总支书记：杨锐清（—2017.10）

党总支副书记：曾祥发（2017.11—）

副总经理：曾祥发　吕跃进

杨洪辉　甄非非

城市绿化

【简况】 2017年，市园林局贯彻市委十三届二次、三次全会精神，深入开展“公园城市”“创森”工作，完成政府主要考核目标和督办任务，顺利完成职能工作及上级交办的各项任务，巩固和发展了市的园林绿化成果。

【城市绿化规划与管理】 以《开平市城市绿地系统规划》为依据，加强城市绿化规划，对城区部分空地、道路和设施残旧的社区公园进行了规划设计或重新改造设计，如做好了开平二桥桥头小游园改造、中和路景观升级改造、义祠路师生园景观升级改造等3项工程的规划设计和施工图。

城区公共绿地实行市场化养护，统一向社会公开招标购买服务。推行绿地分片责任制，督促城区绿化养护管理单位抓好城区绿化养护管理，实行分工到点、责任到人，日常养护巡查、管理人员互查和不定期督查相结合的“三位一体”的绿化管理考核机制。在加强日常巡查的同时，每月组织人员对城区绿化养护进行定期检查和突击检查，落实奖惩措施，加强了养护单位员工的责任心。通过加强绿化管理人员和工人的专业技术培训，提高管理人员和绿化工人的专业技能，提升绿化养护管理水平。

加强城区绿化监管，加大对市民的爱绿、重绿、护绿文明意识的宣传、教育力度，力争从源头上控制绿化破坏行为；以《广东省城市绿化条例》《开平市城市园林绿化管理规定》《开平市城市绿线管理办法》为依据，加强工作人员专业技术培训，提高城市绿化管理和执法水平；通过增派监察人手，增加巡查次数，加强日常巡查工作，严格执法，打击破坏绿化的行为。是年，履行职责，依法行政，协助市城管局依法处理绿化违章案23宗，保护了该市园林绿化成果。

【国家园林城市建设】 自2003年被评为“国家园林城市”、2009年和2014年通过“国家园林城市”复查后，继续深入开展“公园城市”“创森”等工作，重点推进绿化景观路和社区公园建设。

实施政府主要考核目标和督办任务，完成325国道分车带绿化和城区绿化春季补种。对管辖的城区公共绿地内的行道树缺株、树穴缺绿、苗木老化、长势不良、树形不佳、草坪裸露等现象作了全面普查并进行了补种。主要种植火焰木、宫粉紫荆、黄花风铃木、铁冬青、秋风、盆架子、麻练、白玉兰、樟树、仁面子等乔木553株，红铁、龙船花、银边草、鸭脚木、紫花萝莉、黄金叶等灌木5000多平方米。

加快推进改造街头绿地、道路绿化，完善公园设施。完成人民公园增加坐凳和园路汀步、祥龙公园增加乒乓球防护网和部分绿地平整、长沙公园增加挡墙安全护栏，义祠路师生园景观升级改造，二桥桥头小游园改造，中和路绿化升级改造加种开花乔木，城区公园标识建设等工作。

深入开展“公园城市”“创森”工作。配合开平市林业局完成2017年开平市公园城市镇（街）公园、村居公园的建设；按照江门市的要求，配合市林业局完成“创森”有关工作和资料的上报。完成2017年春节摆花工作，在城市广场、人民公园和东兴大道等城市主要景观节点摆设组景、鲜花，为城区营造节日气氛。

及时清理、扶正台风吹倒树木。8月下旬台风“天鸽”对该市城区绿化造成了严重影响，大量树木和树枝折断、倒伏、损毁，交通基本瘫痪。据不完全统计，该市城区共有约3600棵树木被台风损毁，被树木砸压车辆约60多台，经济损失约1500万元。根据市委市政府的统一部署，该市园林局分十一个组配合市的清障大行动，对城区主干道路和影响市民生活较大的地方进行清理，减少对市民工作生活的影响。养护单位分三个片区进行抢险，分别为城北、城南和人民公园。全力调集货车、吊车、油锯、手锯等抢险车辆和工具，出动约3000人次参与抢险。至8月29日，基本完成城区主要道路疏通抢险工作，至9月中旬，基本完成清理、扶正城区损坏树木等灾后恢复工作。

【依法行政】 以依法审批砍伐、迁移城市树木，占用城市绿地为重点，巩固和强化行政监管力度。优化网上行政审批系统。是年，依法办理修剪树枝申请204宗，树木砍伐、挖迁15宗。

【古树名木保护】 执行《开平市城区古树名木保护管理办法》，加强古树名木的保护和管理，严禁擅自迁移、砍伐、转让、买卖古树名木，做好古树名木的复壮及宣传保护工作。据不完全统计，至2017年，全市有百年以上树龄的古树31株，其中二级古树1株，三级古树30株。

（曾志宏）

附：市园林局领导班子名录

党组书记、局　长：劳福安

党组成员、副局长：李红梅

阮永恒

建筑房地产业

【简况】 开平市住房和城乡建设局主要负责规范监督管理建筑房地产市场、推进建筑节能减排和行业科技发展、建筑工程质量安全管理、保障房建设管理、城市房屋租赁和直管公房管理、指导房地产中介服务和物业管理、规范指导村镇建设等，承办市委市政府与上级住房和城乡建设主管部门交办的其他事项。

2017年，建筑业实现产值182.20亿元，同比增长20.84%，占江门建筑业总产值的65%；全年新成立施工总承包三级企业4家，3家企业资质增项4项；荣获地级市以上荣誉17项，其中国家优质工程奖2项；建安房地产税收收入13.05亿元，同比增长19.94%，占全市地税总收入的39.48%，占全市国税总收入的20.84%。

【建筑企业获奖情况】

表9：

序号	单位名称	获奖工程名称	奖项级别	获奖名称
1	广东金辉华集团有限公司	江门市中心医院外科住院大楼工程	国家级	国家优质工程奖

续表9

序号	单位名称	获奖工程名称	奖项级别	获奖名称
2	广东金辉华集团有限公司	台山新宁体育馆及人防工程	国家级	国家优质工程奖
3		江门市中心医院外科住院大楼工程	省级	广东省建设工程金匠奖
4		台山新宁体育馆及人防工程	省级	广东省建设工程金匠奖
5		江门市中心医院外科住院大楼工程	省级	广东建设工程优质奖
6		台山新宁体育馆及人防工程	省级	广东建设工程优质奖
7	广东耀南建筑工程有限公司	耀南公司办公楼、商铺、地下车库	省级	广东建设工程优质奖
8	广东建邦兴业集团有限公司	江门通信综合楼	省级	广东建设工程优质奖
9	广东金辉华集团有限公司	江门市中心医院外科住院大楼工程	江门市	江门市建设工程优质奖
10		台山新宁体育馆及人防工程	江门市	江门市建设工程优质奖
11	广东耀南建筑工程有限公司	耀南公司办公楼、商铺、地下车库	江门市	江门市建设工程优质奖
12	广东建邦兴业集团有限公司	江门通信综合楼	江门市	江门市建设工程优质奖
13	广东金辉华集团有限公司	江门市启智学校扩建工程	江门市	江门市建设工程优质奖
14		广中江高速公路杜阮出入口连接线（篁庄大道西延线）工程	江门市	江门市建设工程优质奖
15		江门市环境监测用房项目、江门市核应急综合楼项目（第二标段）及配套工程项目	江门市	江门市建设工程优质奖
16	广东耀南建筑工程有限公司	江门海关职工食堂和单身及交流干部集体宿舍工程	江门市	江门市建设工程优质奖
17		江门海关职工食堂和单身及交流干部集体宿舍工程	江门市	江门市建设工程优质奖

【建筑企业】 该市建筑企业55家，其中特级企业1家、一级企业7家、二级企业10家、三级企业18家、劳务分包企业9家、乙级监理企业1家、混凝土及管桩企业6家、设计企业3家。

表10：

开平市建筑企业目录

企业资格	企业名称	企业资格	企业名称
特级企业（1家）	广东金辉华集团有限公司	三级企业（18家）	开平市平东电力工程有限公司
一级企业（7家）	广东耀南建筑工程有限公司		开平市申华建筑工程有限公司
	广东建邦兴业集团有限公司		海鸿电气有限公司
	广东开平建安集团有限公司		广东富生建设有限公司
	广东开平二建集团股份有限公司		开平市嘉瑞建筑工程有限公司
	广东开平二建集团装饰工程公司		广东正宇建设工程有限公司
	开平市住宅建筑工程集团公司		开平市骏恒建筑工程有限公司
	广东开平市三建集团有限公司		开平市坤成建筑工程有限公司
二级企业（10家）	开平市水口建筑集团有限公司	劳务企业（9家）	开平市耀南建筑劳务有限公司
	广东开平骏建有限公司		开平市开建建筑劳务有限公司
	广东聚源建设有限公司		开平市顺安建筑劳务有限公司
	广东四维电力工程有限公司		开平市泰和建筑劳务有限公司
	广东天竟建设有限公司		开平市荣昌建筑劳务有限公司
	广东泰和建筑集团有限公司		江门市宏骏劳务有限公司
	开平市供水建安工程有限公司		开平市万兴建筑劳务有限公司
	开平市裕建富建筑工程有限公司		开平建广建筑劳务有限公司
	开平市均安建筑工程有限公司		开平市安富建筑劳务有限公司
	开平市嘉能实业有限公司	混凝土及管桩企业（6家）	开平市新泽混凝土有限公司
三级企业（18家）	开平市龙辉建筑工程有限公司		开平市建城混凝土有限公司
	开平市新环球建筑工程有限公司		开平市扬帆混凝土有限公司
	开平市林兴建筑工程有限公司		开平市达宇管桩混凝土有限公司
	广东劲达建设工程有限公司		开平市建腾管桩混凝土制品有限公司
	开平市宏城建筑工程有限公司		开平市建和管桩混凝土制品有限公司
	广东开建建筑工程有限公司	监理企业（1家）	开平市天地建设监理公司
	开平市长实市政建筑有限公司	设计企业（3家）	开平市建筑设计院有限公司
	开平市任象机电工程有限公司		开平市现代建筑设计研究院
	开平市雄辉建筑工程有限公司		开平市腾达建筑设计有限公司
	开平市辉航电力工程有限公司		

【质量安全管理】 2017年，开展建筑施工安全大检查 4次，专项检查12次，共计检查工程718项（次），发出隐患整改通知书 718份，工程质量安全监督覆盖率100%，工程竣工验收一次通过率100%，全年没有发生重大建筑施工安全事故。全年荣获国家、省、市级荣誉共22项，其中国家优质工程奖2项、省建设工程金匠奖工程2项、省建设工程优质奖工程4项、江门市建设工程优质奖9项、开平市建设工程优质奖2项、开平市建设工程安全生产、文明施工示范工地奖3项。

【勘察设计市场管理】 该市有乙级资质勘察设计单位3家。2017年，完成设计合同备案101项、勘察合同备案98项、建筑施工图审查备案101项。

【建筑工程招标投标】 2017年，进入公共资源交易中心招投标的工程项目有26项，其中公开招标 24项，邀请招标 2项。工程控制价为6.40亿元，总中标价为 6.3亿元，节约投标率2.65%。

【建筑行业技术培训】 是年举办建筑行业技术培训共1449人次，其中“安管人员”（主要负责人、项目负责人、安全生产专职人员）继续教育培训524人次，特种作业人员（建筑电工、普通脚手架建筑架子工、施工升降机起重司机、塔式起重机起重司机等）继续教育培训213人次，岗位人员（施工员、质量员、资料员、材料员、机械员）继续教育培训658人次，八大工种（抹灰工、砌筑工、油漆工、架子工等）考证培训54人次。

【建筑工程执法监管】 创新监管，落实建筑施工现场“6个100%”扬尘防治措施，建筑工地扬尘治理工作初显成效，扬尘污染明显减少。打击非法违法行为，严格审查责任主体及从业人员的市场准入条件，通过“两场联动”（现场联动与市场联动），实行差别化监管方式，遏制违法转包、挂靠和违法分包行为，实行安全生产许可证动态监管，该市建筑市场秩序进一步合法化、规范化。2017年，查处未落实扬尘防治措施工程2项、未取得施工许可证擅自施工工程 12项、不按照工程设计图纸施工工程2项，共罚款80.48万元。根据《广东省建设厅建筑工程安全生产动态管理办法》对有关企业和责任人实行安全责任扣分，其中施工企业13项、监理企业4项、项目负责人87项、专职安全员96项、总监理工程师17项、专业监理工程师5项。

【村镇建设管理】 2017年，新增推进三埠石海、长沙幕村和水口泮村等16条村庄整治。至2017年底，开展村庄整治210条，占全市行政村总数的93%。

落实“户收集、村集中、镇转运、市处理”的农村生活垃圾收运处理模式，扩大收运覆盖面、完善收运配套设施和健全管理制度。至2017年底，全市农村生活垃圾无害化处理量达10.58万吨，村（居）保洁覆盖率达100%。

【宜居城乡建设】 按照《江门市开展创建宜居城乡工作方案》要求，推动宜居城乡创建活动，至2017年底，全市创建广东省宜居社区6个、广东省宜居城镇1个、广东省宜居村庄4个、江门市宜居社区13个、江门市宜居城镇4个、江门市宜居村庄16个。

宜居城乡建设一览表

表11：

省级批次	宜居社区	宜居城镇	宜居村庄
第一批			百合镇马降龙村委会
第二批		水口镇	长沙街道办东乐村委会
第三批(2013年)	三埠街道祥龙社区 长沙街道东兴社区		沙塘镇清湖塘村委会
第四批(2014年)	三埠街道港口社区 长沙街道梁金山社区		大沙镇蕉园村委会
2016年	三埠街道新安社区 长沙街道南岛社区		
合计	6	1	4

江门市级

年份	宜居社区	宜居城镇	宜居村庄
2010年	三埠街道祥龙社区 长沙街道东兴社区	水口镇	长沙街道办东乐村委会 百合镇马降龙村委会
2011年	三埠街道港口社区 长沙街道梁金山社区	苍城镇	大沙镇蕉园村委会 沙塘镇清湖塘村委会
2012年	三埠街道新安社区 长沙街道侨园社区	赤坎镇	马岗镇红丰村委会 苍城镇苍城新村村委会
2013年	三埠街道新兴社区 长沙街道幕沙社区		大沙镇联山村委会 沙塘镇塘浪村委会新胜村
2014年	三埠街道长沙东社区 三埠街道荻海社区		龙胜镇梧村村委会 月山镇大岗村委会
2015年		大沙镇	长沙街道办爱民村委会、 马冈镇荣塘村委会
2016年			苍城镇下湾村委会 赤坎镇红溪村委会
2017年	三埠街道新港社区 长沙街道海东社区 长沙街道南岛社区		百合镇儒东村委会 蚬冈镇春一村委会
合计	13	4	16

【开平市建设商会】 为建设行业“提供服务、反映诉求、规范行为”，统筹各行业协会工作及与上级行业协会联系，与江门市建筑业协会开平办事处、江门市房地产业协会开平办事处合署办公。成立以来，建设商会发挥了沟通政企、联系同行、凝聚力量的作用，推动开平市现代建筑产业加快发展。

【主要建筑设计单位简介】

开平市建筑设计院有限公司　始建于1985年5月，前主要从事工程设计和工程勘察业务，具有工程设计资质乙级，工程勘察资质乙级；拥有建筑、结构、给排水、电气、暖通、钻探等配套专业技术人员，中级以上职称人员23人，其中高级职称6人，注册建筑师和注册结构工程师各4人，注册岩土工程师2人。该公司完成众多大型工程勘察设计项目，荣获江门市优秀工程设计17项，多次被江门市住建局和开平市评为城建、经济工作先进单位。2016年获得第14次优秀工程勘察17次优秀工程设计奖设计二等奖。

开平市现代建筑设计研究院　始建于1986年，具有建筑工程设计乙级资质，主要从事建筑工程设计及专业技术咨询等业务，有各类工程设计技术人员30多人。20多年来，完成众多大型工程设计项目，曾荣获“中国土木工程詹天佑奖”金奖一项，“广东省优秀工程设计”二等奖、三等奖各一项，“江门市优秀工程设计”一等奖、二等奖、三等奖和表扬奖共13项。2016年荣获中国土木工程詹天佑奖优秀住宅小区金奖。

开平市腾达建筑设计有限公司　始建于1984年，是一家具有建筑行业（建筑工程）乙级资质的建筑勘察设计单位，主要从事建筑工程设计、工程勘察和专业技术咨询等业务，其中包含可承担建筑装饰工程设计、建筑幕墙工程设计、轻型钢结构工程设计、建筑智能化系统设计、照明工程设计和消防设施工程设计相应范围的乙级专项工程设计业务，可从事资质证书许可范围内相应的建设工程总承包业务以及项目管理和相关的技术与管理服务。该公司共有职工51人，专业技术人员45人，其中具有高级职称9人、中级职称24人、初级职称12人，下设勘察室和五个设计室，全CAD电脑出图。1990年通过TQC验收，2002年通过ISO 9001国际验证。20多年来，多个项目工程设计分别获得省、市优秀工程一等、二等、三等和表扬奖。2016年获得第14次优秀工程勘察17次优秀工程设计奖设计二等奖两项。

【主要建筑业简介】

广东金辉华集团有限公司　成立于1999年4月，是一家以房屋建筑施工为主营业务的综合性股份制企业，拥有房屋建筑工程施工总承包特级、建筑行业（建筑工程、人防工程）甲级设计、市政公用工程施工总承包一级、机电安装工程施工总承包一级等多项资质，在房屋建筑工程、市政公用工程、机电安装工程、房地产开发四大领域成绩显著，是江门市注册资本最大、实力最强的建筑企业集团之一，也是全省首家特级资质民营建筑企业，业务分布在省内十多个地级市和北京、内蒙古、广西和重庆，2017年施工总产值首次突破50亿元。

该公司获得纳税信用等级A级、银行信用等级AAA级，连续多年被评为省“守合同重信用”企业、“纳税模范单位”“全国建筑业先进企业”“全国优秀施工企业”“全国建筑业AAA级信用企业”和“中国建筑业最具成长性百强企业”等。近年来，该公司获得广东省建设工程金匠奖、省优质（优良样板）工程、省安全文明施工样板工地、中国建协最高安全奖项AAA级及AA级安全文明标准化诚信工地、省建筑业新技术应用示范工程、詹天佑奖、江门市优质工程等荣誉数十项，其自主开发建设的“天富豪庭小区”获得全国房地产行业最高荣誉“广夏奖”。该公司科技创新硕果累累，获得国家级工法5项、有效专利累计20项（其中发明专利4项），主编工程建设国家行业标准3项，还获得江门市科学技术奖和“江门市建筑施工科技创新先进企业”称号。

广东建邦兴业集团有限公司　成立于1994年，是一家具有大型项目管理及建筑施工经验的民营企业，属下设有13家分公司，具有房屋建筑工程施工总承包一级、市政公用工程施工总承包一级、建筑装修装饰工程专业总承包一级、机电设备安装工程专业承包一级、土石方工程专业承包一级、地基与基础工程专业承包三级、建筑智能化工程专业承包三级、城市及道路照明工程专业承包三级、城市园林绿化三级等专业资质，并通过ISO 9001、ISO 14001、GB/T28001质量、环境管理体系认证、职业健康安全，业务主要在广东省内、上海和海南等国内大中城市，主要业务范围涉及建筑施工、市政工程、室内外装修、房地产开发以及BT类工程，业务量以每年20%—30%的速度递增，现时年产值达30亿元。

广东耀南建筑工程有限公司　始建于1998年，注册资本金28128万元，是一家主项资质为房屋建筑工程施工总承包壹级的股份制建筑业企业，增项资质具有七个壹级和四个贰级，即：建筑工程施工总承包壹级、市政公用工程施工总承包壹级、机电工程施工总承包壹级、钢结构工程专业承包壹级、消防设施工程专业承包壹级、地基基础工程专业承包壹级、建筑装修装饰工程专业承包壹级；电子与智能化工程专业承包贰级、古建筑工程专业承包贰级、城市及道路照明工程专业承包贰级、建筑幕墙工程专业承包贰级；分别通过了GB/T19001-2008 idt ISO 9001：2008标准的质量管理体系认证、GB/T24001-2004 idt ISO 14001：2004标准的环境管理体系认证、GB/T28001-2011 idt OHSAS 18001：2007标准的职业健康安全管理体系认证。

该公司先后承担过各种类型和规模的工业与民用建筑、高级装修、市政公用、水利水电、园林古建筑等不同专业范围的数百项工程项目施工，年产值20多亿元，工程优良率达到90%以上，荣获省、市以上优良样板工程数十项奖励，其中汶川县第一中学工程荣获国家优质工程奖——鲁班奖，澳门大学新校区工程荣获境外工程——鲁班奖。在公司总经理李耀南带领下创造的“外墙饰面砖工法” 和“钢筋混凝土框架节点模板工法”分别被批准为广东省省级工法和国家级工法，被传媒誉之为“李耀南施工法”。

该司先后获全国五一劳动奖状、全国建筑业先进企业、全国建筑业AAA级信用企业、全国工程建设质量管理优秀企业、全国竞争力200强企业、全国第二批绿色施工示范企业、国家守合同重信用企业、连续十六年广东省守合同重信用企业、安全生产先进单位等，连续多年被评为纳税百强企业，并被中国农业银行江门分行授予AAA信用等级客户。

开平市住宅建筑工程集团公司 始创于1975年，房屋建筑工程施工总承包壹级资质企业，以建筑业为龙头，以房地产开发、建筑设计、土建施工等为主业，并拥有装饰装修、消防工程、水电安装、园林绿化、机械设备等全产业流程综合发展，下辖28个城市区域公司；业务主要在广东、广西、江苏、江西、河南、上海、安徽和海南等国内大中城市。年完成合约产值100亿元以上，年施工能力1000万平方米以上，拥有大中型机械设备1200多台；公司员工3000多人，拥有国家注册一、二级建造师100多人、中高级职称450多人、其他各类专业技术人员800多人，2017年施工总产值首次突破40亿元。

该公司承建的项目创造优良工程280多项，被国务院发展研究中心、管理世界中国企业评价中心、建设部建筑业司等国家部门评为“全国500家最大经营规模建筑业企业”之一、“全国500家最佳经济效益建筑业企业”之一，“全国城镇集体建筑企业综合效益500强”之一，数年来被开平市人民政府评为“重合同、守信用”企业。

【房地产投资】 2017年，全市房地产完成投资32.23亿元，同比增长65.28%。

【商品房销售】 2017年，全市商品房成交金额77.09亿元，同比增长59.71%，成交面积127.13万平方米，同比增长36.22%，其中住宅成交11359套，同比增长43.62%，住宅均价5999元/平方米，同比增长17.26%。截至2017年12月底，商品住房库存消化周期为6.3个月，非住宅库存消化周期为35.3个月。

【中介服务管理】 健全房地产经纪机构备案制度，加强房地产经纪机构业务管理，2017年，办理房地产经纪机构备案申请8宗。

【住房公积金】 2017年，全市住房公积金缴存单位728个，职工 43865人，缴存总额4.96亿元，发放贷款2.36亿元。

【直管公房经营管理】 2017年，全市可出租直管公房4215间（户），面积36.41万平方米，其中已出租3703间（户），面积30.10万平方米，直管公房出租率87.55%，房租总收入1614.78万元。

【保障性住房建设与分配】 住房保障日益完善，2017年建成公租房146套，新增入住103套，发放租赁补贴73户14.47万元。

【问题楼盘整治】 以尊重历史、实事求是、一楼一策为原则，2017年解决了5幢 200户房屋办证难的问题。（罗琼珠）

附：开平市住房和城乡建设局领导班子名录

党组书记：谭永雄

局　　长：吴进进（—2017.1）

　　　　　谭永雄（2017.1—）

党组成员、副局长、纪检组组长：邓育文

党组成员、副局长：梁国汉

　　　　　　　　　张伟雄

党组成员、总工程师：吴明钦

副局长：张春发（—2017.1）

环境保护

【简况】 开平市环境保护局内设股室6个，分别是：办公室、环境影响评价管理股、辐射环境管理股、政策法规股、污染控制股和环境监察分局；下属事业单位3个：开平市环境监察大队、开平市环境监测站和开平市环境信息中心。2017年，环保局坚持“创新、协调、绿色、开放、共享”五大发展理念，加强生态文明建设、改善环境质量、推进环境整治、狠抓环境执法，保护了开平的绿水青山。

【行政审批工作】 2017年，完成审批建设项目106项、登记表备案项目383项，建设项目环保验收58项，办理排污许可证事项187项。受江门市环保局委托，完成建设项目环评审批6项，验收1项。按照上级环保部门要求，完成国版排污证第一阶段2家造纸企业的核发工作。

【环境监督管理】 以中央环保督察、省大气和水污染防治督查组交办问题为导向，加大环保执法力度。2016年12月，中央环保督察组对开平市进行督察期间，交办案件44宗（包括重复投诉案件），2017年已全部办结。2017年6月开始，省大气和水污染防治专项督查组进驻开平市，在办理省督查组反馈案件期间和各项执法行动、查处群众反映环境热点问题过程中，实施行政处罚案件140宗，下发《行政处罚决定书》140份，送达《责令改正违法行为决定书》63份，罚没金额498.8919万元。加大行政强制措施的运用，实施查封扣押10宗、限制生产14宗、停止生产1宗，行政拘留2宗。对涉嫌环境犯罪的，及时进行查处，向公安机关移送涉环境犯罪案件4宗。2017年收到群众通过各种渠道途径反映的环境问题超过1700件，全部落实现场查处和整改，发出《限期整改通知书》127份。

【环境综合整治】 2017年，开平市制定了《开平市重点行业环境综合整治工作方案》和《重点行业环境综合整治清单》，分类分步推进，开展印染、制革、陶瓷、电镀等重点行业的环境综合整治工作。开展“小散乱污”企业专项整治，2017年，开平市第一批纳入关停取缔类企业26家，已经全部关闭，如期完成任务；纳入整治提升类的企业78家，已制定整改计划或落实整改措施。

【环境质量改善“三大战役”】 2017年8月，开平市环境保护委员会成立，召开了第一次全体会议，对全市环保重点工作，特别是推进水、大气和土壤环境质量改善“三大战役”，进行了总体部署，各项整治工作全面铺开。

水污染防治方面。开展饮用水水源地违法违规问题整改工作，已全面完成饮用水源一级保护区内项目清理整治。环保、农业等部门联合开展禁养区养殖场的拆迁，截至5月20日，清拆工作已全面完成，拆迁或关停养殖场1664家。开平市制定出台了《非禁养区畜禽养殖场（户）污染物治理建议》《禽类养殖场污染整治补充建议》，以及《开平市环境保护局禽畜养殖污染环境保护规范整治工作方案》，全力推进非禁养区畜禽养殖规范化整治工作。

大气污染防治方面。2017年，上级下达开平市高污染燃料锅炉淘汰任务110台，已完成124台，完成任务的112.7%，其中，改用生物质燃料或液化石油气、电能等清洁能源的71台，注销或拆除的49台，企业已关停或停产的3台，停用1台。2017年，省下达开平市的黄标车淘汰任务1187辆，已完成1246辆，完成任务105%。做好秋冬季节不利气象条件下大气污染防控联动措施，出动大批执法人员深入企业和建筑施工工地，督促落实限产和洒水喷淋措施。

土壤污染防治方面。按照国家和省的要求和标准，对开平市范围内的相关企业进行核实、筛选，确定80家企业为土壤污染防治重点整治企业，将按照开平市总体土壤污染防治方案，明确各部门责任，做好土壤污染防治工作。

【环境监测】 市环保部门按计划完成了6次共10个段面（义兴、南楼、三埠、新美、水口、月明桥、公义、大水庙、楼冈、龙塘湾）的地表水环境质量监测，完成了大沙河、龙山水库、镇海水库共12次的市级和典型镇级饮用水源地水质监测和12个镇级饮用水源地4个季度的水质监测，掌握了环境质量状况及其变化情况。做好三个空气自动监测站的运行维护，每天发布AQI日报。

【生态文明建设】 推进生态镇、生态村的创建工作，重点推进大沙镇的生态镇和其他镇5条生态村的创建工作，大沙镇大塘面连片整治工作，以点带面全面铺开。按照“水十条”工作要求，2017年推进15条行政村的农村环境综合整治，已制定好相关整治计划，并列入开平市2018—2020年农村环境综合整治项目库。

【环保宣传】 成功举办了2017年“6·5”世界环境日宣传活动；在全市18个环境文化橱窗张贴宣传海报；在城区主要街道、学校等地方悬挂宣传标语10条，内容紧贴环保工作，宣传最新环保法律法规；在全市112辆公交车上，播放最新一期的环境保护宣传片，多方面、多措施、全方位地在开平市范围内开展宣传环保工作。

（关学婷）

附：市环保局领导班子名录

局　　长：吴长振
副 局 长：张国成　潘春松
　　　　　司徒炜东
纪检组组长：邓念祖
总 工 程 师：梁晓山

旅 游 业

旅游新发展

【简况】 2017年，围绕打造“文化旅游名市”的总体目标，开平市旅游局落实上级工作部署，国家全域旅游示范区及国家AAAAA级旅游景区创建工作步向深入，成功举办联合国世界旅游组织中国第九处可持续发展观测点揭牌仪式，该市再次获评广东省县域旅游综合竞争力十强县市；仓东教育基地获评中国乡村旅游创客基地；赤坎华侨文化旅游小镇成为省级特色小镇创建工作示范点；大沙镇、塘口强亚村委会获评江门市乡村旅游示范镇、示范村。2017年接待海内外游客约684万人次，实现旅游收入约76亿元，分别增长14.2%和20.7%。

【旅游宣传促销】 做好宣传推广计划，与江门日报合作，加强“开平旅游”微信公众号运营及推广，建立以微信为核心的新媒体宣传模式。印制《开平旅游指南》《开平旅游地图》《侨乡开平》双语画册等宣传资料。组织旅游企业参加广东国际旅游博览会，联合珠中江阳等市赴四川宜宾、重庆开展推介活动，开拓国内市场。

举办大型旅游会议，提高开平旅游知名度。1月17日，与广东经济学会、广东省县域经济研究与发展促进会联合举办第四届广东县域旅游经济发展（开平研讨会）暨《广东县域旅游竞争力报告2016》发布会，开平市2016年旅游竞争力排名位于广东省县域第一名。2月17日，承办2017年江门市全市旅游工作会议暨推进旅游厕所建设现场会。3月27日，承办广东省旅游局与中国农业发展银行广东省分行签约仪式。11月18日，在自力村举办世界旅游组织江门旅游可持续发展观测点揭牌仪式。

【优化旅游环境】 加强开平碉楼创5A工作督办力度，对照江门市暗访检查报告，重点对景区智慧化管理、农家乐、商铺等方面开展深入整治。是年立园的整改基本完成；自力村农家乐整治基本完成，继续督促景区商铺规范经营，碉楼公司与塘口镇洽谈自力村续约问题。

推进赤坎古镇项目，赤坎古镇景区修建性详细规划已通过专家评审会，赤坎古镇项目房屋征收完成任务率近95%，赤坎新区建设陆续开工，赤坎新区安置区，交通路网赤坎大道、美堂大道等道路工程，赤坎镇中心小学、中心幼儿园迁建工程，赤坎新区两回路高压线迁工程等按计划推进。成功引入金御谷农庄休闲旅游项目。依托金鸡镇中微子实验站，拟投资1.8亿元建设集田园观光、科普教育、文化创业、休闲度假等一系列体验性旅游产品为核心的田园综合体旅游景区。嘉士利集团江门侨乡风情体验街项目进行立项前期工作，拟打造“金山客”侨乡手信品牌及华侨文化展示区。

开展乡村旅游示范点创建工作，根据“醉美江门百村”方案要求，印发2017年开平市乡村旅游示范村建设方案，创建1个开平市乡村旅游示范镇和10条开平市乡村旅游示范村。大沙镇、塘口强亚村委会成功创建江门市乡村旅游示范镇、示范村。仓东教育基地获评中国乡村旅游创客基地。

稳妥推进“开平碉楼台山海丝世遗双绝”文化之径建设，串联开平、台山节点资源，实现台山、开平步行径网对接。依托开平市义祠客运总站，在站内设立开平游客集散中心，提供咨询、票务、集散、休息、餐饮等多种服务。推行旅游厕所革命，全年新建或改扩建旅游厕所6座。完善旅游交通标识系统，增加了一批进入开平主要道路入口的旅游交通指示牌。推进旅游大数据平台建设，与中国移动签订“互联网+旅游”旅游数据项目协议，年底正式投入使用。

【旅游市场管理】 在江门地区率先建立旅游巡回审判点、旅游警察中队和旅游工商分局，创建旅游执法模式，制定并印发《关于组建开平市旅游市场联合执法队工作方案》，联合市场监督管理局、公安局、发展和改革局、文化广电新闻出版局、文物局、食品药品监督管理局和属地镇（街）组建开平市旅游市场联合执法队，对旅游市场组织开展日常联合巡查和检查，打击违法违规行为，解决游客和旅游企业反映的旅游市场秩序、环境方面存在的突出问题。

印发《开平市旅游市场秩序综合治理工作方案》，联合江门市旅游局开展旅游市场秩序检查，发现问题及时整改。

落实“双随机”有关抽查工作，建立抽查事项清单、检查人员名录库、被抽查事项企业库。根据市商改办要求，按照随机抽取检查对象及检查内容开展检查工作，督促旅游企业规范经营行为。

处理旅游投诉案件。2017年接到“12345”市民服务热线及上级部门转办旅游投诉10宗，受理办结10宗，结案率100%，满意率100%。

受理旅行社备案业务，受理了1家旅行社申请设立，4家旅行社营业网点设立备案，1家旅行社营业网点注销，5家旅行社营业网点变更，受理的资料经审核上送江门市旅游局审批。是年，开平市有旅行社6家，旅行社分社1家，营业部18家（其中有2家已暂停营业）。

【导游人员培训】 3月27—28日，组织开平市3名政务导游参加江门市旅游局组织的2017年度第一季度政务导游培训拉练活动。

4—9月，组织开平市旅游企业分管人才培养工作负责人及导游人员、景区讲解员33人次分期参加江门市旅游局举办的2017年江门市地接导游人员质量提升培训班。

旅游星级饭店、旅行社管理人员培训。5月19日，组织旅游景区管理人员参加由江门市人力资源与社会保障局举办的中国侨都博士后大讲堂——《梁启超的家国情怀及其当代意义》。7月13—14日，组织旅游企业管理人员参加由江门市旅游局组织的旅游安全管理学习研讨培训。9月13日，组织旅游企业管理人员参加由开平市消防大队组织的2017年开平市消防安全专题培训班。11月3日，组织旅游企业管理人员参加由江门市旅游局举办的2017江门市旅游行业消防安全培训及演练活动。12月15日，组织旅游企业管理人员开展开平市旅游行业安全生产工作会议暨安全培训班。

【旅游安全管理】 召开旅游安全生产会议，并与各旅游经营单位法定代表人或负责人签订了“安全生产工作责任书”和“旅游行业消防安全工作目标管理责任书”。利用微信平台向旅游企业负责人及具体负责安全工作人员及时发送天气安全提示信息60余条。在元旦、春节、“五一”、“十一”、中秋等重大节假日前开展安全检查。在节前组织召开安全工作会议，就做好节假日的旅游安全工作进行全面部署，联合省旅游局、省气象局、中山市旅游局、江门市旅游局、江门市消防局、江门市气象局、江门市交通局、鹤山市旅游局、食药监局、三埠街道办、荻海派出所、对旅游企业的消防安全、食品卫生、旅游用车、安全标识、交通要道、应急预案、旅游广告等进行全面的联合执法检查，检查33家旅游企业，检查人次为200多人次，发现小隐患6处，即时责令整改。是年，开平市无重大旅游安全事故发生。

是年13号台风“天鸽”袭击该市，旅游部门及时关闭景区，开展防台风巡查，加强值班值守和预报预警，落实各项防御工作，全市旅游行业未发生安全事故，无人员伤亡和重大财产损失。

成立开平市旅游安全专责小组， 6月1日召开开平市旅游安全专责小组暨旅游安全四大专项行动工作会议；联合江门市旅游局、江门市交通运输局、开平市交通运输局对旅行社及旅游包车公司进行旅游包车专项督查；联合市体育局开展对高风险旅游项目进行检查；联合食药监局组织立园、自力村、马降龙景区内及周边餐饮企业召开旅游安全食品安全工作会议暨食品安全讲解培训。

【举办节庆活动】 1月13—15日，在赤水镇裕茂农场举办2016中国（江门）开平碉楼文化旅游节系列活动之开平首届青枣采摘旅游节。

7月8日，在东汇城举办2017中国（江门）开平碉楼文化旅游节系列活动之“魅力侨都，你我共享”2017开平暑期旅游推介会。

7月8—9日，在蚬冈镇优泽生态养生谷举办2017中国（江门）开平碉楼文化旅游节系列活动之第二届奇异火龙果美食节暨单车游碉楼村落骑行活动。

7月12日，在开平市人民公园举办2017中国（江门）开平碉楼文化旅游节开幕式。

7月12日，在开平市人民公园成功举办“骑小黄车，创文明城”ofo小黄车万人骑行活动。

11月25日，在开平市赤水镇林屋机场举办2017中国（江门）开平碉楼文化旅游节系列活动之“飞一般的赤水”赤水十里骑行暨首届航模科普嘉年华，

12月9日，首届“开平十大旅游手信”线下专家评审会在碧桂园酒店举行，评选出2017—2018年度开平“十大旅游手信”以及“最具人气奖”“最具文化创意奖”“最具特色奖”“最佳包装奖”等奖项，有16个产品获得荣誉。

12月16日，2017中国（江门）开平碉楼文化旅游节系列活动之“梅开喜逢新时代，我为梅乡添姿彩”第八届大沙梅花节在开平市大沙镇龙安村榄坑梅花基地开幕。

12月23—24日，在马冈镇举办2017中国（江门）开平碉楼文化旅游节系列活动之2017美丽马冈乡村旅游节暨马冈美食嘉年华第四季。

（梁　媛）

附：市旅游局领导班子名录

局　　长：谭意军（2017.12—）

副 局 长：陈　丽（女）

邓国强

刘春艳（女）

纪检组组长：谢汉武

教文卫体

开平年鉴

（2018）

KAI PING NIAN JIAN

教育·文化

教　育

【简况】 2017年，全市共有中小学90所，其中完（高、职）中10所、独立初中19所、小学58所、九年一贯制学校3所，另有开平开放大学和特殊教育学校各1所。全市在校中小学生总数97748人，其中小学生53729人，初中生24453人，普通高中生15309人，职业高中生4257人，特殊教育学生137人。全市共有幼儿园96所，其中市级公办幼儿园3所，镇级公办幼儿园18所，民办幼儿园75所，在园幼儿26515人。

【成功创建国家级农村职业教育和成人教育示范县】 开平市教育局贯彻全国职业教育会议精神，落实责任，统筹规划，整合资源，增加经费投入，提升基础能力，对接开平市的经济社会和产业的发展、破解制约职成教育发展的难题，推动开平的职成教育改革发展迈上新的台阶。2017年6月，教育部等六部委发文，正式确定开平市为“第二批国家级农村职业教育和成人教育示范县”。

【广东省促进义务教育均衡发展先进集体】 2017年11月，广东省教育厅、广东省人社厅授予开平市教育局“广东省促进义务教育均衡发展先进集体”荣誉称号，表彰开平市教育局在深入推进义务教育均衡发展，缩小城乡、校际差距，促进城乡教育基本公共服务均等化等方面所取得的成效。开平市教育局是江门市教育系统唯一获此殊荣的单位。

【学前教育】 全市共有幼儿园96所，在园幼儿26515人，学前三年入园率98.42%，公办幼儿园专任教师学历达标率100%。全市共有规范化幼儿园72所，其中广东省一级幼儿园3所，江门市一级幼儿园38所，开平市一级幼儿园35所。完成学前教育“二期行动计划”，推进普惠性民办幼儿园建设。印发《开平市普惠性民办幼儿园认定、扶持和管理实施细则》（开教〔2017〕3号）。完成对全市所有民办幼儿园的年度检查。认定开平市向阳花中英文实验幼儿园等33所幼儿园为开平市第一批普惠性民办幼儿园。2017年，全市共投入147.89万元用于维修改造幼儿园办学环境，投入15.98万元用于幼儿园采购办公和教学设备；市财政安排专项资金729万元，用于3所市级公办幼儿园的建设和发展。

【九年义务教育】 全面实施九年免费义务教育，所需经费纳入财政预算，及时足额拨付，确保学校的正常运转和校舍安全，确保教职工工资按照规定发放。2017年，全市小学适龄儿童入学率100%，辍学率为0；小学毕业率100%，初中入学率100%，辍学率0.49%；“普九”五率连续28年达到国家和省规定的标准要求；初中毕业生升学率达99.1%，普及高中阶段教育。

【普通高中教育】 全市共有普通高中8所，其中国家级示范性普通高中2所，广东省一级学校4所，江门市一级学校2所；普通高中优质学位达100%。2017年，全市各普通高中强化规范管理，深化教研课改，以提高教育教学质量为核心，进一步提高特色化、多样化、优质化发展水平，高考成绩再创辉煌，多项指标再次刷新历史纪录。是年参加高考人数5499人，为近五年来最少。第一批（重点）本科709人，首次突破七百大关，比2016年增加83人，增幅居江门市第一，入围率达12.89%，创历史最高纪录。本科以上2883人，在参考人数同比减少102人的情况下，与上年基本持平，继续保持在2800人的高位。本科以上入围人数居江门市第二，入围率达52.43%，比上年开创的历史最高纪录再提升0.5个百分点。每万人口本科入围率达42.33个万分点，居江门市第二。艺体类成绩独占鳌头，全市第一批本科135人，本科以上602人，前三批总人数达1369人，均居江门市第一，其中第一批本科和总入围人数均创历史最高纪录。并有1位学生考上中央美术学院，1位考上中国美术学院。

在2017年江门市高中阶段教育质量先进集体和个人评比中，市教育局、开侨中学、开平一中、长师中学被评为一等奖，教伦中学、忠源纪念中学、风采华侨中学、风采中学被评为二等奖，开平二中被评为三等奖，全市共有18个备课组被评为高考先进备课组，58人被评为高考先进个人，开平一中高二政治备课组获先进备课组优秀奖，全市共25个备课组获高一高二先进备课组进步奖。

【职业高中教育】 全市共有中等职业学校2所，分别是吴汉良理工学校和市机电中等职业技术学校，均为国家级重点中职学校和广东省示范性中职学校，其中市机电学校是第二批“国家中等职业教育改革发展示范学校”。2017年，全市中职学校共招收新生1876人，应届毕业生1703人，1532人获得职业技术资格证，就业率达100%，首次就业率在本地达95%以上。校企合作进一步深化，市机电学校与百汇精密塑胶模具有限公司等企业建立了校企合作关系，成立“订单班”，邀请合作企业的技术能手到校为学生授课；吴汉良理工学校与潭江半岛酒店等建立校企合作关系，开拓学生实习实训基地，开展“大师进校园”活动。

【成人教育】 全市有广播电视大学1所，是全国示范性基层电大。全市15个镇（街道）均办有成人文化技术学校，全部达到优质办学水平，其中月山镇和苍城镇的成人文化技术学校为省级示范性成人文化技术学校，其余13个镇（街道）的成人文化技术学校均为江门市级示范性成人文化技术学校。12月，成功创建“全国第二批国家级农村职业教育和成人教育示范县”。

【教育经费】 市政府依法落实教育经费的“三个增长”，即公共财政教育支出的增长高于财政经常性收入的增长，在校学生人均教育经费逐步增长，学生人均公用经费逐步增长。2017年，全市公共财政教育支出1063861万元，比2016年增长1.72%，高于财政经常性收入增长0.01%。生均公共财政预算教育经费分别为：小学8290.56元，初中12252.90元，普通高中11028.09元，职业高中12238.37元；生均公共财政预算公用经费分别为：小学1217.09元，初中1999.39元，普通高中988.12元，职业高中2251.97元。

【教学设施与设备】 是年投入4116.1万元购置教学设备设施，其中投入1900.8万元，增购电脑955台，增加或升级电脑室6个，购置166套多媒体电教平台和计算机网络设备；投入379.8万元添置体育和常规教学仪器；投入64.5万元补充馆藏图书。至2017年，全市中学有理、化、生实验室197间，小学有科学实验室73间，美术、音乐等教学专用室300间；计算机教室163间，学生用教学终端12004台，生机比7.8:1；教师用计算机6505台，实现人手一台计算机；多媒体电教室128间，班级多媒体电教平台2250个，实现班班有平台；学校馆藏图书生均高中40.4册、初中36.1册、小学26.1册。

【教师队伍】 全市公办教职工6613人（含公办幼儿园），其中在职特级教师1人，高级教师599人，中级教师4449人；专任教师6017人，其中普通高中1145人、中职学校429人、初中1812人、小学2536人、幼儿园95人；全年新聘教师70人，其中引进硕士研究生16人、本科毕业生50人，外市调入优秀教师4人。普通高中专任教师学历达标率100%，研究生学历或硕士学位以上占18.86%；中等职业学校专任教师学历达标率97.8%，研究生学历或硕士学位以上占15.15%，“双师型”教师占61.05%；初中专任教师学历达标率100%，本科率95.66%；小学专任教师学历达标率100%，大专率98.18%，本科率72.71%；全市幼儿园专任教师大专以上学历的比例达76.29%，公办幼儿园专任教师学历达标率100%。2017年，市政府决定：授予高 虹等10位教师“开平市师德标兵”， 王 蔚等36位教师“开平市师德先进个人”，王军超等49位班主任“开平市优秀班主任”，邝国祥等299位教师“开平市优秀教师”荣誉称号。

【德育工作】 贯彻落实《中小学德育纲要》，以爱国主义教育为主线，培育和践行社会主义核心价值观，开展“我的中国梦”“我们的节日”“遵纪守法、从我做起”等系列主题教育活动，先后举办了开平市小学生“开笔礼”“南粤长城杯”中学生演讲比赛、“中华魂”和“朝阳读书”“暑假读一本好书”、纪录片《南楼背后的往事》观后感征文比赛、第四届高中学生辩论赛等活动。推进学校家长义工组织建设，建立健全学校、家庭、社会共同参与的学生品德培养协作机制。2017年，市教育局先后获广东省中小学第十届“暑假读一本好书”活动优秀组织奖、江门市学校安全工作先进单位、江门市第四届高中学生辩论赛优秀组织奖、第九届“珠中江阳”中学生环保活动江门赛区优秀组织奖、江门市第五届“南粤长城杯”中学生演讲比赛优秀组织奖。教伦中学、金山中学、港口小学等3所学校被命名江门市首批文明校园，澄江小学、新安小学、泮村小学、开平市第四中学等4所学校被评为江门市依法治校示范校，开平市第一中学、开平市第七中学、水口镇第一小学获评江门市森林学校。5名学生获评广东省宋庆龄奖学金，2名学生被评为广东省优秀学生，36名学生被评为江门市优秀学生全，204名学生被评为开平市优秀学生。

【教研工作】 与开平市总工会合作，组织开展全市初中、小学和图音体教师基本功大赛和解题大赛，提升中小学教师业务能力水平。以高考、中考备考为重点，按照“请进来、走出去”的模式，组织高三、初三教师参加省、市各级备考研讨会，邀请省内著名备考专家前来讲课、指导，中、高考备考工作。是年的高考、中考，该市高考重本人数709人，本科入围人数2883人。中考成绩多项指标增幅位居江门各市区第一。组织教师参加各类教研教改活动，有312人次获奖，其中省级39人次，市级276人次；共有省、市级课题立项13项；组织教育教学论文评比，有937篇论文获奖，其中获开平市一等奖183篇，二等奖291篇，三等奖463篇。组织学生参加各级各类竞赛，有2492人次获奖，其中国家级251人次、省级695人次、市级1546人次。

【扶困助学工作】 2017年，全市学前教育困难家庭幼儿资助73.55万元，春季学期受资助幼儿670人，秋季学期801人。全市城乡义务教育免书杂费总额为12136.22万元，春季学期享受免交书杂费学生78480人，秋季学期享受免交书杂费学生78201人，其中中央和省财政配套7627.06万元，市本级财政配套4509.16万元；义务教育家庭经济困难寄宿生生活费补助25.94万元，春季学期受助学生193人，秋季学期222人。落实义务教育家庭经济困难非寄宿生生活费补助30.71万元，春季学期受助学生1094人，秋季学期551人；全年落实高中阶段各类助学金1863.27万元，其中发放普通高中困难家庭学生助学金10.91万元，受助学生140人；发放高中阶段困难转复退军人子女助学金2.68万元，受助学生34人；发放普通高中国家助学金248万元，春季学期受资助学生1557人，秋季学期923人；发放中职学校国家助学金66.9万元，春季学期受资助学生345人，秋季学期324人；落实中职学校免学费资金1534.78万元，其中中央和省财政配套715.67万元，市本级财政配套819.11万元，春季学期受惠学生4128人，秋季学期4218人。社会慈善团体资助各类学生378人，资助金额99.6万元，其中开平市余锦炯、张襯基金资助30人，资助金额58.5万元；澳门开平工商联合会资助175人，资助金额9.7万元；五邑慈善会资助141人，资助金额16.2万元；在园恩荣文化促进会资助12人，资助金额7.2万元；开平市骏贤助学基金资助20人，资助金额8万元。

【名师名校工作】 2017年命名首批开平市名校长16名，命名首批开平市名教师96名，命名首批开平市名班主任52名；加强教师工作室建设，全市3个名校长工作室，15个名教师工作室，10个名班主任工作室在名师培养中发挥积极作用。是年有广东省中小学校长工作室主持人（中学）1人，江门市基础教育系统第三批名校长1人、名教师2人、名班主任3人、学科带头人7人，江门市“名师名医名家”5人，江门市名教师培养对象4人、名班主任培养对象4人，开平市新一批优秀中青年拔尖人才2人。

开平市第一中学　位于赤坎镇东郊，创办于1919年。学校以“厚德博学、高质育人”为办学理念，先后获得“全国教育科学重点课题实验基地”“广东省国家示范性普通高中”等一系列国家级、省级称号。学校占地12公顷，建筑面积近7万平方米，各类功能场室和设备设施均按省标准化学校配置。2016年，全校共有教学班60个，学生3100多人，专任教师269人，其中高级教师80人，研究生32人，全国优秀教师2人，南粤优秀教师4人。2017年，高考重点本科上线236人，本科以上人数1002人，继续维持在千人以上高位。教师有1人次获得国家级荣誉、53人次获得广东省荣誉或奖项、229人次获得开平市或江门市级荣誉、奖项；学生有15人次获得国家级荣誉或奖项，其中1同学获得第三届全国中学生主持与播音大赛全国冠军。有191人次获得广东省荣誉或奖项，2位同学获得2017年广东省宋庆龄奖学金，243人次获得开平市、江门市级荣誉或奖项。

开侨中学　位于市区西郊，创办于1933年，广东省著名侨校。学校以“励兹青年，蔚为伟器”为办学理念，先后获得“全国现代教育技术实验学校”“广东省国家级示范性普通高中”等一系列国家级、省级荣誉称号。学校占地10公顷，建筑面积达6.6万平方米，各类功能场室和设备设施均按省标准化学校配置。2017年，全校共有教学班64个，学生近3366人；专任教师275人，其中高级教师99人，研究生19人，南粤优秀教师3人。2017年，高考重点本科上线344人，普通本科上线667人，1位同学为开平市理科总分状元，1位同学为开平市文科总分状元，前三批入围率达100%；学生参加国家级、省级各类竞赛有290多人次获奖，其中获国家级奖励有3人。

开平市机电中等职业技术学校　位于蚬岗镇蚬岗圩，创办于1946年，原名开平市第三中学，2002年更名为开平市机电中等职业技术学校。学校坚持“以德为先、以技为魂，质量立校、科研兴校”的办学理念，先后获得“国家中等职业教育改革发展示范学校”“国家级重点中等职业学校”“广东省职业教育先进单位”等一系列荣誉称号。学校分为两个校区，共占地12.2公顷，建筑面积8.75万平方米，各类实验实训场室和设备设施均按国家级示范性中职学校配置。2017年，全校有实训场室42个，开设专业15个，其中数控技术应用和汽车运用与维修为省重点建设专业；有教学班55个，学生近2000人；教职工175，其中校内在编专任教师155人，合同制教师12人。是年拥有开平市级名校长1人，开平市名教师2人，开平市级名班主任1人，专业带头人12人，其中高级职称教师10人、硕士研究生20人、“双师型”教师99人、南粤优秀教师2人。2017年应届毕业生559人，各专业学生培训规模1761人，师生生参加各级各类技能大赛，有200多人次获奖。学校加大校企合作力度，创新人才培养模式，与20余家知名企业确定了“定向培养——定向就业”的培养途径，全年毕业生就业率达100%，其中本地就业率达97%。

金山中学　位于长沙街道办事处良园路，创办于1999年，是一所全寄宿管理的民办初级中学。学校坚持“以人为本，以质立校”的办学宗旨，先后获得全国民办先进集体、广东省一级学校、广东省首届“十佳”民办中学、广东省依法治校示范校等一系列荣誉称号。学校占地6.67公顷，教学用建筑面积达3.6万平方米，绿化覆盖率达90%，各类功能场室和设施设备均按省级标准化学校配置。2017年，全校共有教学班52个，学生2900多人；专任教师168人，其中高级教师30人、研究生学历6人、南粤优秀教师2人。2017年初三毕业班学生890人，考入国家级示范性普通高中826人，入重点率达92.8%，包揽中考全市前十名。

【主要学校】 开平市主要学校有：开平市第一中学、开平市第二中学、开平市第四中学、开平市第五中学、开平市第六中学、开平市第七中学、开平市第八中学、开侨中学、风采中学、风采华侨中学、教伦中学、忠源中学、长师中学、开平市机电中等职业技术学校、吴汉良理工学校、金山中学、港口中学、东河中学、世界谭氏中学、苍江中学、新荻中学、开平开放大学。

（邓　颖）

附：市教育局领导班子名录

党组书记、局长：谭远宁

党组副书记、副局长：张焕尧

党组成员、副局长：殷振雄

梁柳芳（女）

党组成员、主任督学：甄新强（—2017.9）

黄日雄（2017.9—）

党组成员、挂任主任督学：

张德真（—2017.9）

党组成员：谭钦旋　冯栋坤

挂职副局长：雷惠强（2017.7—）

文　化

【简况】 2017年，市文广新局坚定文化自信，科学布局现代公共文化服务体系建设，推进文化惠民、文艺创作、世遗保护、新闻出版、文化市场监管等工作，其中：开平市图书馆、文化馆总分馆制试点工作顺利通过省考核验收，市图书馆总分馆被评为示范地区在全省推广，市文化馆获广东省基层文化建设先进单位；成功承办2017年广东省“文化和自然遗产日”主会场活动暨“开平碉楼与村落”申遗成功十周年系列活动；2017年争取上级文化扶持资金达到1200多万元，促进文化事业可持续发展；马冈镇文化站升级为省特级文化站。

【文化设施建设】 完满完成开平市图书馆、文化馆总分馆试点工作，开平市图书馆总分馆被选为省示范点。建成行政村（社区）综合性文化服务中心示范点6个。在省的总分馆制和江门的联合馆模式的融合推动下，形成覆盖全市、城乡一体、管理规范的新型公共文化服务网络。完成博物馆迁建工作，并对外开放。文化馆通过加强网站、微信公众号以及电子阅览室等新媒体宣传平台建设，拓宽便民数字文化服务渠道。

【群众文化活动】 举办“潭江春色”新春系列文化活动、周末艺术小剧场、“我们的节日”主题系列晚会、金秋曲艺敬老活动周、2017“粤舞青春——广东IPTV第二届广场舞大赛”（开平赛区）、新年音乐会等。

【文艺创作】 2017年，鼓励各艺术门类的文艺工作者深入基层采风创作，支持文艺爱好者参加上级部门举办的各项比赛。张勇书法作品入选2017年广东省青年书法篆刻大赛；陈旭日书法作品在第五届全国“康有为奖”书法展评为优秀奖；民间民艺协会多位会员作品入选第十届广东省民间工艺精品展；关炳辉摄影作品入选“岭南画卷寻找广东美丽乡村摄影大赛”。

【新闻出版、包装印刷业管理】 做好“印刷经营许可证”“出版物经营许可证”的年度审核、审批工作，受理印刷经营许可业务初审的事项159项；出版物零售业务事项受理办结111项。2017年行政服务窗口接受办理事项314项，使用网上大厅受理、办理和办结行政审批事项149项。

【文化市场管理】 2017年，全市共有印刷企业152家（产值5000万元以上模的有3家）；电影院6家（设有影厅19个，座位3844个），网吧53家（正常营业25家，新增1家，升级网咖3家；申请注销4家）。出版物经营单位93家，新设立单位有20家；歌舞娱乐场所22家。按照国务院颁布的《娱乐场所管理条例》《互联网上网服务营业场所管理条例》等条例，实行年检年审制度，市场巡查制度，举报奖励制度等一系列管理办法，文化市场管理和执法工作走向规范化、制度化。据统计，是年出动执法人员1138人次，检查文化经营场所467家次，该市文化市场无发生重大事故和突发事件。

【电影放映工程】 2017年，市电影放映发行中心做好农村公益电影放映工作，全年完成农村电影放映2712场。组织面向特定人群免费观影试点活动，发放免费观影票8900张，组织特定人群电影专场7场，惠及人群超过5000人。

【图书馆工作】 市图书馆定期送书到市消防支队、市武警中队等单位，每次送书200—1000册及30多种杂志到各服务点，组织全年送书下乡5700多册次。协助开平市人民法院、等单位完善图书室建设，购置电子书借阅机，推动图书阅读工作。全市农家书屋313家运作正常，为村民提供阅读书好去处。该馆利用自身资源优势，举办征文比赛、暑期免费培训班，读书活动、免费讲座、展览等，多形式、多渠道、多层次传播先进文化。不定期出版宣传栏，设置新书专架、新书推介专栏，向读者推荐优秀文化书籍，推动学习型社会建设。实施“24小时”自助图书馆建设。根据建设标准，结合开平市实际，创新采用集装箱改建方式开展项目建设，2家自助图书馆已经建成并投入使用。

【文化馆工作】 市文化馆举办“走进艺术殿堂”——2017年春季公益艺术培训班，开设语言艺术班、粤剧表演班、交谊舞班、电脑技能班、化妆班、太极班、瑜伽班、百姓健康舞班、民歌培训班、语言艺术类、音响培训班、插花班等33个班别，有900多名学员享受了本次免费的公益艺术培训。继续开办“我在这里成长”——2017年暑期公益艺术培训班，设有市文化馆总馆培训点、市图书馆总馆培训点、市各镇街分馆（文体服务中心）培训点、各琴行培训中心等21个培训点，共设班别58个。受益人数1300多人。“幸福开平·文化惠民——送戏下乡”系列活动继续有序开展，向各曲艺社团征集优秀的社团和节目，送戏下乡到全市各镇40场次。

【美术馆工作】 市美术馆加强高质量展览的策划，是年策划举办艺术展览活动30个，累计接待观众、美术爱好者6万多人次。联合市文联、文化促进会，举办美术教育成果系列展。成功举办“述花集·续——胡培烈捐赠摄影作品展”“如沐春风·周树桥绘画艺术展”等名家展览，提高艺术展览档次。采取多种形式邀请名家办展，以展览与收藏相结合的方式丰富了馆藏量。

【非物质文化遗产保护】 开展非物质文化遗产的普查、发掘、整理和保护工作。市文化艺术中心九楼面积500平方米的开平市非物质文化遗产展示馆完成建设，省人大常委会副主任周天鸿，省文化厅厅长方健宏，江门市委常委、宣传部部长周惠红等领导参加了揭幕仪式。成功承办2017年广东省“文化和自然遗产日”主会场活动暨“开平碉楼与村落”申遗成功十周年系列活动，以“非遗保护——传承发展的生动实践”主题，组织 69个国家级、省级非遗项目和170多名非遗传承人进行现场技艺展示，参观人数超过30万人次。省领导誉为“历年来遗产日活动中规模最大、亮点最多、举办最好的一次活动”。现场展示有开平市23个市级以上非遗项目的图片、实物展示，镇濠泥鸡制作、开

平民歌演唱等现场教习活动，让群众近距离感受开平非遗项目魅力。（刘晓莉）

附：市文广新局领导班子名录

局　长：谭伟强

副局长：谭发宁

虎晓铁

党组成员、纪检组组长：张雪惠

党组成员、文物局长：陈顺文

党组成员：梁艳萍

文物管理

【简况】 2017年，市文物局围绕市委、市政府的中心工作，贯彻“保护为主、抢救第一、合理利用、加强管理”的文物保护与利用工作方针，团结务实、开拓进取，做好各项工作。

【文物保护单位】 2017年，开平市有文物保护单位23处，其中全国重点文物保护单位1处——开平碉楼，省级文物保护单位3处——风采堂（名贤余忠襄公祠）、司徒美堂故居、赤坎旧镇近代建筑群，县级文物保护单位19处。另有世界文化遗产1处4个点——三门里村落迎龙楼、马降龙村落群、自力村村落与方氏灯楼、锦江里村落。各文物保护单位名单如下：

开平市全国重点文物保护单位名单

表12：

文物保护单位名称	批次	详细地点	年代	类别
开平碉楼	第五批（2001年6月）	开平市	近现代	近现代重要史迹及代表性建筑

开平市省级文物保护单位名单

表13：

文物保护单位名称	公布日期	详细地点	年代	类别
赤坎旧镇近代建筑群	2002年7月	赤坎镇	中华民国	近现代重要史迹及代表性建筑
风采堂（名贤余忠襄公祠）	2002年7月	三埠街道办事处荻海居委会东堤路1号风采中学内	中华民国3年（1914年）	近现代重要史迹及代表性建筑
司徒美堂故居	1989年6月	赤坎镇中股村委会牛路里第四巷6号对面	清末	近现代重要史迹及代表性建筑

开平市（县）级文物保护单位名单

表14：

文物保护单位名称	公布日期	详细地点	年代	类别
金章阁	1983年3月	长沙街道办事处平冈村委会马山	清道光十三年（1833年）	古遗址
开元塔	1983年3月	长沙街道办事处平冈村委会马山	清乾隆十六年（1751年）	古建筑

续表14

文物保护单位名称	公布日期	详细地点	年代	类别
溯源家塾	2000年10月	水口镇人民居委会中山东路96号	清道光二十六年（1846年）	古建筑
龙冈古庙	2000年10月	水口镇红花村委会塘口村	清康熙元年（1662年）	古遗址
黄氏大宗祠	2000年10月	水口镇人民居委会银江里红花路13号	清顺治元年（1644年）	古建筑
抗日遗址——水口地堡	2007年10月	水口镇泮南村委会	中华民国30年（1941年）	近现代重要史迹及代表性建筑
得元梁公祠	2007年10月	沙塘镇塘浪村委会永胜村	明正德年间（1506年～1521年）	古遗址
开平学宫	1983年3月	苍城镇苍城圩居委会东门街	清康熙八年（1669年）	古建筑
保厘塔	1983年3月	苍城镇附城村委会牛牯坑山	清乾隆六十年（1795年）	古建筑
立园	1983年3月	塘口镇北义村委会庚华村	中华民国25年(1936)	近现代重要史迹及代表性建筑
中山楼	1994年8月	塘口镇以敬村委会庆民村	中华民国元年（1912年）	近现代重要史迹及代表性建筑
赤坎南楼	1983年3月	赤坎镇南楼村委会腾蛟村潭江北岸	中华民国2年（1913年）	近现代重要史迹及代表性建筑
开平旧县委所在地	1983年3月	赤坎镇上埠居委会前进路34号二楼	清末	近现代重要史迹及代表性建筑
关族图书馆	1983年3月	赤坎镇上埠居委会堤西路	中华民国20年(1931年)	近现代重要史迹及代表性建筑
司徒氏通俗图书馆	1983年3月	赤坎镇下埠居委会堤东路17号	中华民国14年（1925年）	近现代重要史迹及代表性建筑
邓一飞烈士祖屋	1983年3月	赤坎镇护龙村委会东升东盛村第二巷1号	中华民国8年(1919)	近现代重要史迹及代表性建筑
周文雍烈士纪念碑	1983年3月	百合镇茅冈村委会茅冈圩325国道旁	1958年	近现代重要史迹及代表性建筑
周文雍烈士祖屋	1983年3月	百合镇茅冈村委会宝顶村凤凰里	清代	近现代重要史迹及代表性建筑
合山铁桥	1983年3月	百合镇齐塘村委会合山东侧	中华民国23年（1934年）	近现代重要史迹及代表性建筑

【博物馆迁建】 开平市博物馆建设项目是市十大民生工程。2017年，博物馆建设工程进度按计划顺利进行，是年4月，完成博物馆主体建筑工程验收；完成了《开平市博物馆基本陈列大纲》的编写以及陈列布展设计工作；基本完成了馆内外安防系统工程；完成博物馆周边围墙及旧平房改造工程立项工作；7月，经开平市机构编制委员会批准，特将“开平市华侨博物馆”更名为“开平市博物馆”；完成文物清点、打包进新库房系列工作，全面完成了市文物局、市世界遗产管理中心以及市博物馆搬迁工作。

【文物保护修缮】 1月下旬，完成了昌庐等8座碉楼维修工程；6月下旬，该项目通过省文物局专家组验收；6月底 ，完成立园泮立楼主体工程维修。9月，完成《开平碉楼与村落智慧消防方案》《风采堂智能化安防工程》和《司徒美堂故居智能化安防工程》初稿编制；9月，开平学宫和月山镇博健学校旧教学楼向省文化厅申报广东省文物保护单位。

【文物安全巡查】 坚持执行既定的周二、周四定期或不定期巡查制度，重点巡查世界文化遗产区和其他各级文物保护单位的安全。杜绝文物景区内乱搭乱建和破坏文物的行为。在元旦、春节、五一、十一等黄金周和其他节假日期间，执行带班和值班制，节前、节后组织和联合各遗产镇（街道办）、旅游、安监、消防等部门进行地毯式的隐患大排查，确保文物安全。

【世界遗产监测】 与五邑大学合作，开展开平碉楼与村落世界文化遗产周期性监测项目，6份，完成第一阶段世遗核心区内40座碉楼的本体监测；鉴于开平碉楼历史悠久，由于环境的改变建筑材料使用期已到极限，碉楼承载力发生变化，为保障村民、游客以及碉楼主体建筑的安全，6月，完成了立园8座碉楼承载力测试工作。经检测，上述碉楼安全性能基本达标；12月底，完成开平碉楼与村落安防系统联网项目，建立一个总监控中心，将世界遗产核心区40座碉楼的安防系统信息统一收集，发送至市文物局监控中心，随时掌握每座世界遗产地开平碉楼与村落及立园的安全动态。

【文物普查】 全面完成为期4年多的开平市第一次全国可移动文物普查工作。整理、汇总普查资料，编写出版《开平市第一次全国可移动文物普查成果选编》。

【文物征集】 根据博物馆陈列大纲，全面征集有特色、有代表性的文物，搜寻到华侨历史的书籍以及本地有关名人字画等文物或资料，全年征集文物共23件（套），实际数量117件。

【文博宣传】 举办了《开平碉楼与村落申遗成功十周年图片展》《海外华人家园——唐人街》《广东省第一次全国可移动文物普查成果图片展》《金山伯的荣耀——近代江门五邑侨汇展》等7个专题展览。举行“国际博物馆日”“中国文化遗产日”“碉楼保护月”活动启动仪式。协助2017年广东省“文化和自然遗产日”主会场活动暨“开平碉楼与村落”申遗成功十周年系列活动。在市区和4个世界文化遗产点、立园悬挂宣传标语，宣传文物保护法律法规，营造社会氛围。启用“开平文物”微信、微博公众平台，传播工作热门信息。文博信息被南方日报、羊城晚报、江门日报、开平侨乡报等主流媒体采用。

【人员培训】 2017年，组织5人参加第二届全国馆藏文物保护、修复专业技术培训班。

【机构及人员】 开平市文物局隶属机构有开平市世界遗产管理中心和开平市博物馆。2017年，开平市文物局编制3人，在编3人；开平市世界遗产管理中心编制7人，在编6人；开平市博物馆编制5人，在编5人。其中，在职研究生1人，大学本科5人，大专6人，大专以下2人。中级职称2人，初级职称6人。

（张志芹　朱嘉露）

附：市文物局领导班子名录

局　　长：李佳才（—2017.5）

陈顺文（2017.6—）

副主任科员：吴就良

档案工作

【简况】 开平市档案局与档案馆实行局馆合一体制，主要负责全市档案事业行政执法和档案保管利用工作，以及地方志书和年鉴编纂、中共党史收集与研究出版职能。2017年度，市档案局（馆）抓好重点工作，夯实基础业务，提升档案、方志和党史工作水平和服务能力，该市档案事业发展良好。

【档案馆扩建工作】 2017年，开平市档案馆扩建项目顺利推进。该项目于2017年6月正式开始动工兴建。市档案局专门成立了档案馆扩建项目领导小组，由局长梁荣华担任组长，局副职领导担任副组长，各股室负责人担任成员，负责统筹开平市档案馆扩建项目工作。该项目12月封顶，完成年度计划的主体框架结构建设。

【档案业务监督指导】 *加强档案行政执法检查工作*　5月，联合市法制局对该市部分单位开展《档案法》执法抽查工作，落实档案行政执法职能，提高该市基层单位档案管理水平；10月，协助江门市档案局完成对该市文广新局和苍城镇《档案法》执法检查工作。

履行档案监督指导职责　继续联合市资产办对该市改制企业档案的接收和整理工作进行监督指导；指导赤坎古镇管委会开展赤坎古镇文物保护与整体改建项目征收补偿档案收集和整理工作；针对人社局和镇海水库档案库房改造工作提出了相关的要求和意见，提高档案保管条件；对水务局、安监局、发改局等单位的档案归档工作提供了业务指导。

农村土地承包经营权确权登记资料归档工作　提前介入，全力做好该市农村土地承包经营权确权登记颁证档案工作。专门安排一名业务骨干到开平市确权办，全程跟踪该市确权登记工作进展。为了确保该市农村土地确权颁证档案的齐全完整和整理规范，深入各镇（街）对土地确权档案工作进行检查和指导。制定了《开平市农村土地承包经营权确权登记颁证档案分类方案》实现确权档案分类整理、排列、检索、编目标准化和规范化，提高科学管理水平。联合市农业局举办了2期承包地确权档案管理工作培训班，分别就《农村土地承包经营权确权登记颁证档案管理办法》和《开平市农村土地承包经营权确权登记颁证档案分类方案》进行解读。选定苍城镇、蚬冈镇、长沙镇作为档案整理试点，以点带面，为全面铺开土地确权颁证档案整理工作打下基础。

【文书档案验收工作】 继续对全市各单位的文书材料立卷归档进行监督和业务指导，通过分批组织验收，2017年，对全市机关、事业单位进行文书档案验收的单位为56家。

【档案接收】 2017年，市档案馆除正常接收市委、市政府以及全市各单位的文书档案外，还接收了照片档案、荣誉实物档案和寄存档案，并向社会征集各类文献资料。其中文书档案716卷又4135件，专门档案13444卷，照片档案118张，实物档案28件，声像（含电子文件）光盘170张，寄存档案1651卷又2491件，征集侨刊资料53册，移出人事档案1卷。

【档案利用】 市档案馆继续为领导决策、机构改革、统战工作、制定工作计划方案、基建项目申报、市（镇）界勘定、经济建设、解决纠纷、打击违纪活动、编史修志等各项工作方面为社会各界提供利用服务。2017年，到馆查借阅利用档案、资料有472人（次），利用档案3271卷另210件，报纸、资料,214册，相片605张。

【档案宣传】 做好档案宣传工作，展现历史档案资源。参加开平电台举办的《民声热线》节目，局长梁荣华带领分管业务领导及各股室负责人到直播现场，围绕开平市档案局（馆）职能和档案与民生息息相关的问题与群众互动交流。结合“6·9国际档案日”，以庆祝《档案法》颁布实施30周年以及“档案——我们共同的记忆”为主题，在开平市城市南广场举办“6·9国际档案日”现场宣传活动。通过悬挂宣传横幅、发放宣传资料、设立展板和现场咨询等方式，向群众宣传档案法律法规。

【抢救馆藏档案】 继续聘请专职人员对馆藏国家重点档案进行抢救修复，对残损档案进行糊裱、整理，对已严重虫蛀、脱落、霉变的重点资料进行数字化。截至2017年底，属国家重点保护的民国档案和革命历史档案共680卷已全部完成全文数字化扫描，其中667卷完成了抢救修复。该局还聘请专业杀虫公司定期进行档案库房虫害消杀预防。针对中华人民共和国成立后各全宗早期的档案进行抽样检查，发现有虫蛀、破损、霉变的档案及时挽救修复。

【档案管理现代化】 在以往档案数字化的基础上，该局加大力度，完成第三期120万页纸质档案数字化。截至2017年12月，数字化档案3百多万页，比例达66%，提早接近完成省要求2018年完成馆藏档案数字化70%的目标。加快馆藏档案目录的录入，安排专人对新接收档案核对录入，确保数据信息化。现有文件级目录数据596758条，案卷级目录数据54153条，图书资料数据16133条。

【档案鉴定开放】 2017年完成馆内第五批档案鉴定，鉴定档案623卷，其中不开放档案585卷，可开放38卷。

【现行文件查阅服务】 该局设在市行政服务中心的开平市政府信息公开查阅中心，配备了电脑、扫描仪、复印件、打印机、传真机、触摸屏等设备，可查阅该中心提供的市委市政府等部门公开的现行文件2564份，其中2017年新增105份，群众凭有效证件到现场查阅。一批各级公报和地方图书资料提供市民阅览。

【档案安全工作】 执行档案管理制度，落实档案库房“八防”要求。档案馆大楼内外、主要通道及重点工作区间实施全方位视频监控，监控数据直接输送到公安“110”指挥中心；档案库房安装了七氟丙烷自动消防系统，各通道配备应急照明灯、推车式和手提式干粉灭火器等消防设备，并与有资质的消防公司签订协议，每月对设施设备进行维护保养。2017年，对已期满的推车式和手提式干粉灭火器等消防设备重新换充，更换防虫药物700大包；档案库房管理方面，工作人员履行岗位职责，每天定时巡视库房，调节库房适宜的温湿度，做好记录；对抢救修复后以及接收进馆的档案，统一进行真空充氮杀虫消毒才入库房。每年定期更换档案库房防虫、防霉药物，确保档案虫害霉变降到最低点。

【业务培训】 协助江门市档案局完成2017年江门市档案人员网络培训班的报名和培训考试工作。是年，该市36人通过培训考试，取得“江门市档案专业人员培训证书”。

【党史工作】 搜集、整理、编辑了13万字的中共开平大事记资料；整理、汇编有关资料，提供给江门市委党史研究室和江门市委组织部，编写江门市党员教育基地宣传册；做好月山镇水井社区万隆客栈革命纪念馆有关资料的征编工作，协助江门市委党史研究室，完成该馆重新布展工作；根据广东省委党史研究室对该办编写的《中共开平历史》（第二卷）初稿提出的审读意见，作出了相应的修改，该书预计2018年出版；配合广播电视、报纸等媒体，为相关专题报道，提供党史资料；接待来访群众，协助查找相关党史资料。做好来信来访工作。

【地方志工作】 年鉴编纂工作　做好2017年年鉴编辑出版工作。《开平年鉴（2017）》由广东人民出版社完成终审校对后，于是年12月初印刷出版，达到省志办提出的一年一鉴、当年出版、公开出版的要求；2017年8月，《开平年鉴（2015）》被省志办推荐参加全国地方志优秀成果（年鉴类）评审，获得提名奖，受到中国地方志指导小组通报表扬。市志办干部关万全的摄影作品，入选由中国档案报社举办的“我为十九大添光彩——档案工作者时代风采摄影展”。

自然村历史人文普查工作　2017年，该市自然村落历史人文普查主要抓好普查资料查漏补缺、复审与公示工作。普查人员深入镇（街道），进村入户230家，搜集原始资料85份，做到能查尽查。并通知各镇（街道）将通过复审的调查文稿在镇、村张贴公示，以便修改补充。为扩大普查的参与范围，市普查办发动群众提供历史人文资料，依托高校大学生暑期“三下乡”社会实践活动，指导下乡学生参与普查，丰富了普查内容。是年该档案局（馆）普查员对全市15个镇（街道）、2446个自然村进行了调查、核对，对各镇（街道）的普查员进行325人次的业务培训，印发了《普查简报》4期，充实和完善了普查数据。截至2017年12月，该市全部完成《普查表》及《调查文本》的复审，并上报江门市普查办终审。

（麦祥欢）

附：市档案局（馆）领导班子名录

党组书记：胡　震（2016.6—）

局（馆）长：梁荣华

党组成员、副局（馆）长、党史办主任：

周松健（—2017.3）

党组成员、副局长：李佳才（2017.6—）

党组成员、副局长：周军平

党组成员、纪检组组长：梁伯奇

广播电视

【简况】 开平广播电视台（开平市新闻与信息中心）是开平市委宣传部管理的事业单位。内设机构有：办公室、总编室、事业发展股、财务股、广播中心（以“开平电台”呼号）、电视中心（以“开平广播电视台”呼号）、新闻采编室、新闻制播室、政府网与新媒体室、经营中心，下辖网络中心以及13个镇站。主要职能是办好本台自办频率、频道，做好本台广播电视节目播出、传输和发射工作，负责广播电视新技术的推广应用和广播电视覆盖网的建设、维护和管理，负责开拓广播电视产业，负责政府网、政务微博、微信、手机客户端等新媒体动态信息的采、编播和更新等。电台的发射频率是FM95.6兆赫，电视台发射频道是10频道。有数字电视传输节目套数154个，模拟电视传输节目套数37个。有广播频率1个、自办电视频道（开平综合频道、开平生活频道）2个、微博2个、微信公众号5个、手机客户端1个。微信公众号粉丝22.5万。全天24小时的广播电视节目。2017年，有75件广播电视作品获得国家级、省级、江门市和开平市的奖励。“开平广播电视台”微信公众号在《全国县级电视台微信号排行榜》的周榜最高居第2，月榜第3，基本排在全国前5名和稳居广东省县级台第一的位置。获评“全国市县20强电视台”“‘影响中国传媒’最具融合力媒体”。

全台有干部员工320人，其中，事业编制人员占44%，本科以上学历人员占35%，大专以上学历占45%。具有各种技术职称43人，其中高级职称5名，中级职称13名，初级职称25名。有正股级以上干部31人，副股级干部15人。2017年，获得国家级、省级、江门市和开平市表彰奖励的先进集体和个人荣誉32项。

至2017年，拥有固定资产2.5亿元，广播电视中心大楼1座，广播电视发射塔1座，光缆总皮长1054公里，广播电视覆盖率达100%。自办的开平电视综合频道、生活频道实行高、标清同步播出，完成融媒体平台项目建设，做好微信、微博以及政府网的运营管理。广播电视与新兴媒体深度融合发展，实现了“电视+互联网”，将开平的电视节目、广播节目拓展到微信公众号，实现实时直播和在线点播，推出有线电视用户平稳增长。网络建设在实现城乡广播电视一体化基础上，继续开展网络双向改造

工程，对原有网络进行光纤入户升级改造，提高光纤网络覆盖率。（张锋杰）

【产学研创新人才培养基地】 3月6日下午，开平广播电视台与浙江传媒学院携手共建产学研创新人才培养实践基地签约及授牌仪式在开平广播电视台举行。开平市委常委、宣传部部长颜海娜出席了签约仪式。浙江传媒学院原党委副书记、副院长王文科与开平市委宣传部副部长、开平广播电视台台长黄炳和签署协议，并向开平广播电视台授牌。开平广播电视台成为广东省首家与浙江传媒学院开展产学研合作的县级广播电视台。（张锋杰）

【获评“2016年度最具融合力媒体”】 4月22日，在四川省绵阳市举行2017（第四届）中国媒体创新论坛上，开平广播电视台获得“2016年度‘影响中国传媒’最具融合力媒体”荣誉称号，开平广播电视台成为全国唯一获得此荣誉的县级广播电视台。开平广播电视台加快推进新媒体与传统媒体融合，2015年1月成立新媒体室，布局“两微一端”，实现“一组记者采访、多平台发布”；坚持做“有用、有趣、有温度”的开平本土微信公众号和新媒体矩阵。（张锋杰）

【获评“全国市县20强电视台”】 9月27日上午，在湖南浏阳举行的第五届全国市县电视台推优活动颁奖典礼上，开平广播电视台获评全国市县20强电视台。这次评选推优是对全国市县级电视台节目策划能力、创新创优、精品生产的一次综合检阅。开平广播电视台发挥广播电视和新媒体引领舆论的主流主导作用，打造了一批具有“开平元素、侨乡特色、岭南风格”品牌栏目，实行电视节目高、标清同步播出，推动广播电视与新媒体深度融合发展。

（张锋杰）

【央视《传奇中国节·端午节》展示开平端午风俗】 5月30日上午，中央电视台中文国际频道CCTV-4直播特别节目《传奇中国节·端午节》走进开平碉楼与村落——自力村碉楼群。此次直播特别节目是由中央电视台中文国际频道和开平广播电视台联合制作，节目时长约15分钟，详细介绍了开平民歌、故事，龙舟赛、龙舟饭等开平独特的端午习俗。（张锋杰）

【文明交通挑战赛公益活动】 10月12日上午，“出行无违法，最美驾驶人开平市文明交通挑战赛公益活动”在开平广播电视台举行抽奖仪式，抽出50位9月最美驾驶人。这次活动由开平广播电视台主办、市公安局交通警察大队协办，目的是提高市民文明出行意识。

（张锋杰）

【融媒体平台启用】 12月22日上午，开平市融媒体平台启用暨“看开平”APP上线发布会在开平广播电视台举行。这是开平台“中央厨房采编平台”把原来独立的电视、广播和网络信息采集整合成一个融媒体生产平台，实现了“一组记者采访、多平台发布”，融合了传统媒体和移动互联网媒体的内容管理和发布，内容生产可一键分发到PC、手机、平板电脑等多个终端，开创了开平市大宣传格局。开平市领导颜海娜、李宝贞、郑永钦，江门广播电视台副台长苏伟成等出席了发布会。（张锋杰）

【党建工作】 推进“两学一做”学习教育常态化制度化，开展“主题党日+”活动、党性教育“三个一”活动、到周文雍陈铁军烈士纪念馆参观学习重温入党誓词活动、党建结对共建交流活动，参观五邑优秀传统家规家训书法作品暨丁积连环画作品展，激发全体党员的工作热情。落实开展谈话提醒，构建抓早抓小工作机制。抓好党组中心组学习，先后召开了8次学习会，提高政治理论水平和业务水平。做好党组织建设，成立党支部1个，发展党员3名、入党积极分子2名。加强党员管理，做好党员内部调整，完善党员管理系统数据库。（甄新念）

【宣传报道工作】 2017年，共播出广播、电视新闻稿件各2306篇，其中时政新闻1107篇，民生新闻1199篇；《民生总汇》50期，《乡情》13期，《中国城市报道》254期，《潭江论坛》6期，《法治开平》12期（获得第五届“全国市县电视台推优活动”一等奖）。

（张锋杰）

【融媒体宣传】 投入近200万元，建成集信息收集、舆情研判、采访调度、广播电视和网络新闻采编、新媒体制作推送、大数据处理等功能于一体的“中央厨房”融媒体平台，处于广东省县级广播电视台领先位置。增强信息服务作用，发布交通、天气、寻人、求助等信息。其中，强台风“天鸽”“帕卡”期间，连续2天1夜开展2场直播，连续两天微信发布点击量超8万。7月2日发布的寻人信息，阅读量28万多。2017年，发布信息18988篇，其中：政府网刊播稿件3759篇，“开平发布”微信公众号2817篇，“开平宣传”微信公众号1135篇，“开平广播电视台”微信公众号1626篇；开平发布微博5178篇，开平广播电视台微博4484篇，江门邑网通540篇。有6条微信信息阅读量超10万，最高点击量72.4万。“开平广播电视台”微信号在《全国县级电视台微信号排行榜》的周榜最高居第2，月榜第3，年度总排名第4，基本排在全国前5名和稳居广东省县级台第一的位置。（张锋杰）

【广播节目】 将开平电台定位为偏交通广播和新闻资讯的综合性电台，全天采取大板块节目与“碎片化”节目叠加进行播出，逐步由原来单纯的交通路况转变成交通路况、新闻快讯、突发公共信息播发三大骨干节目支撑。从5月22日开始，对原有的新闻快讯栏目进行了大力改革。从原来每天录播6辑新闻快讯，改为每天19辑直播、17辑录播，每半小时就更新一次新闻资讯。全天36次高密度的新闻快讯，可以让听众随时随地听到最新发生的新闻资讯。从5月1日起，开平电台按照全天24小时都是黄金时段的理念，编排播出广播节目。2017年，开平电台播出《956实时路况》10800多期、路况资讯96000多条，《闻声一线》240期，《财经早报》240期，《民声热线》18期，《自在畅行》240期，《全城热点》312期，《车行天下》236期，《双前锋》238期，《点乜东东》238期，《霖时有约》238期，《松心出发》238期，《童声童气》50期，《好歌献给你》365期，《麻辣街坊》365期，《汽车攻略》365期。做好“飞扬956”微信公众号每天的信息推送工作，2017年基本进入《全国县级广播电台微信号排行榜》前20位，最高位列第7位。2017年，举办了第五届、第六届开平广播电视台汽车展，“出行无违法 最美驾驶人”——开平市文明交通挑战赛公益活动，交通安全宣传公益活动，“关爱无处不在”慈善公益活动。成功创建成为广东省“巾帼文明岗”。（张锋杰）

【电台户外直播室】 4月15日～16日，在开平市东汇城广场开平广播电视台第五届春季汽车展活动现场开设“开平电台户外直播室”，让市民可以直接看到电台直播室的全貌，使电台主持人在户外直播节目零距离接触听众，打造出“看得见的广播”。此次在车展现场首次将电台直播室搬到户外，是继开通“开平电台交警直播室”后的又一直播室。（张锋杰）

【《民声热线》节目】 为加强党的作风建设，改进机关作风，加大群众监督力度，提高行政效率，在政府和群众之间架起直接沟通的桥梁。节目每月选择2个与群众切身利益密切相关的单位上线，介绍该单位近期的重点工作、宣传有关政策法规，解答市民群众普遍关注的热点难点问题。开平市所有的上线单位“一把手”都带队参加《民声热线》直播节目，讲解业务政策、直接聆听群众心声，现场回应听众咨询和投诉。2017年，《民声热线》节目播出18期36次，每期60分钟。收到群众咨询投诉289个，最多的一期节目有47个。（张锋杰）

【电视节目】 4月1日，开平广播电视台综合频道、生活频道进行改版，推出新版节目架构。开平综合频道对引进节目进行优化，保留

《观点致胜》栏目，把片源从标清升级为高清，用《人文中国》栏目替代原《有话直说》栏目，各剧场全部改为电影。改版后，综合频道以新闻资讯节目加电影为主要编排，打造强大的新闻资讯频道“侨乡第一频道”。开平生活频道启用全新包装，打造以少儿和女性为主要收视群体的生活服务频道，《好生活》《有才你就来》《潮童乐园》三大本土自办栏目和各大活动节目作为主打节目，保留原引进栏目《非常幽默》作为辅助，引进高清节目《知音人间》替代原《鲁豫有约》栏目，引进高清节目《领教艺坊》吸引女性为收视群体，还有四个高清小栏目：《OMG玩美咖》《环球梦游记》《长大之前去旅行》《星空星发布》，以及四部动画片充实频道编排。改版后，开平生活频道栏目达到10个。2017年，播出自办栏目《好生活》341期，《有才你就来》341期，《潮童乐园》431期。共引进播出电视剧1146集，动画片1274集，电影217部，《人文中国》365期，新闻评说类节目《观点致胜》348期，《有话直说》90期，《普法栏目剧》21期，《非常幽默》365期，《知音人间》275期，《领教艺坊》275期，《OMG玩美咖》275期，《环球梦游记》25期，《长大之前去旅行》12期，《星空星发布》153期。2017年，举办了2017开平市中学生才艺大赛，第四届“我是小主持”缤纷夏令营，开平市首届公益微电影大赛，开平市第二届萌宝主题摄影大赛，首届进口葡萄酒节品鉴会等社会活动。与开平市妇联联合举办“2016开平市最美家庭颁奖典礼”，承办了“2017中国（江门）开平碉楼文化旅游节开幕式”，参与“联合国世界旅游组织江门旅游可持续发展观测点”揭牌仪式，与上市公司广东嘉士利食品集团有限公司达成跨界营销合作。（张锋杰）

【《2017开平春晚》节目】 1月21日晚上，开平广播电视台《2017开平春晚》在开平市骏景湾广场举行，主题是“文明与你同行，创建从我做起”，有30个节目，都是从开平生活频道《有才你就来》栏目300多个节目中精心评选出来的，有歌唱、舞蹈、小品、魔术等，演出人员都是开平本土文化艺术爱好者。这次春晚引进了高清直播车，在开平生活频道、开平电台和微信同步直播晚会盛况，让海内外开平乡亲都能同时享受这一文化盛宴。《2017开平春晚》还于大年三十晚至年初四在开平电视生活频道、综合频道轮番播出。（张锋杰）

【《好生活》节目】 《好生活》节目是开平广播电视台打造的一档本地化、特色化的生活服务类栏目。《好生活》分三大板块：智慧生活小常识、生活达人有好巧、师傅要出招。生活频道每天18:40播出，周一至周五每期10分钟，周六、周日每期25分钟。（张锋杰）

【数字电视工程】 2017年，在新建小区交楼之前配合楼盘开发商做好有线电视网络的布线规划，全年新布线新楼103栋，新建光节点106个，新放光缆皮长33公里。（甄新念）

【数字电视智慧社保服务平台】 从4月1日起，开平市民可通过开平有线数字电视查询个人社保信息。这是开平市人社局、市社保局推动“社保互联网+”政务服务改革，建设“智慧社保”，与江门市社保局、开平广播电视台携手打造的开平数字电视智慧社保服务平台。智慧社保建立于开平广电网络高清U互动平台，对开平市民开放使用。开平有线电视用户通过打开高清互动机顶盒和电视机，就可以进行查询医疗保险、养老保险等社保个人信息及相关业务资讯的查询。（张锋杰）

【安全播出】 制订《开平广播电视台2017年安全播出工作方案》《开平广播电视台网络安全应急预案》《开平广播电视台“十九大”期间广播电视安全播出应急预案》等，印发至各部门。开展全面深入的网络安全大检查。对各镇站备用电源设备和发电机进行全面检查，对网络传输线路进行安全隐患排查，对生锈严重的钢绞线及配件进行更换，共更换187.3千米。做好全国“两会”、省第十二次党代会、香港回归20周年、中共十九大等重要保障期的安全播出工作，落实“零报告”制度，确保安全播出和安全生产，实现广播电视安全优质播出。

（甄新念）

【队伍建设】 组织干部员工参加了全国、广东省、江门市等举办的多期业务培训活动，到先进广播电视台参观学习和业务交流，邀请专家、教授前来授课，建设学习型团队。完善绩效考核制度。继续面向全国招聘高素质专业人才。建立健全了内部管理的长效机制。科研攻关成果获得国家知识产权局授予的“多功能光纤熔接工作台实用新型专利”。 （张锋杰）

【精神文明建设】 举办了2017“巾帼风采”趣味联谊会、第十六届“广播电视杯”男女子篮球赛、庆祝“第十八个中国记者节”活动。参观五邑优秀传统家规家训书法作品暨丁积连环画作品展。深入开展2017年慈善公益活动，全体干部员工捐出善款25905元。在党员互助活动中，全台党员捐出互助金3300元。加大对外宣传台的工作力度，内部刊物《开平广播电视信息》年内出版了13期，一批本台信息被国家新闻出版广电总局、省新闻出版广电局、江门市记协采用。2017年，该台获得国家级、省级、江门市和开平市表彰奖励的先进集体和个人荣誉32项。其中：国家级3项、省级3项、江门市5项、开平市21项。该台被评为“全国市县20强电视台”“‘影响中国传媒’最具融合力媒体”“广东省守合同重信用企业（连续4年）2013—2016”“广东省‘巾帼文明岗’”“开平市人大制度和民主法制宣传工作先进单位”等。 （张锋杰）

【精品创作】 2017年，有75件作品在国家、省、江门市和开平市各级评选活动中获奖。其中获得全国性奖励14件，获得省级奖励19件作品（政府奖5件），获得江门市奖励30件（政府奖10件），获得开平市奖励12件（政府奖1件）；有5篇业务论文在各级刊物发表。一大批广播电视作品和新闻信息分别被各级媒体采用，其中被广东电视台采用稿件50篇，被全国城市报道联盟《中国城市报道》采用稿件12篇，被江门广播电视台采用稿件235篇，被腾讯新闻客户端、中国新闻网、大粤网、今日头条等转载232篇，被江门发布微信公众号转载6篇，江门日报微信公众号转载9篇，江门广播电视台微信公众号转载7篇，南方+客户端转载216篇。电视栏目《法治开平》、电视作品《玲珑新村的集体婚礼》获得全国市县电视台推优活动一等奖，广播作品《3对麻风病康复患者结婚了》获得全国县级广播电视节目评析二等奖、广东省广播影视奖二等奖，电视作品《2016开平广播电视台飞扬新星主持人大赛》获得全国市县电视台推优活动二等奖，电视公益节目《活力开平》获得全国城市台公益广告（节目）及城市形象宣传片创优评析银奖，电视公益广告《开平赤坎古镇》获得全国城市台公益广告（节目）及城市形象宣传片创优评析铜奖。 （张锋杰）

2017年开平广播电视台获得奖励的作品

表15：

一、广播作品

作品题目	作者	获得奖项	获奖等次
3对麻风病康复患者结婚了	黄铭敏 张怀芳 蒋 艺	2016年度全国县级广播电视节目评析	二等奖
		2016年度广东省广播影视奖（政府奖）	二等奖
		2016年度广东省县（市、区）广播电视新闻评析	一等奖

续表15

作品题目	作者	获得奖项	获奖等次
水库水质污染何时了	张　鑫 司徒艳君 区锐聪 关健初 蒋　艺	2016年度全国县级广播电视节目评析	二等奖
		2016年度广东省县（市、区）广播电视新闻评析	二等奖
“我在广东永远有个哥”——新疆小伙子依布拉音在开平的故事	谢小影 黄　河 司徒圣龙 凌　玲	2016年度全国县级广播电视节目评析	三等奖
父亲节宣传	张秋霖	广东省第23届广告优秀作品汇展暨自由创作大赛	优秀奖
一眼，改变	司徒泳东	广东省第23届广告优秀作品汇展暨自由创作大赛	优秀奖
爱回家	何健鸿	广东省第24届广告优秀作品汇展暨自由创作大赛	铜奖
台风来的时候……	凌　玲	广东省第24届广告优秀作品汇展暨自由创作大赛	优秀奖
爱莲说	林静青	广东省第24届广告优秀作品汇展暨自由创作大赛	优秀奖
爱在社区	凌　玲	广东省第24届广告优秀作品汇展暨自由创作大赛	优秀奖
《童声童气》——教师节	凌　玲	2017年度珠中江莞地区广播电视播音与主持作品奖	三等奖

二、获奖电视作品

作品题目	作者	获得奖项	获奖等次
《法治开平》栏目	李永建 司徒艳君 张　鑫 杨焯琪 余丽娜 雷　洪	第五届“全国市县电视台推优活动”	一等奖
玲珑新村的集体婚礼	张怀芳 余敏彪 关健初 雷　洪 区锐聪	第五届“全国市县电视台推优活动”	一等奖
		2016年度全国县级广播电视节目评析	三等奖
关沃勤以情以理感动村民	余　鹏 关健初 关慧娜 雷　洪	第五届“全国市县电视台推优活动”	二等奖
2016开平广播电视台飞扬新星主持人大赛	黄　河 罗伟国 余紫翔 关健源	第五届“全国市县电视台推优活动”	银奖
		2016年度广东省广播影视奖（政府奖）	三等奖
开平：创新食品药品监管方法有新招	叶国建 关健初 袁　琦 雷　洪	2016年度全国县级广播电视节目评析	二等奖
播音作品《余靖》	雷　洪	2016年度全国县级广播电视播音主持作品评析	二等奖

续表15

作品题目	作者	获得奖项	获奖等次
全国首个县级跨境电子商务快件分拣清关中心启用	张　鑫　叶国建 司徒艳君 关慧娜 雷　洪	2016年度全国县级广播电视节目评析	三等奖
		2016年度广东省广播影视奖（政府奖）	三等奖
		2016年度广东省县（市、区）广播电视新闻评析	一等奖
邝国强的"灯会情怀"	靳晓文　许文忠 区锐聪　余丽娜 司徒艳君 雷　洪	第三届城市台公益广告（节目）及城市形象宣传片《城市名片》创优评析	铜奖
开平赤坎古镇	余灏立　吴健宁 周国汉　汤　彬	第三届城市台公益广告（节目）及城市形象宣传片《城市名片》创优评析	铜奖
开平市重拳出击 整治水源保护区	张　鑫　许文忠 司徒艳君 关健初 蒋　艺	2016年度广东环保好新闻	三等奖
方君学：从打工仔到慈善家	余　鹏　余敏彪 司徒艳君 余丽娜 陈敏妍	2016年度广东省县（市、区）广播电视新闻评析	二等奖
开平泮村灯会	余灏立　吴健宁 周国汉　汤　彬	广东省第23届广告优秀作品汇展暨自由创作大赛	优秀奖

2016年开平广播电视台获得的荣誉称号

表16：

获奖集体或个人	获得名称	颁奖单位及颁奖时间
开平广播电视台	全国市县20强电视台	中国电视艺术家协会 2017年9月
开平广播电视台微信公众号	2016年度"影响中国传媒"最具融合力媒体	中国传媒行业协会 2017年4月
开平广播电视台网络中心	多功能光纤熔接工作台实用新型专利	国家知识产权局 2017年8月
开平广播电视台经营中心	广东省守合同重信用企业（连续4年） 2013—2016年度	广东省人民政府 广东省工商行政管理局 2017年6月

（张锋杰）

附：开平广播电视台领导班子名录

台党组书记、台长、市委宣传部副部长、市新闻与信息中心主任：黄炳和

副台长：杜海英（女，—2017.12）

台党组成员、纪检组组长：谭新畅

台党组成员、副台长：周建宁

台党组成员、总工程师：刘东华

台党组成员、副台长：李永建

卫生·体育

卫生计生

【简况】 2017年，开平市共有各类医疗卫生计生机构252间（个），其中政府举办的医疗卫生计生机构25间，包括综合医院3间（开平市中心医院、开平市第二人民医院、开平市水口医院）、中医医院1间（开平市中医院）、专科医院3间（开平市妇幼保健计划生育服务中心、开平市第三人民医院、开平市玲珑医院）、公共卫生机构4间（开平市疾病预防控制中心、开平市卫生监督所、开平市结核病防治所、开平市皮肤病防治站）、镇级卫生院14间；民营医疗机构39间（开平市沙冈张立群医院、开平东华老年病康复医院）；村级卫生站178间、医疗室10间。按照医院等级划分有三级甲等综合医院1间（开平市中心医院）、二级甲等综合医院1间（开平市水口医院）、二级乙等综合医院1间（开平市第二人民医院）、二级甲等中医院1间（开平市中医院）、一级甲等医院14间（镇级卫生院）。

全市有卫生专业技术人才3529人，其中执业医师1207人，注册护士1667人，医生与护士的比例为1：1.38，每千人口拥有医生数为1.7人、拥有护士数2.35人；全市开放病床2894张，每千人口拥有病床4.07张，其中民营医院开放病床320张，占全市总数11.06%。

【医药卫生体制改革】 实施“医联体”试点管理，开平市中心医院与水口医院、开平市中医院与马冈镇卫生院、开平市第二人民医院与赤坎镇中心分别结为“医联体”，3月9日，江门市委书记林应武调研开平市“三医联动”工作，3月22日试点分院挂牌成立。按照二级医院标准，建设水口医院、马冈镇卫生院、赤坎镇中心卫生院等3个“医联体”分院，由试点总院定期安排医疗技术专家到分院坐诊、手术和带教，试点分院安排医护人员到试点分院进修培训，建立病人转诊服务，加强“医联体”试点单位的基础设施和医疗设备建设，促进市级医疗资源下沉到基层卫生院，提升试点分院的综合服务能力。2017年全年试点总院共下沉医疗专家635人次，下转病人2420人次；试点分院共上派90名医生到总院进修，上送病人3121人次。

推进医疗机构体制综合改革，统筹安排基层医疗卫生机构工作经费，向专业技术人员倾斜，适当拉开收入差距。5间二级以上县级公立医院全部取消药品加成，全面实施药品零差价销售，调整完善医疗服务价格，累计减轻患者药品负担4771万元。开展家庭医生签约服务，将居民健康档案与家庭医生签约服务同步推进，调动村（居）干部参与签约服务，将原计生专干纳入健康管理员，建立电子管理系统，加强信息共享。全市家庭医生签约服务481744人，签约率70.6%，重点人群签约率72.8%。

【医疗服务】 基础设施建设方面，开平市第二人民医院列入广东省中心卫生院（第二人民医院）升级改造工程和江门市“医联体”试点管理，与赤坎镇中心卫生院整体搬迁整合，搬迁工程于9月6日举行动工奠基仪式。水口医院进行内外环境翻新、检验科和手术室搬迁，马冈分院公卫大楼开始施工。基本完成中医院搬迁工程一期项目新建综合楼建设，二期旧楼改造工程完成旧楼加固工程。推进第二批4间乡镇卫生院标准化建设，完成苍城镇中心卫生院标准化建设项目（新建输液注射室）、蚬冈镇卫生院标准化建设项目（新建供应室工程）和金鸡镇卫生院旧门诊楼改造，启动了长沙街道社区卫生院服务中心新综合楼建设，完成全市45间农村卫生站公建民营规范化建设。

医疗技术方面，制定了《关于建设卫生强市的实施意见》和《开平市医疗卫生强基创优行动方案》，建立医疗质量和医疗安全持续改进考核评价体系，优化就医环境，合理规划科室，改善医疗服务流程，加强重点专科建设。开平市中心医院76种基本设备种类及数量完成配置要求的90%以上，并招聘1名病理科专家，开平市妇幼保健计划生育服务中心聘请妇产科专家作为学科带头人，开平市中医院聘请1名麻醉科专家作为学科带头人，落实专科特设岗位计划。开平市中心医院成为中山大学肿瘤医院的对口帮扶医院，建立针对肿瘤科的远程会诊平台。

人才队伍建设方面，面向社会公开招聘116名卫生专业技术人才和30名基层卫生全科医生。市直医疗卫生机构与省、江门市有关知名医院建立对口帮扶或协作关系，开展坐诊、会诊和手术，吸取三甲医院医疗服务水平、技术支持、人才培养等方面的先进经验。深化城乡医院对口支援工作，从二级以上医院选派骨干医务人员对口帮扶乡镇卫生院。有针对性地加强全科医学、家庭医生式服务培训，提高基层医务人员综合服务能力。

医疗质量管理方面，开平市卫生和计划生育局联合卫监所、公安局、食品药品监督管理局、市场监督管理局、文化广电新闻出版局等部门开展联合执法行动。在医疗机构监督方面共出动执法人员248人次，执法车辆42车次，对全市综合农贸市场周边、城乡接合部较为隐蔽的非法行医点进行突击查处，取缔黑诊所33间次，封存压缩机10台，封存牙床28张，取缔无证牙科诊所27间，收缴违法药品、器械多批，拆除违法医疗广告招牌及宣传横幅多批。全年办理医疗机构申请设置、登记、校验、变更共270间次，办理执业医师、执业助理医师注册、变更、备案、注销、乡村医生注册共503人次，办理放射诊疗许可、校验、变更共12间次。

【中医工作】 以开平市中医院为中心，发挥中医“治未病”的特色优势，开展中医体质辨识、调养保健、“冬病夏治”等中医药预防保健和特色疗法；以乡镇卫生院为枢纽，在全市基层卫生院推广10类30项中医药适宜技术。对基层卫生院的中医医生开展为期半年的基层中医药技能精准提升培训班，完成12间中医馆建设，逐步完善治未病预防保健信息平台。9月8日，广东省卫生计生委副主任、省中医药局局长徐庆峰到开平市调研中医药建设工作。

【公共卫生】 2017年，开平市人均基本公共卫生服务经费达到50元，全市累计建立居民健康纸质和电子档案541309份，建档率77%，健康档案使用率60%。全年无甲类传染病病例，乙类传染病1621例，丙类传染病2937例。计划免疫“九苗”接种率达到95%以上，登革热、寨卡病毒、人感染H7N9禽流感、普通流感、手足口病等突发传染病的疫情控制良好。组织以卫生院临床医生为中心的社区服务团队，上门为居民提供团队式、签约式、个性化的健康服务，农村群众卫生服务可及性及覆盖率达100%。

【综合监督】 推动建立行政许可、行政处罚结果公开公示制度和执法全过程记录，开展“双随机一公开”抽查工作。开展医院感染管理、人感染 H7N9禽流感疫情防控督导、预防接种、放射卫生、第二类疫苗预防接种、临床用血、医疗废物、打击非法行医、民营医疗机构执业专项检查、诺如病毒感染性腹泻防控、农村饮用水安全专项监督、游泳场所水质监督抽检、高考考点学校卫生专项督查和学校春季传染病检查等专项行动20次，全年出动执法人员5115人次，执法车辆721车次。在公共场所卫生、饮用水卫生、医疗机构管理、放射卫生、传染病管理、学校卫生、消毒卫生等领域开展日常监督巡查，检查各级各类管理相对人1694户次，立案66宗，结案52宗，执行行政罚款24.34万元，没收违法所得23716元，没收、销毁违法药品、医疗器械一批。

【红十字会与无偿献血】 无偿献血方面：全市成功献血8278人次，献血总量165.55万毫升，比2016年增长10.68%，其中15个镇街（含翠山湖管委会）组织献血1927人次，合计38.53万毫升，占总献血量的23.27%；市级87个部门单位参与了无偿献血，累计献血2846人次，共计56.92万毫升，占总献血量的34.38%。开平市无偿献血志愿者张培绚2017年被评为“江门好人”和“广东好人”。在春节、暑假等血液供应淡季，卫生计生人员参与应急献血，采血总量超过10万毫升。

红十字会方面：开展“博爱送万家”活动，为开平400户特困家庭送慰问金、物资共计14万余元。打造“博爱在开平”救助品牌，投入3.7万元为资助91名特困学生，并救助了困难群众5人。继续实施“一元爱心”项目，成功救助先心病、风心病患者共6人。在节假日开展送温暖活动：6月开平市红十字会组织了10余名志愿者到塘口镇敬老院，与孤寡老人们一起欢庆父亲节；9月，开平市红十字会与政法委、民政、妇联等单位联合举办了中秋节爱心月饼慰问活动，为200余户贫困家庭送去节日礼品。对企业、学校、社区累计举办各类应急救护培训班50余场次，其中取得初级救护员证 471人，普及救护知识超20000人次。落实开平市青少宫及义工联生命安全体验馆讲解员再培训，全年累计接待团体单位及个人参观体验馆近2000人次。开平市红十字会救灾备灾仓库建成投入使用，建设赤坎镇沙溪村博爱家园项目。

【爱国卫生】 落实农村卫生创建、健康促进、农村改厕、除害防病等重点工作。全市统一开展了以“为了人民的健康65年的历史与展望”为主题的全国第29个爱国卫生月活动，定期开展爱国卫生清洁大行动。马冈镇成功创建广东省卫生镇，完成创建省市卫生村175条、新建和改建家庭户厕930座。

【计生目标管理】 “全面两孩”政策实施以来，开平市出生人口增长稳定，年度出生人口9180人，符合政策生育率99.28%，出生率为13.04‰，自然增长率5.85‰，出生人口性别比105.19，均控制在目标范围内，全市无孕产妇死亡。开平市在2016年度广东省人口计生目标管理责任制考核中再次被评为先进等级，连续第五年获得广东省人口计生管理先进单位。

【流动人口管理】 把流动人口服务纳入优生惠民系列工程和生育关怀行动服务范围，与常住人口同管理、同服务，投入流动人口专项经费50万元，开展流动人口关怀关爱活动，定期为流动人口“送政策、送服务、送文化、送温暖”，帮助流动育龄夫妇解决实际困难。2017年外省流入开平市的外来总人口147810人（省外流入110728人，省内流入37082人），其中已婚育龄妇女40042人；流出总人口68431人，其中女性30714人，男性37717人；流入已婚育龄妇女建立信息卡的有40042人。

【计生服务】 做好优生优育全程服务，全面落实免费孕前检查、出生缺陷综合防治、孕期优生健康检查、新生儿疾病筛查、产后访视等免费项目，免费为6194名孕妇开展孕前优生健康检查，全市覆盖率达85.36%；通过开展“创建幸福家庭”“新家庭计划”和“婚育新风进万家”等行动，巩固计生工作成果，控制政策外生育。强化医疗卫生单位产科、儿科基础建设和人才配备，启动了妇幼保健计划生育服务中心新大楼的建设。

【计生奖励】 全市享受农村部分计划生育家庭奖励5586人，发放奖励金985.11万元；享受农村部分计划生育家庭节育奖5210人，发放奖励金314.76万元；享受城镇部分独生子女父母奖5823人，发放奖励金513.6万元；领取广东省计划生育家庭特别扶助金149人，发放补助金约146.7万元。

【计生宣传】 在通过宣传车、广播电视、电台、悬挂横幅标语和在人群密集场所设立宣传咨询服务台等多种形式的基础上，开设新兴宣传渠道，利用微信公众号进行宣传教育，不定期与团市委、总工会、妇联等部门开展各时期宣传活动，投入36.3万元更新宣传栏和印发宣传资料约6.2万本。依托生命安全体验馆，对全市青少年进行教育轮训，宣传新时期人口发展战略。更新各类宣传标语，向广大育龄群众宣传国家人口和计划生育政策、法规及相关科技知识。

【信访工作和挂钩帮扶】 受理群众有关计划生育的来信、来访、来电788件。其中，来信15件，来电271个，个人访502人次，按时办结率达到100%。处理各类医疗投诉47宗，其中医疗纠纷19宗。主动公开信息634条，其中通过微信发布信息65条，微博发布信息92条。市直85个部门继续挂钩帮扶镇（街道），抽调骨干人员组成帮扶小组，深入镇、村调研人口计生工作，建立定期联系、情况汇报等制度，及时解决镇（街道）在人、财、物上的困难。

（杨惠俊）

附：开平市卫生和计划生育局领导班子名录

局　　长：朱　乔

党组副书记：谢树武

红十字会专职常务副会长：谭珍金（女）

副 局 长：薛炎庆（—2017.9）

阮汝洪

邱振辉

李活船

党组成员：谢剑雄

疾病预防工作

【简况】 2017年，开平市各类传染病疫情平稳，传染病发病率控制在较低水平，全年无甲类传染病，乙类传染病总发病率为245.96/十万，丙类传染病总发病率为447.46/十万。计划免疫、寄生虫病、地方病、职业病等防治工作有序开展。

【传染病监测】 2017年，该市报告乙类（无甲类传染病报告）传染病10种，共1759例，死亡10例，发病数居前五位的传染病是：肝炎（749例）、肺结核（615例）、梅毒（291例）、淋病（55例）、艾滋病（31例），分别占全市乙类传染病总数的42.58%、34.96%、16.54%、3.13%、1.76%。丙类传染病报告6种共3200例，死亡0例，发病数前三位：手足口病（2064例），腹泻病（957例）、流行性感冒（123例），分别占报告总数的64.50%、29.91%、3.84%。

【突发公共卫生事件应对】 2017年未启动突发公共卫生事件管理信息系统。全年举行卫生应急演练2次，分别为传染病现场流行病学演练和食品安全事故处置演练。

【免疫规划】 全年共报告1例AFP病例，经检验排除。共报告5例疑似麻疹病例，经实验室确诊1例，临床诊断1例，排除3例。共报告25例疑似预防接种异常反应病例，其中异常反应7例、偶合症7例，一般反应11例。各接种单位的国家规划免疫疫苗的累计报告接种率均达95%以上。其中乙肝 99.00%、卡介苗99.43%、脊灰苗98.7%、百白破98.5%、白破98.75%、含麻类疫苗99.13%、A群流脑98.73%，A+C群流脑98.11%、乙脑98.64%、甲肝98.55%。组织塘口、蚬冈参与预防接种门诊评审，经江门市专家组的评审，两所门诊均评定为AA级预防接种门诊。

【寄生虫病防治】 该市各医疗单位对629名发热病人进行血检，均未发现疟原虫。市疾控中心共从餐饮场所和流动宵夜市场购买获得圆田螺3621个、福寿螺3591个、环棱螺1528个进行检测，发现管圆线虫感染率为0%。

【消毒效果监测】 全年对各级医疗单位进行了

消毒效果监测75间次。其中监测空气样本891份，合格857份，合格率96.18%；使用中消毒剂341份，合格338份，合格率为99.12%；医务人员手156份，合格143份，合格率91.67%；物体表面33份，合格31份，合格率93.94%；灭菌医疗用品335份，合格325份，合格率97.01%；压力蒸汽灭菌器78份，合格77份，合格率98.72%；治疗用水20份，合格20份，合格率100%；紫外线灯0份，合格0份，合格率0%；污水5份，合格4份，合格率80.00%。全年对54间幼儿园进行了消毒效果监测，监测空气204份，合格204份，合格率100%；工作人员手68份，合格41份，合格率60.29%；物体表面204份，合格167份，合格率为81.86%；玩具68份，合格64份，合格率94.12%。

【职业病防治】 是年工厂工人体检共23679人次，检出职业禁忌证120人、疑似职业病26人。

【地方病防治】 5月，市疾控中心到水口、塘口、赤水、苍城和三埠共5个乡镇各选取一所小学，共抽取300份由学生带回的食盐样品进行盐中碘含量测定。 （徐健斌）

附：市疾病预防控制中心领导班子名录

主　任： 梁坚忠

副主任： 陈缘超

吴丽兰（女）

卫生监督管理

【简况】 开平市卫生监督所设有内设机构5个股（室），核定事业编制27名，2017年在编人数23人，大专及以上学历22人。卫生监督执法职能：组织实施本辖区的卫生监督计划，依据国家法律、法规行使预防性和经常性卫生监督工作职责；受同级卫生行政部门委托承担对公共场所卫生（包括生活饮用水、二次供水）、医疗卫生机构（含母婴保健及采供血机构）的监督管理；受理卫生许可和执业许可的申请以及健康卫生产品的审核；对卫生行政处罚案件进行调查取证、提出处罚建议、执行处罚决定；参与对危害公共卫生的中毒事故、医疗事故、重大疫情和突发事件的调查处理。

【公共场所监督】 出动卫生监督员2976人次，执法车辆992车次，监督检查该市理发美容、旅业、足浴等各类公共场所及供水单位992间次，发出卫生监督文书558份，对辖区内公共场所无证经营、从业人员无有效健康证明从业等违法行为，共处行政罚款4.3万元；加强生活饮用水和游泳场所的监督，出动卫生监督员156人次，执法车辆41车次，检查集中供水单位及二次供水单位47间次，抽取17间游泳场所泳池水样17份，送市疾病预防控制中心检测，并对抽检结果进行跟进处理。

【传染病防治监督】 开展登革热、H7N9流感、手足口病等传染病防控工作专项监督执法，对全市医疗、保健机构、幼儿园、托幼机构等进行执法检查，出动卫生监督员253人次，执法车辆33车次，检查医疗机构、学校、托幼机构101间次，发出监督意见书101份，指导开展登革热、H7N9流感疫情、手足口病防治工作，减少重症病例和死亡病例的发生。

【医疗卫生监督】 是年出动卫生监督员1886人次，执法车辆451车次，监督检查各类医疗机构601间次，取缔无证行医点47个，封存压缩机18台、牙床7张，收缴违法药品、器械多批，拆除违法医疗广告灯箱、宣传海报一批；针对发现的各类违法行为，立案63宗，合计处罚22.7895万元，没收违法财物1.1721万元，遏制了非法行医违法活动；调解医疗纠纷19宗，办理医疗事故鉴定申请6件，尸检2宗，妥善化解矛盾冲突。

【放射卫生监督】 开展辖区内放射诊疗活动专项整治行动，出动卫生监督员180余人次，出动执法车辆53车次，对市内26间开展放射诊疗工作的医疗机构进行监督检查，发出监督意见书53份。组织相关专家对辖区内4间医疗机构的放射机房新建、改建建设项目开展职业病危害放射防护控制效果专家评审会。

【申请强制执行】 针对该市马冈镇某宾馆无证经营被罚而规避执行的行为，向市人民法院申请强制执行，这是该所近年来首宗通过司法机关成功强制执行的行政处罚案件，它对不履行或者不完全履行义务的被执行人起到震慑作用，推进了社会诚信体系建设。

【重大活动卫生保障工作】 联合市卫生计生局、市教育局、市食药监局、市疾控中心等部门开展高考考点学校卫生保障任务，派出卫生监督员6人次，对学校考场卫生安全予以监督落实。

【推进执法全过程记录工作】 作为广东省卫生计生监督执法全过程记录试点单位，该所建立规章制度8项，开展培训学习班4期次，培训卫生监督员67人次，执行执法全过程记录监督检查312间次，发出卫生监督文书272份，拍摄现场照片1280张、拍摄执法视频1505段，规范了卫生监督执法人员的执法行为，增加执勤执法透明度。

【推进“双随机一公开”工作】 按照广东省“双随机一公开”工作任务要求，全面推行“双随机一公开”监管模式，规范卫生计生行政执法行为，全年共完成双随机任务93件（停业除外），包括自来水厂14件，公共场所39件，游泳场馆12件，学校20件，医疗机构8件，下达卫生监督文书93份，填写双随机抽查记录表93份，并通过国家卫生监督信息系统上报完成情况。

【作客《民声热线》】 上线开平市广播电台第四十五期《民声热线》节目，围绕公共场所、生活饮用水卫生监管、医疗机构执业许可和医疗服务市场监管、学校卫生监管、餐饮具消毒监管等主题，现场在线接受群众咨询，为群众解决热点、难点问题。

【宣教工作】 通过电视台对打击非法行医专项行动进行跟踪报道，并利用官方网站、两微等媒介宣传公共卫生、放射卫生、医疗机构监督管理条例及相关法律法规，提高人民群众的健康安全意识。全年发布卫生监督信息46条，新闻动态107条，更新法律法规宣传、卫生知识、办事指南30余条，发布微信、微博150余条。

【队伍建设】 党、工、妇、团等组织围绕中心工作，开展“主题党日+”活动，并通过成立党员义工队，开展党员义工服务，弘扬奉献精神，全年开展义工服务10次，参加服务人数92人次，累计服务时长218.5小时。

【打造高效率服务窗口】 围绕“机关服务年”活动，参与共建该市行政服务中心“邑门式”公共服务平台，创新行政服务方式，整合驻行政服务中心卫计局窗口人员，实行“一门集中”“一窗办理”。是年办理公共场所卫生审查、许可、复核555间，医疗机构申请设置、登记、校验、变更270间，放射诊疗许可、校验、变更12间，各类人员证510人。所有事项承诺时限内按时办结率均为100%。（郭子倩）

附：市卫生监督所领导班子名录

所　长：庄冬梅（女）

副所长：李超波

　　　　张耀宗

体　育

【概况】 开平市体育局核定编制12人，设有办公室、群众体育股、竞赛训练股、体育经济股四个机构，主要职责：贯彻执行国家和省、市有关体育工作的方针政策和法律法规；推进体育公共服务，促进多元化体育服务体系建设，指导实施全民健身计划；对竞技体育进行宏观指导和管理；承办市政府交和省、市体育局交办的其他事项等。

【基层体育组织】 该市有体育社会组织15家，其中2017年新成立的3家。是年，各协会共承办足球联赛、篮球联赛等大型体育赛事（活动）20多项。是年全市拥有各级社会体育指导员2900余人，全民健身指导站点15处。

【体育设施】 是年发放15件体育器材（移动音响），帮助各镇（街）文体中心开展体育活动；从体彩公益金中划出3万元支持各镇（街）全民健身广场的维护管理；划出35万元经费采购篮球架、乒乓球台和健身路径，支持基层农村开展体育场地建设。

【体育服务】 2017年，争取各级体彩公益金共约10万元，用于支持各镇（街道）社会指导员服务站建设发展；开展3次免费体质测定，测定人数超过1千人次；继续推行公共体育场馆优惠开放，扩大体育人口。

【群众体育】 是年，开平市获广东省第十六届“体育节”活动先进单位荣誉称号，被国家体育总局被评为2013—2016年度全国群众体育先进单位，体育局副局长刘友生被评为2013—2016年度全国群众体育先进个人； 4—9月，顺利举办开平市第十二届运动会暨第二届老年人运动会，实现运动会全过程“零申诉”。此届运动会共设13个大项21个项目，历时56天，参与人数超过3000人；是年举办该市2016—2017年度男子篮球联赛、开平市中国象棋公开赛、“小黄车”骑游活动、科级干部羽毛球赛、第三届男子七人足球联赛、翠山湖“企业杯”篮球赛，圆满承办广东省老年人气排球比赛，组队参加广东省第二届百县（区）足球赛、江门市11人制足球联赛、江门市篮球联赛、江门市第十三届农民运动会等。

【竞技、学校体育】 开平市组队参加江门市锦标赛获得96枚金牌；开平籍运动员彭健烽在匈牙利首都布达佩斯举办的2017年世界游泳锦标赛夺得跳水1米板冠军，代表广东省出战在天津举行的2017年全运会，获得跳水团体冠军；是年联合市教育局举办了中小学生篮球赛、排球赛、足球赛、田径运动会等校园体育活动和竞赛。

【体育市场】 是年，该市新增40人考取救生员资格证，全市共有国家级救生员151人，新增7个游泳场所取得“高危险性体育项目经营许可证”，至年末全市已办理取得高危许可证的游泳场所共有18家；全年组织游泳场所安全联合检查、节前专项检查、日常安全检查共近百次；开平市祥龙体育中心全年实现运营收入约33万元，举办体育赛事和文体活动约120场次，服务群众健身约13.5万人次；全市现有体育彩票销售网点49个，在建1个，截至12月，该市体育彩票销售额达5438.35万元，超额完成江门市下达的基本任务和提高任务。（李美珊）

附：市体育局领导班子名录

局　长： 许朝辉

副局长： 刘友生

司徒海珊（女）

林　霖（2017.7—）

侨务·台务·社会民生

华侨·港澳台事务

侨务·港澳台事务

【简况】 至2017年底止，旅居海外的开平籍华侨、华人、港澳台同胞782606人，分布在世界上79个国家和地区。境外的开平社团组织53个，其中海外社团组织40个，香港社团9个，澳门社团4个。2017年，全市接收海外侨胞捐资赠物折合港币2741.70万元。港澳乡亲参政议政方面，担任江门市政协委员7人，开平市政协委员25人。

【侨务工作】 2017年，开平市外事侨务局、开平市归国华侨联合会协办多项涉外联谊活动，协助接待海外重点社团，加强与各社团和重点侨领的联络沟通，办好夏令营及寻根等活动。按照《江门市侨务强市工作纲要（2015—2020）》战略部署，围绕市委、市政府的中心工作，挖掘和统筹侨务资源，做好华侨华人新生代工作，涵养侨务资源。参与第三届世界广府人恳亲大会暨2017中国侨都（江门）华人嘉年华活动，配合做好大会筹备和各项会务工作，发动邀请了100多名开平籍侨胞参加盛会；向江门市推荐方沃旋、方逸龙、谭瑞璋3人，获“江门市荣誉市民”称号。（林妙云　袁金仲）

【公益捐赠】 2017年，该市接收海外侨胞捐资赠物折合港币（下同）2741.70万元，其中教育事业1764.44万元，卫生事业670.13万元，文体事业38.5万元，生产生活设施247.82万元，慈善帮扶项目20.81万元。（杨秀梅）

【对外交往】 2017年，接待的外宾、海外社团和重点侨领港澳台同胞182批，4929人次，其中海外84批，2099人次；港澳台98批，2830人次。（张宝珠　苏晓华）

【侨务宣传】 坚持办好《侨刊乡讯》，做好海外侨务宣传工作。该市侨刊乡讯22家，以“集体家书”的形式，报道乡情，传播乡音，发挥其“桥梁”和“纽带”的作用。在办好《开平明报》的同时，利用国际互联网、微博、微信三大平台，反映家乡经济社会的发展变化。据统计，是年更新240条信息，向网媒、纸媒发稿约30%被采用，70多条原创开平侨务信息被多家网媒、纸媒刊登。（伍素贞）

【节日慰问】 关心归侨侨眷生活，春节期间上门慰问困难老归侨、侨领亲属，向他们送去党和政府的关怀和温暖。

【侨资企业调研】 为加强与侨资企业的沟通联系，2017年春节及中秋节前夕，该局领导带队开展拜访侨资企业活动，对企业的生产经营情况进行调研。（杨秀梅）

【为侨和港澳台同胞服务】 帮扶特困归侨（纳入城乡低保户）、临时困难归侨。是年得到上级补助资金104200元，该市受惠的归侨25户75人。为华侨回国定居提供便利，2017年受理华侨回国定居申请32宗，已办结32宗。帮助海外侨胞和新生代华裔回乡寻根，是年协助华人、华裔回乡寻根33批，122人（次）；协助澳门开平同乡联谊会、澳门开平工商联合会回开平举办2017年团拜会；协助开平市人民政府在港澳举行2017年新春茶话会；协助做好香港开平同乡会第十三届会长、理监事就职典礼工作；协助旅港开平商会回乡举行第22届开平市升读国内重点及普通大学优异生奖学金颁发典礼；协助澳门开平同乡联谊会举行成立三十六周年、第十四届理监事就职典礼暨澳门开平青年会成立典礼等。（张宝珠　郑焕娣）

【侨务信访工作】 做好来信来访造册登记，处理好网上信访信息，对信访事项及时调查取证，在规定时间内办理完结，及时答复信访人。加强排查力度，做好化解矛盾、纠纷工作。据统计，是年受理来信来访47件，其中来信21件，来访26批次，已办结47件，结案率为100%。继续配合赤坎古镇项目，宣传和贯彻《广东省华侨权益保护条例》，做好侨务信访工作。（郑焕娣）

【外事管理】 把好因公出国（境）的政策关，坚持提供优质高效的服务，明确因公出访的实质性任务和重点项目落地，保障本市对外交流和各项经贸活动以及招商引资工作顺利进展。2017年办理批件上报260批，办理出境签注262人次。在加强外国人入境管理方面，2017年办理外国人入境6批，12人次。为有关企业"走出去"提供优质服务，办理前往APEC经济体的APEC商务旅行卡1人次。

（邝燕萍　苏晓华）

【侨联工作】 是年，广东省侨联把"党建带侨建"工作作为省侨联工作的亮点之一，在全省全面铺开。该市侨联为搞好这项工作，选定赤坎镇侨联、长沙镇幕村村委会、开平嘉士利食品有限公司党支部作为三个预备点，涵盖乡镇、村及企业不同层次。多次参加上级组织的到清远、惠州、增城等先进单位活动学习。9月12日，市侨联组织开平市侨联常委、各街镇侨务分管领导和干部、市外侨局工作人员，50多人前往新会双水先进示范点学习。继续举办中国开平与马来西亚华裔青少年"中国寻根之旅"夏令营活动，8月31日至9月1日在开平进行为期2天的活动，20多人参加，至此已是第三次牵线马来西亚华侨组织青少年回开平的寻根之旅。（伍素贞）

【开平市侨界青年委员会、开平市海归人员发展委员会】 响应国家"一带一路"、粤港澳大湾区经济建设战略等号召，市侨联多次邀请、组织侨青、海归企业家参加联谊活动，考察市场、互相沟通、交换信息。市侨青会、海归会发挥平台作用，先后与国内国外多个企业、社团等沟通联系，增强境外青年企业家来开平投资发展的信心，寻求发展合作机会。（伍素贞）

【侨刊乡讯】 2017年，开平市出版的侨刊乡讯有：《楼冈月刊》《澄溪月刊》《波罗侨刊》《龙塘侨刊》《沙冈月刊》《舜河侨刊》《光裕月报》《护龙月刊》《小海月报》《五堡月刊》《北炎通讯》《教伦月报》《里讴月刊》《潭溪月报》《古宅月刊》《百合侨刊》《茅冈月报》《新民月报》《长塘月刊》《开侨校友通讯》《开平明报》等21种，2017年共出版65期约16万册，境外发行10万多册（其中国外9万多册）。主要发行到美国、加拿大、秘鲁、新西兰、澳大利亚、委内瑞拉、新加坡、印度尼西亚、马来西兰、英国、法国等20多个国家和我国香港、澳门、台湾等地区。多家侨刊在唐人街网推出了电子书，运用新媒体发挥"集体家书"的功能。（伍素贞　袁金仲）

【《开平明报》】 2017年，出版了2期，印数每期1500册，两期共3000册，向境外寄出2000多册（其中国外约1600册）。主要寄送到美国、加拿大、印度尼西亚、马来西亚、英国、澳大利亚、新西兰等近20个国家和我国香港、澳门、台湾等地，免费向华侨、华人和港澳台同胞赠阅。主要栏目有：乡情辑要、桑梓情深、侨邑俊贤、港澳讯息、海外侨情、为侨服务、侨乡拾趣等。16开本印刷，内文页码均为52页，宣传开平投资环境和优惠政策，报道乡情传播乡音。尤其是加强美、加等地海外侨情报道后，备受海外侨胞欢迎，美国南加州潭江联谊会众多会员纷纷索阅，美、加等地侨社提供侨情、稿件，捐款赐稿支持。每期在唐人街网（http://www.tangrentown.com/）同步推出电子版。　　　　　　　（伍素贞　袁金仲）

附：市外事侨务局、市归国华侨联合会领导班子名录

党组书记、局长、侨联主席：冯立本

党组成员、副局长：谢颖岚

党组成员、侨联专职副主席：梁海燕（女）

党组成员、副局长：梁忠怡

党组成员：吴江东

社会民生

人力资源和社会保障

【简况】 开平市人力资源和社会保障局（以下简称“人社局”）主要负责开平市促进就业、社会保险保障、人才队伍建设、人事综合管理、维护劳动关系稳定等工作，共有内设股室14个，直属事业单位5个。2017年，人社局围绕“民生为本，人才优先”的工作主线，进一步提升社保待遇，提高城乡居保基础养老金最低标准和城乡医保各级财政补助标准，顺利开展企业申报失业保险稳岗补贴工作。通过“一对一”定向帮扶、开发公益性岗位、培育和建设就业安置基地等措施实现就业脱贫。发展该市创业孵化基地，已建基地2个，促进创业带动就业。落实人才激励政策，强化人才队伍建设。通过规范单位用工、增强法律意识、完善管理制度等源头治理措施减少和化解劳资纠纷，落实仲裁要素式办案模式，维护劳动关系和谐稳定。

【就业创业工作】 2017年，开平市实现城镇新增就业7921人，城镇失业人员再就业5334人，就业困难人员再就业435人，促进创业826人；城镇登记失业率为2.37%，控制在3.2%以内。加大就业创业政策执行力度，全年共兑现落实就业创业扶持政策补贴795.01万元。发展和完善创业孵化基地，已建创业孵化基地2个，进驻并取得工商注册登记的小微企业和创业团体共90家。2017年共2家科技型小微企业成功申请贷款贴息，可贴息的贷款金额达600万元。

【高校毕业生就业服务】 鼓励和引导高校毕业生多渠道就业，共接收2017届高校生2450人，就业率达95.84%，“双困”生就业率100%。

【公共就业服务】 组织开展校园供需见面会、春风行动、高校生招聘会等各类招聘活动32场，共958家次优质企业进场提供就业岗位16281个次，达成就业意向约7063人次。开展失业人员“一站式”服务，将服务经办点铺开至全市各镇街。抓好重点群体就业创业工作，对就业困难人员实行“一对一”就业帮扶，将失业人员“一站式”服务延展至市镇两级。推动开平市用人单位网上就业登记和用工备案工作常态化，是年，该市3人以上用人单位在网上服务平台注册率、备案率、申报率分别为99.55%、99.36%、99.28%。

【技能鉴定工作】 帮助和指导有条件的企业开展企业技能人才自主评价工作，其中华艺卫浴、嘉士利集团、供水集团、海鸿电气公司已成功开展技能人才自主评价工作，共243人参加鉴定考试，192人考取国家职业资格证书（其中高级工129人，技师24人，高级技师6人）。组织好技能鉴定工作，全年共组织鉴定140场次，参加鉴定3758人次。加强师资培训工作，全年共组织参加创业培训师资班2人、考评员培训班15人、质量督导员培训班1人、技工院校教师资格培训班2人。

【劳动力技能晋升培训】 该市是年完成各类职业培训40281人次，其中劳动力转移就业培训3406人、高技能人才培养715人、创业培训186人；共受理技能晋升培训补贴申请2679

人，补贴金额402.53万元。新增中式面点师、马铃薯栽培、农艺工、绿化工等培训工种，开展妇婴护理、美容师、艺术化妆师、美发师等服务业工种培训。结合经济社会发展针对性开展培训工种，例如适应服务业快速发展，大力开展妇婴护理、美容师、艺术化妆师、美发师等服务业工种培训；配合精准扶贫工作，开展灵芝栽培、马铃薯栽培等农业技能培训。

【专业技术人员继续教育】 2017年，开设8场次专业技术人员继续教育公需科目面授培训班，参训人数9297人。

【养老保险】 同步调整企业和机关事业单位退休人员养老金，全市4.54万名退休人员受惠。从2017年1月起，城乡居保基础养老金标准从每人每月110元提高至每人每月120元，全市9.8万名领取城乡居保养老金的参保人受惠。截至2017年12月底，开平市城乡居民基本养老保险参保率达99%，城镇职工养老保险参保率达97.9%。实施机关事业单位养老保险改革，组织符合改革范围的机关单位开展参保登记工作。全面推进被征地农民养老保障资金分配工作。

【失业保险】 开展受理企业申请2017年度失业保险稳定岗位补贴工作，共为8家符合条件的企业发放稳岗补贴70.21万元，稳定就业岗位1292个。

【医疗保险】 从2017年1月起，提高特困群体（困难居民）大病保障待遇，降低大病保险起赔标准，建档立卡的贫困人员、最低生活保障对象的城乡居民大病保险起赔标准降低至3000元，特困供养人员的城乡居民大病保险起赔标准降低至2000元，另外，对“精准扶贫重点帮扶对象”100%实施医疗保障精准扶贫，按规定提供精准全额资助。2017年城乡医保个人缴费标准为200元，城乡医保各级财政补助标准提高到每人每年450元。落实完善职工医保普通门诊统筹制度，增加一个门诊选点。提升异地就医结算管理服务工作，该市3家定点医疗机构接入全国跨省异地直接结算平台，1家定点医疗机构接入全省异地直接结算平台，方便异地参保人在该市实现就医联网直接结算。该市参保人在全省473家医疗机构、全国8499家医疗机构可实现异地就医联网直接结算。推进基本医疗保险城乡一体化改革工作，做好政策宣传解释和参保缴费宣传发动工作。全面推进医疗保险付费方式改革，实施住院费用总额控制，推进按病种付费，全市8间定点医疗机构实行了64个病种住院医疗费用实施按病种付费。截至2017年12月底，全市城乡居民基本医疗保险参保率达98.94%。

【生育保险】 加强生育保险政策宣传，该市共6家生育保险定点医疗机构，实现职工生育保险费用实时结算。

【工伤保险】 进一步提高工伤职工伤残津贴的标准，人月均调整增加额为234元/月。做好工伤浮动费率的调整工作，确定用人单位行业基准费率和费率档次。推动该市建筑施工企业依法参加工伤保险，新开工项目参保率100%。依法依规处理工伤认定案件，2017年共受理工伤认定申请660件，其中已作出工伤认定640件，不予认定20件；处理劳动能力鉴定261人。

【参保人数】 2017年全市城镇职工基本养老保险、城乡（镇）基本医疗保险、失业保险、工伤保险、生育保险、城乡居民养老保险参保人数分别为24.18万人、63.12万人、8.97万人、9.44万人、9.3万人、31.76万人。

【社会保险待遇】 全市离退休人员47493人（含机关离退休人员8498人），享受城乡居保待遇104441人，领取失业保险金10845人次，享受工伤保险待遇578人，生育保险待遇49672人次，办理基本医疗住院报销83116人次，特定病种门诊结算384415人次，普通门诊结算396653人次。全市支付各项社保待遇19.54亿元，其中养老保险金12.28亿元（含城乡居保养老金1.54亿元），基本医疗保险待遇

62611.57万元，公务员医疗补助4061.14万元，失业保险待遇2042.88万元，工伤保险待遇1978.66万元，生育保险待遇1844.47万元。

【社保基金管理】 强化基金预算及安全监管制度，组织开展工伤保险和生育保险定点医疗机构、医疗保险定点医药机构、基本医疗保险医疗服务监督、养老保险重点指标等专项核查，确保社保基金合理支出。2017年各项社保基金总收入20.70亿元，其中：城镇职工基本养老保险101501.06万元、城镇（乡）基本医疗保险75472.61万元、公务员补助4378.48万元、失业保险2819.79万元、工伤保险1694.74万元、生育保险1351.93万元、城乡居民养老保险19771.54万元。各项社保基金结余22.68亿元。

【社会保障卡的发行及应用推广】 普及社会保障卡使用，2017年该市社会保障卡累计持卡人数达66.8万人。进一步规范社会保障卡管理，保障持卡人权益，该市开展了单位、农村集中申领社会保障卡回收工作。2017年建立三个即时补换社会保障卡服务网点，新增44个社会保障卡业务受理服务网点，全市累计120个服务网点。

【社会保障卡农村服务点建设】 完善社会保障卡农村服务点建设，截至2017年底，该市有87个行政村已撤社会保障卡农村服务点，保留12个行政村社会保障卡农村服务点继续使用，保留的服务点按规定悬挂服务点牌匾、张贴宣传海报、宣传小贴纸，配置便民服务机、验钞机，进一步优化服务点的服务质量，发挥服务点的实际效能。

【企业退休人员社会化管理】 截至2017年12月底，全市企业退休人员38995人，纳入社区管理人数35876人，社区管理服务率达到92%。

【人才队伍建设】 2017年全市新增专业技术人员433人，新增高技能人才人数715人。落实人才激励政策，做好人才项目申报和服务工作。彼迪药业公司1名博士入选省2016年度“扬帆计划”的“博士后扶持项目”，获得18万元扶持；开平市敞开电气有限公司的许凯旋入选为江门市首批创业领军人才，获得资助300万元；23人成功获批为江门市高层次人才；25人获批江门市人才新政高级技师生活补贴；16人获批“扬帆计划”高技能人才生活补贴；1人获得高层次人才安居租房补贴。

【博士后载体建设】 加强高层次人才培养载体建设，华艺卫浴、海鸿电气、嘉士利等现有博士后科研工作站（创新实践基地）获得一次性建设经费扶持，并成功协助海鸿、华艺公司和华南理工大学达成合作分别招收一名博士后入站。

【机关事业单位人员队伍建设】 全年组织公开招考招聘10场次，累计新增公职人员422人，其中公务员126人、事业单位职员221人、司法辅助人员及雇员等75人。完善事业单位人员岗位变动聘用工作流程，落实事业单位人员岗位变动聘用方案备案制度，推进实施新录用公务员导师制，为126名新录用公务员以“一对一”的方式配备导师。抓好公务员培训工作，全市各项培训达8852人次。建立并首次推行市直其他事业单位绩效考核优秀评选制度，通过主管部门绩效考核和推荐申报、市级评优的方式，从全市94个市直其他事业单位中评选出6个优秀单位。

【军队转业干部安置工作】 做好安置对象安置指导工作，经严格的安置程序，是年6名计划分配军转干部均妥善安排到合适的工作岗位，1名自主择业军转干部按时报到。从2017年1月起，调整开平市企业退休军转干部职级补贴标准，建立职级补贴正常增长长效机制，并调整了企业军转干部下岗失业困难补助标准。

【工资福利】 全面实施开平市乡镇机关事业单

位工作人员乡镇工作补贴制度，自2015年1月1日起执行，惠及1448人。

【劳动关系工作】 2017年全市企业劳动合同签订率是96.01%，已建立工会的企业集体合同签订率是82.35%。顺利完成2016年度劳动保障信用评级工作，全市共774家用人单位参与了评级工作，经评定，最终有371家用人单位获评A级或以上。

【劳动保障监察工作】 2017年全年受理各类劳资纠纷案件595宗，涉及1821人次。妥善处理了58宗5人以上劳资纠纷事件，涉及1424人，涉及金额达1100.68万元。共向公安部门移送涉嫌拒不支付劳动报酬罪案件12宗，公安部门立案10件，抓捕犯罪嫌疑人3人。加强规范建筑领域工人工资支付行为，推进落实建筑施工企业的工资保证金制度以及分账管理制度，2017年共办理缴存工人工资支付保证金9宗，缴存保证金金额688.93万元，共有70个建筑施工项目开设了工人工资专户并办理了分账管理业务。

【劳动人事争议调解仲裁工作】 依法依规处理好劳动争议仲裁案件。2017年该市共受理劳动争议案件495宗，同比下降15.24%，涉及劳动者906人，结案标的额约1337.88万元，10人以上集体案件17宗（50人以上2宗），全年案件结案率约96.77%，法定时限内结案率达100%，调解率同比上升2倍。全面落实要素式办案模式改革，通过要素确认、突出争议焦点，更有效强化庭前引导、优化庭审程序、简化裁决文书，达到快捷、简便、高效、便民的效果。

【信访工作】 按照《信访条例》和《广东省信访条例》的规定，对群众通过来信、来访、网上信访反映的信访事项进行甄别审核，对符合的信访事项，按照规定及时给予答复；对依法应当通过诉讼、仲裁、行政复议等法定途径解决的信访事项，指引信访人通过法定途径处理。2017年共处理上级转办信访事项320宗，复查复核信访事项7宗，12345政府服务热线转办事项308宗，办结率均为100%。（李婷婷）

附：市人力资源和社会保障局领导班子名录

党组书记、局　长： 劳蔼婵（女）

党组成员、副局长： 梁方平
杨雄彪
周星明
劳光深

党组成员、纪检组组长：

陶伟琴（女，—2017.8）

副 局 长： 梁俏筠（女，2017.3—）

党组成员： 张永昌（2017.11—）

民政事务

【简况】 2017年，开平市民政局践行民政职责，围绕“善作为、重实效、谋新篇”工作主线，履行“民政为民，民政爱民”的核心理念，持续改善社会民生，搞好民政工作。

【行政区划】 2017年，全市共辖三埠、长沙2个街道，月山、水口、沙塘、苍城、大沙、马冈、龙胜、赤坎、塘口、百合、蚬冈、金鸡、赤水13个镇。全市有43个社区，226个行政村。

【基层政权】 2017年，该市269个村（社区）完成“两委”换届选举工作，选举产生新一届村（社区）“两委”干部1103名，其中村“两委”干部934名，社区“两委”干部169名。全市3083个村（居）民小组也依法选出小组长。全市269个村（社区）完成村（居）务监督委员会班子的换届选举，选举产生村（居）务监督委员会成员807名，其中村678名，社区129名。

【社区建设】 该市各镇（街道）建立了“邑家园”场所使用管理、志愿者服务队伍管理、服务活动记录、档案管理、财务管理等制度和

“邑家园”开展服务情况统计台账制度。

【村务公开】 印发了《关于印发〈开平市村务公开实施细则〉的通知》（开村务办〔2017〕2号）。在全市范围内开展村（居）务公开“设施建设标准化、公开内容规范化、公开时间经常化、公开形式多样化、公开地点公众化”的“五化”创建活动。确定了三埠、长沙、月山、龙胜、蚬冈为市级村（居）务公开“五化”创建示范镇（街），其他各镇选取3个以上村（社区）作为创建示范点。

【地名管理】 2017年受理地名、建筑名命名审批11宗。完成开平市7194条地名成果表整理和调查数据入库，完成开平市第二次全国地名普查的各项复核任务和地图整饰。

【社会组织管理】 2017年，社会组织受理登记22宗，其中社会团体登记6宗，民办非企业登记16宗。社会组织注销受理148宗，其中社会团体注销受理147宗，民办非企业注销受理1宗。

【界线管理】 2017年由开平市牵头负责实施县级界线“开平与新会”行政区划界线联合检查。

【救济救灾】 完成该市救灾物资仓库的升级改造，赤坎镇应急避护中心（中庙村委会）完成建设并投入使用。在长沙街道文体活动中心举行5·12防灾减灾日宣传活动。组织春节期间“扶贫解困送温暖、献爱心”活动，全市发放扶贫解困金100万元，慰问农村五保对象、城乡低保对象及其他困难家庭近17000人。发放春荒冬令救济款30.84万元，帮助该市1586户困难群众解决缺粮及御寒衣被问题。台风期间，该市开放了市救助站、金鸡镇应急避护中心等311个应急避护场所，累计转移人口5025人，其中留守儿童38人，孤寡老人（特困）323人，低保对象177人，外来务工人员3184人。全市发放救灾衣服260件、饮用水600箱、方便面110箱和饭盒940盒。及时发放各项救济款，2017年该市发放临时救济金80.6万元，救济困难群众704人次；慈善助困及百万行资金40.82万元，救助困难群众1013人次。

【社会救助】 2017年，开平市城乡低保标准分别提至每人每月700元和600元，补差水平分别提高到457元和206元，将农村五保供养、城市“三无”人员合并为特困人员供养，城镇特困供养标准提高为每月1120元，农村特困供养标准提高为每月960元，集中供养和分散供养的孤儿养育标准分别提高到每月1540元和900元。事实无人抚养儿童生活保障金，非低保对象按照每人每月500元的标准发放，低保对象实行差额补助。是年，全市有低保对象3805户9629人、五保对象1969户、孤儿（含艾滋病病毒感染儿童）82人、事实无人抚养儿童72人，发放低保金2855.2万元、五保金2286.2万元、孤儿基本生活费116.94万元、事实无人抚养儿童生活补贴金30.14万元。全市符合领取两项补贴的残疾人6990人，其中困难残疾人2214人，重度残疾人4776人，是年支出残疾人两项补贴资金1581.59万元。开展医疗救助，是年医疗救助4720人次693.86万元。实现全市医疗救助“一站式”服务全覆盖，是年为1890名受助群众进行即时救助结算，救助金额272.25万元。

【慈善公益】 召开了开平市慈善会第三届三次理事（扩大）会议，表决通过了补选慈善会领导成员、配备慈善会骨干力量，讨论修改了《开平市慈善会章程》及《开平市慈善资金管理暂行办法（2017修订）》《开平市慈善资金使用暂行办法（2017修订）》。市慈善会联合市教育局、广东巨隆化工有限公司和市惠群社会工作服务中心举办了开平市第二届慈善公益“巨隆杯”演讲比赛。开展“慈善公益月”活动，收到扶贫济困捐款1342万元。

【社会福利与社会事务】 实施《开平市养老设施布局专项规划（2016—2020）》，全市社区居家养老设施70个，农村居家养老服务设施

247个，覆盖率均为100%，2017年养老床位增加503张，总数3870张。市福利院、三埠美仙养老院内设医务室，东华颐养院设置综合门诊部，各镇（街道）农村敬老院分别与当地医疗机构签订医疗服务合作协议。及时下达省、市2017年社会福利专项资金和福利彩票公益金，开平市东华颐养院申请新增床位补助65.5万元，开平市三埠美仙养老院申请运营补助18.7万元。

【双拥优抚安置】 5月，周文雍陈铁军烈士陵园的国家级烈士纪念设施保护标志、烈士雕塑（铜像）以及陵园历年取得的荣誉称号展示板牌三大项目揭幕。春节期间，为烈属和现役军人家属贴春联700户，发放慰问金63.34万元。清明期间，向全市43户中越边境自卫反击战烈属发放祭扫烈士墓补助金每户2000元。八一前夕，市委市政府组织了“拥军慰问团”对驻军部队进行慰问，下拨各类慰问经费9.675万元，帮助驻军部队解决生活文娱设施、训练教学设施和车辆维修等实际困难项目13个。中秋节和烈士纪念日前夕，走访慰问该市53户烈属，发放慰问金。组织开展了“关爱功臣 送医送药”活动。制定了《关于建立和完善开平市复退军人服务体系的实施方案》，按照复退军人服务组织“五有”标准，建立了市镇村三级服务组织并开始运作，完善了相关（激励、优待、会商等）服务制度，通过省考评督察组验收。2017年发放重点优抚对象抚恤定补金2045人1831万元，发放60周岁老年生活补助金1595人264万元，残疾军人定期抚恤金161人286万元，发放医疗补助1760人次65.09万元（其中伤残军人门诊医疗补助1248人次37.56万元，公费医疗补助金158人次5.7万元，住院医疗补助354人次21.83万元），预拨参战退役人员（含困难三类优抚对象）参加社会保险补贴资金652.38万元，预拨参战退役军人生活困难救助资金386.89万元；临时困难补助1228人次88.89万元。接收2017年冬季退役士兵186人，符合政府安排工作1人。

【婚姻登记】 2017年办理结婚登记4794对，离婚登记1415对，补领婚姻登记证841宗，婚姻登记合格率100%。

【殡葬改革】 制订《开平市殡葬事业发展“十三五”规划》，市政府与各镇（街道）签订《江门市“十三五”期间殡葬事业发展目标责任书》。组织市民前往新会区崖南黄茅海域参加江门市第九次骨灰海葬活动。开展“尊重生命，情系逝者，殡葬为民”为主题的殡仪公众开放日活动，全市火化率保持100%。2017年免除殡葬基本服务费4974宗，免除基本服务费386万元。其中低收入群体404宗，免除39.7万元，全年减免无名尸体处理费30万元。

【彩票发行管理】 2017年，该市福利彩票总销量为10729.35万元。开展慰问投注站活动，与站主续签定代销合同，召开五一小卖场工作会议，在长沙文体活动中心开展“刮刮乐手工艺品培训班”。在东汇城、益华广场、水口卫浴城开展“五一刮刮乐小卖场活动”。金鸡镇文体服务中心开展“刮刮乐手工艺培训班”，联合市福利院开展关爱老人慰问活动，在金鸡镇举办“关爱妇女，爱护儿童”文艺晚会中为刮刮乐手工艺品得奖人员颁奖，在会场外开展刮刮乐小卖场。进行“喜迎发行30载，开启福彩新里程”刮刮乐即开票手工艺品评比。开展国庆节小卖场工作在东汇城、华润广场、水口卫浴城、金鸡镇开展国庆小卖场活动。举办2018年元旦中小学生“福彩杯”乒乓球公开赛。在全市13个镇（街）的颐养院开展“寒冬送温暖”活动，为每个颐养院赠送棉被。马冈镇举办“美丽马冈乡村旅游节暨马冈美食嘉年华第四季”，开展“刮刮乐”即开票小卖场活动。

【社工队伍建设】 开平市6个“双百计划”社工服务站已全部运营，工作人员、地方配套资金和站点服务经费已落实到位。举办2017年度社会工作者职业水平考试考前培训班，全年新增持证社工43人，社工人才总量达305人。

【政府高龄津贴】 2017年，有210263人次领取政府高龄津贴，合计津贴款890.61万元。

【老年人优待证】 2017年度办理“老年人优待证”960个。

【银龄安康行动】 落实资金65万元为全市70周岁以上的户籍城乡居（村）民及60周岁以上至69周岁的低保对象、五保对象和低收入家庭老年人统一购买一份人身意外伤害保险。2017年全市“银龄安康”投保总覆盖率为56.8%。

【慰问工作】 春节、中秋节期间，市民政局代表市委、市政府慰问百岁老人107人次，40位特困老人及1位老劳模，发放慰问金及慰问品约7万元。

【开展老年文体活动】 2017年11月，组织门球、柔力球、乒乓球、象棋、太极拳（剑）及广场舞6支队伍参加了江门市第八届老年人运动会。2017年10月在国际老人节和“九九”重阳节期间开展敬老为老服务，举办门球、太极柔力球、文艺会演、曲艺表演等文体活动。

【广东省最美养老护理员谭美仲】 谭美仲，女，1971年出生，汉族，广东省开平人，在广东省民政厅举办的“福彩杯”2017“老有所依天使在身边”大型公益活动中获“广东省最美养老护理员”提名奖。谭美仲是开平市福利院一线养老护理人员，从事本行业7年。谭美仲性格温和有爱心，传承了尊老爱幼的好家风，服务态度和蔼，本着“爱心、热心、真心、耐心、细心”，默默奉献，把老人视作家人一样对待，尽心尽力地提供优质的服务。谭美仲虚心听取老人家的意见和建议，有针对性的做好老人的思想工作，关心他们的生活。有时老人身体不舒服闹情绪依赖她，谭美仲从不计较个人得失，加班加点耐心地陪伴。遵守法律法规和院内各项规章制度，服从工作安排，岗位职责常记心中，工作中严以律己，宽以待人，作风务实不浮夸，坚持以服务为宗旨，做到承上启下、沟通内外、协调左右，充分发挥组长的带头作用，全心全意为老人服务。（李志坚）

附：市民政局领导班子名录

党组书记、局　长： 黄奕强
党组成员、副局长： 梁志忠
周永忠
方　跃
纪 检 组 组 长： 李应腾（—2017.8）

2017年3月10日，开平市人民政府、香港开平同乡会、旅港开平商会在香港举行2017年新春宴会 （市外侨局 提供）

镇（街道）和开发区

开平年鉴

（2018）

KAI PING NIAN JIAN

镇(街道)概况

三埠街道

【简介】 三埠街道是开平市的中心城区，总面积32.40平方千米，辖下7个农村村委会，11个社区居委会和4个居民区。2017年户籍人口12.39万，旅居海外和港澳台乡亲13万多人。三埠街道水陆交通方便，辖内各区域由20多座大小桥梁连为一体，在建的中开高速、深茂铁路、台开快速路和环城快速干线，将城市内外的距离进一步拉近，三埠将成为珠三角未来一小时经济生活圈的地域之一。辖区内有“三江六岸”、宝国寺、风采堂、城市广场、世纪之舟、荻海“骑楼街”、三埠文化体育广场等自然人文历史景点，还有全国第一家县级挂牌五星级酒店——潭江半岛酒店。

【工业】 食品行业方面有嘉士利集团（全国知名食品品牌）、味事达集团（全国知名食品名牌）、罗赛洛（明胶）有限公司、开兰面粉公司等；纺织行业方面有恒宇制衣有限公司、俊宏纺织有限公司、逸宏制衣有限公司等；五金机电行业方面有三威微电机公司、新东亚电机公司、凯德家用电器厂等。2017年，三埠街道工业总产值155.3亿元，其中规模以上工业增加值31.9亿元，同比增长7.1%。

【农业】 落实中央、省、市各级支农惠农政策，完成农业支持保护补贴资金25万元。扶持资金水库移民发放12万元；扶持水库移民自然村环境整治31.2万元；防汛投入资金9.7万元，台风水毁工程投入10.8万元；“一事一议”财政奖补建设项目文化楼、村面塘基、排涝站及村面渠道等扶持资金75万元。开展畜禽养殖整治行动，清拆猪鸡鸭鹅栏舍94家，约5.9万平方米，补偿资金376.44万元。农村土地承包经营权确权工作完成2062户农户的确权颁证，数据录入率93.73%。

【第三产业发展】 成立开平市潭江情怀旅游开发有限公司，加强对辖区旅游资源的保护开发，开拓新经济增长点。是年，委托专业机构完成对簕冲“无人村”开发的整体规划设计；与市工业资产公司联合组建开发团队，共同推进“荻海埠”（荻海骑楼街）旅游项目的开发。

【财政税收】 2017年，实现地方财政一般预算收入3.78亿元，同比增长15.21%；完成固定资产投资48.8亿元，同比增长14.12%；规模以上工业增加值31.9亿元，同比增长7.1%；社会消费品零售总额完成53.1亿元，同比增长10.5%。

【招商引资】 开展“暖企”行动，做好项目建设的跟踪服务，促进招商引资工作和项目建设。2017年，招商项目（含增资扩产）5个，投资总额2.7亿元。其中，新引进投资8000万元的嘉仁乳胶设备有限公司，正在建设中。增资扩产项目4个，开兰面粉厂增资3000万元引进先进面条生产线，已投产；味事达公司增资3000万元对设备进行升级改造，已投产；嘉士利集团增资5000万元开发智能制造技改项目，已投入试产；罗赛洛明胶公司增资8000万元扩建厂房和生产线，是年办理项目用地指标的审批。

【组织建设】 2017年，开展20期“两学一做”主题学习教育活动；重点开展中共十九大精神学习宣传，张贴相关宣传画、标语横幅200多幅。完成街道18个村（社区）换届工作，选举产生村、社区“两委”干部90人（含聘用干部），交叉任职比例为66.7%，书记、主任“一肩挑”比例均达94.4%。本届“两委”成员平均学历提高，年龄降低，实现了基层干部队伍整体优化。完成广东省党务管理信息系统中辖区3500多名党员的信息录入，规范党员档案管理。重视非公企业党建工作，成立2个社会组织党支部，是年有“两新”党组织32个，发展“两新”党员6名，全年发展党员18名；广东嘉士利食品集团有限公司党委成功创建全市“两新”党建示范点。是年提拔中层干部4名，充实、提升了三埠街道中坚力量。

【社区建设】 2017年，获海社区创建全国防灾减灾示范社区；长沙东社区被评为江门市防灾减灾示范社区、创建江门市“三方互动”管理协商示范社区；东河社区创建江门市健康促进示范社区。

【文化建设】 2017年，投入资金1万多元，升级更新三埠文化站宣传栏；投入资金1万元，更换三埠文化公园路灯；台风过后，投入资金6万多元维修公园设施和场所。完成14个村（社区）104条自然村落的人文、文物普查资料初审和信息录入工作，保护三埠历史文化遗产。

【城乡建设】 2017年，投入资金4万元，出动1300多人次，开展15次爱国卫生大行动，全面清理街道、村（社区）卫生死角；完成农村改厕项目44户；簕冲村委会龙凤村成功创建省级卫生村，迳头居委会潮阳村、莲塘村、岐阳村，南山村委会南山村，星光居民区田李坊、冲尾里，中山居委会朝凤里，石海村委会东南盛村，思始村委会龙冈村成功创建江门市级卫生村。

2017年，投入资金94万元，完成三围村委会、簕冲村委会卫生站建设工程；投入资金342万元，完善农村道路路网建设及村道硬底化工程；投入资金3万元，完成思始村委会联安村文化楼工程；投入50万元用于星光水浸整改工程。

【交通基础建设】 投入377万元，完成簕冲圣合洞地块周边总长为1143米5条的道路硬底化。全面开展深茂铁路站场用地征地拆迁工作，基本完成两个村委会9个村小组位于站前广场和站前大道范围内的征地协议签署工作，确保站前大道和站前广场施工顺利；加快推进台山至开平快速路及龙山支线项目（开平段）征地拆迁工作，完成征地面积106.679亩，逐户上门签名，争取大部分村民的支持。中开高速征地已完成土地征地协议签署。

【人口计生】 2017年度，三埠街道户籍总人口数12.39万人，常住人口数13.46万人，流动人口数2.23万人，户籍人口自然增长率6.50‰，常住人口总出生1657人，计划生育率为99.16%，其中出生人口性别比为104.82。完成计划生育工作各项指标，获评江门市人口和计划生育目标管理责任制考核先进镇街。

【医疗卫生】 开平市三埠街道社区卫生服务中心（三埠医院·三埠余铨针医院）是一所集预防保健、基本医疗、妇幼保健、慢病康复、计划生育和健康教育“六位一体”的综合性医疗卫生服务机构。2017年，全院医务人员143人，其中专业卫生技术人员113人，行政人员10人。卫生技术人员中：医生50人、护士44人、医技人员20人；大专以上学历85人、获得高级职称6人、中级职称20人、初级职称65人；全科医生10人、全科护士6人。总院设有门诊和住院部，下设升平门诊、祥龙门诊、新昌门诊和长沙门诊。全年门诊服务人数167064人次，出院病人1198人次。

【社保医保】 2017年，三埠街道城镇新增就业人数4323人，再就业人数1913人；就业困难人员实现就业354人，转移农村劳动力就业87

人，城镇登记失业率控制在2.37%。辖区居民参加基本养老保险18326人，参加城乡医疗保险54938人；城乡居民医疗保险住院零星报销615人，特殊门诊零星报销86人，办理特殊门诊专用证 248人，办理市外就医备案71人。

【安全生产】 抓好安全生产风险点和危险源排查整治。2017年，出动检查人员1566人次，检查工矿商贸企业320多家和“三小”场所2380家，联合多部门对三埠旧城区的家庭作坊生产企业进行了一次地毯式的综合检查执法行动。消防网格化和建设微型消防站实现全覆盖，确保了辖区消防安全大局稳定。

【扶贫解困】 2017年，辖区低保对象355户696人，其中新增低保户33户84人，发放救助金263.7万元。对19户因病致贫家庭，临时救济（助）金额3.21万元。春节中秋送温暖，走访慰问248户，586人，发放慰问金近11万元。做好重度残疾人护理津贴和低保残疾人生活补贴救助，对695位重度残疾人、288位低保残疾人，发放补贴218.64万元。实施城乡大病医疗救助164人次，救助金额78.9万元；五保、低保对象门诊医疗救助781人，救助金额5.66万元。落实“一户一法”精准扶贫措施，成功帮助脱贫29户。

【优抚补助】 2017年，落实义务兵、烈属、伤残军人等优待金发放，发放对象48人，总金额70.19万元；落实优抚政策，享有定期抚恤、定期补助的重点优抚对象423人，其中三属（烈士遗属、因公牺牲军人遗属、病故军人遗属）、在乡复员军人、带病回乡退伍军人、革命伤残军人共55人，参战退役人员368人，共发放定恤定补金额255.84万元。为370人解决临时困难补助19万元；对20名重点优抚对象子女资助学费4.5万元；优抚对象住院医疗费补助申请15人，补助金额1.56万元。

【养老服务】 做好在册领取高龄津贴老人的年审工作，做好高龄老人津贴发放工作。截至2017年12月底，辖区领取高龄津贴老人2301位，其中80岁至89岁老人1952人，90岁至99岁老人337人，100岁以上老人12人，发放补贴款112万多元。

【社会治安】 坚持“打防结合，预防为主”的方针，联动调处社会各类矛盾纠纷，抓好严重精神障碍患者救助工作，建成社区戒毒康复服务中心，重点打击涉黑涉恶、“两抢一盗”等8类恶性案件。中共十九大特防期内辖区无发生进京、到省市上访，社会大局保持和谐稳定，三埠街道获江门市表彰，1人获开平市人民政府记三等功，3人获开平市人民政府嘉奖。

【三资管理】 突出“严监管，促发展”，立足“稳定、规范、高效”，加强管理，提升“三资”管理工作水平。2017年，组织资产交易206宗，承包（租赁）总额 684.4万元，比招标底价669.26万元，净增15.14万元，增幅2.26%，确保了资产资源增值创收。

【精神文明建设】 三埠代表团参加开平市第十二届运动会暨第二届老年人运动会获“团体一等奖”、体育道德风尚奖；开展文明镇街创建活动，弘扬社会主义核心价值观；是年组织开展各类主题活动18次；协助市文广新局做好文化市场的管理工作，规范文化市场的经营管理。

【教育现代化建设】 2017年，三埠街道辖区13所小学，4个校区，共有学生17081人，教职工820人；教师电脑940台，学生电脑933台；各类功能场室138个，所有功能场室仪器全部按广东省教育现代化标准进行配备；有361个教学班，全部配现代化教学平台，“校校通、班班通”覆盖率达100%。（邝艳莉）

附：三埠街道办事处领导班子名录

党工委书记：冯健楚（—2017.11）
伍德斌（2017.11—）
党工委副书记：关健敏

黄大勇
梁若林
纪工委书记：余伟良
党工委委员：杨雅玲（女）
余伟良
司徒灼明
何其富
邝碧筠（女）
司徒锦泉
谢志军
人大工委主任：劳均明（2017.10—）
人大工委副主任：邝碧筠（女，2017.10—）
办事处主任：关健敏
办事处副主任：郑生和（2017.12—）
苏耀均
李文勇
司徒锦泉
杨雅玲（女）

长沙街道

【简况】 长沙街道辖区总面积67平方千米，辖13个村委会和9个社区居委会，户籍人口7.4万人。2017年，长沙街道办事处推进开平大道两侧征地工作，促进城市扩容提质，搞好经济、社会、文化事业。

【工业】 纺织制衣是长沙街道的特色工业，该街道办事处纺织制衣厂有70多间。大小工业企业200多间。2017年，长沙街道规模以上工业增加值7亿元，固定资产投资55亿元，社会消费品零售总额59亿元。

【农业】 落实耕地地力补贴、良种补贴、政策性水稻保险购买及理赔和复产等惠农政策，辖区全年粮食播种面积22591.4亩，粮食总产量9008.5吨。推进农村土地承包经营权确权登记颁证重点工作，完成两轮公示的农户5023户，土地面积9837亩，完成率100%；完成审核颁证4636户，完成率为92.3%。推进水利工程建设，完成约300亩水浮莲的清理工作，完成东升水闸修建的民生工程，完成对三江、平冈、西溪、东升等村（社区）15785.6米渠道三面光等基础工程，提升辖区农田灌排能力。落实禁养区养殖场拆迁政策，出动2153人次，关停转产养殖场54家，清拆150家，累计清拆养殖场面积12万平方米，完成禁养区清拆工作任务。

【第三产业】 建成或在建的房地产业项目有碧桂园、海伦堡、津园、天富、云顶、香堤翠景、珀丽湾、宏都水岸、东汇城、中业新城、骏贤居、轩汇豪庭、保利花园等。提高商贸物流业、饮食业在长沙产业结构中的比重，东汇城、中业新城等新型城市综合体成为新经济增长点。

【财政收入】 2017年，长沙街道财政收入达3.1亿元。

【招商引资】 2017年，新上项目有开平市旭日蛋品有限公司蛋品基地建设项目。引导辖区企业增资扩产，推进开平市裕泰染织制衣有限公司综合大楼及仓库项目。

【社保医保】 2017年，该辖区参加城乡医疗保险的城镇居民参保率和农村居民参保率分别达到了88.1%和99.4%，完成市下达任务指标。

【组织建设】 完成村（社区）“两委”换届工作，巩固和加强了村级党组织在村民自治中的核心领导地位。以学习贯彻党的十九大精神和推进“两学一做”常态化制度化为立足点，开展“不忘初心、牢记使命”专题教育活动。坚持分类指导，加强“两新”党组织（“两新”组织是指新经济组织和新社会组织）建设。2017年，金辉华集团党委书记张解矛被评为省“两新”党建优秀党务工作者；东华医院、泽城社工两个党支部挂牌。

【社区建设】 启动平原、三联、幕沙等村（社区）办公环境改造升级，提高村（社区）管理和服务群众的能力。

【文化建设】 依托苍江健身广场和长沙文体活动中心大楼，举办各类惠民公益培训班、书画作品展览。做好迎接广东省县级文明城市测评复核工作。做好开平市图书馆、文化馆总分馆验收工作，长沙文体活动中心新增图书7000多册，订购报纸杂志60余种，完成图书加工，开通外借功能，实现图书全市通借通还。通过了广东省文化厅验收。开展文明村创建工作，选点三江居委会上户头村创建开平市标兵文明村。

【安全生产】 办事处与辖区内各村（居）委会、企业单位负责人签订了2017年安全生产、消防安全工作责任书和道路交通管理工作目标责任书。开展安全生产检查行动，是年组织安全生产检查企业135家（次），检查发现事故隐患233处，基本已落实整改。2017年，长沙街道无较大或以上安全生产事故发生。

【公共服务】 完善街道公共服务中心和村级公共服务平台建设，提高窗口服务的规范化，提高为民服务的效率；以创文复评为契机，加强对辖区环境整治。做好困难群众补贴、老龄和侨务等工作，组织群众开展白内障免费治疗活动，加强敬老院安全管理，推进医养结合，定期为老人提供诊疗服务。

【人口计生】 是年，贯彻落实“两孩政策”，推进网上办事便民惠民服务。2017年，长沙街道办事处常住人口95364人，已婚育龄妇女20515人（其中户籍人口78222人，已婚育龄妇女14701人），占总人口21.51%；户籍人口当年出生1345人，符合政策生育率99.55%，人口出生率17.23‰，人口自然增长率11.9‰，历年征收社会抚养费28.3万元。主要计生指标控制在上级下达的范围内，被评为2017年度江门市计生工作先进行列。

【民生工程】 整治爱民河清村小组村容村貌，开展省卫生村、江门卫生村创建活动。加强水利设施建设，重建东升陂头水闸。完善乡道村道交通建设，扩宽水楼线道路及安装路灯，完成八一拱坊村道路硬底化工程。落实西溪卫生站改建工作，完成平冈幸福院建设和长沙幸福幼儿园改造工程。推进精准扶贫工作。开展教育强街复评工作，促进辖区教育事业发展。

【三资管理】 推进全街道农村集体资产交易工作，促进资产增值。2017年，全街集体资产交易176宗，底价总金额1.4亿元，成交价总金额为.7亿元，增值近3000万元，增幅20.69%。办事处专门成立了清核工作小组，集中对各村（居）开展清产核资工作，掌握街道191个农村集体经济组织的资产、资源、资金情况，提高“三资”管理水平。

【信访维稳】 是年受理群众来信来访和上级转办信访事项55宗，不予受理7宗，已办结52宗，到期办结率100%。受理市长热线“12345”事项54宗，办结53宗，到期办结率100%。主要涉及村务管理、宅基地纠纷、劳资纠纷、小区管理等方面。处理劳动违法案件17宗，为120多名劳动者追回被拖欠克扣工资及合法所得近80万元。（杨树斌）

附：长沙街道办事处领导班子名录

党工委书记：张伟业
党工委副书记：梁建业
巢振龙
荆筱磊
党工委委员：司徒广德（女）
梁朝晃
邓钜宇
李焕敖
冯健端
李荣杰
苏国亮
办事处主任：梁建业
办事处副主任：邓钜宇
冯健端

陈国强
吴日东
副主任科员：陈国世
周伟寅

月山镇

【简况】 月山镇辖区面积123平方千米，下辖18个村和2个社区，户籍人口4.88万人。路网四通八达，开阳高速、江罗高速贯穿镇内南部、北部，省道S273（高铜线）贯穿镇域东部，新建翠山湖大道东延线连接翠山湖产业园区与镇域西部，规划中的G325国道开平市过境公路经过镇域中部，形成城镇“半小时”生活圈。拥有“广东省专业镇技术创新试点单位”“广东省卫生镇”“广东省教育强镇”等称号。2015年11月，该镇与翠山湖管委会合并，称开平市翠山湖产业转移工业园管委会（月山镇）。

【农业】 农业以水稻、蔬菜种植和三鸟养殖为主，拥有两家广东省农业龙头企业，开平市玉林参皇养殖有限公司和开平市绿皇农牧发展有限公司，两家公司的经营模式均为“公司+农户”，开平市玉林参皇养殖有限公司年养鸡3000万只，开平市绿皇农牧发展有限公司年养鸡1300万只。2017年，月山镇完成金村南阳陂头加固工程、镇海渠月山地段清淤工程、月明河道（上游）清淤整治工程、水三村委会新湾村环境整治工程、磨刀水水库管养房建设工程、水浮莲专项整治工程等工程。 全年完成生猪防疫125749头，家禽防疫2281909羽。月山镇2017年已圆满完成生态公益林扩面面积8930亩。2017年，全镇农业总产值6.8亿元，水稻面积2.4万亩，水稻总产1.8吨，农村人均收入13926.62元。

【工业】 工业主要以医药、化工油墨涂料、水暖五金电镀、制鞋手袋等为主。2017年，月山镇成功申报省级专业镇协同创新中心项目，成为江门市第一个获该类项目的镇街。是年，全镇规模以上的企业16家，工业总产值为15亿元。属广东省高新技术企业有3家，分别是：广东彼迪药业有限公司、广东德康化工实业有限公司、开平市金象油墨化工有限公司。医药方面有广东彼迪药业有限公司，年产值3.5亿元；化工油墨涂料方面以广东德康化工实业有限公司为龙头的企业6家；水暖五金电镀行业方面以开平特佳水龙头有限公司和惠普五金制品有限公司为代表的企业24家；以广东华艺卫浴实业有限公司、开平市惠普卫浴实业有限公司为代表的卫浴陶瓷企业6家；制鞋手袋企业以圣达龙公司为代表的企业36家。

【工业集中区】 月山工业集中区。位于月山镇圩镇以北、273省道西侧，距开平市区18千米，距325国道4千米，距开阳高速公路口5千米，距江罗高速水井出入口8千米。规划总面积2000亩，已开发1000亩，区内有广东德康化工实业有限公司、开平市坚濠电器制造有限公司、金象油墨化工有限公司、参皇养殖有限公司、美特五金表面处理有限公司、开平市金三田化工有限公司、华科五金电镀厂等近20家企业落户，形成了家用电器、五金配件、化工涂料、摩托车配件等多元化的工业生产基地。该区2017年产值3.5亿元。

白石头工业集中区。位于天湖村委会以北、交通方便的省道高铜线边，离开阳高速翠山湖出入口15千米、离江罗高速水井出入口4公里、离开阳高速水口出入口8公里，已开发了工业用地1400亩。该区以电镀、水暖、五金、化工行业为主，有企业20多家。其中有中立德路桥设备有限公司、华艺卫浴实业有限公司。该区2017年产值2.5亿元。

水井工业集中区。位于水四村委会一带，江罗高速水井出入口附近，是月山镇与水井镇合并前水井镇重点开发的工业集中地，已开发的工业用地2000亩。有开平拓普电子有限公司、华艺电镀厂、胜发五金电镀厂、伟强电镀厂、何文五金工艺厂等企业近20家。该区2017年产值2亿元。

【制药产业】 广东彼迪药业有限公司是月山镇唯一的制药公司，制药产业也是月山镇的支柱产业。广东彼迪药业有限公司是隶属于香港中大集团旗下的独资企业。1989年成立至今，已发展成集科研、生产、销售于一体的现代化制药企业，广东省高新技术企业、广东省医药工业二十家重点企业之一。公司拥有员工700余人，其中大专以上技术人员250多人，研发、检验人员80多人；拥有粉针（含冻干）、大容量注射液、固体制剂、青霉素、喷雾剂、原料、缓控微丸七大车间；拥有抗细菌、抗病毒、消化系统、心血管、氨基酸、镇痛消炎、糖尿病、抗精神病、皮肤病类等多种治疗药品系列，140多个品种。2017年生产大输液约2000万瓶，片剂、胶囊剂13亿片（粒），颗粒剂1.3亿袋，喷雾剂45万瓶。2017年销售收入3.5亿多元，创税近5000万元。

【化工企业】 月山镇是省化工专业镇，有化工涂料类企业6家，分别是广东德康化工实业有限公司、开平市金象油墨化工有限公司、开平市姿彩化工有限公司、开平市优洋化工有限公司、开平市金三田化工有限公司和江门市华康精细化工有限公司。企业的产值占月山镇工业总产值的1/5。该类行业人均产值60万元以上，年总产值约1.5亿元，纳税额（国、地合计）550多万元。

【水暖五金电镀企业】 月山镇有21家水暖五金电镀企业，其中特佳水龙头有限公司属于TEKA集团旗下的一家子公司，成立于2006年，开平特佳水龙头有限公司已通过了ISO 9001认证，此外还通过了西班牙AENOR和法国AFNOR或CSTB认证。2017年企业年总产值1.5亿元，纳税额（国、地合计）810多万元。该类行业的人均产值45万元以上，年总产值约3.7亿元，纳税额（国、地合计）6000多万元。

【招商引资】 2017年，月山镇完成3000万元以上招商任务2个，分别是江门市鸿宝饲料有限公司、开平市惠普卫浴实业有限公司（二期）。鸿宝饲料有限公司投资3100万元，经营饲料加工，租用土地自建厂房，已办理项目备案证、营业执照、规划报建，是年正在进行建筑物图纸设计；惠普卫浴实业有限公司投资3000万元，经营水暖卫浴、不锈钢制品，该企业利用自购土地建设二期厂房，是年正在办理土地证并证手续。

2017年月山镇签约项目3个，分别是开平市众发五金钢具有限公司、开平市优源卫浴实业有限公司（二期）、广东省泰和智能卫浴科技有限公司。

2017年月山镇招商引资意向项目6个，分别是宁博卫浴有限公司、卡夫亨氏中国新建工厂项目、广东建远建筑装配工业有限公司、华艺陶瓷厂（二期）、华艺电镀厂（二期）。

【名校名师】 博健小学是月山镇的一所农村完全小学，创办于1903年，是开平市第一所由华侨捐建的学校。前身名为“博文学校”，1922年正式改名为博健学校。学校历史悠久，有着深厚的文化底蕴，校名是由学校名誉校长、中国近代著名政治家、教育家、史学家、文学家梁启超亲笔题写。并以梁启超所题刻印在学校礼堂的对联“博我以文约我以礼，健吾之体正吾之心”的核心价值——“博文、约礼、健体、正心”为校训。学校教学氛围浓厚，学风优良，人才辈出，曾培育出不少突出且有影响力的人物，有被誉为“改革闯将”“开放先锋”的海南省首任省长、前中共深圳市委书记梁湘；曾任广州市委书记处书记、中共中央中南局组织部副部长、中国科学院广州分院党委书记兼院长等职的老革命家梁嘉；前广东省教育厅副厅长、暨南大学党委书记兼副校长的梁奇达等。

【未来规划蓝图】 围绕开平市委提出的“产业提升、城市提质、工作提效”的工作主线，打造“经济强镇、生态美镇、幸福安镇、平安稳镇、阳光廉镇”。

“经济强镇” 以“五年再造一个翠山湖”的目标为引领，跳出镇街视野，配合做好翠山湖万亩工业园扩园、华艺陶瓷厂扩容等征地工作；打好转型升级“组合拳”，提升电镀、化工等传统优势产业，加大彼迪药业等高新企业培育力度，以省级专业镇协同创新中心为载体，促进产业、科技、金融、人才深度融合，全面提升该镇产业层次和品质。以推进月山招商大楼建设为抓手，搭建创新发展和招商投资新平台。发展第三产业，推动广东皂幕山旅游名胜风景区及月山凤凰公园规划开发，整合优化水井万隆客栈等“红色”资源，打造一大批特色乡村旅游景点。

“生态美镇” 投入超1500万元，升级改造长肇路、公新路等主要道路；配合做好开阳高速扩建工作；推进白石头天虹大道6—10号地块平整工程，完善自然村道路硬底化建设，提高交通基础设施水平。完成新桥水河道以及北一北二河道清淤工程，推进河长制工作；继续开展“见缝插绿”植树活动，完善辖内绿化园林建设。加快圩镇三旧改造工程，推进“最美乡村”建设评比活动，打造天湖麦边村、钱岗龙溪村等一批具有示范效应的“美丽乡村”。

加强对辖区内工业企业（特别是电镀企业）的监管，杜绝违法违规偷排现象。加强巡察监督，严防禁养区内违法养殖场关闭后死灰复燃；整治农村生活污染。持续做好垃圾清运外包工作。

“幸福安镇” 投入超1200万元建设十项民生实事，包括：改造及维修长肇路、公新路；省道S273月山加油站至坚濠路段加装路灯、村级卫生站进行公建规范化建设、北一村花果山至北合路段路面修补工程、桥头村委会新建办公楼、仁山水库坝体护坡修复工程、东兴村环境整治工程、桥头柳冲村改水改厕工程、横江朝冈村渠道工程、月山最美乡村建设工程。落实精准扶贫，打好脱贫攻坚战。强力度发展社会事业。推进社保和医保扩面，开展文化惠民活动，把镇文体服务中心打造成为省特级文化站，促进就业创业，建立引企入村、劳务合作等就业互动平台，深化“阳光计生”行动，加强人口健康信息化建设。

“平安稳镇” 推进“中心+网格化+信息化”专项工作，逐步完成覆盖全镇的视频监控安装；依法规范信访秩序；做好“七五”普法，深化法制宣传“六进”活动，全面提高公民法律意识。强化安全监管工作，实行安全生产党政同责、一岗双责、失职追责，狠抓安全生产、消防安全、交通安全、森林防火和食品药品安全工作。开展“安全生产月”“食品安全宣传周”等活动，提高企业、单位和群众的安全意识，防范安全生产事故的发生。

“阳光廉镇” 推进“两学一做”学习教育常态化制度化，开展“不忘初心、牢记使命”专题教育，以及“大学习、深调研、真落实”活动，增强“四个意识”、坚定“四个自信”；健全奖勤罚懒的考核激励机制，提高行政效能和办事效率，完善公共服务平台建设，落实各项服务事项；依法依规做好群众性事务办理工作。践行监督执纪“四种形态”，纠“四风”，肃党纪，全面落实中央八项规定、严控“三公”经费。 （周坤瑜）

附：月山镇领导班子名录

党 委 书 记：凌华威
党委副书记：冯我占（2017.3—）
张振光
刘国孟
党 委 委 员：余彦斌
卢彩娥（女）
许建华
何健雄
何永富
人 大 主 席：冯我占（—2017.3）
劳海源（2017.7—）
人大副主席：卢彩娥（2017.10—）
镇　　　长：冯我占（2017.4—）
副　镇　长：余彦斌
许建华
罗健红
余丽如（女）

水口镇

【简况】 水口镇总面积80.1平方千米，辖25个村委会、5个社区，常住人口7.1万人，外来人口5.5万人，是珠江三角洲经济开放区首批重点工业卫星镇、集农、工、商、贸于一体的省级中心镇、卫生镇、宜居城镇，拥有“中国水龙头·卫浴制造基地”“中国水暖卫浴生产基地”“中国水暖卫浴五金出口基地”“国家外贸转型升级专业示范基地”“广东水暖卫浴国际采购中心”“广东省教育强镇”“广东省卫生镇”等荣誉称号。

【工业】 该镇辖区有两大工业集中区：水口工业园，位于325国道水口路段，江水公路、台山过境公路的交会处和泮南围，总面积为4500多亩，分一、二、三、四期工程开发，进园企业100多家；水口工业基地（沙冈工业园），位于325国道以北，已开发工业用地面积3000多亩，进园企业近40家。2017年水口镇规模以上企业88家，形成以广东华艺卫浴实业有限公司、开平市力蒲卫浴有限公司为代表的水暖卫浴产业，以开平市奔达纺织集团公司为代表的纺织业，以开平广合腐乳有限公司为代表的食品业。2017年，水口镇规模以上工业总产值230.9亿元；规模以上工业增加值230.9亿元，比增15.6%；固定资产投资31.6亿元，比增19%。

【农业】 2017年，水口镇农业总产值5.9亿，耕地面积1592.3公顷，全年粮食总产量16245.8吨。落实各项支农惠农补贴资金40.8万元。投入734.3万元完成乔林排涝站、金山堤联竹段除险加固等5个农田水利项目建设。投入75万元完成12000米的河道渠道清淤整治工作。加强农产品质量安全监管，全年蔬菜取样检测217份，合格率100%。做好畜牧防疫检疫工作，全年接种防疫的畜禽68.15万只。全镇有农业技术指导员6名，科技示范户60户。是年，全镇25个村委会，村集体经济年收入超100万元的4个，超50万元的12个，超10万元的9个。

【第三产业】 建成或在建的房地产项目有海逸华庭、海涛湾、苹果园、雅乐苑、绿苑山庄、君汇名城、恒富广场、康城等。形成以丰泽园酒家、八和庄酒家、柏丽酒店、华盛商务酒店为代表的餐饮商住体系。延伸发展形成红进村委会4S汽车销售一条街。商贸物流业发达，有裕海物流、德邦物流、顺丰速递等物流企业10多家。大型商业文化综合体——水口珠影文体广场建成投入使用。

【水暖卫浴产业】 水口水暖卫浴产业集群拥有从事水暖卫浴生产并以有限公司注册的内外资企业500多家，以个体户注册的生产、销售水暖卫浴产品企业1200多家，从业人员5万多人。2017年水暖卫浴产业总产值130.6亿元，出口额12.33亿美元，具备从原材料供应、零部件加工、产品装配到技术研发、产品设计、质量检测、物流配送、电子商务的完备产业链，先后被授予“中国水龙头·卫浴制造基地”“中国水暖卫浴生产基地”“中国水暖卫浴五金出口基地”“国家外贸转型升级专业示范基地”“广东水暖卫浴国际采购中心”“出口水暖卫浴产品质量安全示范区”和“水口水暖卫浴小微企业创业创新示范基地”等一系列荣誉称号。建有中国卫浴城、水口水暖卫浴技术创新中心、广东省质量监督水暖卫浴产品检验站（江门）等产业配套设施，在建的中国（水口）卫浴博览城占地500多亩，总投资35亿元，是集展示、销售、会展、研发、创新孵化、电子商务、物流与金融服务等功能为一体的水暖卫浴现代化商贸市场。

【财税金融】 水口镇辖区有中国农业银行、中国银行、中国工商银行、中国建设银行和中国农村信用合作社5家金融机构。2017年，地方财政一般预算收入35294万元，同比增长14.3%。其中来源于国税的财政收入20010万元，同比增长10.6%；来源于地税的财政收入

15284万元，同比增长19.5%。

【招商引资】 2017年，该先后引入3000万元以上的招商引资项目5个。其中增资扩产项目4个，分别为开平法兰多卫浴有限公司新增高档浴室柜生产线项目、开平太平洋绝缘材料有限公司新增设备生产线项目、开平依利安达电子有限公司汽车板与通讯板扩产项目和开平市威技电器有限公司增资扩产项目，总投资47550万元。新建项目1个，开平市特灵卫浴实业有限公司水龙头生产项目，总投资6000万元。

【镇村建设】 投入638.4万元完成开锋沙头村文化室等村级公益事业“一事一议”项目15个。27个村（社区）139条自然村已实行农村生活垃圾无害化处理。创建“江门市卫生村”14条，完成农村改厕60户。完成《开平市水口镇总体规划修编（2015—2030）》。投入100多万元添置垃圾车、果皮箱、垃圾压缩车等卫生基础设施。2017年报建总面积16.2万平方米，处理违规违章建筑8宗，拆除违章广告牌60多块。全年更换路灯50多盏，维修路灯2000多盏，新增补种树苗3万多棵，新增绿化面积1000多平方米。完成道路建设868米，修补道路路面350平方米，投入124万元完成自然村道路硬底化工程8个共2760米。

【组织建设】 完成村（社区）“两委”换届选举工作。针对黎村村委会软弱涣散党组织存在的问题，实行“一村一策”，下派第一书记，完成整顿工作。2017年新成立“两新”党组织1个，累计有“两新”党组织24个。是年发展新党员20名。落实领导干部驻点普遍直接联系群众制度，累计入户走访群众11691户。推进“两学一做”学习教育常态化制度化，开展“主题党日+”活动4次。发动党组织书记报读基层干部学历提高班，截至2017年底大专以上学历（含在读）的村级干部39名，强化村级后备干部队伍建设，打造基层党建“一镇一品”项目。

【文化建设】 集文化休闲、体育运动、购物、娱乐于一体的水口珠影文体广场建成投入使用。是年组织迎新春游园活动、包饺子比赛、羽毛球比赛、泥鸡彩绘创作大赛、庆“六一”文艺会演、创文清洁行动、清理河堤志愿服务活动、青少年才艺大赛等活动13场次。加强党的十九大精神宣传教育工作，通过集中学习、知识竞赛、广告牌、灯柱广告、横幅、宣传栏等多种形式和平台学习宣传中共十九大精神。做好镇、村农家书屋及文化室管理工作。规范文化娱乐场所和音像市场的管理，开展安全隐患检查4次。

【民生保障】 是年发放低保、老龄、残疾人、优抚双拥、社会救助、助学、节日慰问等各类补助资金634万元。2017年城镇新增就业350人，失业再就业235人，城镇登记失业率控制3.1%以内。城乡居民医疗保险和城乡居民养老保险参保率99.8%，参加城镇职工社会保险27093人，净增440人。加强城乡精准扶贫工作，是年投入帮扶资金103万元，通过“百企扶百户”、助医、助学、扶持就业等方式，55户贫困户实现脱贫。建有村（社区）“邑家园”家庭综合服务中心30个。

【医疗卫生】 开展家庭医生和居民健康档案工作，是年建立居民纸质健康档案14664份，完成家庭医生签约率72.9%，居民健康档案录入率78%。2017年完成新风村委会卫生站建设，红花村委会卫生站在建中。推进水口医院与开平市中心医院“医联体”项目创建工作，完成水口医院旧门诊楼翻新等基建工程5项，建立信息共享平台和远程会诊中心，是年开平市中心医院选派到水口医院的专家坐诊共554人次。

【人口计生】 全镇户籍人口出生933人，符合政策生育率99.4%，流动人口出生789人，符合政策生育率97.9%。投入297.9万元落实农村计划生育家庭奖、节育奖等计划生育优待奖励扶助政策。推进免费孕前优生健康检查工作，是年为339对夫妇建立档案，覆盖率81%。开展计生政策咨询、健康服务宣传活动6场次。

【社会治安】 开展“飓风2017”专项整治行动，推行公安机关民生警务“321”一线工作法，是年水口派出所破获刑事案件224宗，110接报刑事、治安总警情下降10.6%，刑事立案同比下降21%。整合司法所、综治维稳中心、社事服务中心的资源，是年受理各类矛盾纠纷案件381宗，办结372宗，办结率98%。发挥“一村（社区）一法律顾问”作用，是年为群众提供法律咨询312人（次），开展法律知识讲座103场（次），出具法律文书4份，为村（社区）提供法律意见60多次。

【安全生产】 开展安全生产专项检查，出动检查人员1300人（次），检查单位、企业300多家（次），警告企业4家，行政处罚企业6家。结合“安全生产月”活动，印发安全生产宣传资料6000多份，张贴宣传标语20条，组织300多家企业召开安全生产宣讲会2场（次）。全年与辖区村（社区）、企业单位签订《安全生产和消防安全责任书》310份。开展职业卫生监管工作，全年督促50多家企业进行职业病危害项目申报，8家企业完成职业病危害现状评价，160多家企业8500多人进行职业健康检查，强化企业职业病防治意识。水口专职消防队有消防员8名，全年出警105次。

【环境保护】 落实“河长制”，在全镇范围内开展工业污染、农业面源污染、水浮莲清理、生活污水处理和农村生活垃圾处理五大专项整治行动。整治“小散乱污”企业，关停企业10家，整治提升企业71家。完成禁养区内48户养殖场的关停拆迁工作，落实拆迁补偿资金267.3万元，完成对非禁养区内35家畜禽养殖场的排查摸底和规范整治工作。投入260万元清理水浮莲面积超过4000亩。投入1500万元建设沿江路截污管网。淘汰黄标车139辆。完成18家企业的锅炉整治工作。

【教育事业】 辖区有小学7所，初中2所，高中1所。2017年沙冈中学、庆扬中学中考综合积分位列开平市农村中学第一、三名，考入重点高中人数158人，入围率位列开平市农村镇第一名。水口镇中心学校获开平市第十二届中小学书信节比赛优秀组织奖，水口镇第一小学被评为“江门市森林学校”，水口镇第一小学和红花小学少先大队被评为开平市“红旗大队”。组织参加开平市中小学田径运动会、合唱比赛、篮球比赛、排球赛、中国象棋公开赛等各类比赛。全镇301名教师获各种奖励或荣誉称号，364名学生获各种奖励或荣誉称号。推进教育现代化建设，筹集资金2000多万元建成水口镇第三小学，2017年9月投入使用。投入1000多万元扩建致和小学、新建自强小学教学楼，完善教学设施。 （梁艳姗）

附：水口镇领导班子名录

党委书记：谢常荣（—2017.11）
党委副书记：何铭游
李健鹏
颜　冠
党委委员：周光文
梁贵想
林文烈
张金海
陈志蓉（女）
谭保健
马文斌
人大主席：余煜荣
人大副主席：林文烈（2017.10—）
镇　长：何铭游
副镇长：梁贵想
张金海
胡万程
苏满堂

沙塘镇

【简况】 沙塘镇总面积86平方千米，设15个村委会、1个居委会，总人口3.4万人。该镇水陆交通便利，G15开阳高速、S274稔广线、翠山湖大道西延线、X556沙月线构成的公路网贯通全镇，其中开阳高速在镇内锦屏工业区设有出入口，距省会广州90分钟车程；苍江自北向南流经本镇，至塔山游鱼山注入潭江，全长10.8千米。

【工业】 沙塘镇工业以大健康医药产业和五金机械装备制造产业为支柱。2017年，在建重点项目2个，其中广东冠星新型材料有限公司总投资1.8亿元，已完成车间、办公楼主体工程，设备正在安装调试；开平牵牛生化制药有限公司第三期增资扩产项目总投资1亿元，车间已动工建设，预计2018年12月完成厂房主体工程。规模以上工业企业达14家，规模以上工业增加值3.7亿元，同比增长9.1%；固定资产投资12.4亿元，同比增长15.02%。

【农业】 2017年，农业总产值3.3亿元，农民人均纯收入12623元。粮食作物以水稻为主，生产粮食13636吨。主要经济作物为蔬菜，2017年蔬菜种植面积0.88万亩，产量0.94万吨。渔业以四大家鱼养殖为主，2017年养殖面积8348亩，产量0.62万吨。畜牧业以肉猪为主，全年共出栏7.51万头。落实农业扶持政策和各项惠农补贴工作，发放耕地地力保护补贴179万元。全面推广水稻保险，全年理赔水稻面积5800多亩，理赔金额约70万元。

【产业创新】 2017年，引导和推动开平牵牛生化制药有限公司与暨南大学进行合作研究，自主研究方善能系列的动物保健饲料添加剂，主要有除肝毒、保护生殖系统、促生产三大功能，沙塘良种猪场和新兴温氏等公司已将产品投放到相关猪场试验。是年，该产品已经进入量化生产阶段，预计投产后年产量可达2000吨，年产值达2亿元。

【财税金融】 沙塘镇拥有农村信用社、邮政储蓄2家金融机构，年末存款余额7.32亿元，同比增长2.95%。是年，该镇一般公共预算收入1954.89万元，比上年收入增加354.56万元，同比增长22.16%。

【招商引资】 2017年，沙塘镇新引进2个项目，分别为投资总额3200万元的江门市佳诚混凝土有限公司和投资总额3000万元的江门市中一装配式建筑有限公司。

【镇村建设】 投入265.4万元，完成2017年镇级“十项民生实事”：沙塘圩镇二期升级更换258盏LED路灯工程、120米沙塘大桥至农科楼路面改造工程、200米沙塘市场长盛街下水道整治工程、健丰坪顶村文体休闲区及塘基硬底化工程、泰山中心村水陂工程、220米丽新田心村道路硬底化工程、240米芙冈一队道路硬底化及排渠三面光工程、400米丽新塘唇村道路硬底化工程、塘浪森林公园、2050米下丽村通青少年教育基地道路。该镇与市上级部门共同完成3项民生工程：塘浪、西村、联光、东方等四个村委会3000多亩高标准基本农田项目建设；城镇生活污水处理厂和24个村级生活污水处理设施建设项目选址和供地等前期工作；荫畔、塘浪、西村村委会及塘浪村委会至卫生院路口自来水管网改造工程。

【文化体育】 沙塘人才辈出，其中有明代的“梅花诗人”李江和“黄花岗七十二烈士”之一的劳培等知名人物。2017年，沙塘镇组织党员干部学生到劳培故居参观学习约15场次。该镇策划2018年举办首届李江文化节。该镇有镇级图书馆1间，村级农家书屋19间，全年新购买图书1600册，总藏书达3.16万册，群众办理借书证1368张。2017年组织文化下乡演出2场，送电影下乡120场，开展春节送对联、三八趣味运动会、敬老院学雷锋送温暖、五四趣味运动会、暑期公益艺术培训班、关爱儿童等活动。是年有8支百姓健康舞蹈队，该镇在开平市十二届体育运动会中取得镇街团体三等奖。

【社保医保】 2017年全镇参加新农保12044人，参保率82%；参加城乡医保参保人数达

27287人，完成任务98.9%。

【扶贫解困】 是年为135户低保户发放低保金104.28万元，其他救助资金23.97万元。向优抚对象发放优待金、伤残、职残金42.09万元。协助55户贫困户落实帮扶项目，22户脱贫，完成40%。落实“百企扶百村”“百医牵百村”机制。组织医疗义工下乡义诊爱心活动13次，惠及荫畔等13个村委会，受益群众400多人。

【自然灾害】 2017年，受13号台风“天鸽”袭击，倒塌房屋5间，紧急转移安置人口500人次；受灾农田9280亩，倒塌栏舍172900平方米，三鸟死亡331360只，猪死亡608头，农业经济损失12456万元。未有人员伤亡。

【人口计生】 2017年，沙塘镇总人口数为33700人，已婚育龄妇女人数5801人。全镇户籍人口出生424人，比上年同期增加18人，增幅4.25%，政策生育率99.06%，同比提高1.03%；性别比105.83，处于正常范围内（100—107），同比降低1.31%。2017年全镇户籍人口出生率12.58‰，自然增长率4.39‰，基本与上年持平。

【社会治安】 2017年，全镇刑事发案数48宗，同比上升30%，破案15宗，破案率31%，破案率同比上升4%；治安警情数46宗，同比下降2%。加强治安视频监控防控网建设，是年全镇已安装监控摄像头的村（居）委会达9个。

做好全国“两会”期间、“一带一路”国际高峰论坛、省十二次党代会、香港回归20周年庆祝活动、党的十九大等敏感时期信访稳定工作，落实领导分片负责制，24小时值班制。2017年接访群众17批，109人，来访批数较上年下降21%；开平市12345政府热线交办55件，已全部办结。

【安全生产】 是年出动560余人次，检查全镇工商业企业239家次，重点检查危化企业、加油站、非煤矿山及粉尘涉爆企业，督促存在安全生产隐患的经营单位进行整改。2017年，沙塘镇被列为江门市第七批火灾隐患重点整治地区，实行挂牌督办全面整改，镇及相关经营单位投入约950万元，配置10名消防队员，其中专职消防员8名，落实消防办公场所，购置东风水灌消防车一辆（4吨）及其他消防队专用器材。开展火灾隐患专项整治工作，专项检查9次，排查消防及安全生产隐患931处，已整改完毕905处，是年新装灭火器2303具，独立烟感报警器1935个，应急照明灯912个，防火门126扇，拆除违章乱搭乱建5处，集中清理消防通道6条。

【环境保护】 该镇垃圾中转站平均每月处理垃圾210吨，生活垃圾集中无害化处理率95%；增强环境监管执法，查封塑料加工和清洗的3家“小散乱污”企业，淘汰9台燃用高污染燃料小锅炉；推行“河长制”工作，完成39处入河排污口表示牌的制作和安装工作，投入15万元对全镇160亩江河的水浮莲、生活垃圾和病死家禽进行打捞清理；推进畜禽养殖污染防治，完成全镇31间畜禽养殖场清理拆除和转产工作；抓好黄标车淘汰工作，淘汰黄标车32辆，完成省任务比例114.29%。

【教育事业】 2017年，全镇在校学生1782人（初中生610人，小学生1172人）。在职教师150人，其中大专毕业以上有143人，占全体教师95.3%，其中本科以上有103人，研究生3人。中考方面，该镇38人考进市重点高中。小学毕业试获全市第三，农村镇第一。举办沙塘学校60周年校庆庆典，筹款180多万元，用于设立奖教奖学基金和改善学校基础设施。

（杨能创）

附：沙塘镇领导班子名录

党委书记： 许永锋

副 书 记： 余伟权　陈　亮（2017.7—）

方根伦　谭超文

党委委员： 李卓庆　杨炳钦

吴旭辉　劳向阳

许惠华

人大主席：李建忠
副 主 席：许惠华（2017.10—）
镇　　长：余伟权
副 镇 长：吴旭辉　劳向阳
　　　　　张国昌　冯惠清

苍城镇

【简况】 苍城镇是省中心镇、可持续发展实验区和珠江三角洲工业卫星镇。全镇总面积138.6平方千米。辖13个村（社区）委会，90条自然村，户籍人口31973人。该镇是开平市西北部经济、文化、交通中心，有东西、南北干线公路，省一级公路S274线横贯全镇。镇内基础设施日臻完善，工业、商业、居住环境优越。

【农业】 2017年，该镇以万亩水稻示范区和农业面源污染治理项目为带动，稳定粮食生产。全年水稻播种面积近4.4万亩，总产量1.5万吨，亩产约350公斤。做好禽畜售前检疫工作，1—12月共检疫：家禽1233万羽、生猪13.28万头，对不合格的禽畜一律不放行，保障了该市菜篮子工程健康发展。在水浮莲专项治理行动方面，打捞水浮莲90亩，出动勾机18班次、人员305人次、船只30班次，基本达到了“水清、岸绿、景美”的要求。推进镇、村居公园建设，建设计划文件要求2016—2020年该镇完成所属镇、村居委会的公园建设，是年完成8条自然村及一个居委会的公园建设，还有4条自然村尚未完成，计划2020年前解决所有村居公园项目。2016年建设项目镇级黑石山公园已完成竣工并验收，是年申请上级奖补资金；2017年生态公园建设项目已完成前期总规划及可行性报告，是年按照总规划的要求，参照公园建设验收标准做出规划预算，力争明年完成项目建设。推行开平市农村产权流转交易管理办法，部分村、组资产资源增值效益明显。截至12月底，组织资产交易76宗，其中镇级组织交易23宗，小额交易53宗，资产增值幅度45.5%。清查整改10份不规范合同，对3个村委会和25个村小组的财务问题进行整改。

【工业】 2017年，全镇工业企业50多家，其中规模以上工业企业18间，形成生产经营胶粘、涂料、板材、汽车配件、电子、橡胶等特色产业。全年工业增加值8.3亿元，同比增长8%；收入3131万元，同比增长10.36%；固定资产投资23.8亿元，同比增长17%；社会消费品零售总额3.93亿元，同比增长10.5%。

【财税金融】 2017年，该镇一般公共财政预算收入3131万元，完成预算101.93%，与上年同期增长294万元，增长10.36%。税收总额7956万元。全镇有农行、农村信用合作社和邮政储蓄3家金融机构，年末存款总余额9.2亿元，比上年增长4.55%。

【招商引资】 2017年该镇招商项目：开平市东发纸业有限公司废纸回收再造纸产业项目，第一期建设计划投资18000万元，是年落地动工，并完成设备安装，准备投产；江门市盛能光伏电力有限公司投资的五联人造板有限公司屋顶光伏发电项目，计划投资3000万元，已签订合同并建设完毕，是年已投入使用；开平市爱自然农业科技有限公司1101亩牛大力种植、管理用房及深加工项目，计划投资3000万元，已开展种苗种植，下阶段建设管理用房、购买深加工设备。是年市下达该镇招商引资任务是3个3000万元以上投资项目，已全部完成。

【镇村建设】 2017年，按照《广东省村镇规划建设管理条例》审批程序，办理建设工程规划许可证7宗，建筑面积约1.5万平方米、办理建设用地规划许可证2宗，建筑面积约1000平方米、办理临时报建工程6宗，建筑面积约1.8万平方米。开展圩镇道路硬底化工程和道路维修建设工程，改善圩镇容貌。是年，该镇落实3宗道路建设工程。其中苍新路以南道路长度380米，宽度5米，以及路面底下的雨水污水管铺设工程，总投资约47万元；苍新路以北道路长度

500米，宽度5米，以及路面底下雨水污水管铺设工程，总投资约57万元；苍新四街街道实施硬底化建设工程，总投资16万元。

【开平第二（苍城）工业园】 位于苍城西郊，省道稔广线旁边，规划开发总面积666.67公顷（10000亩），计划投资总额7.5亿元。2002年以来先后投入8000多万元完善路网、供水、供电、生活等各项配套设施，兴建投资服务中心，配置了行政区、生活服务区，商业区、文化区，功能配套日臻完善。

【美丽乡村建设】 苍城镇楼田美丽乡村示范项目于2017年12月6日正式签订施工合同进场开工。是年完成30%，包括：连庆村村道硬底化；龙田村村场硬底化、排水管道铺设、沙井建设；楼田旧村鱼塘挡土墙基础；那廊村村场硬底化；平安村环村道路平整、路边排水沟基础开挖、休闲公园场地平整，以及自筹资金建设牌楼、石围墙等。

【社保医保】 2017年，办理享受就业困难人员再就业社保补贴32人次，补贴金额约3.4万元；办理小微型企业招用高校毕业生就业社保补贴、岗位补贴的企业1家，补贴金额约1.2万元；镇级村干部、“三支一扶”等就业岗位补贴34人；协助办理免息创业贷款1家；办理就业转失业人员申领失业待遇17人次；职业推荐和就业指导100多人次；对辖区内的应届大学毕业生，通过电话联系，网络信息平台实行“一对一”就业跟踪服务，实现就业跟踪、就业指导工作100%；农村劳动力实现转移就业240人；城镇新增就业人数80人，城镇失业人员实现再就业人数50人，城镇登记失业率为0。宣传劳动合同法，是年劳动合同签订98%以上，处理劳资纠纷30多宗。做好新农保、城乡医保参保缴费工作，2017年该镇城乡居民医疗保险农村居民参保24612人，城镇居民参保1052人，非本地城镇中小学生参保60人，区（县）属大中专技校学生4人。参加城乡居保9951人，缴费人数99.55%。

【扶贫解困】 2017年，该镇低保户205户、587人享受低保待遇，月保障金额137380元；该镇五保户168户，月保障金额161280元；社会散居孤儿8人，月保障金额6400元；事实无人抚养儿童2人，月保障金额1000元。2017年，通过镇民政专项经费救济临时困难家庭76人次，救济金额104800元；优抚对象、特殊困难临时补助59人次，补助金额58100元。

2017年，该镇467人次享受门诊医疗救助金额71182.20元，45人次享受住院医疗救助金额193505元。为帮助受台风“天鸽”袭击倒损房屋的困难户渡过难关，该镇争取上级资金支持5户倒房户重建家园，按全倒户每户50000元、严重损坏户每户30000元的标准下拨重建家园资金。

是年该镇为41户贫困户制定扶贫计划，全面建档立卡，联网动态管理，实行精准扶贫。是年落实扶贫资金44.3万元配置到户，并成功脱贫16户，脱贫率40%。

2017年，发放困难残疾人生活补贴105人次，225450元；重度残疾人护理补贴216人次，531600元；贫困残疾学生及残疾人家庭子女接受义务教育补贴20人次，10100元；完成残疾人信息数据动态更新录入登记表490份，完成广东省残疾人两项补贴管理系统录入工作，录入323名残疾人信息；是年5月的“助残日”，慰问残疾人6人，慰问金1800元；9月份中秋慰问，慰问残疾人9户和残疾人专职委员14人，发放慰问品33件。2017年发放高龄津贴717人次，发放金额254790元，是年发动762人参加“银龄安康行动”，购买老年人意外伤害保险，比任务数超出104人，完成率116%。

【人口计生】 2017年，该全镇出生人数369人（政策内366人，政策外3人），其中一孩出生165人（政策内165人，政策外0人），二孩出生191人（政策内191人，政策外0人），多孩出生13人（政策内10人，政策外3人），性别比87.31，政策生育率99.19%。落实计划生育手术63例：结扎31例（其中纯二女扎3例），放环8例，补救措施24例。征收社会抚养费

8.58万元。

【社会治安】 2017年，该镇发生刑事案件66宗，破案26宗，破案率为39%；发生治安案件128宗，破案71宗，破案率55%，打击处理违法犯罪人员71人，其中刑事拘留25人，逮捕20人，治安拘留71人，收戒吸毒人员47人。开展创建平安普法宣传教育活动，强化社会治安综合治理，推行综治网格化管理，完善重大事项社会稳定风险评估。以综治信访维稳中心为平台，接待群众来信来访29批次，75人次；协助和处理市政府“12345”投诉热线32宗，上级交办信函4件；各村（居）综治维稳工作站调处矛盾纠纷52宗。开展社会矛盾纠纷排查26次，排查出矛盾纠纷19宗，成功调处16宗；中心立案案件9宗，成功调处9宗；是年无发生重大群体性矛盾纠纷。全镇的涉军人员较为稳定，应急劝返工作组及时成功劝返2次，全体涉军人员均处于可控状态。开展排查、整治严重精神障碍患者、暴恐活动、危爆物品寄递物流等专项行动，保障社会稳定。

【安全生产】 开展各类安全专项检查、整治行动，全年开展排查了企业120多家次，“三小场所”300多户，发现隐患220多处，经复查，企业已全部整改，三小场所整改率95%。该镇没有发生重、特大安全责任事故。执行三防24小时值班和领导带班制度，做好值班记录，密切监视天气变化和加强信息报送，指导受灾农户做好灾后复产工作。

【环境保护】 2017年，该镇有10间企业列入高污染燃料锅炉整治清单，该镇下发上级整改通知文件，督促相关企业按时进行整改或拆除，及时报市环保局备案。是年已完成锅炉整治工作。2017年该镇排查出禁养区养殖场42户，非禁养区养殖场174户，已完成禁养区拆迁工作，其中，拆迁37户，已自行关停5户。对辖区内的山塘、水库、河流、渠道等水浮莲打捞清理，累计清理水浮莲约67亩。

【教育事业】 2017年，该镇有小学1所，中学1所，幼儿园3所，成人文化技术学校1所。在校小学生1794人，中学生957人；小学在编教师101人，中学在编教师89人。争取苍城商会和校友、各界人士支持，设立中心学校、开平八中奖教奖学基金。中心学校有30多名同学考上金山中学，开平八中有32名同学考上重点高中，教学成绩在农村学校中位居前列。开平八中获开平初中绩效综合考核二等奖和中考三等奖。全镇40多名教师获各种奖励和荣誉称号；100多名学生参加市镇各种比赛获得好的名次。

（文　俊）

附：苍城镇领导班子名录

党委书记： 梁小耐（2017.6—）

副 书 记： 余卓慧

颜自能（2017.7—）

邝齐限（女）

张泽康

党委委员： 梁勇赞（2017.7—，到江门市委宣传部挂职）

邝齐限（女）

谢伯权

吴国健

余华安

谢翠华（女）

人大主席： 黄焜辉

镇　　长： 余卓慧

副 镇 长： 吴国健

谢伯权

梁卓和

林锦昌

龙胜镇

【简况】 龙胜镇总面积126平方千米，下辖16个村委会和2个居委会，101条自然村。全镇总人口约3.8万人。龙胜镇因盛产水果，素有“水果之乡”美称，是江门市五金橡胶专业镇和江门市文明镇。

【农业】 完成2016年晚造水稻政策性保险保费和耕地地力保护补贴发放工作。制定实施《龙胜镇普惠金融“村村通”实施方案》，是年采集农户信用信息3291户，采集率达70%，圆满完成上级下达的任务。落实农村土地承包经营权确权登记，是年完成14个村委会6647户农户、31490亩的土地审核颁证，颁证率达93%。推进农田水利标准化建设，完成长江海桥联、棠红村委会河段河道清淤整治、禾叉坑水库放水涵管拉杆修复、蟠龙排涝站机组维修、龙胜三桥水闸启闭系统安装以及白村村委会大迳村农村改水等一批水利基础工程；推进官渡、黄村、棠安、和兴、大雄、梧村6个村委会农田水利项目和农业综合开发工程建设。

【工业】 支持本地企业发展壮大，鸿星脚轮制造公司升级为规模以上企业，与馨金拉链、鸿兴五金橡塑、盈达五金橡塑、宏利五金等公司，共同成为引领镇级经济蓬勃发展的龙头工业企业。加快龙安消防、铸辉钢瓶制造等特种行业企业发展步伐，该镇装备制造业投资实现新增长。全镇工业企业54家，其中规模以上工业企业5家，规模以上工业增加值9398万元，同比增长7%；外贸出口总值5366万元。

【财税收入】 2017年，该镇一般公共预算收入实现1109.33万元。其中：国税部门组织完成财政收入717.14万元，地税部门组织完成财政收入392.19万元。

【招商引资】 江门市重点建设项目广东炜联长城金属有限公司全年完成投资6125万元；二期项目加紧动工建设，已完成桩基工程。广东凯美电子有限公司全年完成投资5066万元，办公楼及厂房均已顺利封顶，基本完成室内装修。龙胜镇金牛山汽配园区顺利动工建设，购地企业陆续办理入园手续，逐步形成“洼地效应”，引领其他企业意向进园。

【镇村建设】 加速高恩高速公路（龙胜段）建设。完善省道S274线龙胜路段8千米交通标线建设。更新改造辖区内145盏LED路灯。倒逼落实镇级十项民生实事，完成龙胜自来水厂给水管网二次改造工程、现龙村委会现龙村塘基改造工程、龙胜墟长龙路改造工程、大雄村委会兴堂村路面硬化工程、桥联村委会上截村改水改厕工程、白村村委会文体广场建设工程。申请老区建设资金，完成黄村村委会旧李村、新李村道路硬底化工程。启动黄村村委会旧李桥改造工程。

【社保医保】 落实低保、五保等补助政策，按规定发放补助款407.6万元。发放老龄补贴49.4万元。落实劳动保障监察，是年调解劳资纠纷13宗。圆满完成市下达社保扩面征缴任务。落实大雄、桥新、梧村被征地农民养老保障资金的分配工作。

【扶贫解困】 抓好扶贫与低保“两线合一”，累计申报2017年精准扶贫帮扶项目资金67.2万元。实行“一户一策”，在助学、生产、医疗等多方面，加大帮扶力度，完成上级下达的年度脱贫目标。做好台风“天鸽”灾后困难群众房屋重建工作，完成8户五保、低保倒塌房屋的重建，发放临时救助金12.8万元。

【优抚补助】 开展涉军人员情况普查，了解优抚对象的工作、生活情况，解决重点优抚对象“三难”问题，全年发放定补金88.6万元。完成龙胜墟社区康园中心建设，做好残疾人康复服务，坚持每月发放残疾人定补金。

【卫生计生】 做好孕产妇健康管理、免费生殖健康检查等工作。全年出生534人，政策内一孩262人，二孩258人，生育率99.25%，出生率13.82‰，自然增长率6.94‰。完成16条江门市卫生村、120户农村户厕改造。完成联塘、棠红、大雄3个村委会农村公建民营卫生站建设。

【社会治安】 定期召开维稳工作例会，重点排查和研判重大社会矛盾纠纷，加强全国、全省“两会”、省十二次党代会、“一带一路”国际合作高峰论坛、党的十九大等特别防护期的值班备勤工作。是年调处维稳案件17宗，信访案件14宗，办理12345政府热线57宗。抓好高恩高速公路征地拆迁、禁养区畜禽养殖场拆迁、村小组换届的维稳工作，无严重性群体暴力事件、重大紧急信访事件发生。做好特殊人群的救治救助，落实精神障碍患者监护人、协助监护人补助经费，做好流浪者救助工作。加大禁毒执行力度，确保本地脱失吸毒人员全部“清零”。落实“一村（社区）一法律顾问”工作，做好法治宣传。

【安全生产】 是年出动140多人次，检查企业和三小场所340多家，发现隐患710多处。对加油站、供销社、物流快递单位以及生产经营单位进行专项检查，定期开展“回头看”，全年完成行政执法4宗，稳守安全生产“红线”。以“安全生产月”为契机，加强安全生产法律法规以及知识的普及。组织党员干部开展消防应急演练，提高技防能力。加强食品安全日常监管，推进学校“明厨亮灶”建设，确保食品安全事故零发生。

【环境保护】 推进镇污水处理厂及25个农村污水处理设施建设。投入30万元新增一台垃圾压缩设备，投入5万多元购置垃圾桶，加大投入购置垃圾清运车，及时处理生活垃圾。落实墟镇环境卫生管理，整治“三乱”行为，组织党员干部做好台风后清障工作。推行“河长制”实施方案，明确各条河流的镇、村级河长和工作职责。推进环保违法违规项目整治工作，是年接到环保投诉5宗，处理5宗，协助2间工厂通过环保验收。巩固禁养区畜禽养殖场清拆成果；按照市畜禽养殖治理技术指南，落实非禁养区畜禽养殖场规范整改。2017年，全镇完成6台锅炉整治和41辆黄标车淘汰任务。

【武装征兵】 做好兵役登记，圆满完成市下达的征兵任务，为部队输送12名优质兵员。

【公共服务】 加强村级公共服务站建设，公开招考17名村级公共服务平台工作人员。推进“邑家园”家庭综合服务中心建设，开展党建、长者、青少年、妇女儿童等15项服务。全年开展服务21次，服务群众785人次。

【村级换届】 做好村级换届选举工作，村（社区）选举产生82名“两委”干部，支部书记和主任“一肩挑”率100%。组织新任村干部培训，抓好村级换届后续跟踪工作。 （薛淑仪）

附：龙胜镇领导班子名录

党委书记： 梁健忠
副书记： 利俊义（—2017.9）
谭晓华（2017.10—）
梁北林
黄巧娜（女）
委员： 李耀明
梁崇威
梁润华
冯永欣
邓灿耀
镇长： 利俊义（—2017.9）
谭晓华（2017.10—）
人大主席： 冯伟光
人大副主席： 邓灿耀（2017.10—）
副镇长： 李耀明
梁崇威
劳松炎
吴劲夫

大沙镇

【简况】 大沙镇总面积215.6平方千米，总人口3.3万，水库移民7600多人，下辖14个村委会和1个社区居委会。大沙镇茶叶种植产业已成为该镇主导产业，被授予“广东十大茶乡”称号。该镇先后被授予“江门市宜居城镇”“广东省卫生镇”“江门市乡村旅游示范镇”等多个荣誉称号，被美誉为开平市的山水茶乡、梅林胜地。

【农业】 2017年，通过争取上级专项资金和镇村自筹等方式，先后投入资金218万元，完成了蕉园堤围、石硖围堤围加固工程；投入78.5万元，完成蕉园、黎雄村委等灌渠三面光工程；投入36.53万元，完成白沙重修水陂工程2座、新建小型水陂2座，重建江湾夹河水陂工程1座；投入20万元，完成新星村委会5条自然村的改水工程；投入2.92万元，完成大圹尾防洪灌区清淤工程。落实村委会基本农田奖补资金超100万元，兴修了一大批水利设施、机耕路、亮灯工程等。推进特色产业加快发展，名优茶树、优质水稻、皇帝柑以及特色蔬果种植规模不断壮大，举办第八届大沙梅花节，带动生态旅游加快发展和当地农产品销售。2017年，全镇粮食作物全年种植面积39591亩，亩产351公斤，总产量13891.4吨；水稻种植36028亩，平均亩产319公斤，总产量11509吨。蔬菜种植面积6480亩，亩产1193公斤，总产量7727.9 吨。

【财政税收】 2017年，完成地方一般财政预算收入257万元，同比减少12.29%，国税收入114万元，同比增长14.00%，地税收入143万元，同比减少25.91%，全年固定资产投资21810万元，同比增长12.38%，社会消费品零售总额18835万元，同比增长10.02%。

【招商引资】 是年，完成2017年度招商引资目标任务，引入总投资7000多万元的大沙里·欢茶谷项目，并完成一期工程建设。位于致富市场侧地块的汇大城乡村酒店项目已完成前期准备工作，正进行项目环评申报。天露山醉美乡村项目已进入征地阶段，新的景点已落实选址并签约。异地招商方面，广东省建成机械设备有限公司特种压力容器罐项目基本完成了厂房主体工程建设，正在办理并购审批手续。

【村镇建设】 发挥省、市关于村委会通较大自然村道路硬底化政策以及村级公益事业建设一事一议财政奖补政策作用，在上级党委政府、相关职能部门和社会各界人士支持下，是年投入道路建设资金205万元，完成了天露山道路（二期）、榄坑村道（一期）、榄树角村道（一期）工程建设。投入资金17.48万元，引导村民自筹36.96万元，建成了石桥村幸福院并投入使用。投入上级专项资金约100万元，完成春社桥改造工程。

【社保医保】 2017年，全镇新增就业45人，完成就业转移260人，完成目标任务100%，城镇失业人员再就业30人，完成任务率100%，其中就业困难人员再就业5 人，完成任务率100%；全镇的城镇登记失业率控制3.2 % 以下。全镇符合条件参加新农保60周岁4800人，完成市政府下达目标任务100%。全镇农村富余劳动力转移就业208人，完成 100 %。全镇参军退役人员的第一类和第三类人员56人，其中，有56人参加养老保险。2017年，全镇参加农村合作医疗人数27358人，参合率98%；参加新型农村养老保险人数15954人，续交率100%。

【精准扶贫】 2017年，大沙镇对建档立卡贫困户100%实施医疗保障帮扶，56户精准扶贫户成功签约享受家庭医生服务。投入22万元，完成了梁中文、熊连珍、梁水梅、梁定国、梁群妹等5户精准扶贫户危房改造。截至2017年12月底，大沙镇脱贫40户140人，累计完成2016—2018年度脱贫任务的70%。

【民政服务】 2017年发放临时救济金14.25万元。解决贫困户享受农村最低生活保障对象211户，491人，累计发放低保金119.7437万元；五保户178 户，发放五保金188.895万元；重点优抚对象96户，发放优抚对象定恤定补补助金83.0745万元。全镇发放低保、五保及优抚金391.7132万元。全镇发放低保、五保及优抚金374.6689万元。投入18万元，完成五村村委会六圩村、大塘村委会大塘村、白沙村委会勾洞村、黎雄村委会新安村、夹水村委会岗头咀村等5个农村幸福院。

【人口计生】 是年，该镇全年出生率11.30‰，自然增长率5.39‰，政策生育率99.23%，出生人口性别比例116.76；二孩生育登记175对，落实纯二女节育奖108人、家庭奖励奖69人，服务孕前优生健康检查对象136对。做好流动人口服务管理、数据清理清查等各项常规性工作，通过了上级的计生工作检查。

【社会治安】 全年刑事立案28宗，受理治安案件54宗，抓获处理各类违法犯罪人员77人。2017年，受理信访事项35宗，办结34宗，办结率97.1%，无越级上访和集体上访事件发生。

【安全生产】 贯彻落实安全生产和消防安全"党政同责、一岗双责、齐抓共管"责任制，狠抓风险隐患排查和整治工作，完善突发事件应急体系建设，完成蕉园、富食堤围加固工程和水位修复工程，加快富食电排站机组维修进度；推进岗坪村委会井田尾、西湾村委会高田村、联山涎田路段等地质灾害整治。该镇成功抵御"天鸽""帕卡"双台风袭击，全镇没有发生安全生产事故。

【环境保护】 贯彻落实开平市委、市人民政府关于做好大沙河水库饮用水资源保护和镇村环境卫生整治工作。完成大沙河水库饮用水源保护区范围内禁养区畜禽养殖场整治，紧抓非禁养区养殖场环保设施建设和达标排放整治行动。投入近100万元，实现了农村生活垃圾无害化处理全覆盖。超额完成了黄标车淘汰整治任务。推开农村生活污水处理设施建设，是年完成了西水、湾田、高田3个试点建设。投入230万元，推进大沙污水处理厂二期管网扩建工程。推行"河长制"，完善河长制体系及配套制度建设。完成生态林扩面34853.5亩。

【教育事业】 2017年，大沙镇通过了广东省教育强镇复评抽查验收工作。大沙中学、中心小学、联星小学、希望学校在开平市级以上各类评比中获得多个荣誉称号，各类师生竞赛中获奖25人次。

【水库移民工程】 2017年，贯彻落实中央、省、市关于完善水库移民后期扶持政策和文件精神，加快水库移民后期扶持资金使用，完成移民村基础建设项目23个，完成资金投入821万元；在建项目5个，计划投入资金250万元。完成水库移民泥砖房改造11户，补助资金27.5万元；建成了农产品质量安全监管服务站和质量检测室，并投入使用。

【医疗卫生】 是年，大沙镇投入80万元完成黎雄、白沙、大塘、沃富四个村级卫生站的规范化建设。开展居民健康档案建立与管理工作，家庭医生签约服务人数17740人，签约率54.22%，建成大沙镇中医馆。加大严重精神障碍病患者的随访管理力度，全镇有严重精神障碍病患者223人，随访率100%，服药率80%，APP安装率8%。

【文化旅游建设】 2017年，大沙镇被授予"江门市乡村旅游示范镇"称号，大塘面片区被授予"江门市乡村旅游示范村"。投入约60万元建成了榄坑、黎雄驿站和大沙里·欢茶谷等3个旅游厕所，补齐旅游配套设施不足的短板。星山村委会田心村获得"开平市标兵文明村"称号。

【村（社区）"两委"换届选举】 2017年，完成村（社区）"两委"换届选举工作，全镇15个村（社区）"两委"新当选干部58人，其中女性19人，占32.76%，平均年龄49.72岁，女书记（主任）2人，占13.33%，新增女书记（主任）1人。实现村（社区）党组织书记和村（居）民委员会主任"一肩挑"比例保持100%，村、社区"两委"交叉任职比例保持90%以上。

【第八届大沙梅花节】 2017年12月16日，大沙镇成功举办"梅开喜逢新时代、我为梅乡添姿彩"第八届大沙梅花节开幕式，寓意为：党的十九大刚刚胜利闭幕，大沙延绵数里的梅花就在凛冽的寒风中傲然盛开，喜上"梅"梢，

恰逢新时代。现场以亲手栽种红梅的形式拉开活动帷幕，别具一番意义。（吴婉怡）

附：大沙镇领导班子名录

镇委书记：谭意军（—2017.12）

镇委副书记、镇长：温伟荣

人大主席：熊绍根

党委副书记：司徒灼汉

郁长青

人大专职副主席：关洪健（2017.11—）

党委委员、纪委书记：吴锦强

党委委员、武装部部长：关洪健

党委委员、常务副镇长：杨伯俊

岑劲泉

党委组织委员：李健芬（女）

副镇长：梁杰生

吴顺风

罗楚标（挂职，2017.7—）

马冈镇

【简况】 马冈镇总面积92.3平方千米，其中耕地面积3197.33公顷，山坡地面积1866.67公顷，辖20个村委会、233条自然村，两个社区居委会，人口56453人，13928户，旅居海外华侨、港澳同胞3.7万多人。马冈镇属半丘陵地区，土地肥沃，盛产稻谷、水果及“三鸟”、塘鱼等，是开平市农业大镇，马冈鹅饲养专业镇。

【农业】 2017年，全镇有耕地面积47361.7亩。全年早、晚造粮食种植面积共78530亩，总产量36465.4吨；蔬菜种植面积14632亩，总产量18588.4吨；水果种植面积6169亩，总产量2514吨；水产养殖面积3261亩，总产量1755吨，全镇农业总产值46211.25万元。农村人均收入12886元，同比增长7.5%。

落实强农惠农政策，早、晚造20个村委会全部参加政策性水稻种植保险，对11814户种植户实施农业支持保护补贴（耕地地力保补贴）资金3031734.58元。

2017年早造参加世界银行广东省农业面源污染治理项目面积11619.4亩，约占全镇早造水稻面积的35.9%，参与项目农户3355户，约占全镇种植农户数的28.3%。晚造参加该项目面积11619.4亩，约占全镇水稻面积的35.9%，参与项目农户3355户，约占全镇种植农户数的28.3%。马冈镇项目工作站协助市项目办组织农户参加“三控”技术培训8期，确保项目区农户每户至少参加一次培训。

水利基础设施投入方面，投资130多万完成潭叉河清淤工程、新建虎山挡土墙、重建西瓜岭桥等三项工程建设。投资134万完成潭叉河清淤工程（4千米）、新建虎山挡土墙（长460米）、重建西瓜岭桥（长16米）等三项工程的建设。总投资1500万元完成2016年农综发项目的建设（0.5万亩蒲山片区和0.5万亩虎山凤尾片区）、共投资2085万元完成2015年高标准农田建设项目（陂头咀、丽溪、龙冈、官堂和北湖等村委会共1.39万亩）、墟龙挡土墙工程（投资26万长175米）等。

【工业】 至2017年末，全镇共有工业企业129家（含个体工商户），其中木业企业113家，刨板、夹板企业58家。主要产品有人造板、黏胶 制品、橡胶轮碌等；木材产品有原木、木质线材、木质片材、木板材、木质型材、纤维板等约10种。刨板、夹板企业年产中纤板10.47万立方 米，建筑夹板13.8万立方米。2017年实现了镇生产总值同比增长7.4%，达76818万元，其中规模以上工业增加值4234万元，同比增长7.1%。

【财税金融】 马冈镇有农行、农村信用社和邮政储蓄共3家金融机构。2017年，全年实现镇级一般预算财政收入616.59万元。国税税收入库338.12万元，地税税收入库278.47万元。

【招商引资】 推进旧城改造项目，盘活原马冈粮站及其周边一带土地资源，对圩镇旧城区开发改造，引进投资开发高尚住宅区。是年已做好前期土地征收工作，进入土地储招拍挂阶段。原联合砖厂工业地块项目招商工作顺利推进，引进广东吉丰纸业有限公司投资4600多万元，是年已完成营业执照办理和用地指标报批等工作。

【镇村建设】 如期兑现了镇级十项民生实事，投入600多万元完成“中心+网格化+信息化”建设、公安小学跑道升级改造、马冈镇全民健身广场维修改造、陂头咀引水闸修建、农村道路建设、渠道整治工程、高园大道路灯升级改造、创建开平市文明村、基层卫生站升级改造和村（居）公园建设等十项民生实事。

【医疗卫生】 2017年，全镇共有卫生院1所，农村卫生站22个。是年3月，马冈镇卫生院与开平市中医院结成紧密型“医联体”，正式挂牌“开平市中医院马冈分院”，按二级医院标准开始建设。4月总院（开平市中医院）开始派出专家到分院（马冈卫生院）开展业务，分院开始安排所有医务人员分期分批到总院进修培训，12月完成培训。

为建设好“医联体”，市政府向马冈卫生院（中医院马冈分院）投入450万元，热心人士捐资30万元，购买综合楼污物电梯、新救护车、病房一批、医疗设备一批，新建一幢公共卫生服务大楼，该大楼于2017年8月动工，建筑面积1100平方米，5层，预计2018年4月竣工。

【劳动社保】 全镇农村富余劳动力转移就业230人，实现农村劳动力就近就地转移189余人。2017年办理就业失业登记证申请32份，新增认证就业困难人员1人；帮助大学生就业、退伍军人创业1人，享受政策补贴0.5万元；场地租金补贴1人，租金补贴6000元。2017年度成乡居民医疗保险征缴工作全面完成，全镇城乡居民医疗保险参保人数约4.8万人，参保率98%，保费约802多万元。参加新农保人数约2万人，参保覆盖率99%以上，享受新农保待遇人数近9000人，享受率100%。

【教育事业】 加大教育投入，深化教育改革，完善教育设施，加强师资队伍建设，办学条件日益完善，教育环境更加优化，是年，开平四中成功申报并通过了“江门法治校园示范校”创建工作。

2017年中考考上重点学校的人数58人，比增55.2%，获江门市初中阶段协同教育质量进步奖；获开平市初中教学质量二等奖。

【文化建设】 镇文体中心顺利晋升广东省特级文化站。成功举办美丽马冈乡村旅游节暨美食嘉年华第四季，首发“美丽马冈乡村旅游指南”小册子。加强文化名村、传统村落的保护修缮，筹备官堂古村申报开平市文物保护单位。

【卫生计生】 2017年，成功创建为广东省卫生镇，创建1条广东省卫生村（大厂松柏村）、3条江门市卫生村（龙冈新龙村、红丰六圩村、联合东升村）。动员干部、群众参与无偿献血活动，全年参与无偿献血78人次，采集血液总量达1.84万毫升。组织开展“健康知识进万家”系列宣传活动、流动人口集中专项服务活动和国家基本公共卫生服务项目宣传月活动，结合全面二胎政策、关爱机制和利益导向机制提升卫生计生服务水平。全年出生人口606人，符合政策生育率达98.68%，性别比为117.20，人口自然增长率5.72‰。

【社会治安】 投入60多万元建成综治联勤指挥室和社区戒毒康复服务中心。2017年该中心接访群众3批4人次，受理案件信访案件6宗，调处结案6宗，调处化解率100%。圆满完成中共十九大期间的维稳安保工作，获得江门市人民政府嘉奖；贯彻安全生产责任制的要求，深入推进“专项监管-巡查整治-企业主体作用-宣传培训”等各项措施，防范和遏制各类事故。

【安全生产】 2017年马冈镇安全生产实现“零事故”。坚持“党政同责、一岗双责、齐抓共管”和“三个必须”的安全工作要求，明确安全工作目标，投入安全资金9万元，编制消防规划，建全6个市政消防栓；开展各类专项安全行动28项，排查各类生产经营209家次，发现和整改安全隐患290处；贯彻落实职业健康执法年活动，加大安全执法力度，立案3单安全执法案件，实现零职业病个案。

【环境保护】 开展镇容镇貌专项整治行动，改善群众的人居环境。完善垃圾压缩处理站建设，鼓励自然村购置不锈钢垃圾箱。投入130多万完成高园村经营里、丽溪村、长间涧渡村、上郭月塘村和联冈星堂村5个村居公园建设。落实市委关于全面打好水、大气、土壤污染防治三大战役的要求，全面落实“河长制”，完成37个河长制公示牌的制作和安装工作，开展水浮莲大清理专项治理行动。关闭畜禽禁养区养殖场53个，做好禁养区限养区整治工作。完成顺隆木业等4间厂的锅炉改造工作，顺利完成黄标车淘汰任务。加快镇村两级污水处理设施前期建设工作。建立禽畜养殖长效监管机制。

【民政服务】 2017年，全镇有农村低保对象242户，每月发放低保金13.628万元，月人均补助水平233元。全镇有“五保”对象195人，城镇居民最低生活保障标准提高到每人每月700元，农村居民提高到600元，“五保”供养标准提高到960元，城镇“三无”人员供养标准提高到800元，散居孤儿养育标准提高到900元。全镇资助困难户40人，发放临时救助金7.52万元。落实农村精准扶贫工作，采取“一户一策”，科学制定脱贫措施。通过教育帮扶、就业扶贫、产业扶贫和救助扶贫等多种方式帮助15户56人实现脱贫。开展“银龄安康”行动和老年人意外伤害综合保险工作。

【召开第十七届人民代表大会第五次会议】 2017年10月27日上午，马冈镇第十七届人大代表第四次会议在镇府三楼会议厅胜利召开，72名镇人大代表和11名列席人员参加会议。选出黄志坚为马冈镇人大副主席。

【领导干部驻点直接联系群众活动】 开展直联工作以来，马冈镇驻点团队走访村（社区）、企业5680多户，召开座谈会1078次。全年收集意见建议40条，已经办结40条。开展了“微心愿”活动，收集“微心愿”204个，其中生活用品类187个，助学类5个，房屋修补类2个，贫困户申请安装水电类4个，其他类6个，均已全部落实。

【马冈美食嘉年华】 12月23日至24日，由马冈镇人民政府主办、开平市旅游局协办的“首届美丽马冈乡村旅游节暨美食嘉年华（第四季）”活动，举行了游客服务中心揭牌、乡村旅游指南首发、竹器捐赠荣誉证书颁发、乡村骑游、马冈民俗体验、生态农业观光、乡村摄影采风、马冈美食嘉年华等多项活动。

【马冈鹅养殖】 马冈鹅养殖起源于1925年，经过90多年的优化培育，每年都有大量肉鹅销往国内各大城市及出口港澳等地区。据统计，马冈鹅年产值占全镇农业总产值的半壁江山。2017年马冈鹅母鹅存栏量17.5万只，年产鹅苗850万只，年饲养肉鹅300万只。年上市肉鹅178万只，总产值1.25亿多元。 （梁泳婷）

附：马冈镇领导班子名录

镇委书记： 梁雁仙（女）
副 书 记： 张诗存
陈练豪
陈振坤
陈光耀（2017.7—）
党委委员： 吴伟雄
黄志坚
李全旺
罗晶华
梁长容（女）
人大主席： 梁锡富
镇　　长： 张诗存
副 镇 长： 李全旺
罗晶华
卢汉广
陈荣照

塘口镇

【简况】 塘口镇面积73.5平方千米，辖区有1个居委会和16个村委会，191条自然村，户籍人口31308人。华侨、港澳台同胞4万多人，分布在世界58个国家和地区，是知名的华侨之乡、碉楼之乡、曲艺之乡和省碉楼旅游专业镇、省教育强镇。

【农业】 完成潭溪、升平、三社、卫星、冈陵的农业综合开发高标准农田建设项目，总投资755万元，建设渠道16千米，完善农田道路4.2千米，建设规模5000亩的高标准基本农田建设项目等农田水利工程。做好地力保护补贴登记和购买水稻保险工作，全覆盖16个村委会。联合市农业局等部门举办全国基层农技推广补助项目，选取60户农户进行定期联系及指导，推广农业技术；规范农村集体“三资”管理工作，全年成功组织集体资产公开交易19宗。做好农村土地承包经营权确权登记颁证工作，完成率91%。推行高华种子科普惠农工程，完成以创建省科普志愿者队伍和科普惠农工程为抓手，提高农民群众的科技素质。做好生态林扩面工作，完成5050亩签约工作，超额完成上级下达任务。

【工业】 塘口镇2017年实现规模以上工业增加值5844万元，完成全年计划的110%；固定资产投资27362万元，完成全年计划的104.5%；社会消费品零售总额43885万元，完成全年计划的106%；外贸进出口总值2767万元，完成全年计划的104.6%。

【旅游业】 推进与中信产业基金合作开发的“世遗乌托邦：开平碉楼与村落重塑”项目，对碉楼与村落产品进行提升改造，包括公路系统、绿道系统以及酒店设施等。完成升平高速口“城市客厅”旅游项目的征地工作和规划设计，打造集停车、休息、住宿和文化体验的旅游综合服务集散地。启动立园扩园和自力村扩建的升级改造项目。依托立园景区的影响力，确定南阳南安里村落发展模式和设计方案，推动村场租赁和房屋托管工作。开发荣桂坊民宿民居旅游配套示范项目，完成房屋托管和村场租赁工作。仓东教育基地获评中国乡村旅游创客基地，探索建立文化遗产保育新模式。活化塘口圩旧建筑改造为塘口空间，集住宿、餐饮、休闲、聚会的多元化模式带动社区发展。支持凤仪里、黄金村等打造成休闲亲子乐的乡村旅游新景点，完善旅游厕所等基础设施和改造周边环境。

【财税金融】 2017年，塘口镇一般财政预算收入960万元，完成全年任务的109%。

【招商引资】 引进开平塘口空间旅游服务有限公司投资1000万元建成青年旅社和社区空间，发展集住宿、饮食、休闲一体的旅游服务；实施“活化塘口墟计划”，开展有利于乡村建设的活动与项目；引导开平市高华种子有限公司投资1000万元扩建厂房。

【镇村建设】 实施新农村连片示范工程项目、“一事一议”项目、文明村建设等，投入近610万元，对强亚庙边村、强亚广陵村、强亚庙北村、裡村中行村、裡村东堤村、以敬庆民村、北义永安村、魁草长安村、龙和塘新村、龙和水满村、水边永安村、水边上店村、宅群岚咀村、三社福安村、升平东村等村容村貌基础设施升级改造。完成贵龙中学至四九卫生院主水管改造的农村改水工程，改善四九片区农村饮水。实施乡村旅游厕所革命工程，完成裡村南安村、强亚上塘村、四九凤仪里、宅群荣桂坊的旅游厕所建设。结合公园城市建设计划，建成强亚上塘村居公园、古宅村居公园和建成占地超一万平方米、功能齐全的“天下粮仓”农耕文化体验镇级公园。完善村收集、镇集中、市转运的垃圾处理模式，全镇辖区设754个垃圾桶，25个垃圾箱，安排2辆垃圾压缩车，收集范围基本覆盖全镇所有圩镇和村落，采取市场运作发包农村垃圾清运工作，加强对赤马线与交四线的保洁工作，特别是对乡镇重要地段、村道、市场、广场等进行日常清扫、收集、清运。完成镇级污水处理厂项目的前期工作，做好25个村级污水处理设备的选址和规划工作。完成共3207米的村道硬底化工程，包括冈陵东明村、如意村850米、龙和水八村1565米、宅群高咀村622米、卫星南阳村170米，改善农村交通。做好赤马线扩宽工程的征地工作，国道325改线建设项目和开阳高速扩建项目的前期工作。

【文化教育】 完成全镇16个行政村的农家书屋和文化室建设，抓好市文化馆图书馆总分馆建设试点工作，实现市镇两级图书通借通还，文献资源共建共享。继续与市文化馆、图书馆总馆合作开展系列活动，举办文体协管员培训班。举办文艺演出18场，展览2场，艺术培训班3期，其他文体活动4场。完善龙和连龙村作为全省行政村综合性文化服务中心示范点的建设。宝树中学获2017年中考教学质量二等奖，考取本市重点中学17人。

【社会保障】 2017年，完成城乡居民基本养老保险人数10441人，完成缴费100%；城乡居民医疗保险参保缴费人数26056人，完成全年参保缴费任务98.7%。发放优抚补助、慈善助困等各种救灾救济款27.2万元；向253户“五保”、低保户发放生活保障金144.5万元。帮扶生活困难的残疾人家庭，帮扶163人次，落实广东省重度残疾人护理补贴及残疾人生活津贴，发放63.6万元；向21名贫困学生及残疾人家庭子女发放1.2万元义务教育补助金；帮扶患病和贫困妇女儿童33人次，发放帮扶资金3万元。是年10月，成功举办达成基金暨潘家强慈善晚会，向困难学生和老人发放6.4万元。投入20万元，完成全镇17个村（居）邑家园建设，投入10万元购买社工专业服务，提升邑家园家庭综合服务水平。

【精准扶贫】 扶贫办在贫困户子女教育、就业创业和技能培训、医疗保障、危房改造等方面，为该镇42户贫困户138人提供了帮扶服务，并协助贫困户申请2017年开平市和江门市两级精准扶贫贫困户发展项目启动资金33万元。该镇2016年脱贫14户，脱贫率33%，2017年脱贫17户，脱贫率73.8%。

【人口计生】 推进裡村、冈陵村级卫生站公建规范建设项目。强化基本公共卫生服务，开展家庭医生签约和建立居民健康档案工作，该镇家庭医生签约率61.08%，建立居民健康档案率77.4%。

【换届选举】 完成2017年村（社区）“两委”换届工作，当选的“两委”干部66人，“两委”交叉任职率92.2%，书记、主任“一肩挑”比例100%。

【基层治理】 推进“两学一做”学习教育常态化制度化，推进“主题党日+”活动日，与“三会一课”、组织生活会等党内组织生活深度融合。推进直联工作开展，坚持“直联+重点工作”的模式（直联+民生实事+禽畜养殖整治+精准扶贫+河长制），推动党委政府工作的落实。2017年，投入60多万元对潭溪村委会综合服务中心进行建设并已投入使用。完成潭溪、冈陵两个软弱涣散党组织整顿，提升班子工作面貌和干部队伍建设。

【社会治安】 抓好全国“两会”、十九大等重要防护期的信访维稳工作，建立综治联勤指挥中心。建立镇社区戒毒（康复）中心。做好严重精神病患的排查和救治救助工作，对143名符合条件的患者监护人签订监护补助协议，补助款项已发放到位。是年受理32宗群众来访事项，办结31宗，办结率96.9%，受理12345热线53宗，办结51宗，办结率96.22%。2017年，塘口派出所在该市二类派出所目标考核中排名第一，实现“五连冠”。辖区破获刑事案件37宗，同比上升23%，查处吸毒人员61人，完成任务112.6%，侦破毒品案件12宗，完成任务200%。

【安全生产】 投入50余万元专项资金，建立一支拥有一台4吨水罐消防车、8名队员的塘口镇专职消防队。把原塘口地税办公点改造为专职消防队营房，实行24小时值班备勤，完善镇内各领域消防安全设备、设施，顺利完成第三方消防评估检查。检查该镇工矿商贸企业104家，发现安全隐患56处，整改安全隐患56处，整改率100%。

【环境保护】 设立镇级河长制工作办公室及8个村级办公室，落实河长制，清理河道水浮莲1560亩。投入70万元，完成泥海河及镇内大小支流30公里的内河整治清淤工程。该镇黄标车54辆，是年已淘汰38辆，超额完成省下达的黄标车淘汰任务量。完成高污染小锅炉整治工作，已全部关停辖区8台燃煤小锅炉。推进禽畜养殖整治行动，该镇禁养区89家养殖户已全部完成拆迁、关闭或转产，非禁养区整治203户完成登记、环评、完善环保设施等工作，并制定后续监管制度和方案。 （曹雪芬）

附：塘口镇领导班子名录

党委书记：温家林（2017.9—）
余洛荣（—2017.9）
副书记：邝卫民
梁国能
李祖华
易叶华（挂任，2017.7—）
党委委员：潘兆安
梁国能
许晚基
李国文
梁丽萍（女）
冯健国
人大主席：梁锦华
人大副主席：潘兆安（2017.10—）
镇长：邝卫民
副镇长：冯健国
甄英林
梁宏健

赤坎镇

【简况】 赤坎镇是全国重点镇、首批中国特色小镇、中国历史文化名镇、广东省中心镇、广东省新型城镇化“2511”综合试点镇。全镇面积62.1平方千米，下辖19个村委会，2个居委会，286条自然村，居住人口4.6万多人，海外华侨、港澳台同胞9万多人，是全国著名的侨乡。2017年，赤坎华侨文化旅游小镇被省发改委选定为广东特色小镇创建工作示范点。

【农业】 赤坎镇耕地面积22620.41亩，发放地力补贴2122699.67元，林地面积894公顷，生态林面积93.4公顷，鱼塘面积366.6公顷。常年蛋鸭饲养量13万只，肉猪存栏量4500头，鸡存栏量10万只。完成早晚两造政策性水稻种植保险登记，参保面积46527.4亩。有水稻种植示范户30户，举办业务培训班2期。为35户水库移民发放扶贫资金76200元。2017年，赤坎镇农业总产值24580.59万元，农民人均收入13663元。

【工业】 以机动车配件、机械制造、新型建材、塑胶模具、卫浴制造、金属制品生产等为主。在赤坎镇发展的企业有：嘉达摩托车配件有限公司、雅琪集团、朝阳卫浴有限公司、广东松本绿色新材股份有限公司、本铃机车密封垫有限公司、创誉棚架有限公司、立航建材有限公司等。2017年，赤坎镇实现完成固定资产投资14.38亿元，同比增长55%；规模以上工业增加值39754万元，同比增长9.6%。

【财税金融】 2017年公共财政预算收入3491万元，超额完成市下达的目标任务。其中国税1965万元，地税1526万元。

【镇村建设】 完成新建村委会滘口一村文化楼及厕所建设工程“一事一议”项目工程。完成塘美西槐村道硬底化建设，全长410米。完成中庙田心一、田心二村道硬底化建设，全长

1740米。完成沙溪公园、中股公园两个村居公园建设。整改永坚横桥坳非法使用土地1亩，拆除违法建筑，完成复耕复绿。通过农村三资平台完成达标的大额交易项目21宗，交易总金额950394元。

【农田水利建设】 完成江南二闸启闭室建设工程、小海水利桥、325国道中庙排水渠道施工等一批农田水利工程。

【社保医保】 2017年，全镇新农保参保人数14135人，占农村人口100%；居民医保参保人数35198人，参保率97.8%；受理零星报销住院302笔，报销金额110.27万元，特殊门诊报销87笔，报销金额4.33万元。扶持就业工作方面，全镇新增就业人数132人，城镇失业人员再就业人数156人，就业困难人员再就业人数147人次。开展高校毕业生帮扶就业工作，推荐就业9人，自主就业6人。

【扶贫解困】 2017年，赤坎镇医疗救助284人，临时救助19 人，发放救助资金37.92万元。对贫困户实行动态管理，建立一户一册“家庭档案”，干部帮扶实行定点、定人、定时、定责。采取产业扶贫、劳务扶贫、助学扶贫等多种形式实施专项扶贫工作。赤坎镇2016—2018年需帮扶21户72人，在2016年帮扶7户实现脱贫的基础上，2017年发放扶贫资金171000元，帮助7户精准扶贫户脱贫，100%完成市下达的年度精准脱贫任务。

【优抚补助】 2017年，有142人申请就业困难人员身份认定，享受灵活就业社保补贴，补贴金额171501元。发放优抚对象医疗费用报销补助11人次，补助金6306.50元。

【人口计生】 完成塘联、沙溪、五堡、灵源4间农村卫生站公建民营建设任务；协助镇卫生院推进基本公共卫生服务项目；完成18条省、13条江门市卫生村的创建及80户农村家庭户厕改建任务；抓紧落实沙溪村“博爱家园”项目建设工作。2017年度，全镇人口出生率10.88‰，自然增长率1.59‰。

【社会治安】 开展防范邪教工作，赤坎镇新建村委会获得省“三个五”无邪教创建示范工程示范典型称号。2017年，受理社会治安事项92项，其中综治信访案件14宗，成功调处14宗。排查矛盾纠纷78起，成功调解78起，调解率100%。

【安全生产】 是年，对123家次企业以及三小场所进行安全生产检查，未发现重大安全隐患。完成上级委托执法4宗，发放限期整改通知书11份。以“两节”“十九大”等为时间节点，以粉尘涉爆企业大检查、春节后复产安全生产大检查、职业卫生检查、特别防护期大检查、安全生产大检查等为重点，开展专项行动13次。查无证经营方面，检查市场主体927户，取缔无照经营1户，引导办照1户。打假方面，召开打假工作会议2次，检查加油站5家、家用电器经营户33户、儿童玩具经营户3户，未发现违法违规的经营行为。开展食品安全知识宣传，加强食品作坊、小餐饮、小摊贩等的日常巡逻检查；加大食品摊贩经营场所管理力度，划定临时过渡安置区德业花园内为食品摊贩经营地点；推动学校饭堂“明厨亮灶”；做好小作坊经营户登记工作；强化对农村聚餐食品安全管理等。

【环境保护】 该镇列入禁养区内规模以上的养殖场33户，已拆除29个养殖场，关停4户养殖场。购置分类垃圾桶300个，实现农村分类垃圾桶全覆盖、垃圾收集处理“日清日运”全覆盖。对赤坎镇练超兰塑料厂、开平市赤坎镇福洋五金制品厂两间“小散乱污”企业关停取缔。加强对企业锅炉整治，淘汰威明洗水厂、镇威纸厂等9台锅炉。淘汰黄标车车辆82台，完成率109.3%。关停饮用水源保护区内光豪木线加工场、赤坎利宝不锈钢厨具加工部等违法企业2间。加强污水处理厂硬件设施建设，改造曝气系统、加装防雷设备等。开平一中提升泵站投入使用。完成南楼腾蛟村农村污水处理站建设。

【旅游开发】 计划投资60亿元的赤坎古镇华侨文化展示旅游项目工作筹建工作基本就绪，即将转入建设期。为配合赤坎圩镇居民整体搬迁安置，在赤坎圩镇西北侧规划建设赤坎新区。是年7月，建成赤坎新区过渡安置区德业花园，安排有需要的被征收人入住使用。开平市第二人民医院迁建工程纳入粤东西北中心卫生院升级建设项目，是年9月6日正式开工建设，预计2019年竣工。新区安置房、学校、市场、赤坎大道、高压线迁改等公共配套工程加紧推进，预计2018年开工建设。推行旅游厕所革命，完成改建三门里旅游厕所一座。经市政府批准，赤坎古镇文化旅游开发建设管理委员会正式接管加拿大村代管权，安排专人负责加拿大村的日常维护工作。

【教育事业】 是年，该镇有广东省乡村教育之星1人，江门市名校长培养对象1人，开平市名班主任工作室1个，市级学科带头人5人，镇级名师5人，镇级学科带头人15人。该镇打造特色教育品牌，五龙学校开展书画文化特色教育，学生书画获江门市二等奖1人、优秀奖5人；江南小学推进排球文化特色教育，获“全国群众体育先进单位”“江门市体育特色学校”等荣誉称号；赤坎镇中心小学将国学经典与本土文化有机结合，开展仁爱教育，2017年通过开平市特色学校评估验收。

【文体建设】 成功创建开平市标兵文明村——中股村委会牛路里、开平市“十大最美文明村”——沙溪村委会沙龙村。组织有280名运动员的代表团参加开平市第十二届运动会暨第二届老年人运动，参与20个项目比赛，获得开平市第十二届运动会镇级团体总分第二名、开平市第二届老年人运动会镇级团体总分第三名和体育道德风尚奖。做好自然村落历史人文普查工作，完成赤坎镇286条自然村的普查，做好普查表系统录入。

【政府服务】 2017年，开平市人民政府赋予赤坎古镇管委会（赤坎镇）市级行政管理权限（第二批）13项，至此，市政府赋予赤坎古镇管委会（赤坎镇）市级行政管理权限43项，涉及规划、国土、环保、发改等7个部门。赤坎古镇管委会（赤坎镇）行政审批局审批赋权事项18项，立项总投资12167万元。实行项目代办制，代办项目总投资193447万元。完成“邑门式”公共服务平台建设、创新实行“一门集中·综合受理·全程导办”服务模式。完善排队叫号机、高拍仪、身份证读卡器、条形码扫描枪、免费WIFI等配套设备。设置24小时自助服务区，并实现台开恩三市81项公共服务事项同城通办。各村（居）全部完成“邑门式”系统服务事项历史数据的导入和“邑家园”系统各项数据的录入工作。是年赤坎镇、村两级公共服务中心受理2162项业务，办结率达100%，无出现超时办结情况。

【省级以上荣誉】 赤坎镇护龙村、中庙村被国家住建部列为第一批绿色村庄名单。赤坎镇护龙村被评为全国为侨公共服务示范单位。开平赤坎华侨文化旅游小镇被评为广东省特色小镇创建工作示范点。赤坎镇新建村被评为2017年省“三个五”无邪教创建示范工程示范典型。赤坎镇新联村委会华堂村、树溪村委会龙口村、树溪村委会雁东村、两堡村委会兰兴里、两堡村委会禾塘里、红溪村委会长安村、永坚村委会发昌村、沙溪村委会底一村、新建村委会广安村被评为广东省卫生村。 （邹理严）

附：赤坎古镇管委会（赤坎镇）领导班子名录

1. 赤坎古镇文化旅游开发建设工作委员会

书　记： 陈杰文

副书记： 温家林（—2017.8）

梁国兵

委　员： 彭少波（管委会总规划师）

梁雪芬（女）

林上金

李文锋

2. 赤坎古镇文化旅游开发建设管理委员会

主　任：陈杰文

副主任：林上金

　　　　李文锋

3. 赤坎镇领导班子名录

党 委 书 记：陈杰文

党委副书记、镇长：温家林（—2017.8）

党委副书记：梁志伟（—2017.12）

　　　　　　周志雄

党委委员、副镇长：梁志辉

　　　　　　　　李海峰

党 委 委 员：梁雪芬（女）

　　　　　　谭永健

　　　　　　张以超

副　镇　长：梁锦堂

　　　　　　司徒华业

人 大 主 席：梁国兵

专职副主席：谭永健（2017.11—）

纪 检 书 记：张以超

武装部部长：谭永健

百合镇

【简况】 百合镇总面积约66平方千米，辖13个村委会、1个居委会，2017年总人口25740人，海外华侨、港澳台同胞5.7万人，是革命烈士周文雍的故乡。

【农业】 2017年，百合镇粮食总播种面积2426.4公顷（36396亩），完成粮食生产任务14714.7吨。全造水稻保险参保户6786户，参保面积30868.8亩，总保费61.73万元；全年理赔面积3453.84亩，理赔金35.68万元。完成农业普查14个普查区共77个普查小区的PDA数据录入工作。录入农户表5856份，规模户表128份，单位表11份，行政镇、村单位表15份，全面完成数据验收工作。做好因台风“天鸽”受损严重的种养大户统计工作，及时发放补助资金到37户种养户，发放市补助资金25.4万元。完成全年市扶贫办下达20户贫困户脱贫指标，推进全镇建档立卡贫困户脱贫工作。维修牛山湖抽水站两台水泵及儒北均和水闸闸门，确保春耕用水；完成新盛堤险段加固工程，茅冈白沙堤口段修复工程，牛山湖排洪渠梨李坑段修复工程，茅冈中兴排渠三面光工程；完成牛山湖至松萌木厂排洪渠、松萌木厂至胡屋村、仁安村排渠疏浚清淤工程、大沙河渠尾至罗汉山东水库段清淤等工程；严格森林砍伐手续的办理程序，全年完成植树造林1575亩，采伐面积1458亩；抓好森林防火和林政管理工作，全镇没有发生重大火灾。完成开平市下达的生态林扩面任务，落实面积2072亩林地；森林保险工作完成投保面积8153亩；是年防疫检疫牲畜13872头，其中生猪12950头，牛羊922头，禽类137500羽。开展畜禽养殖禁养区、限养区和适养区生产情况普查，对禁养区规模养殖场53家进行整治，其中22家已清拆完成，30家已签订转产或关停协议，强拆1家；2017年对非禁养区养殖场进行摸底排查登记，配合市政府进行后续推进工作。

【工业】 百合镇工业企业36家，其中重点企业5家，医疗、制衣、金属制品、木业等为镇产业基础。2017年，百合镇实现规模以上工业增加值6083万元，增长8.0%；固定资产投资60809万元，增长5%。

【财税金融】 2017年，百合镇镇级地方财政公共预算收入1654万元，增长8.6%。其中国税871万元，地税783万元。全镇设有金融网点三家，分别为开平市农村信用社百合厚山分社及儒北分社、开平市邮政储蓄银行百合营业所。

【招商引资】 落实招商引资项目3个，分别为投资1500万的开平市中翼金属结构工程有限公司项目，已建成试产运营；盘活原开平市永斯达钢家具有限公司旧厂房，投资200多万元计划建设成为油罐容器厂项目；广东韶能集团股份有限公司投资11亿元拟建设生物质发电项目。增资项目1个，开平市新龙回收加工厂有限公司二期项目，投资6000万元人民币进行扩充建设。

【镇村建设】 2017年，完成厚山虾边村防洪堤排水口崩塌维修工程，厚山村委会南安入村道硬底化工程，松萌木厂及仁安排灌渠修复工程，牛山湖至松萌木厂排洪渠清淤工程，儒东汤边村综合性文化服务中心装修工程，厚山湖边村村道工程，厚山井塘村村道工程，厚山井塘村水渠工程，厚山群胜里村道工程，茅冈砖厂、中洞联队机砖厂烟囱爆破拆除工程等；完成茅冈、茅溪、松萌3个村委会的改水工作；完成镇敬老院改造工程，松萌村委会卫生站工程，厚山村公共服务站维修工程。

【工业集中区】 百合蒲桥工业集中区位于百合镇西部，交通便利，325国道贯通园区。该集中区规划总占地面积400公顷（6000亩），已征地面积173.23公顷（2598.495亩）。历年来百合镇已累计投入资金3000多万元，对该工业集中地实施了路网、管网、电网、供排水、绿化亮化等一批基础设施建设，初步实现建成区“九通一平”，具有较高的项目承载和吸纳能力。2015年，开平市固废综合处理中心项目落户该工业集中区，本项目是广东省城乡垃圾十三五规划和开平市环卫规划（2014-2020）项目，由开平市环境卫生管理处负责实施，以PPP方式建设，运营。瀚蓝环境股份有限公司中标项目一期一阶段标的，负责项目该阶段的建设、运营与中心园区的湿地公园建设养护、梁金山填埋场封场工程，总投资5.27亿元。该项目现正进行一期建设。

【医疗卫生】 百合镇设有1所卫生院和8个村委会卫生服务站。镇卫生院占地面积为1461平方米，设有预防保健科、内科、外科、妇产科、妇女保健科、儿科、儿童保健科、眼科、皮肤科、结核病科、医学检验科、影像科、中医科、口腔科等14个科室，有病床10张。院内有医护人员28人，其中在职员工18人，临时工10人；村委会卫生站驻站医生2名。卫生院的医疗垃圾由江门市固体废物处理有限公司派送的专业车辆收集送走、处理。2017年，百合镇卫生院门诊人数16851人次。

全镇城乡居民医保实现全覆盖，2017年参加农村合作医疗人数20314人，参合率97.53%。累计特殊门诊报销27人次，累计报销金额3.42万元；累计住院报销188人，累计报销金额191.93万元。

【劳动社保】 发动城乡居民参加城乡社会养老保险参保缴费，完成缴费人数8167人；办理职工养老保险年审178人次，录入指纹44人次，指导退休人员自助年审20人次，办理省外境外退休人员年审7人次。

2017年，发放低保、“五保”、优抚等各类定额补助115万元，医疗救助67人次3.4多万元，救助临时困难群众10人次1.6万元。该镇扶贫解困送温暖活动慰问723人，发放解困款6.88万元；节日慰问参战人员、孤老优抚对象、五保户等394人，发放慰问金5.4万元。

【文化教育】 统筹上级资金对儒东汤边村投入15万元，维修汤边村祠堂，保持原有的建筑特色，打造成基层综合性文化服务中心的活动场室，配备电脑、图书、音响设备等，创建为该镇村级文化建设示范点。2017年，镇图书馆增添图书8263册，是年该镇图书数量18455册；该镇多功能室增添多功能媒体播放器一台，可开展舞蹈、歌唱等文娱活动。镇文体服务中心及各村文化室免费对外开放。2017年该镇建成中心幼儿园1所，另外幼儿园分教点3个，幼儿学生267人，幼儿教师18人；小学 4所，在校学生818人，专任教师 62人；初级中学1所，在校学生483人，专任教师36人。

【计划生育】 做好流动人口清理清查工作，到儒北新村、百合圩等人群密集地方，开展1次流动人口清查行动，开展2次大型的计生宣传活动。顺利通过了江门和开平市的年度计生考核。2017年度，百合镇户籍人口出生297人，政策生育率98.99%，人口出生率11.28‰，人口性别比92.83。

【直接联系群众工作】 直联工作常态化、长效化，按市的要求每月召开一次党委研判会，村一级每周开一次总结会，研究解决“直联”收集的意见，形成了解决问题的长效机制。2017年，收到群众合理性意见建议67条，解决问题65条。提交镇解决的10条，已全部办结。

【社会治安】 2017年，该镇受理信访案件15宗，属于个人诉求类案件3宗，包含土地纠纷类案件8宗，个人诉求类案件1宗，涉农纠纷类案件8宗，涉环保类案件1宗。是年，已办结案件16宗，办结率88%。该镇发生治安案件58宗，处置49宗，处置率84.5%；发生刑事案件18宗，破案11宗，破案率61.1%，群众总体满意度达95%。

【安全生产】 镇政府与该镇4个部门、14个行政村单位和85家企业负责人签订了安全生产和消防安全责任书。组织开展道路交通、危险化学品等综合治理，其中检查中石化加油站6间次、排查整治隐患15条；检查危化品使用企业2间次、督促整改隐患5条。是年镇安委办开出隐患整改通知书14份、隐患52条，整改率100%。全年完成5宗安全生产执法任务（其中一般程序1宗、简易程序4宗）。通过安全生产执法检查，查处了一批安全隐患重点单位。

【环境保护】 2017年，建立了环保投诉联动处理机制，加大了对辖区内企业环保情况巡查力度，对投诉和涉污企业执法8起，联合市环保执法部门执法4起；建立了新建项目环评先上制度，对报建企业项目做到100%进行环评；开展环评报告备案教育工作，组织全镇企业20多人参加了学习。实现全镇14个村（居）委会有上盖垃圾桶和垃圾屋的垃圾收集模式，在人口密集地方放置有上盖垃圾桶和垃圾箱。安排专人对绿道、乡道沿线定期剪草和清扫。

【优秀教师】 2017年，百合镇有4位老师被确定为开平市2016—2017学年度开平市优秀教师，4位教师是：百合中学周瑞珍、西江小学周才旺、爱莲小学侯东梅、中心小学梁雪灯。

【旅游开发】 全面开展马降龙景区创5A景区整改提升工作，加强对景区沿线325国道、275省道周边的垃圾清运、绿化维护工作，整改景区沿线和景区周边的违规、违章标识牌，对马降龙景区内商铺进行集中建设经营，按要求完成马降龙景区售票处、验票处迁入景区内重新建设，提升景区综合素质。完成百合地块征地700多亩用于赤坎新区建设，配合赤坎古镇建设项目。推进达维酒店项目建设，至年底已完成酒店及商铺的主体部分建设。 （梁锦豪）

附：百合镇领导班子名录

党委书记： 熊日升
党委副书记、镇长： 方永立（—2017.11）
党委副书记： 张仲笑（女）
唐 磊
党委委员： 袁金和
司徒冠豪
邹明夫
党委委员、副镇长： 谢卓华
梁恒健
副镇长： 吴伟强
陈志立（—2017.7）
人大主席： 杨均雅
人大副主席： 邹明夫（2017.11—）

蚬冈镇

【简况】 蚬冈镇辖区面积78平方千米，下辖11个村委会和1个社区居委会，141条自然村，总人口19392人。蚬冈是著名的华侨之乡、文化之乡、碉楼之乡，旅外华侨3万多人，拥有世界文化遗产开平碉楼与村落长乐锦江里，环境优美。蚬冈镇交通便利，距325国道（广湛线）2千米，与开阳、佛开、G15国道（沈海）高速公路联网相通，深茂铁路横贯其中。

【农业】 2017年，蚬冈镇农业总产值17839.22万元，农村人均纯收入11229元。耕地面积17198.8亩，其中水田面积13262亩，旱地面积3936.8亩。水产品养殖面积3620亩，以鱼类养殖为主。水果种植面积2467亩。林地面积约4300亩。

【工业】 2017年，全镇拥有工业企业11家。工业总产值34622万元，同比增长2.16%；规模以上工业增加值6006万元，同比增长10.2%；固定资产投资14303万元，同比负增59.59%。

【财税金融】 2017年，蚬冈镇地方财政一般预算收入599万元。蚬冈信用社各项存款余额28008万元，比2016年初减少1960万元，年度负增6.5%。蚬冈镇邮政存款余额9020万元，同比增长11%。

【招商引资】 2017年，蚬冈镇新引进本地招商项目1个——开平冠合食品有限公司，总投资约3500万元。引进翠山湖异地招商项目1个——开平市澳地特电气技术有限公司，总投资约1亿元。

【镇村建设】 2017年，新建了风洞红星大道、蚬南龙屯村道、群星老区村道、坎田东溪村道、春山顾边村道等5条水泥村道。新铺设春一大安村、蚬南新安村水泥村场。新建颐养院、居家养老中心、社区康园等公共服务设施。新建圩镇自来水增压站。完成狮山灌溉南联支渠、春一支渠三面光、大坑水库除险加固以及东和海沙堤机电学校段260米护岸加固工程等水利建设工程。

【工业集中区】 蚬冈镇工业集中地位于省道S275与县道X545之间，到2017年，还有征地约4250亩，已平整近2000亩，已出让土地2616.457亩。该集中地是蚬冈镇发展经济的主要载体。

【医疗卫生】 2017年，全镇有卫生院1间，住院部外墙及室内进行了翻新，新建了卫生院中医院馆。农村卫生站10个，其中，按规范化建设要求，新建春山、群星两个村委会的卫生站。卫生院门诊量2.1万人次，较2016年2.23万人次，下降5.83%。床位20个，住院46人次，较2016年125人次，下降63.2%。

【劳动社保】 2017年，蚬冈镇的养老保险减少356人。城乡居民养老保险参保人数11747人，享受待遇4028人，发放金额约48.34万元。城乡居民医疗保险参保人数12782人。帮助就业困难人数再就业5人，其中，享受社保补贴人数3人，已转移就业人数526人，可供转移就业人数1032人。

【文化建设】 2017年，蚬冈镇拥有镇级综合文化站1个，站内藏书1万多册，连接互联网电脑14台，除设有舞蹈室、老人娱乐室、曲艺室、图书室、电子阅览室外，增设儿童娱乐区。新建蚬南新安文明村，新建东和村委会东和村综合文化室。该镇参与开平市十二届运动会暨第二届老人运动会，蚬冈代表队取得了少年组男子排球第一名、女子排球第二名、羽毛球总成绩第三名、男子乒乓球团体第三名、成年组男子排球第二名、老年组广场舞第三名。

【计划生育】 2017年，全镇户籍总人口19392人，已婚育龄妇女3369人，已婚未育夫妇297人，一孩夫妇1435人，二孩夫妇1271人，多孩夫妇138人。是年，户籍总出生222人，政策内出生220人，符合政策生育率99.10%。其中：一孩出生101人（政策内出生101人），一孩率45.50%；二孩出生115人（政策内出生115人），二孩率51.80%；多孩出生6人（政策内出生4人），多孩率2.70%，政策外多孩率0.90%。性别比为103.67，人口出生率为11.44‰，总和生育率1.56。死亡人数194，死亡率为10‰，自然增长28人，自然增长率为1.44‰。

【基层党建】 2017年，蚬冈镇有1个基层党委、4个党总支（其中“两新”党组织1个）、

23个党支部（其中非公企业党支部7个）。全镇党员776人，其中女党员181人，预备党员13人，机关企业党员87人，大专以上学历党员227人。推进“两学一做”学习教育活动制度化、常态化，组织全镇党员干部学习党的十九大精神和习近平新时代中国特色社会主义思想。2017年村（社区）换届选举圆满完成，12个村（社区）支部书记、村（居）委主任“一肩挑”比例100%。落实党风廉政建设，镇纪委查处5宗党员违纪案件。

【社会治安】 2017年，蚬冈综治信访维稳中心接待群众来访45批76人次，答复市长热线问题14宗，受理各类矛盾纠纷2宗，成功调处1宗。村级维稳工作站调解各类纠纷14起。镇派出所刑事立案19宗，同比上升5%，破案4宗，下降64%；治安事件29宗，同比下降29%，破案17宗，同比下降56%。抓获各种违法犯罪分子17人，刑事拘留5人，逮捕3人，治安拘留13人。户籍吸毒人员176人，强制隔离戒毒所戒毒30人，服刑3人，社会面吸毒人员143人。社会面吸毒人员中5年以上未发现吸毒行为的35人，占24%，3年以上5年以下未发现吸毒行为的17人，占12%，社区戒毒社区康复17人，正在执行戒毒措施14人，执行率82.35%。

【安全生产】 2017年，蚬冈镇安全办围绕安全生产、消防安全、食品安全进行专项检查22次，重点检查生产场所违规住人、企业粉尘防爆隐患、农村大型聚餐活动等，安全生产、消防安全、食品安全全年零事故。

【环境保护】 2017年，成立“河长制”工作领导小组，设立河长制办公室，设置镇村两级河长、警长及村级专管员，抓好对辖区内潭江、蚬冈水、白沙水等水域的污染整治。水浮莲蔓延得到控制，镇政府及12个村、社区投入30多万元，清理河道约7000米，山塘、水库面积1000多平方米。在畜禽养殖禁养区的62家养殖户已全部清拆或停产整改，在非禁养区的部分养殖户已按要求完成环保设施整改。生态公益林面积扩大，达10131亩。全镇农村配有垃圾桶200个，移动垃圾箱38个，每个自然村配备1名垃圾清运员，全年收运垃圾约1000顿。

【教育事业】 2017年，蚬冈在校学生554人，教师66人。2017年中考，蚬冈学校参考人数88人，总升学人数87人，升学率98.9%，上重点学校分数线9人，重点学校入围率10.2%。教师获得开平市以上奖励38人次。学生参加学科竞赛，获得开平市以上奖励62人次。蚬冈镇中心幼儿园有教职工22人，在园幼儿160多人。

（伍宇聪）

附：蚬冈镇领导班子名录

镇委书记： 劳明海
副书记： 李健平　黄超雄　区远平
党委委员： 黄柏坚　吴杰能　关健强　谭耀文　李炯康
人大主席： 李小兰
人大副主席： 谭耀文
镇长： 李健平
副镇长： 吴杰能　关健强　周俊杰　冯绮菲

金鸡镇

【简况】 金鸡镇总面积120.5平方千米，总人口约2.1万，下辖11个村委会和1个社区居委会。全镇拥有耕地面积1600公顷，林地面积5333.33公顷，山地丘陵面积占全镇土地总面积的59%。拥有库容量480万立方米的自来水工程系统。建有金鸡镇现代农业创业创新示范基地。2017年全镇工农业总产值5.6亿元，其中规模以上工业总产值2.04亿元，农业总产值3.56亿元，完成财政收入930.56万元。

【农业】 2017年全镇早、晚造水稻播种面积

37795亩，粮食总产量12333吨。全镇有大小山塘水库47宗，其中西坑水库为全镇大部分居民的饮用水源，其他山塘水库主要用作农业灌溉和渔业养殖之用。金鸡镇通过“公司+基地+科技+农户”的模式大力发展肉鸡养殖业，全镇有“金鸡王”“合民”“晓文”“绿皇”“参皇”“春茂”“海和”7家肉鸡养殖龙头企业，带动500多户1000多名农民参与养殖。2017年，全镇上市肉鸡1237多万只，养鸡户纯收入达2066多万元。此外，2017年投入400多万元完成游东村委会现代标准农田建设项目、投入1406万元完成石湾、联庆、锦湖三个村委会农田建设项目、投入650万元完成向北农综发建设项目。推进农村土地承包经营权确权登记颁证工作，是年完成颁证4195户，完成率95.4%。落实各项强农惠农富农政策，完成种粮补贴登记工作，全镇水稻保险参保率达到100%，顺利完成第三次农业普查。

【工业】 盘活省道S275线两旁土地，规划发展长达5千米的工业走廊。2017年止，已开发了北郊工业区、南郊工业区、大同工业区、金鸡圩商住开发区等200公顷用地。金鸡镇工业以建材产业为主，现有大小企业10家，其中包括年产值亿元以上的开平市冠能建材有限公司、投资1000万元的开平市钰鸿生物质能源科技有限公司。2017年，金鸡镇实现规模以上工业增加值4682万元，完成全年任务103.2%；固定资产投资35629万元，完成全年任务113.46%；外贸进出口总值5902万元，完成全年任务173.79%。

【财税金融】 2017年，实现地方财政一般预算收入930.56万元，完成全年任务的101.81%。规范农村财务管理，实行“三资”（农村集体经济中的资金、资产、资源）组账村管、村账镇管制度，实现农村集体三资的网络化监督。2017年全镇纳入“三资”交易平台成功交易的农村集体资产交易宗数14宗，总价近300万元，增值1.8%。

【招商引资】 2017年，广东圣迪乐村生态食品有限公司100万只高品质蛋鸡项目基建工程顺利施工；落实与广州润城实业集团有限公司签订现代农业“创业创新”示范基地投资协议，投资总额1.8亿元，首期投资3000万元，已完成“双创”基地农业大棚项目招投标；推进冠能建材有限公司第二期工程项目，开展办公楼及仓库施工建设。

【镇村建设】 金鸡圩镇总面积0.5平方千米，常住人口近4000人。圩镇有0.02平方千米的商住小区。2017年，金鸡镇实施“乡村美化工程”，投入近50万元完成生活垃圾无害化处理428吨，生活垃圾有效处理率94%，镇垃圾压缩站正常运作并配备垃圾车，镇内各主要村道出入口和村庄配备新型不锈钢垃圾收集箱，逐步建立起城乡生活垃圾网格化收集模式。同年，协调推进深茂铁路金鸡段施工建设，完成科普气象站建设，金鸡社区公共服务中心、幸福院投入使用，推进镇级污水处理厂建设。投入55万元完成锦湖附属桥项目；投入46万元完成向北屯龙、东和村、锦湖和西、大中联村道硬底化工程1.06千米；游东胜和、茶厂村、联庆网山村、向北永红村、石湾双龙村、石迳横岭、长龙、红升村等水库移民项目顺利完成；金鸡瑞金村灌溉渠、新屯村村容村貌整治、锦湖和大同河道清淤、石迳过水塘、联庆周坑村道硬底化顺利完成。依法处置大同非法废渣填埋场污染事件和红光虎山非法垃圾填埋场事件。完成全镇139家禁养区禽畜养殖场关停整治，推进“河长制”实施，建立市、镇、村三级河长体系，摸清辖区流域污染源和水环境状况，投入18万元清理蚬冈水、那扶水和有关水域水浮莲面积约150亩。关停“小散乱污”企业1家，整治高污染燃料锅炉5台，淘汰黄标车27辆，完成省下达任务的122.73%。推进生态公益林扩面工作，落实面积21469亩，完成任务率212.9%。游东田心村成功创建广东省卫生村、金鸡新屯村成功申报开平市标兵文明村。

【江门中微子实验站】 “江门中微子实验”是

由中国科学院高能物理研究所承担的中国科学院战略性先导科技专项（专项编号：XDA10000000），于2013年立项，2014年成立了由9个国家51个科研单位组成的国际合作组。该专项建设总投资22亿元，建设周期八年（2013—2020年），将在金鸡镇游东村委会设计、研制并运行一个国际领先的大规模中微子实验站，建造一个有效质量2万吨的液体闪烁体探测器，距阳江和台山反应堆群53千米，位于地下0.7千米，能量分辨率高达3%，以测定中微子质量顺序、精确测量中微子混合参数以及进行其他多项重大前沿研究等。至2017年，实验站基建工程进展顺利，地面建筑（包括宿舍楼、办公楼、斜井动力中心、装配大厅、临时食堂）已经封顶，完成竖井和斜井开挖，竖井平段超前探水注浆及地面建筑工程开展施工。实验项目的设计和研发工作按计划进行，中微子公路照明工程完成项目财审，进入招投标阶段。

【医疗卫生】 金鸡镇有1所一级甲等卫生院和9个村委会卫生服务站。卫生院占地面积0.04平方千米，设有骨外科、妇产科、康复理疗科、口腔科、内外儿科、妇幼保健科、防疫科和辅助检查科，设置有特色中医馆，病床12张。院内有医护人员38人，其中25名在职员工，13名临时工。卫生院的医疗垃圾由江门派送的专业车辆收集妥善运送处理。至2017年止，已投入300多万元对金鸡卫生院进行改扩建工程，完成综合楼主体工程，卫生院门诊楼全面改造升级并投入使用。

【劳动保障】 2017年，金鸡镇城乡养老保险缴费人数6483人，完成任务101.38%；城乡医保参保人数16258人，完成任务的97.44%；城镇新增就业55人，转移就业劳动力111人。申报用工18家退休人员年审100人，免费培训劳动力50人。完成社保扩面和被征地农民养老保障资金分配工作。落实就业创业政策和劳资纠纷隐患排查和调解机制，全镇企业未发生重大侵害劳动者合法权益的违法行为。

【“大民政”建设】 2017年，镇枢纽型“邑家园”和村居“邑家园”实现全覆盖。全镇先后投入近180万元完成向北、联庆、五联、大同村、横冈村、游东和社区居委会共7家幸福院建设。开展江门市第二届公益创投项目--金鸡镇居家养老助残综合服务项目，通过购买社会服务方式，继续投入100万元，服务全镇近500人的弱势群体和开展各项社会服务活动。做好精准扶贫工作，落实49户扶贫户的帮扶资金申报，实现20户精准扶贫对象76人脱贫。2017年完善了全镇12个社区服务中心平台，建立前台窗口三级联动运转机制，实现“一站式”公共服务功能。全面完成金鸡镇十项民生实事。

【文化建设】 金鸡镇有江门市标兵文明村1条，开平市标兵文明村18条，农家书屋30家，流动儿童图书室1个，村级文化广场1个，村级篮球场36个，社区公园1个；拥有高四层、建筑面积1500平方米的镇级文化中心，内有文化展厅、图书馆、电子阅览室、舞蹈训练室、多功能培训基地以及可容纳300人的影剧院；建有占地1.72公顷的大型全民健身文化广场（金鸡广场），设有小型足球场、儿童游乐园、表演舞台、舞台用房、灯光篮球场2个、乒乓球桌14张、羽毛球场8个，以及盲人通道、健身路径20条等，周边安置健身体育器材等配套设施。2017年，完成镇文体中心图书展览室扩建改造，保护和传承广东省级非物质文化遗产开平灰雕制作技艺，完成全镇自然村落历史人文普查。发挥镇文体服务中心省特级文化站和金鸡文体广场平台作用，文艺演出12场、展览2场、艺术培训班2期等文体活动共16场。

【卫生计生】 2017年，完成向北、联庆、红光村委会三间卫生站公建规范化建设，完成对59户农村户厕改造补贴发放工作，落实家庭医生签约工作。开展4次大型爱国卫生清洁运动和1次圩镇范围的灭蚊灭鼠行动。2017年，全镇出生人口262人，政策生育率98.85%，性别比为109.60，出生率12.32‰，自然增长率6.16‰，征收社会抚养费14.88万元。

【依法行政】 推进“七五”普法，普及法治宣传，开展与群众生产、生活密切相关的法律法规教育。实施一村（社区）一法律顾问制度。执行镇人大各项决议、决定，接受镇人大的监督，定期组织“两代表一委员”视察活动。2017年，金鸡镇人民调解委员会调解矛盾纠纷5宗，签订调解协议书5宗；村（居）委会调解矛盾纠纷32宗；金鸡司法所直接或间接参与各类纠纷调解23宗。

【驻点普遍直接联系群众】 明确党委书记为“直联”工作的第一责任人，镇党政班子成员每人具体驻点1个村（社区）。设立固定驻点团队、辅助团队和监督团队，串联由中层骨干力量组成的驻村（社区）责任人队伍和新成立的驻点团队联络员队伍，整合党员、村干部、大学生村干部等人力资源，打造群众服务团队。2017年，全镇直接联系群众2885户，占全镇常住户数94%，听取群众意见建议82条，为群众解决问题32条，为群众办实事12件，主要涉及基础设施建设、困难补助、环境治理、矛盾纠纷调解等。

【社会治安】 2017年，全镇受理信访案件10宗，调处答复10宗；受理“开平市12345政府服务热线”转办的群众电话投诉、咨询案件30宗，调处答复30宗。落实“综治中心+网格化+信息化”建设，完成镇综治联勤指挥中心系统建设、网格划分和配备网格员。以举办“法治平安 无毒家园”大型文艺晚会为契机，推进平安创建工作。建成镇级社区戒毒服务中心。金鸡镇构建治安视频监控防控网，完成“雪亮工程”的接入，接入治安监控信号9个，提高社会治安管理水平。

【安全生产】 落实安全生产“一岗双责”，执行“三防”24小时值班和领导带班制度，做好6.30特大强降雨防洪和台风“天鸽”“帕卡”的防风抢险和灾后复产工作。配备镇级专职安全员队伍、村级巡查队工作领导小组。落实安全生产责任制，建立健全各项安全规章制度，定期召开安全生产专项工作会议、培训班和应急演练。2017年，完成圩镇消防栓和微型消防站建设，不定期抽查企业安全生产，重点开展危化品、粉尘涉爆、职业病防控、消防安全等专项整治活动，出动检查人员32人次，检查企业8家，查出隐患8处，全部落实整改。全年没有发生重特大安全事故。

【教育事业】 金鸡镇有幼儿园1所，小学1所，初中1所，成人文化技术学校1所。在市206汽车公司的支持下，共设5条上学公共汽车专线，全镇小学上学实现公交化。2017年，在园幼儿276人，专任教师15人；在校小学生767人，小学在编教师51人，小学适龄儿童入学率100%；在校初中生503人，初中在编教师44人，初中适龄人口入学率100%，小学升学率100%，九年义务教育覆盖率100%。2017年，投入59万元完善金鸡中学体育场地设施、投入8万元完善镇成人学校软硬件建设。

【生态旅游】 该镇林地面积5333.33公顷，其中，生态公益林面积1213.9公顷，森林覆盖率为41.76%，2017年，推进落实21469亩生态公益林扩面，亚热带常绿植被景观特色明显。依托天然资源优势，金鸡镇规划建成具森林康养和度假、农科教育和体验、五邑乡村风情和红色文化特色于一体，自然风光秀丽和人文风情浓郁的宜养、宜游、宜教的生态旅游型森林小镇。开展森林小镇项目申报创建工作和白云石森林公园项目前期规划工作。 （伍锦星）

附：金鸡镇领导班子名录

党 委 书 记：张文仰（2017.6—）
党委副书记：周健强
李新明
谢健斌
党 委 委 员：张力赞
谭艺辉
许锦源

甄狄恒（江门市“双百工程”在江门市政法委挂职，2017.7—）
梁国益
林健鑫（江门市“双百工程”在金鸡镇挂职，2017.7—）

人大主席：梁德年
人大副主席：谭艺辉（2017.10—）
镇　　长：周健强
副镇长：张力赞
许锦源
黄伟祥
张小花

赤水镇

【简况】 赤水镇总面积301平方千米，人口3.9万人，辖下16个村委会，3个居委会，293个村民小组。耕地面积4600公顷，山地面积8300公顷。赤水镇是开平市的农业大镇，辖区内的特色农业企业有裕茂农业开发有限公司、东山鸿懋农业科技有限公司、开平市易木生态旅游项目。拥有开平市境内唯一的温泉资源。

【农业】 2017年，农业总产值29586.07万元。全镇农作物总播种面积9197.3公顷（137959.5亩），种植粮食作物6035公顷（90525亩），其中优质稻5474公顷（82110亩），蔬菜1380.06公顷（20701亩）。推广“公司+基地+农户”的模式，引导农户养鸡、养猪，上市优质鸡848万只，优质瘦肉型猪7.2万头。举办各类农业技术培训班8期，有700人次参加了培训，发放科技资料1200份。在冲口、和安、涟溪等3个村申报农业综合开发高标准农田建设项目，涉及农田面积达1.58万亩。

【工业】 全镇企业150家、个体户659家。社会消费品零售总额23836万元，完成任务100%，同比增长10%；规模以上工业增加值5244万元，完成任务121.8%，同比增长27.9%；固定资产投资15200万元，完成任务105.45%，同比增长21.27%。

【财税金融】 地方财政一般预算收入720.76万元，完成任务117.38%，同比增长29.81%。其中国税收入200.88万元，同比增长11.60%；地税收入519.88万元，同比增长38.54%。

【招商引资】 赤水水泥厂实施年产100万吨水泥粉磨站技改项目，总投资6000多万元。引入房地产企业挂拍大洋岗土地20亩，投资3400多万元打造温和花园住宅小区。引进投资2000多万元的开平市民丰食品有限公司项目落户赤水。与华滨世界之康健康产业有限公司达成投资意向，计划在水仔口工业区新增工业用地40亩用于厂房建设。

【镇村建设】 落实镇级“十项民生实事”。完善“邑门式”公共服务平台、“邑家园”家庭综合服务中心建设，建成赤水镇社区康园中心。投入47万元完成林屋村公共服务站和松南村、步栏村、瓦片坑村、冲口村、东山墟社区和赤水墟社区党员活动中心等建设工程。投入85万元，完成高山村等5间村级卫生站规范化建设。

在基础建设方面，累计投入146万元，先后完成高龙村委会下湾水陂重建、东山村委会东星村机耕路维修、羊路村委会筷子围清淤等数十个农业设施工程。累计投入286.6万元，先后完成长塘村委会悦三村、松南村委会马尾村、高山村委会新二村等十多个路面硬化工程，总里程数近7.7公里。投入345万元实施大津村委会红星村道硬底化工程。投入47.2万元，先后完成沙洲村委会狮岗村、高山村委会新三村、松南村委会交剪石村等3个环境整治工程。投入86.4万元完成松南村委会管网工程。

在医疗卫生建设方面，完成5间村级卫生站规范化建设。投入10多万元完成卫生院中医馆项目。购置和更新卫生院医疗设备，购置一台价值40多万元的彩超设备和新装空调一批。

【社保医保】 2017年，全镇参加城乡居民基本养老保险12519人，参加医疗保险参保28887人。举办就业招聘会、就业技能培训和就业援助活动，新增城镇就业86人，失业人员再就业61人，转移农村富余劳动力就业311人，城镇登记失业率2.39%。

【扶贫解困】 以“百企扶百村”活动、“一镇一品”党员精准扶贫示范工程为契机，帮助全镇26户精准帮扶对象实现脱贫。提高城乡低保、“五保”和孤儿基本生活最低养育标准，发放城乡低保补助229.58万元；发放“五保”补助251.13万元；发放孤儿基本生活补助20.7万元。提高高龄老人生活质量，发放高龄津贴55.55万元。依时完成被征地农民养老保障资金的发放。发放春节慰问金 3.07万元，慰问低保户、五保户、孤儿、困难老人以及百岁老人共569户；发放冬令救济棉被40件，帮助困难群众40户。

【优抚补助】 2017年，享受社会优待的优抚对象33人，发放优抚对象优待金44.6万元。享受定补优抚对象167人，发放定恤定补资金138.3万元。为28名参战退伍军人特定对象办理社保补贴。加强优抚安置对象保障工作，发放参战涉核退役人员生活困难补助28.77万元。

【人口计生】 2017年，全镇出生人口523人，符合政策生育率99.43%，男女性别比为104.3:100，出生率12.86‰，自然增长率3.69‰，历年征收率59.88%。免费孕前优生健康检查207对夫妇，全年孕检覆盖率95.8%。完成一孩生育登记328宗，二孩生育登记384宗，办理再生育审批23宗。每月正常发放农村家庭奖励267人，节育奖386人，独生子女奖44人，特别扶助2人，全年发放计划生育奖励8592人次，792140元；开展家庭医生签约服务及基本公共卫生服务工作，累计完成家庭医生签约8129户、居民健康档案建档30539份。

【文化建设】 邀请江门粤曲团在镇文体活动中心举办社区文艺会演，举办开平赤水喜气洋洋迎新年文艺会演暨“主题党日+”活动。完成自然村落历史人文普查工作。该镇参加开平市第十二届运动会暨第二届老年人运动会，获得4金2银。开展百姓健康舞活动。完成夏秋季征集10名新兵的任务。沙洲沙塘村成功入选开平市十大“最美文明村”。林屋岭背村成功创建为开平市标兵文明村。

【社会治安】 完成村级“两委”换届选举工作。完善基层网格化管理，提升精细化服务管理能力。完成综治信访维稳中心“综治中心+网格化+信息化”改造、社区戒毒（康复）中心建设等各项工作。推进综治视联网和“雪亮工程”建设，在主要道路和重点区域增设视频监控。完成香港回归20周年、中共十九大等系列重大安保维稳工作。创新打击违法犯罪工作机制，选派10名优秀民警到村（社区）任副书记（主任助理）。该镇接待群众上访17批51人次；综治信访维稳中心受理案件8宗，案件办结7宗，正在调处1宗，办结率87.5%。各村（居）委会工作站有效化解矛盾纠纷19宗。

【安全生产】 落实安全生产“一岗双责”，落实安全生产特别防护期大检查工作及汛期安全生产工作，开展以“全面落实企业安全生产主体责任”为主题的“安全生产宣传月”活动。在节假日期间，专门组织开展专项检查，对镇辖所属企业、学校、茶楼饭店、石场、易燃易爆和燃气代售点、危险化学品、“三小”场所等进行地毯式的检查。新增市政消防栓9个。累计出动执法人员213人次，排查企业66家次，三小场所162家次，发现各类安全隐患67处，下达责令限期整改指令书8份。全镇未发生重特大安全生产事故。

【环境保护】 推进河长制工作，设立各级河长30名。完成生态公益林扩面工作，新增生态公益林面积达15245亩。建成赤水镇森林公园，优化人居生态环境。完成辖区内江河、水库、山塘等水体的水浮莲打捞和无害化处理，累计投入27万元清理水浮莲216.7亩。完成畜禽养殖禁养区养殖场整治102个，并以非禁养区规模化养殖场整治为突破点，有序推进非禁养区710个畜禽养殖场的整治工作。完成黄标车淘汰、高污染燃料锅炉整治工作，淘汰黄标车61辆，整治锅炉3个。完善镇级生活垃圾压缩站建设，增加垃圾收集箱（桶）数量，提高城乡生活垃圾无害化处理率。在各村安装太阳能杀虫灯，从源头上减少农药使用对环境造成的污染。完成农村户厕无害化整改项目70个。成功创建和安木一村为省级卫生村、冲口清一村等13条村为江门市卫生村。

【教育事业】 2017年，全镇有小学3所，分教点3个，中学1所，幼儿园2所；在校小学生1015人，中学生561人，在园幼儿453人；小学在编教师92人，中学在编教师67人。适龄儿童入学率100%，初中阶段入学率100%。有189人参加中考，185人升上高一级学校，其中升上市以上重点中学10人。中心小学邓艳情被评为江门市优秀学生；开平市第五中学辛松灼老师在江门市2017年“中国体育彩票杯”青少年（中小学）排球赛中获优秀教练员称号、学校女子排球队在江门市2017年“中国体育彩票杯”青少年（中小学）排球赛中获第二名。在学校建设方面，投入超过100万元用于开平市第五中学男生宿舍加建一座楼梯、改造升旗台前的篮球场及东山小学橡胶跑道工程、教学楼电器和厨房改造工程。是年获广东嘉士利食品集团有限公司支持，捐款6.5万元用于奖教助学。

【旅游开发】 围绕开平市“一核两翼”旅游发展大格局，依托当地温泉、农业资源优势，重点推进开平碉楼小镇温泉度假区项目建设，统筹抓好黄金岛旅游度假区、易木生态观光农业等项目开发。是年1月13—15日举办2017年赤水青枣采摘旅游节，11月25日举办赤水十里骑行暨首届航模科普嘉年华，11月25—26日举办黄金岛杯第一届T2·丛林越野挑战赛。

（吴美欢）

附：赤水镇领导班子名录

镇委书记： 刘剑锋

副书记、镇长： 张伟健

副 书 记： 叶绍聪
池方荣

党委委员、副镇长： 梁能经
谢添华

党委委员： 方朝湛
宋友良（2017.10—）
梁能经
胡德宇
司徒紫红

副 镇 长： 张柏辉
刘其林

人大主席： 陈凯讯

副 主 席： 司徒紫红（2017.10—）

开发区建设

翠山湖科技产业园

【简况】 2017年，深入学习贯彻中共十九大以及习总书记对广东工作重要批示精神，以“善作为、重实效、谋新篇”为工作主线，打开翠山湖、激发新动力、营造新优势，9月29日成功纳入江门市“5+1”万亩工业园体系，11月12日成功获评为中国产学研合作创新示范基地，12月成功通过国家开发区公告目录的审批，并连续第6年（2011—2016年）在全省产业园考核中获评优秀等次。

【从严治党】 6月7日，率先成立了江门首个工业园非公企业党委，实现园区非公党委“零”的突破，成功组建翠山湖投资发展公司党支部以及舒雅生物科技、富生钢构2家企业党支部，顺利完成翠山湖党群服务中心升级改造工程。开展党的十九大精神宣贯学习，开好专题民主生活会和组织生活会，抓好“两学一做”学习教育常态化制度化，开展社会主义核心价值观和创文宣传专题学习活动36场，举办十九大主题演讲比赛活动。

【财税金融】 2017年，翠山湖规模以上工业增加值14.36亿元，比增29.8%；固定资产投资71.88亿元，比增12.1%；一般公共预算收入5924万元；社会消费品零售总额4152万元，比增10.5%；外贸进出口总值11亿元，比增2.53%。按照“强农、惠农、富农”要求，推进以征信中心、信用户创建、金融（保险）服务站、“政银保企农”合作农业贷款等为主的农村普惠金融建设，提升金融服务水平。

【招商提质】 开展“招商引资生命线”活动，是年引进工业项目21个，投资总额54.65亿元（为历年来新高）。项目包括：超10亿元项目2个：深圳任达集团电器项目（总投资11亿元，主营光伏逆变、充电桩、数据中心配套UPS及配电柜），圣邦冷链物流（总投资12亿元，主营肉类冻品、农产品水果、冰鲜食品）；超5亿元项目3个：弘和健康产业（总投资6亿元，主营中成药及保健品）、深圳诚瑞丰科技（总投资6亿元，主营等离子改性处理器、精密金属模具）、华美节能科技（总投资5.5亿元，主营高端绝热制品）；超1亿元项目4个：包括鸿福堂保健食品二期、金威宝保健食品、敞开电气、金山百草健康产品；超3000万元项目12个：百汇模具二期、澳地特电驱、澳地特传动、航天数联、健微营养科技、道邦精工、凌翠汽车零部件、伊科迈特电子、格菲尼家具、德科家居等。截至2017年底，翠山湖累计已签约项目152个、投资总额306亿元。

【项目攻坚】 2017年，翠山湖成功新增了高美空调三期、金山百草、伊科迈特电子、翔丰电子、琪顿卫浴、秒发热服装、优丽服装、德科家居、格菲尼家具9家投（试）产企业；成功新增联新纤维三期、鸿福堂保健食品、华美节能科技、凯赛德阀芯、腾盛模架、安鼎金属、确美金属、市职教中心、翠山湖实验学校、翠湖春天二期等10个在建项目。至是年，翠山湖已落户企业106家、实现投试产企业75家、在建项目21个、签约已购地项目10个。

【产业优化】 产业结构方面：106家落户企业中，来自珠三角（包括香港）的项目81个，占比76%；装备制造项目72个，占比67%；投产装备制造企业49家，占比46%；规模以上企业（即年收入2000万以上企业）17家。高新企业方面：园区高新技术企业12家，2017年成功新增富盛润丰、敞开电气、富生钢构、意希诺汽配、琪顿卫浴、美康泉6家高新企业。科研机构方面：园区科研机构9个，2017年成功新增江门节能中央空调工程技术研究中心（即高美中央空调性能测试中心，国家级，获国家制冷设备质检中心GMPI颁发4项认证）、月福汽车用品（省级），以及意希诺、敞开电气、美康泉工程中心。科技型小微企业方面：园区科技型小微企业16家，2017年新增博赛照明、鹏大五金、王品食品3家科技型小微企业。

【园区提升】 紧抓纳入江门市“5+1”万亩工业园体系契机，融入粤港澳大湾区建设，完成33.3平方千米（约50000亩）翠山湖高新区的概念规划。规划将翠山湖核心区和产业集聚区进行整合，申报纳入国家公告目录的开发区，并成功通过国家相关部委审核待正式发文公布；携手广东省科技情报研究所，启动园区申报省级高新区工作，已完成申报材料并上报省科技厅。贯彻“工作落实年”要求，加快各基建项目建设，全年投入1亿元（累计投入基建资金27.5亿元），确保每项工程高标准规划、高质量建设。顺利推进7项道路及配套建设，翠山湖大道东延线4月竣工通车、城南三路完成主体工程；翠山湖消防站完成主体工程、职教中心完成主体建设80%、翠山湖实验学校完成主体建设50%；翠湖春天商住小区，一期项目已完工、开盘并售罄，二期项目完成主体建设60%、三期项目正进行基础建设；启动翠山湖峯景生态园一期项目并完成报建手续。截至2017年，园区建成大型基建配套项目16个。

【能源配套】 为打造低碳绿色的智慧新城，翠山湖于2016年与国家电投集团广东电力公司，就开发建设热电冷联产燃气项目和分布式光伏项目签订合作框架协议。截至2017年底，热电冷联产燃气项目（现更名燃气热电工程），一期工程计划建设3×120MW级“燃气蒸汽”联合循环热电冷联产机组，已取得规划、国土、环保、军事设施、文物和取水等支持性函件；完成20家热用户意向性供热协议书的签订工作，签订热负荷总量234t/h；2017年11月，通过项目可行性研究报告评审，具备了在广东省发改委立项核准上报条件。分布式屋顶光伏项目，完成可行性研究报告评审，完成设计、监理招标工作，完成系统接入专题招标工作，并与园区企业签署合作协议。

【服务提效】 以“一流服务、五星园区、七星家园”为主题，抓好精细化管理，落实江门民营经济12条。创新“放管服”模式建设，建立领导联系企业制度、完善大客户经理制度，以行政审批局为平台，推行“并联审批、绿色通道”措施，提升项目入园审批报建效率。2017年，办结94宗赋权事项，成功推动10个项目完成报建、上马动工。推行数字平台及WIFI服务：在园区各重点区域建立安全度高、信号良好的WIFI体系；根据网络集约化要求更新制作翠山湖企业服务网站；优化翠山湖微信公众号、官方微博、企业微信群、企业服务QQ群等平台载体建设，为企业和群众提供实时在线及资讯服务。深化社会面宣传服务：开展“十九大精神、核心价值观、创建文明城市”三大宣传活动；协助中央电视台完成拍摄中国影像方志宣传片；加强与各级媒体合作，抓好形象宣传和舆情公关工作，做好园区新闻、招聘、政务公开等信息发布工作。开展安全生产整治，先后开展了安全排查、食堂抽查、危化品排查、特别防护期、职业病危害整治、“三小”场所违规住人整治、食品安全宣传周、消防安全“119”宣传等专项行动。3月，在东汇城广场举办大型招聘会，成功协助企业招聘500多人；开展园校企合作，推行顶岗实习等用工方法，为企业提供人力资源；落实兑现企业厂房奖励，举办多场政策宣讲会，指导及协助企业申报各类产业扶持优惠政策。落实《中华人民共和国环境保护法》，加强环保设施建设、健全监管制度体系，园区企业环评办理率100%、黄标车淘汰率100%，完成畜禽养殖污染整治、园区锅炉整治、镇海渠水浮莲治理。全面铺开园区垃圾处理、卫生保洁、园林绿化、植树护林等工作，建设“五星园区、七星家园”。

【征地提速】 完善翠山湖和月山镇的管理体制调整。成立扩园征地工作领导小组，制定扩园征地工作规程，坚持“5+2”“白+黑”工作法，使上苑村、天平村征地工作快速推进。年内，在委托广州业勤资产评估土地房地产估价公司对春浩良种猪养殖场（金山猪场）再次进行搬迁补偿评估的基础上，经过与春浩良种猪养殖有限公司的多番洽谈，翠山湖管委会顺利与该公司签订养殖场搬迁协议，完成养殖场接收移交工作。

【创业创新】 成功获评中国产学研合作创新示范基地，并在第十一届中国产学研合作创新大会中获授牌。先后与五邑大学、广东技术师范学院签约共建产学研基地，为园区发展锻造人才优势。翠山湖小微双创重点示范基地的项目孵化成果逐步显现。国汇工业园，成功引进中小企业23家，承租厂房30幢；跨境电商清关中心，主营跨境电商进口业务清关服务（集中在B2C和C2C业务）；金山创客空间，成功吸纳45家微企业（含创业团队）进驻，成功创建为“江门市小微企业众创空间”，新增020加速餐厅、侨晖商务中心等项目投入运营。完善创业场室建设，打造了翠山湖青年创客OFFICE，创客们只需带着手机和电脑，便可以安心创业。先后成功举办创业经验分享会、网络安全、广告普法、微电影《青年创客咖啡》首映等沙龙活动。2017年1月，“翠山湖杯”第一届开平市创业创新大赛圆满落幕，吸引150多个团队及个人报名参赛，有14个优秀项目入选。10月，共享单车“哈罗单车”入驻翠山湖科技园，首期投入1000辆在园区7个人流集中点。

【工青妇联】 选举产生第一届翠山湖工会联合会，完成职工之家升级改造，增设健身室、舞蹈室、减压室等配套，并顺利通过省总工会和江门市总工会“三个一批”建设验收。先后承办及协办广东联盟杯足球赛、市第四届青年职工玫瑰节、市青少年才艺大赛、市男子七人足球甲乙级联赛、翠山湖企业杯篮球赛、翠山湖趣味运动会、中共十九大主题演讲比赛等多项文体赛事活动，并通过青年创客OFFICE举办了4场创客沙龙活动。选举产生第二届翠山湖妇委会，并先后开展三八维权周、三八文娱活动、六一儿童节慰问、促女工就业辅导、关爱贫困家庭及单亲留守儿童、关爱育龄妇女健康等活动。

【综合管理】 组建翠山湖物业管理公司，对园区所有物业、公共设施、资产出租等进行统一的管理、运营、维护。其中，重点项目员工村已开放使用员工宿舍21幢，常住员工约2500人，已租赁商铺90家，分别经营饮食、娱乐、超市等业务。狠抓“三防”工作，抗击台风“天鸽”“帕卡”，全年园区无重特大事故发生。开展园区垃圾无害化处理、垃圾收费、园区保洁、卫生防疫、农业普查、地力补贴、水库管理、气象管理等综合性工作。做好社保医保、银龄安康、残疾人救助、精神病患扶助、无偿献血等常态性工作。做好安保维稳工作，化解征地拆迁、搬迁安置、劳资纠纷、原石榴塘退休职工利益诉求等群众矛盾；做好困难户、五保低保户、退伍军人和退休干部职工的日常管理。2017年6月，翠山湖派出所被广东省公安厅评定为二级公安派出所。（胡普伦）

附：翠山湖管委会领导班子名录

党工委书记： 凌华威

党工委副书记： 梁卫民

冯我占（2017.3—）

党工委委员、纪工委书记： 谢祝祥

党工委委员： 邬晓芳

劳海源（2017.5—）

劳振辉

冯我占（—2017.3）

郭振锋（2017.12—）
谭锦兴（—2017.10）
冯月霞（女，—2017.10）
冯国威（挂任，2017.11—）
管委会主任：凌华威
常务副主任：吴天恩（—2017.1）
梁卫民（2017.1—）
副　主　任：邬晓芳（女）
劳振辉
邝杰才（挂职，2017.6—）
关健强（挂职）
冯嘉斌（挂职，—2017.2）
张力赞（挂职，—2017.4）
冯我占（挂职，—2017.4）

荣誉录

开平年鉴

（2018）

KAI PING NIAN JIAN

荣誉单位及个人

2017年获省级以上荣誉单位及个人名录

表17：

姓名	单位	所获荣誉
彭健烽	开平市体育局	匈牙利首都布达佩斯举办的2017年世界游泳锦标赛夺得跳水1米板冠军
谢羡恒	开平市司法局	全国模范人民调解员
李锦汉	开平市公安局	获全国优秀人民警察
彭健烽	开平市体育局	获得广东省2017年全运会跳水团体冠军
徐　娜	开平市总工会	广东省五一劳动奖章
	开平市教育局（教伦中学政治科组）	获全国妇联授予“全国巾帼建功”先进集体
	中国农业银行股份有限公司开平市支行	获农总行授予“中国农业银行五一劳动奖状”
	开平健之源保健食品有限公司	广东省五一劳动奖状

文明村（镇、单位）

2017年开平市标兵文明村（单位）

表18：

类　　别	村（镇、单位）名称
开平市标兵文明村（15个）	长沙街道三江村委会上户头村
	月山镇钱岗村委会龙溪村
	马冈镇横安村委会李边村
	赤坎镇中股村委会牛路里村
	塘口镇强亚村委会庙边村
	苍城镇旺岗村委会西阳村
	龙胜镇西杰村委会开盛村
	沙塘镇健丰村委会坪顶村
	金鸡镇金鸡村委会新屯村
	三埠街道簕冲村委会龙凤村
	赤水镇林屋村委会岭背村
	水口镇水安村委会瑞龙村
	蚬冈镇蚬南村委会新安村
	百合镇茅溪村委会中心村
	大沙镇星山村委会田心村
开平市标兵文明单位（2个）	开平市金山创客空间创业服务中心
	开平市长沙街道宝源小学

（张荣新）

2017年开平市十大最美文明村（单位）

表19：

类　　别	村（单位）名称
最美文明村（10条）	月山镇麦边村
	长沙街道大埅村
	马冈镇李边村
	月山镇龙溪村
	水口镇龙安村
	大沙镇大塘面村
	赤水镇沙塘村
	马冈镇下荣村
	沙塘镇下丽村
	赤坎镇沙龙里

（张荣新）

社会经济统计资料

开平年鉴

（2018）

KAI PING NIAN JIAN

统 计 资 料

2017年开平市国民经济发展情况表

表20:

项目	单位	2017年	同比(%)
人口	人	688292	0.25
土地面积	平方千米	1658.6	0
国内生产总值	亿元	341.57	7.9
人均国内生产总值	元	48095	8.04
工业总产值	亿元	550.1	11.49
农业总产值	亿元	55.16	综合发展速度102.1%
全社会固定资产投资	亿元	298.55	17.0
外贸出口总额	亿元	126.6	3.6
实际吸收外资	万美元	3503	171.97
地方财政一般预算收入	万元	233348	6.30
社会消费品零售总额	亿元	191.83	10.19
城乡居民储蓄存款余额	亿元	398.02	5.66

(市统计局)

2017年开平市基本情况表

表21：

项目		单位	数量
基本建设	高速公路营业里程	千米	41.80
	公路通车里程	千米	1777.05
	港口泊位	个	30
	航运通航里程	千米	104
	发电装机容量	万千瓦	1.9575
	年末固定电话用户	万户	12.5
教育	中等专业学校	所	2
	在校学生	人	4257
	普通中学学校	所	30
	在校学生	人	39762
	小学学校	所	58
	在校学生	人	53729
	在园幼儿	人	26515
	小学学龄儿童入学率	%	100
医疗 文化 体育	医院	所	6
	卫生机构医院床位数	张	2942
	平均每千人拥有床位	张	4.3
	影剧院	座	6
	体育馆	座	1

（市统计局）

统 计 公 报

开平市2017年国民经济和社会发展统计公报

(2018年4月25日)

开平市统计局

2017年，全市在市委市政府的领导下，深入贯彻落实上级各项决策部署，面对错综复杂的国内外经济形势，围绕“善作为、重实效、谋新篇”工作主线，以抓实抓好加快发展为第一要务，主动作为，攻坚克难，经济社会发展取得新成就。

一、综合

初步核算，2017年全市实现地区生产总值341.57亿元（当年价），比上年增长7.9%。其中：第一产业增加值31.64亿元，增长4.32%；第二产业增加值167.80亿元，增长9.05%；第三产业增加值142.13亿元，增长7.23%。第一、二、三产业增加值的比重为9.26:49.13:41.61。人均地区生产总值4.81万元。

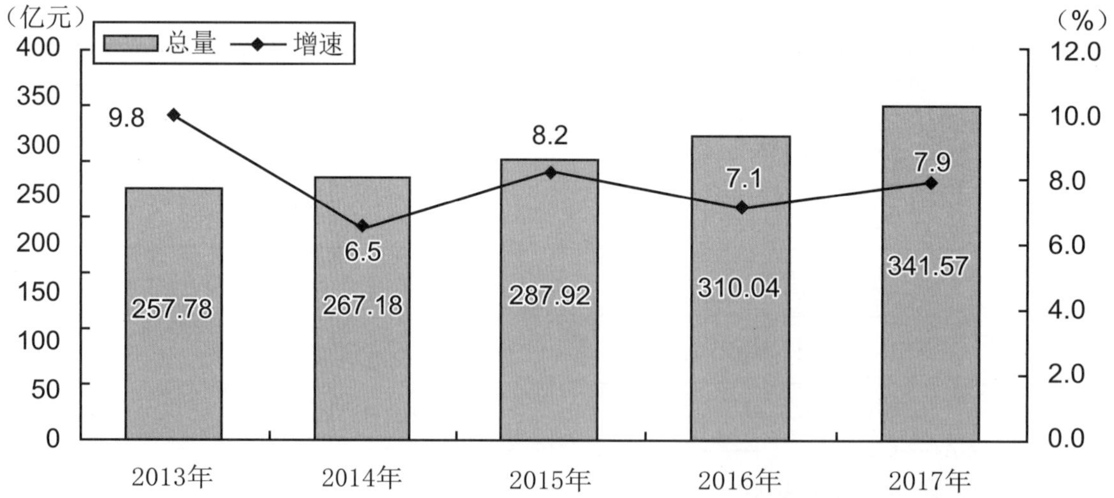

图1 2013—2017年地区生产总值及其增长速度图

二、农业

全年实现农业总产值55.16亿元，比上年增长2.10%。全年粮食作物播种面积68.67万亩，比上年增长1.14%。其中：水稻种植面积61.58万亩，比上年增长2.36%。

全年粮食总产量（折粮）23.01万吨，比上年增长3.02%，其中：稻谷21.18万吨，比上年增长3.59%。

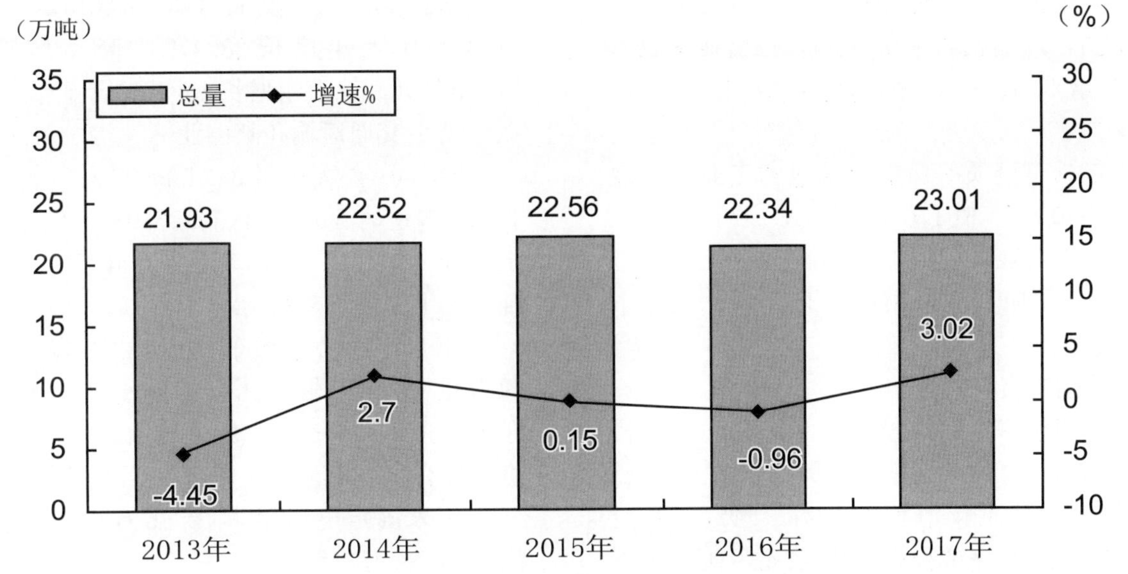

图2 2013—2017年粮食产量及其增长速度图

全市更新造林面积4.76万亩，比上年增长16.30%；木材砍伐18.07万立方米，比上年增长21.75%。

畜牧业肉类总产量8.4万吨，比上年增长3.90%；全年生猪出栏量66.87万头，比上年增长0.84%；家禽出栏量2731.13万只，比上年下降5.51%；禽蛋全年总产量0.82万吨，比上年下降45.28%；水产品产量5.37万吨，比上年增长2.85%。

三、工业和建筑业

2017年，全市规模以上工业企业262家，规模以上工业增加值比上年增长9.50%，工业总产值比上年增长11.49%。工业总产值中，按轻重工分：轻工业增长10.94%，重工业增长11.87%；按企业经济类型分：外商及港澳台商投资企业增长8.67%，股份制企业增长16.87%，其他经济类型增长7.95%。

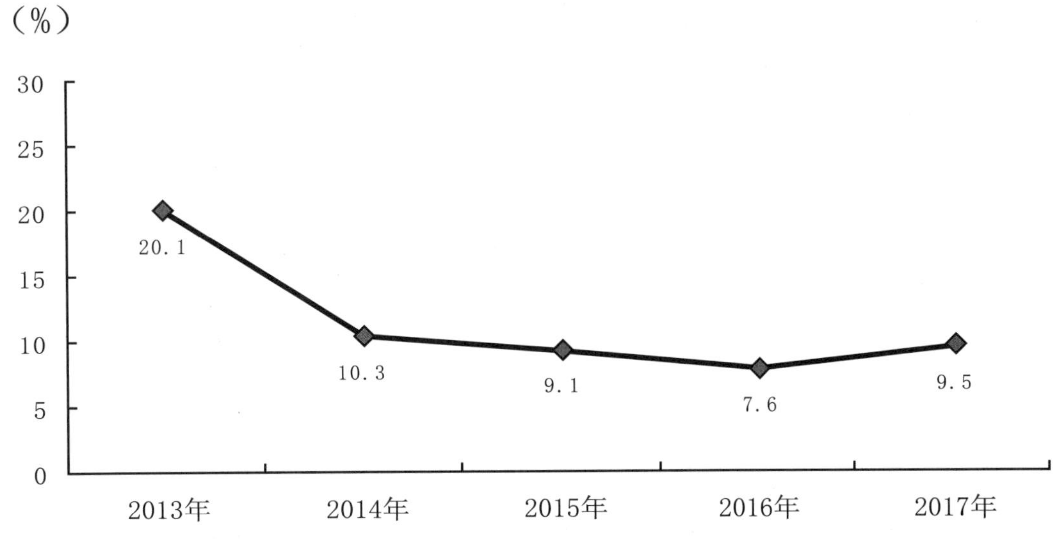

图3 2013—2017年规模以上工业增加值增长速度图

全年规模以上工业企业销售产值比上年增长16.32%，产品销售率92.69%，主营业务收入比上年增长1.28%，利润总额比上年下降14.11%。

全年具有资质等级的总承包和专业承包建筑企业完成总产值176.62亿元，比上年增长21.91%。主营业务收入166.57亿元，比上年增长5.28%。实现利润总额6.22亿元，比上年下降4.31%。

四、固定资产投资

全年固定资产完成投资总额298.55亿元，比上年增长17.04%。其中：房地产完成投资43.24亿元，比上年增长38.10%。固定资产投资中，第一产业完成投资4.85亿元，比上年下降7.09%；第二产业完成投资149.01亿元，比上年增长18.11%；第三产业完成投资144.69亿元，比上年增长16.97%。民资投资稳定增长，全年民资直接投资187.95亿元，比上年增长23.12%。

全年商品房施工面积440.54万平方米，比上年增长3.95%；竣工面积57.72万平方米，比上年增长38.85%；商品房销售面积124.45万平方米，比上年增长28.47%；商品房销售额71.79亿元，比上年增长40.27%。

五、交通运输和邮电业

全年社会客运量3814.88万人，比上年增长8.49%；客运周转量99027.93万人公里，比上年下降6.72%；港口货物吞吐量1074.11万吨，比上年增长8.03%。

年末市内公路通车里程182.9公里。汽车保有量10.54万辆，比上年增长13.44%。摩托车保有量24.37万辆，比上年增长4.94%。公共汽车拥有量268辆。

年末固定电话用户12.45万户，移动电话用户91.86万户。

六、国内贸易

全年社会消费品零售总额191.83亿元，比上年增长10.19%。按行业分，批发和零售业实现零售额170.95亿元，比上年增长10.54%;住宿和餐饮业实现零售额20.88亿元，比上年增长7.41%。其中：限额以上贸易企业实现零售额27.95亿元，比上年增长15.07%。

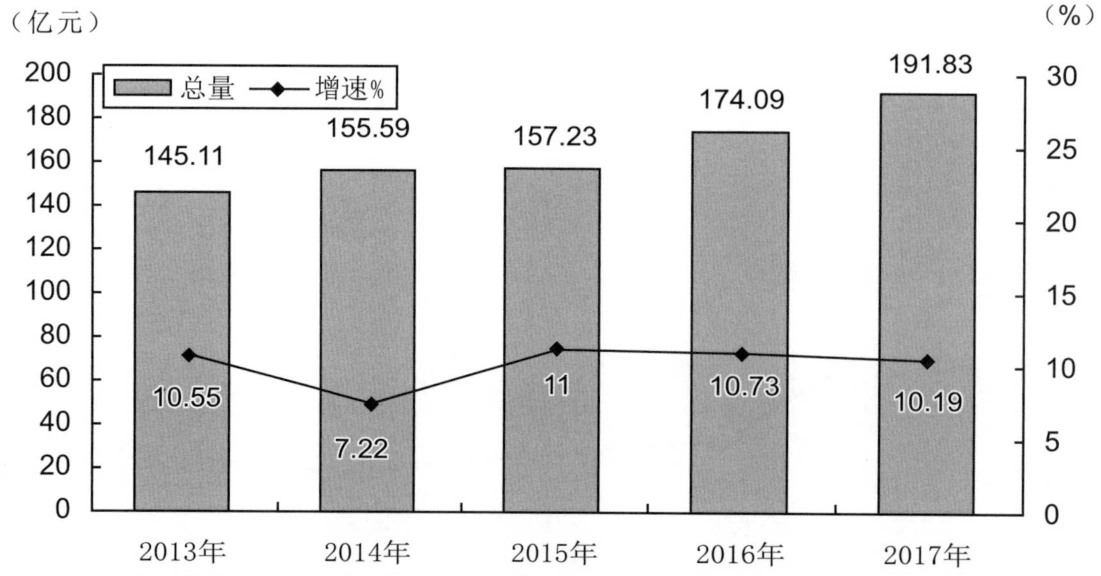

图4 2013—2017年社会消费品零售总额及其增长速度图

七、对外经济贸易和旅游业

全年海关进出口总值151.6亿元，比上年增长3.1%。外贸出口总值126.6亿元，比上年增长3.6%。进口总值25.0亿元，比上年增长0.8%。实现对外贸易顺差101.6亿元。

全年新批设立外商直接投资企业22家，同比增加1家；增资企业10家次，同比增加5家次。合同外资金额0.49亿美元，比上年下降42.54%。实际吸收外商金额0.35亿美元，比上年增长171.97%。外向型企业477家，其中：三资企业428家，来料加工企业49家。

全年旅游业共接待国内外游客684万人次，比上年增长14.22%，其中：国内旅游者601.24万人次，比上年增长16.23%；国际旅游者82.76万人次，比上年增长1.46%；实现旅游总收入76.03亿元，比上年增长20.68%。全市拥有星级酒店2家，其中：五星级酒店1家，三星级1家。旅游饭店出租率64.96%。

八、财政金融

全年地方公共财政预算收入23.33亿元，比上年增长8.63%；地方公共财政预算支出37.18亿元，比上年增长8.89%。

年末金融机构存款余额576.07亿元，比上年增长9.69%。其中：城乡居民储蓄存款余额398.02亿元，比上年增长5.67%。各项贷款余额313.89亿元，比上年增长17.93%。侨汇收入0.35 亿美元，比上年下降11%。

九、科学技术和教育

全年专利申请量2751件，专利授权量1300件。高新技术企业82家，其中：国家级80家、地市级2家。民营科技企业55家，其中：省级41家、地市级14家。全市拥有各类专业技术人员2.80万人。

年末全市有中小学90所，其中完（高、职）中 10所，初中19所，小学58所，九年一贯制学校3所，全市中小学在校生共93491人，其中小学生53729人，初中生24453人，高中阶段在校生15309人。特殊学校1所，在校生132人。开放大学1所，在校本科生270人，大专学生950人。幼儿园96所，在园儿童26515人。小学适龄儿童入学率100%，小学毕业生入学率100%，非正常流动率为0%；15周岁人口初等教育完成率100%，与上年持平；17周岁人口中等教育完成率99.73%，与上年持平。初中入学率100%，与上年持平；非正常流动率0.49%，比上年降低0.24个百分点。三类残疾儿童少年入学率100%，与上年持平。“普九”五率连续28年达到国家和省规定的标准要求。全市初中毕业生8181人，升学率为99.13%，比上年降低0.37个百分点，超额完成江门市下达的“普高”指标。全市参加高考人数 5499 人，入围人数5208人，其中本科入围人数2883人；报考入围率达 94.28%，其中本科入围率达 52.43%。全年投入7013万元，新建、扩建、改建校舍4.44万平方米。

十、文化、卫生和体育

年末全市有文化馆1间；文化站15个，村文化室226个；博物馆1间；美术馆1间；图书馆16间，图书总藏书量108.68万册，其中：镇图书馆藏书量21.6万册；市（镇）影剧院6座。广播电视台 1间，有线电视转播频道133个，广播电台播出频道1个。

年末拥有卫生机构25个。其中：医院6家，卫生院14家；妇幼保健院1家；专科防治所、站2家；疾病预防控制中心1个；卫生监督所1家。病床床位2942张，其中：医院2423张，卫生院369张。卫生技术人员3065人，其中：医生1082人，卫生防疫人员465人。

2017年全市体育指导员3319人，其中国家级2人，一级11人，二级290人，三级3016人。国民体质监测站1个、镇级全民健身广场15个及社会体育指导员服务站15个。年末全市共有从业资格救生员151名。全市共有体育彩票销售网点49个。成功举办第十二届运动会暨第二届老年人运动会。举办我市2016～2017年度男子篮球联赛、开平市中国象棋公开赛、广东省老年人气排球比赛等群众性体育活动。组队参加广东省第二届百县（区）足球赛、江门市11人制足球联赛、江门市篮球联赛、江门市第十三届农民运动会等体育活动。

十一、人口、就业与社会保障

年末公安户籍人口68.83万人，其中：男性34.38万人，女性34.45万人。非农业人口23.65万人，占总人口的34.36%。全年出生人口1.07万人，出生率为15.58‰。死亡人口0.58万人，死亡率8.39‰。人口自然增长率7.19‰，比上年下降1.29个千分点。

年末全市参加城镇基本养老保险24.17万人，城镇职工基本医疗保险13.70万人，城乡居民基本医疗保险49.42万人，其中：农村居民参保人数41.94万人。失业保险8.97万人。

全年工矿生产安全事故死亡2人。道路交通事故死亡人数40人，与去年持平，道路交通万车死亡率1.15。特种设备万台死亡率为0。

年末各种社会福利收养性单位16个，各种社会福利收养性单位床位1753张，城镇居民最低生活保障对象1022人，农村居民最低生活保障对象8607人。

十二、人民生活与环境保护

全年城镇居民可支配收入26493.1元，比上年增长7.7%；农村居民可支配收入17675.0元，比上年增长8.3%。

年末全市森林面积67.50千公顷，自然保护区面积3.89千公顷。建成区绿地总面积1.35千公顷，建成区绿地率为40.3%；建成区绿化覆盖总面积1.51千公顷，建成区绿化覆盖率为45.1%；建成区公园绿地总面积0.39千公顷，城市人均公园绿地总面积18.2平方米/人。全年城区空气质量优良以上天数293天。

全年年平均气温23.0摄氏度，比上年上升0.1摄氏度；年降雨量1734.8毫米，比上年减少385.3毫米；年日照时数1519.4小时，比上年增加170.0小时。

年末全市共有全国文明村1条，广东省文明村镇7条，江门市标兵文明村33条，江门市文明村镇33条，江门市生态文明村18条，江门市精神文明创建工作先进镇（街）2个，江门市文明社区2个；广东省文明单位12个，广东省文明窗口1个，江门市文明单位103个，江门市文明窗口19个；开平市标兵文明村411条，开平市标兵文明单位506个。

注：1. 本公报中2017年数据为初步统计数，统计图中2013—2016年数据为年报数。

2. 公报中的地区生产总值、各产业增加值绝对数按现行价格计算，增长速度按可比价格计算。

3. 地区生产总值数据包含R&D支出计入部分。

文献

开平年鉴

（2018）

KAI PING NIAN JIAN

文　献

开平市人民政府关于贯彻落实机关事业单位工作人员养老保险制度改革的通知

开府〔2017〕7号

各镇人民政府（街道办事处），各管委会，市政府各部门、各直属机构，驻开平有关单位：

根据《广东省人民政府关于贯彻落实〈国务院关于机关事业单位工作人员养老保险制度改革的决定〉的通知》（粤府〔2015〕129号，以下简称省《通知》）、《江门市人民政府关于贯彻落实机关事业单位工作人员养老保险制度改革的通知》（江府〔2016〕26号）及有关文件精神，结合我市实际，现提出以下贯彻意见，请认真贯彻执行。

一、参加机关事业单位养老保险的对象范围

按照公务员法管理的单位、参照公务员法管理的单位、行政类和公益一、二类事业单位及其编制内工作人员参加机关事业单位基本养老保险。

二、统筹层次

我市机关事业单位基本养老保险基金实行本市统筹，省和江门市有规定时再提高统筹层次。本级人民政府承担基金征收、管理和待遇支付的责任。

三、职业年金单位缴费

职业年金单位缴费实行实账积累。

四、制度衔接

（一）我市原机关事业单位养老保险试点制度统筹基金结余并入改革后的机关事业单位养老保险基金统一使用，缺口由市财政承担。

（二）符合省《通知》有关规定发放本人的个人缴费本息，退休前一次性发放给本人。原单位划入个人账户部分资金并入改革后的机关事业单位养老保险统筹基金。改革后退休并已办理个人账户退费且符合机关事业单位养老保险改革范围条件的退休人员，应按规定退回原单位划入个人账户部分资金，归入机关事业单位养老保险统筹基金。

（三）符合机关事业单位养老保险改革范围的退休人员，改革时到改革启动期间按国家和省规定应纳入机关事业单位养老保险基金支付的原待遇项目（标准），由机关事业单位养老保险基金支付。原供给单位或企业职工基本养老保险基金已支付的，清算后多退少补。财政已支付的机关事业单位退休人员退休待遇，抵顶机关事业单位在职人员机关养老保险和职业年金单位缴费部分，改革启动后清算，多退少补。

（四）参加我市机关事业单位养老保险试点制度但不符合参加机关事业单位养老保险制度改革范围的人员，统一纳入企业职工基本养老保险，并按以下办法衔接：

1. 已退休并已领取原试点养老待遇的，根据其参加试点制度的缴费年限和实际缴费情况，按照粤府〔2006〕96号文规定重核基本养老待遇，从改革启动时的次月起由企业职工基本养老保险基金按新办法计发，其原退休待遇高于重核后企业职工基本养老待遇的差额可由原生活补贴发放渠道解决。

尚未参加企业职工基本养老保险的，其退休待遇由原渠道发放，所需资金由原渠道解决。

2. 改革启动时未退休的，从2014年10月起参加企业职工基本养老保险，个人账户全部转入企业职工基本养老保险，缴费年限（含视同缴费年限）前后合并计算。改革前参加工作、改革后退休并在企业职工基本养老保险领取退休待遇的人员，企业职工基本养老金低于原待遇计发办法的，按单位原执行的补差办法实行补差，所需资金由单位原渠道解决。

3. 视同缴费年限按原试点制度政策认定。

4. 补缴企业职工基本养老保险未参保年限的，应按照本市企业职工基本养老保险对应年度的缴费比例和缴费基数，由原单位原供给渠道一次性补缴，对应年度原个人缴费不足部分由个人一次性补足。

五、经办层级

我市机关事业单位的基本养老保险业务，由市社会保险经办机构管理。

六、规范参保经办

（一）严格按照机关事业单位编制管理规定确定参保人员范围，编制外人员应依法参加企业职工基本养老保险。参加机关事业单位养老保险的工作人员名单（含首次参保和新增参保人员），由机关事业单位填写《开平市机关事业单位养老保险参保人员花名册》（详见附件），先后送编办、人社、财政部门审核盖章后，送社会保险经办机构、地税部门办理参保手续。

（二）符合机关事业单位养老保险制度改革范围的机关事业单位及其工作人员，应按国家、省和江门市有关规定及时足额缴纳养老保险费。参保单位应将本单位参保人员的缴费情况告知其本人，并做好政策宣传和缴费申报等有关情况的说明。对改革前参加机关事业单位养老保险制度试点的单位和个人发生欠费的，由市地税局负责追缴。

七、各部门的职责分工

（一）市人民政府负责组织、协调做好机关事业单位养老保险制度改革工作，确保改革有序推进，保持社会和谐稳定，把改革好事办好。

（二）人社、财政、编办、地税、社会保险经办机构等部门要加强沟通协调，各司其职，密切配合，加强宣传，共同做好改革各项工作。人社、财政部门发挥牵头作用，按计划组织实施改革工作，落实财政资金安排，及时收集报告改革过程中的重大情况和问题。编办要严格按照机关事业单位编制管理规定，做好参保单位类别（其中公务员法管理单位、参照公务员法管理单位类别由人社部门审核）和工作人员在编情况的审核，加快事业单位分类改革，进一步规范编制管理。社会保险经办机构要按国家、省和江门市有关规定，负责组织做好参保登记、视同缴费年限核定、待遇核发和养老保险关系转移衔接等工作，明确经办规程，确保退休人员养老金依时足额社会化发放，定期将个人权益记录单免费寄送或提供本人，并建立机关事业单位养老保险及职业年金收支情况通报机制。地税部门要进一步完善征收服务系统，做好机关事业单位养老保险参保缴费征收管理服务工作，并将缴费情况定期告知缴费单位。

八、本办法自2014年10月1日起实施。国家、省和江门市有新规定的，从其规定。

开平市人民政府

2017年10月31日

开平市人民政府办公室关于印发
开平市农业水价综合改革实施方案的通知

开府办〔2017〕67号

各镇人民政府（街道办事处），各管委会，市各有关单位：

《开平市农业水价综合改革实施方案》已经市人民政府同意，现印发给你们，请认真组织实施。实施过程中遇到的问题，请径向市发展和改革局反映。

开平市人民政府办公室
2017年12月13日

开平市农业水价综合改革实施方案

为贯彻落实《国务院办公厅关于推进农业水价综合改革的意见》（国办发〔2016〕2号）、《广东省人民政府办公厅关于印发广东省农业水价综合改革实施方案的通知》（粤府办〔2016〕139号）和《江门市人民政府办公室关于印发江门市农业水价综合改革实施方案的通知》（江府办〔2017〕32号），建立健全农业水价形成机制，促进农业节水和农业可持续发展，加快建设资源节约型、环境友好型社会，现制定本实施方案。

一、总体目标

到2025年，基本形成开平市农业水价管理模式，建立健全合理反映供水成本、有利于节水和农田水利体制机制创新、与投融资体制相适应的农业水价形成机制；农业用水价格总体达到运行维护成本水平，农业用水总量控制和定额管理普遍实行，可持续的精准补贴和节水奖励机制基本建立，先进适用的农业节水技术措施普遍应用，农业种植结构实现优化调整，农业用水方式由粗放式向集约化转变。

二、主要任务

（一）完善供水计量设施

根据本市灌区实际情况，按照“有利节水、有利计量、方便管理”原则，科学设置计量点，中型灌区骨干工程全部实现斗口及以下计量供水；小型灌区和末级渠系根据管理需要细化计量单元；使用地下水灌溉的要计量到井，有条件的地方要计量到户。尚未配备计量设施的已建工程需在指定位置补充安装计量设施，新建、改扩建工程计量设施的安装要与主体工程同时设计、同时施工、同时投入使用。对于已实施节水改造的灌区，在骨干工程和末级渠系配套安装计量设施，在高效节水灌溉管道进口设置水表，实行计量供水，计量到斗口，有条件的计量到户。地下水超采地区要在3-5年内配套完善供水计量设施。结合灌区改造和节水灌溉项目建设，重点推进中型灌区用水计量设施建设。同步实施信息化建设，在取水口和主要分水口建设取水量监测、图像或视频监控、网络通信等设施。根据灌区工程渠道输水方式（渠道或管道），采用相应的流量监测设备。流量监测设备的选型要结合地形地貌、渠线布置及供电情况确定。（责任单位：市水务局、市发展和改革局，各镇人民政府、街道办事处，各管委会，排第一的为牵头单位，下同）

（二）建立农业水权制度

1.严格用水总量控制和定额管理。以中型灌区为重点，按照先重点中型灌区再一般中型灌区的原则，以县级行政区域用水总量控制指标为基础，严格实行灌溉用水定额管理，分批推进农业取水许可管理。2018年底前，完成重点中型灌区取水许可证的发放，实现用水计划等日常监督管理；2020年底前，全面实施农业取水许可管理。（责任单位：市水务局、市发展和改革局）

2. 探索建立农业水权确权和转让机制。根据省水权试点工作经验，结合农业取水许可管理、灌溉水有效利用系数测算和农业取水计量监测、农业节水评估等工作，摸清农业用水现状，核定农业合理取水量，确定农业水权。在满足区域内农业用水的前提下，推行节水量跨区域、跨行业转让，探索开展农业水权交易工作。（责任单位：市水务局、市发展和改革局，各镇人民政府、街道办事处，各管委会）

3. 提高农业供水效率和效益。加快完善大中小微并举的农田水利工程体系，做好涉及农业供水的水库、灌区主干渠以及田间毛渠等工程维修养护工作，完善供水管网建设，明确管护责任人，保障工程良性运行。强化供水计划管理和调度，提高管理单位运行效率，强化监督检查，加强成本控制，建立管理科学、精简高效、服务到位的运行机制，保障合理的灌溉用水需求，有效降低供水成本。加强水费征收与使用管理，根据实际情况制定相应的水费征收使用管理制度，明确水费征收标准、征收方式、使用范围以及监督检查措施等。结合我市实际，逐步建立中央财政农田水利资金投入激励机制，重点向农业水价综合改革积极性高、工作成效显著的镇（街），管委会倾斜。（责任单位：市水务局、市发展和改革局、市财政局、市农业局，各镇人民政府、街道办事处，各管委会）

（三）探索终端用水管理新模式

1. 加强基层水利机构服务能力建设。各镇（街），各管委会要明确负责基层水利服务的具体机构，结合功能、任务和工作需要等情况科学设置岗位，配备必要人员。根据基层水利服务范围、工作人员数量、管理的水利工程数量和类型、技术服务任务等情况合理配备相应的技术设备。加强和规范机构内部管理，建立内部管理制度，完善绩效考核体系，确保各项工作有章可循、运作规范。加强教育培训，组织开展对水管所、农民用水合作组织、各类专业队伍等的业务培训。（责任单位：各镇人民政府、街道办事处，各管委会，市水务局、市财政局、市农业局）

2. 推进小型水利管理体制改革。总结试点工作经验，全面推进小型水利工程管理体制改革，力争2018年底前基本完成全市小型水利工程改革任务。明晰农田水利设施产权，因地制宜探索不同类型农田水利设施产权制度改革的有效途径，创新运行管护机制，形成一批覆盖不同工程类型、不同自然条件和经济发展水平，产权明晰、管理规范、运行良好的示范工程，加快建立多元化农田水利设施产权制度，形成有利于农田水利发展的建设管理机制。（责任单位：市水务局、市财政局、市农业局）

（四）加强农业用水需求管理

在稳定粮食生产的基础上，因地制宜调整优化种植结构，建立与当地水资源相匹配的作物种植结构和种植制度。推广喷灌、滴灌等节水技术，集成发展水肥一体化、水肥药一体化技术，推广农机农艺相结合的节水措施，提升水资源利用率。开展节水农业试验示范和技术培训，提高农民科学用水水平。（责任单位：市农业局、市水务局）

（五）建立健全农业水价形成机制

1. 明确水价定价机制。农业用水价格按照价格管理权限实行分级管理。中型灌区骨干工程农业水价原则上实行政府定价，具备条件的可由供需双方在平等自愿的基础上，按照有利于促进节水、保障工程良性运行和农业生产发展的原则协商定价；中型灌区末级渠系和小型灌区农业水价，可实行政府定价，也可实行协商定价。（责任单位：市发展和改革局、市水务局，各镇人民政府、街道办事处，各管委会）

2. 合理制定农业用水价格。加强定价成本监审，充分利用渠系节水改造腾出价格空间，综合考虑供水成本、水资源稀缺程度以及用户承受能力等因素，合理制定供水工程各环节水价并适时调整。中型灌区骨干工程农业水价原则上达到补偿运行维护费用水平，力争达到成本水平；中型灌区末级渠系和小型灌区农业水价原则上达到成本水平。确有困难的地区要尽量提高并采取综合措施保障工程良性运行。（责任单位：市发展和改革局、市水务局）

3. 探索实行农业分类水价。根据实际情况，统筹考虑用水量、生产效益、区域农业发展政策等，区分粮食作物、经济作物、养殖业等用水类型，在终端用水环节探索实行分类水价。用水量大或附加值高的经济作物和养殖业用水价格可高于其他用水类型。（责任单位：市发展和改革局、市水务局、市农业局）

4. 逐步推行分档水价制度。根据广东省农业用水定额核定当地农业用水总量，实行农业用水定额管理和总量“封顶”政策；区分不同作物和养殖产品，合理制定农业用水定额。按照“多用水多付费”的原则，逐步实行超定额超计划累进加价制度，合理制定阶梯加价幅度，促进农业节水。（责任单位：市发展和改革局、市水务局）

5. 完善地下水价格政策。加强地下水管理保护，落实地下水收费标准和用水限额。多措并举提高地下水用水成本，使其价格高于当地地表水，有效控制地下水超采。地下水超采区农业用水价格要有利于采补平衡和地下水生态改善，且要率先调整到位。（责任单位：市发展和改革局、市水务局）

（六）建立精准补贴和节水奖励机制

1. 建立农业用水精准补贴机制。在完善水价机制的基础上，建立与节水成效、调价幅度、财力状况相匹配的农业用水精准补贴机制，包括明确补贴对象、制定补贴标准、确定补贴方式与程序、落实补贴资金来源等。（责任单位：市财政局、市水务局、市农业局）

2. 建立节水奖励机制。结合我市实际情况，建立易于操作、用户普遍接受的节水奖励机制，重点对采取节水措施、调整种植结构节水的规模经营主体、农民用水合作组织和农户给予奖励，提高用户主动节水积极性。（责任单位：市财政局、市水务局、市农业局）

3. 多渠道筹集精准补贴和节水奖励资金。统筹财政安排的水管单位公益性维修养护经费、农业灌排工程运行管理费、农田水利工程设施维修养护经费、上级补助的有关专项资金以及社会捐助等资金，落实精准补贴和节水奖励资金来源。制定奖励补助资金管理办法，明确使用范围和程序，公开公平公正操作，接受社会监督。（责任单位：市财政局、市水务局、市农业局）

三、保障措施

（一）加强组织领导。市相关部门及各镇人民政府（街道办事处），各管委会要把农业水价综合改革作为重点任务积极推进，结合实际，尽快编制具体实施方案，细化工作任务，明确部门责任，着力增强实施方案的可操作性，确保改革工作取得实效。发改、水务、财政、农业等部门要加强协调配合，跟踪分析改革进展情况，及时调整完善相关政策，解决工作推进中出现的困难和问题。（责任单位：市发展和改革局、市水务局、市财政局、市农业局，各镇人民政府、街道办事处，各管委会）

（二）明确工作进度。要有计划、有步骤地推进各项工作，明确改革时间表和分步实施计划，细化年度改革目标任务，建立健全工作机制，抓好各项措施落实，确保按时完成改革任务。各镇（街），各管委会和市水务、财政、农业部门要在每年6月1日和11月1日前，将上半年和全年农业水价综合改革工作进展情况报送市发展和改革局。（责任单位：市发展和改革局、市水务局、市财政局、市农业局，各镇人民政府、街道办事处，各管委会）

（三）加强舆论宣传。认真做好政策解读，运用通俗易懂的语言和群众易于接受的方式，深入农村开展宣传活动，广泛宣传农业水价综合改革的意义，提高用水户有偿用水、节约用水的自觉性，为推进农业水价综合改革营造良好氛围。（责任单位：市发展和改革局、市水务局、市财政局、市农业局，各镇人民政府、街道办事处，各管委会）

附　录

附　　录

开平市再创国字号招牌
翠山湖科技园获评中国产学研合作创新示范基地

由中国产学研合作促进会与山东省人民政府共同主办的第十一届中国产学研合作创新大会暨第二十六届山东省产学研展洽会于2017年11月12日在济南举行。本届会议规模大、规格高，中共中央政治局常委、国务院总理李克强对产学研创新合作大会作出了“加强产学研合作，打通创新链条，促进创新发展”的重要批示。全国人大常委会、政协，教育部、工信部，山东省，中国产学研合作促进会等领导，以及来自全国产学研、政金介、商媒用各界一线的近2000名代表和专家学者参加会议。

开平翠山湖科技园于2017年10月成功通过评审，被认定为中国产学研合作创新示范基地。开平市委常委、翠山湖管委会主任凌华威受邀带队参会。会上，市委常委凌华威代表开平市委、市政府上台接受授牌。

擦亮产学研品牌、实现高质量发展

近年来，开平市及翠山湖科技园紧密围绕广东省“珠西行动”、江门市“5+1”万亩工业园发展体系的战略部署，打开翠山湖、激发新动力、营造新优势，致力把翠山湖全面打造成为集创新驱动、产城融合于一体的高新技术开发区。

为有力促进产学研合作，翠山湖科技园成立了科技创新领导小组，全力推进园区科技创新和产学研合作。园区管委会还设立科技创新奖励资金，重点支持产学研合作的项目，引导企业和科研机构进行科技攻关和高新技术成果转化。翠山湖还建立了“以政府引导、企业为主导、科研机构为技术和智力依托、金融机构共同参与”的运作模式，既调动了企业创新的积极性，又充分利用了科研机构的创新资源，并且促进了科技和金融资本的结合，推动了企业、科研机构、金融机构的融合。

翠山湖依循“优势互补、长期合作、共同发展”的原则，牵头园区企业与广东省工业技术研究学院、五邑大学、华南理工大学、广东工业大学等高校或研发机构建立长期的科学研究、技术交流和人才培养的合作关系，开创了产学研合作的新模式。高校利用其各类专业人才、科研能力、科研设备仪器等方面的优势，企业利用其产品研发与生产等方面的优势，在产品研发、技术服务人才培养、合作交流等方面进行全面合作。

截至2017年，翠山湖科技园成功孵化高新技术企业12家：海鸿、高美、科仕特、月福、盈光机电、亿展、意希诺、美康泉、富生钢结构、琪顿；现有江门工程中心6家：海鸿、高美、月福、敞开、意希诺、美康泉；现有省级工程中心3家：海鸿、科仕特、月福；以及科技型小微企业16家。先后被评为广东省示范性产业园、省产业园十大重点园区、省五星级服务园区以及江门市小微双创重点示范基地，连续6年在全省产业园考评中获优秀并3年排名全省第一，已发展成为高新技术产业集聚、产学研合作创新发展的最佳选择地。

下一阶段，翠山湖将充分发挥“中国产学研合作创新示范基地”品牌效应，加强与广东技术师范学院、五邑大学等院校的联系，在师资驻企、人才培养、实训基地、实习与就业创业、项目申报等方面深度合作，打造一个以政府为引导、市场为导向、企业为主体、院校为依托的产学研合作新格局。一是鼓励和引导高校、科研院所提升科研成果产业化水平；二是激励企业提升参与产学研合作的能力；三是强化对产学研合作的引导支持功能；四是优化产学研合作的发展环境；五是完善区域产学研合作的服务体系。（胡普伦）

开平翠山湖科技园国汇工业园区　（胡普伦　摄）

《乡情》获评全国基层电视民生影响力优秀栏目

2017年1月5日，第四届全国广播电视民生影响力调查表彰会暨创新发展论坛在海南省海口市举行，开平广播电视台的《乡情》栏目被评为“全国基层电视民生影响力优秀栏目”，这是中国广播电视业内最高专家奖。

这次活动由中国广播电影电视社会组织联合会生活节目工作委员会主办。组委会通过前阶段对全国31个省、市、自治区，300多个大中城市的广播电视台，100多个基屋广播电视台，1300多个广播频率和电视频道，6000多个电视栏目的社会反映调查及指数调查，评选出广播电视民生影响力系列10强媒体以及广播电视系列10强栏目和优秀活动、优秀人物。两年一届的调查表彰会，已成为全国广播电视界的一项品牌活动

在表彰会上，开平广播电视台的电视栏目能够和北京广播电视台、广东广播电视台等大台的节目同台获奖，得益于近年来开平广播电视台提出打造一批具有“开平元素、侨乡特色、岭南风格”品牌栏目的工作要求，立足本土，狠抓节目创优的又一成果。

2014年7月1日，开平广播电视台推出《乡情》栏目，努力打造本土特色的品牌栏目，实施地方台“民牌”战略提高电视节目的引导力、影响力、感召力和收视率。该栏目旨在讲述开平人在他乡的成就，他乡人在开平的故事，播报海外侨情信息，展示华侨对开平建设所作的贡献，让世界了解开平，让开平走向世界。

该栏目精心组织、周密策划，栏目的选题都与开平百姓及海外华侨所共同关注，而且题材内容生动活泼，饱含故事情节，全方位宣传开平乡情侨情。派出记者远赴北京、香港、澳门等地深入采访摄制节目。采访对象涵盖美国，以及我国香港、澳门、台湾等地的开平侨胞，以及来自内地各省的他乡人。他们当中有侨领、爱国人士、维和英雄、慈善家、商界精英、专业人士、普通百姓。通过深挖他们的奋斗、成长故事，充分展现开平的人杰地灵，向观众传递着一种积极向上的精神。在节目创作中巧妙地运用新颖的节目形式承载丰富多样的内容，使节目以真实、真诚和真情感染观众。同时，综合运用各种报道手法和电视元素，不断更新美化栏目的外包装，增强节目的视觉美感和整体表现力，做到平实不失严谨，鲜活不乏深度；重视地域特色，突出文化品位。该栏目成为了全国乃至世界观众了解开平的窗口，使70万开平人透过《乡情》这个窗口更加了解开平、热爱开平；把《乡情》办成75万开平海外华人华侨联络乡谊的桥梁。

《乡情》栏目设有《我是开平人》《新开平人》《侨情传真》3个独立成篇又相互贯通的子栏目。《我是开平人》：弘扬开平的仁人志士、善长仁翁爱国爱乡的精神，着重刻画开平各行各业及海外侨胞的人物群像；《新开平人》：反映外地人在开平的创业成长故事，对开平经济建设作出的成就；《侨情乡讯》：侧重消息报道，充分依托中国侨网、开平华侨社团及侨刊，介绍各社团、各侨刊的重要、精彩信息。2017年，《乡情》栏目每月1期，每期15分钟。自《乡情》栏目开办以来，至2017年12月共播出96期。

《乡情》栏目自开办以来，办成为“开平元素、侨乡特色、岭南风格”的精品节目，特色鲜明，内容丰富，可视性强，大部分节目内容被广东电视台国际频道《今日江门》栏目采用播出，反响良好，得到中国电视艺术家协会市县电视委员会会长周绍成、美国美亚文化交流协会主席陈罗柏等领导的高度评价，深受本地观众和海外华侨华人的欢迎和好评，吸引了一大批海内外观众前来开平市旅游观光、投资兴业。有一位观众还特意书写了一幅“家乡人

家乡事尽在浓浓《乡情》”的字画送给栏目组；一位受访对象还成为了《乡情》栏目的赞助商。《乡情》栏目在第三届全国市县电视台推优电视节目评选活动中获得电视栏目一等奖；播出的节目《张伟明：海外游子十度寻根凝成诗》获得广东新闻奖一等奖，这是开平广播电视台电视新闻首次获得广东新闻奖一等奖，实现新的突破；《村落，乡愁的寄托》获得在全国广播电视节目评析活动一等奖；《拄双拐的义工——司徒端》获得全国广播电视节目评析二等奖；《抗战中的司徒美堂》获得2015中国（广州）国际纪录片节“广东日”优秀南派纪录片好作品奖；《谭广生：一个老华侨的爱国情怀》获得中华大地之星征文一等奖等等。

（张锋杰　司徒艳君）

开平市获评2013—2016年度全国群众体育先进单位

开平市位于中国广东珠江三角洲西南部，是著名的华侨之乡、建筑之乡、艺术之乡和碉楼之乡，也是中国优秀旅游城市、国家园林城市和全国卫生城市。全市总面积1659平方公里，总人口约70万，旅居海外的华侨和港、澳、台同胞75万人，分布在67个国家和地区。2007年6月，“开平碉楼与村落”被联合国教科文组织列入《世界遗产名录》。2017年8月被国家体育总局评为2013—2016年度全国群众体育先进单位。

2012年至2016年间，开平市认真贯彻落实中共十八大和十八届三中、四中、五中、六中全会精神，深入贯彻习近平总书记系列重要讲话精神，围绕“推进跨越发展，建设幸福开平”的目标，全市体育事业取得新进步。开平市委、市政府注重群众体育运动的普及和发展，制定下发了《开平市全民健身实施计划(2016—2020)》，并大力组织实施，力促全民健身事业进一步发展。

一、推进乡镇全民健身工程，加大城乡体育场地、设施建设。一是“十二五”期间，完成全市13个镇级全民健身广场建设，实现镇级全民健身文化广场全覆盖。其中，金鸡镇全民健身中心投资700万元、占地50亩，是江门地区最大的镇级体育健身文化广场；“十二五”期间，开平市体育局从体彩公益金划出专项经费购置体育器材支持基层农村开展体育场地建设，共支持105条自然村体育场地建设。二是完成市区大型体育场地、体育设施建设，其中2015年建成翠山湖体育公园总投入达2800万元、总建筑面积约8.6万平方米；2016年建成市级全民健身广场——苍江健身广场，总投入约3000万元，占地面积约2.6万平方米，体育设施齐全，每晚约有群众1000人次在体育场参加锻炼，为参与全民健身的活动人群提供平台。三是大力推进社区体育公园建设，完善“10分钟”健身圈。我市将老旧公园升级改造，三埠健身公园、祥龙公园、人民公园等社区体育公园相继投入使用，并利用城区边角地安装体育健身路径，截至2016年12月，城区共安装近40套路径，基本实现城市社区“10分钟”健身圈。

二、完善公共体育服务体系，指导开展群众性体育健身活动。一是加强社会体育组织建设，不断推进体育社会组织向基层覆盖延伸。注重基层体育组织发展和建设，以体育站点、协会、队伍为抓手，组织群众开展丰富多彩的健身活动。目前，全市全民健身指导站点15处，体育类协会13个、健身队伍超过200支。以这些体育组织为依托，全市每年举办大型的群众性健身活动60余场次，市体育总会充分发挥枢纽作用，指导和鼓励社会体育组织举办赛事（活动），打造开平市篮球联赛、足球联赛、碉乡自行车骑游、健走马拉松等品牌赛事，扩大体育活动影响力，发展体育人口。二是规范社会体育指导员的培养培训，科学指导群众开展体育项目健身活动。目前我市共有社会体育指导员2532人。他们活跃在群众体育健身活动的第一线，为推动全民健身事业的发展，提高市民素质，促进社会主义精神文明建设发挥着积极的作用。

三、积极推进体育惠民，为群众参与体育健身锻炼提供便利。一是推行公共体育场馆免费低收费开放。2014年以来，开平市体育局制定并实施《开平市体育中心场馆免费开放实施方案》，在节假日期间，全民健身日、周末等时间，开展系列免费低收费活动。建成的苍江健身广场创新学校与城市（社区）资源共享模式，白天由苍江中学管理使用，晚上则对市民免费开放，体育资源得以充分利用。二是开展国民体质监测—运动健身指导服务。2014年11月，开平市国民体质测定与运动健身指导站揭牌成立，指导站工作人员为市民免费提供体质测定，并开具运动处方，通过系统化数据，可进一步掌握我市市民体质现状和变化规律，每个年度服务群众超过1000人次。（李美珊）

2017年8月8日，开平市第十二届运动会暨第二届老年人运动会开幕

（余映意 摄）

开平市图书馆、文化馆总分馆建设

自2016年被纳入省首批县级图书馆、文化馆总分馆试点以来，开平市文广新局积极推进现代公共文化服务体系建设，以政府主导、社会参与、共建共享为原则，建立起覆盖城乡、服务一体、资源共享的总分馆服务机制。开平市图书馆、文化馆总分馆试点工作，得到了省文化厅检查验收组专家的一致好评和群众的高度认可，顺利通过试点验收。

以开平市图书馆、文化馆为总馆，15个镇（街）文体中心为分馆，45个村（社区）文化室为服务点，构建“五统一”的三级服务网络。

——统一场馆建设。统筹制定各分馆场馆规格要求、设计方案和设备配置，在公共区域使用统一的文化 LOGO、统一布置场馆设施、配置文化资源，树立了整齐划一的外部文化形象。同时，借助总分馆模式，进一步加强15个镇（街）综合文化站建设，重点完善各功能室，配齐设施器材，充实图书室及图书资料，使全市镇级文化站全部达到省一级站标准，三埠、长沙、大沙、金鸡达到省特级站标准。

——统一服务规范。建立统一服务目录和服务标准，对文化活动、文化服务等要素执行统一的标准，推行“菜单式”文化服务。图书馆总分馆设立讲座培训、阅读推广、文化培训等服务项目；文化馆总分馆设立文化活动、艺术演出、创作辅导、非遗展演等项目；镇级图书分馆还开辟“定单”服务流程，将农村读者借阅需求登记报送到总馆，再由总馆配送图书到分馆，满足农村群众的阅读需求。

——统一管理体系。出台开平市图书馆、文化馆总分馆管理制度，建立“总馆+分馆+服务点”的垂直管理和各分馆之间的横向协同管理体制。制定分馆挂职副馆长派驻工作方案，由总馆统筹选派经验丰富的业务骨干担任分馆副馆长，实行专人专责，确保各分馆管理水平。

——统一数字平台。接入“广东公共文化云”“江门文化云”等基本公共文化服务供需平台，将总分馆的文化活动、艺术演出、阅览推广等基本公共文化服务资源纳入平台，进行数字化、网络化的统一管理、配给，将总分馆制的服务网络，延伸为“省、市、县、镇、村”五级，打通文化服务的最后一公里。

——统一考核评价。将总分馆建设作为开平市十项民生工程之一，纳入重点督办项目和科学发展观考核体系，对各镇（街）及各责任单位实行动态化考核。同时，探索建立总馆对分馆、分馆对服务点以及分馆、服务点对总馆的双向考核(反馈)机制。通过双向考评（反馈），不断完善总分馆服务，提升服务效能。

在试点工作中，市文广新局积极改革创新，探索建立了高效的体制机制，并将经验做法推广至美术馆、博物馆等场馆的运行中，推动“四馆”资源融合，为群众提供更优质的公共文化服务。

探索建立“均等化”服务机制。目前，开平市图书馆、文化馆总分馆试点基本建立起上下贯通、资源共享的服务模式，推动文化服务向基层，特别是向农村延伸，促进公共文化均等化、广覆盖。比如：加大公共文化场所免费开放力度，推动图书馆、文化馆总分馆全部实现免费开放，惠及农村群众。探索建立“便利化”联动机制。开平市图书馆、文化馆的总馆与各镇（街）的分馆签订双向委托协议，实现总分馆上下联动运营，推动单一“阵地”服务向“阵地+流动+数字化”服务转变，满足了新时期老百姓的文化需求。探索建立“一体化”整合机制。自试点实施以来，开平市完善了文化设施，健全了管理体制机制，形成公共文化资源的聚合效应，从整体上提高服务效能。比如：文化馆总馆、图书馆总馆统一制定年度群众文化活动总体方案，策划组织总分馆联动组织活动，促进城乡文化互动和资源共享。2017年以来开平市共组织各类公益性文化演出310多场，公益培训班66个，送书下乡近万册。

开平市总分馆制度建设依托特色文化资源，顺应群众文化需求，采取总馆、分馆和服务点分级共建的方式，共同打造群众喜闻乐见，具有影响力的服务项目。

——共享文化品牌。将图书总馆、文化总馆原有服务品牌延伸到分馆，提高镇（街）文化服务水平。比如，将文化馆总馆原有的“潭江春色”春节系列文化活动、“金秋曲艺敬老活动周”曲艺展演、“暑期公益培训”等文化服务品牌，以总分馆模式在镇级联合举办，受到群众欢迎。

——共享志愿服务。将文化志愿者纳入总馆平台统一管理，打造“文化志愿者”管理系统，完善文化志愿者管理，提升文化志愿服务水平，为城乡群众提供专业性、公益性、经常性的文化服务。比如，在百姓健康舞爱好者中积极培养发展文化志愿者，发动村（社区）文体协管员加入分馆志愿者队伍，目前开平市网上注册的文化志愿者达800多名。

——共享文化资源。整合区域内文化资源，实行高效统筹，统一配置。图书馆总分馆制整合公共阅读资源，实行总馆主导下的图书资源统一采购、统一编目、统一配送、通借通还和人员的统一培训；文化馆总分馆制整合文化艺术资源，统筹全市文化活动、文艺创作、队伍培训以及演出设备调配。

市文化部门坚持“统筹融合、共建共享，改革创新、提升效能”的原则推动试点工作，试点工作顺利通过省的考核验收。其中:市图书馆总分馆转为全省县级示范地区，市文化馆荣获广东省基层文化建设先进单位。达到“四个提高”的工作目标：一是提高基层文化设施的使用率。二是提高群众文化活动参与度。三是提高基层文化活动水平。四是提高各级政府对公共文化的投入。（刘晓莉）

2017年11月20日，联合国世界旅游组织中国第9处观测点在江门开平揭牌 （余映意　摄）

索　引

主题索引

说　明

一、本索引采用主题分析方法，款目按汉语拼音字母（同音字按声调）顺序排列。

二、文中的类目题、分目题、次分目题用黑体字标明，其余用宋体字排印。

三、索引款目后的数字表示内容所在的页码，数字后的英文字母（a、b）表示栏别（即版面的1、2栏）。

四、本索引对《大事记》《特载》《文献》《附录》等类目不作内容主题分析。

C

D

F

G

K

N

P

Q

R

S

T

W

X

Y

Z